RODRIGO CÓRDULA

CRIANDO GAMES COM UNITY

DIRETO AO PONTO

EDITORA CIÊNCIA MODERNA

Criando Games com Unity - Direto ao Ponto

Editor: Paulo André P. Marques
Produção Editorial: Dilene Sandes Pessanha
Capa: Daniel Jara
Diagramação: Daniel Jara
Copidesque: Equipe Ciência Moderna

FICHA CATALOGRÁFICA

CÓRDULA, Rodrigo Beltrão de Lucena.

Criando Games com Unity - Direto ao Ponto

Rio de Janeiro: Editora Ciência Moderna Ltda., 2022.

1. Informática
I — Título

ISBN: 978-65-5842-177-1 CDD 001.642

Editora Ciência Moderna Ltda.
R. Alice Figueiredo, 46 – Riachuelo
Rio de Janeiro, RJ – Brasil CEP: 20.950-150
Tel: (21) 2201-6662/ Fax: (21) 2201-6896
E-MAIL: LCM@LCM.COM.BR
WWW.LCM.COM.BR

06/22

Dedicatória

Este livro, eu dedico aos meus amados filhos, Clara Lua e Matheus; são as "coisas mais gostosas" deste mundo, comportados, inteligentes, pessoas do bem que sempre tentam ajudar aos outros, não é à toa que são escoteiros, amáveis e dedicados que trazem felicidade para nossa família. Também dedico a minha amada esposa que sempre está ao meu lado me dando força e apoio, como companheira não há mulher melhor neste mundo. Também dedico este livro a minha mãe e ao meu pai, que mesmo com a rigidez de exército só visavam meu bem; até porque compromisso, consideração, respeito e pontualidade, que foram mostrados desde cedo, me ajudaram a alcançar meus objetivos, como a conclusão de mais um livro.

Um aviso importante

Apesar deste livro está sendo escrito em 2021. A instalação do Unity recomenda ainda a sua versão 2020. Porém, esta não será utilizada neste livro e, sim, a versão mais nova de 2021. Optei em me adiantar em utilizar esta versão, já que ao término da conclusão deste livro é bem provável que a de 2021 se torne a versão recomendada.

O Unity Hub utilizado é a versão 3.0 beta. Se você tiver instalado a versão mais antiga, recomendo que instale também a versão mais nova para praticar com este livro, pois os caminhos podem sofrer alterações ou não estarem mais presentes, assim como as ferramentas não estejam disponíveis na versão antiga ou sofram algum tipo de alteração. Contudo se a versão do Unity Hub ainda for beta, sinta-se livre para instalar uma versão anterior que não esteja ainda em fases de testes e que seja estável.

Se não tiver o Unity instalado em sua máquina recomendo que siga a instalação do Apêndice do livro.

Mesmo que você já tenha noções de C#, recomendo fortemente que você leia os dois capítulos que antecedem sobre Movimentação de teclado, mouse e joystick. Pois dão detalhes cruciais que serão utilizados em todo o livro.

As imagens utilizadas neste livro são extremamente triviais ou simples sprites utilizados da ferramenta Unity. Não contratei um artista para produzir a arte do que precisava para este livro e, muito menos, me dediquei tempo suficiente para fazê-las mais apresentáveis, pois o foco do conteúdo é unicamente a programação, parte principal na construção de qualquer jogo.

Bons estudos!

Sumário

Uma breve introdução à ferramenta

Ao abrir o programa Unity, vá em Project e clique em New. Verá que há várias opções possíveis; opte pelo modelo 2D, por exemplo, e nomeie o seu projeto como bem entender só para entrarmos no programa e conhecer um pouco melhor a sua IDE.

É bem provável que o firewall pergunte se deve dar ou não permissão ao programa que estamos trabalhando, já que é o primeiro exemplo que está sendo criado na ferramenta, como sempre, clique no botão de permitir acesso. Uma janela como essa deverá ser mostrada:

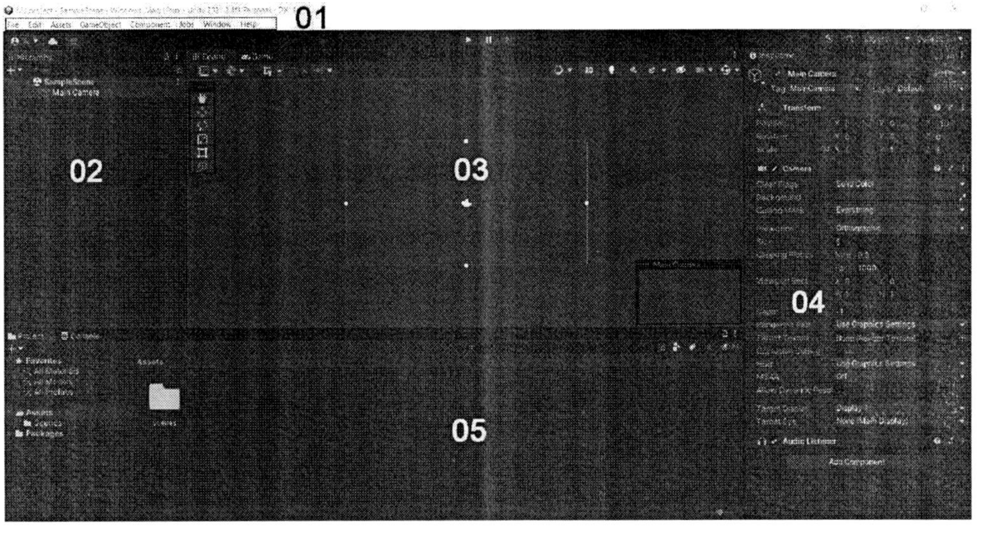

1. Barra de menu principal
2. Hierarchy (Hierarquia)
3. Scene (cena)
4. Inspector (inspetor)
5. Project (projetos)

Como podemos ver todas as cinco posições, com exceção da primeira, acompanha com o seu nome presente na barra de título.

O que criamos é desenvolvido no cenário (Scene), cada elemento inserido no cenário foi criado ou retirado da pasta Assets, que pertence à janela de projetos (Project), cuja listagem com os nomes dos elementos presentes em cena é mostrada na janela de hierarquia (Hierarchy).

No cenário você deve estar vendo um ícone de uma câmera dentro de uma linha no formato retangular, essa é a visão da câmera no jogo; tudo o que estiver dentro deste retângulo torna-se visível em cena, fora deste espaço delimitado torna-se invisível qualquer objeto inserido em cena.

Por padrão, o objeto câmera sempre existirá em toda cena e com o nome Main Camera. Sempre limite a criação dos exemplos dentro deste espaço, para justamente não ocultar os objetos em cena.

Tome nota

Com relação à janela de projetos posso citar diretamente a pasta Assets ao invés de dizer: Na janela de projetos indo em Assets. Como posso citar só janela de projetos, você saberá que deverá ir na pasta Assets e provavelmente em uma área vazia abrir o menu de contexto.

Vamos adicionar um sprite ao cenário. Clique com o botão direito do mouse sobre uma área vazia do Assets e no menu de contexto escolha Create>2D>Sprite>Square. Ex:

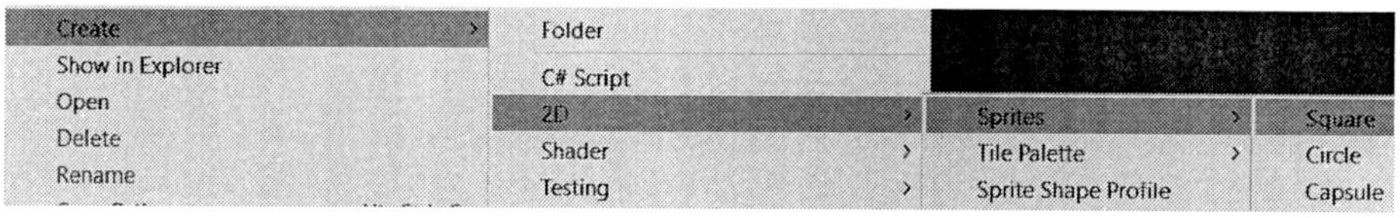

Fixe esses dois tópicos:

- Menu de contexto: Menu que surge ao clique direito do mouse, sobre uma área vazia da janela.
- Maior que (>): Considere como uma seta que indica o caminho a ser seguido sobre a barra de menu principal ou menu de contexto.

Já temos um sprite no Assets. Mas o que é um sprite? São objetos gráficos 2D, ou seja, uma simples imagem. O Unity normalmente se encarrega de converter as imagens para que possam ser incluídas em cenário, do contrário o programador fica normalmente impedido de fazê-lo.

Mas, como inseri-lo numa cena? Simplesmente clique sobre o sprite recém-criado, sem soltar o botão do mouse e arraste-o até o local da cena e só assim solte o botão. O sistema de clicar e arrastar é deveras utilizado no Unity. Acostume-se de agora em diante com esta ação relacionada quando, eu vir solicitar que você coloque algum objeto em cena.

Qualquer elemento selecionado na cena, pelo Assets ou na hierarquia nos exibe no lado direito suas características. Então para alterar qualquer característica que queira em um elemento, ele deve estar selecionado e a alteração será realizada pela janela inspector.

Pelo Assets nós importamos pacotes, sprites, texturas, músicas, scripts e demais componentes que venhamos precisar, mas também poderemos adicionar objetos do Unity abrindo o menu de contexto pela janela de hierarquia. Estes componentes no Assets normalmente são organizados em pastas, como uma forma de manter seu projeto organizado.

Para criar uma pasta nós abrimos o menu de contexto pelo Assets e escolhemos a opção Create > Folder. Nada impede de criar pastas dentro de pastas para criar uma subdivisão. Já que podemos ter sprites de cenário, de criaturas, de personagem. E ainda ter uma subdivisão na pasta de criaturas, como por exemplo, chefes de fases e assim por diante. Nunca coloque tudo em um só lugar, crie logo cedo o costume de organização, tome nota.

Perceba que há duas abas ou duas janelas, a aba de projeto (Project) e a aba console. Estas são as abas padrões. Mas normalmente acrescentamos as abas Animation e Animator, já que em praticamente todo projeto tratamos de trabalhar com alguma animação.

Acrescentar uma aba é super simples, indo na barra de menu principal Window>Animation e no mesmo caminho teremos o Animator. Ele inicialmente irá aparecer como uma nova aba presente em cenário (Scene). Se você quiser poderá mover essa janela para outra lista de abas como Project e Console, simplesmente clicando e arrastando pela barra de título da mesma.

Voltando a aba console, ela é responsável em exibir as saídas realizadas por comandos print(), Debug.Log(), erros de depuração, etc. Então quando estiver trabalhando com scripts, você provavelmente se utilizará desta aba para maiores detalhes sobre os erros ocorridos ou as saídas que você programou, como uma forma de saber se entra ou não em um laço, em uma condição ou método, por exemplo, está de acordo com o planejado.

O sistema de renomear uma pasta é semelhante ao que ocorre ao Sistema Operacional (S.O); basta dar dois cliques pausadamente sobre a pasta ou clicando com o botão direito sobre a pasta e no menu de contexto que aparece, escolha rename. Isso obviamente funciona não só para pastas, mas qualquer elemento presente no Assets.

Mas como importar um elemento qualquer para o Assets? Simples, basta clicar em um local vazio em Assets e no menu de contexto escolha Import New Assets...

Para movimentar um sprite para dentro de uma pasta, por exemplo, basta simplesmente utilizar o comando de clicar e arrastar. Na lateral da cena temos alguns ícones que você utilizará no decorrer deste livro. A saber:

1. **Hand Tool**: Quando ativo serve para se movimentar pela cena, clicando e arrastando. A mesma coisa pode ser feita com o botão direito do mouse.

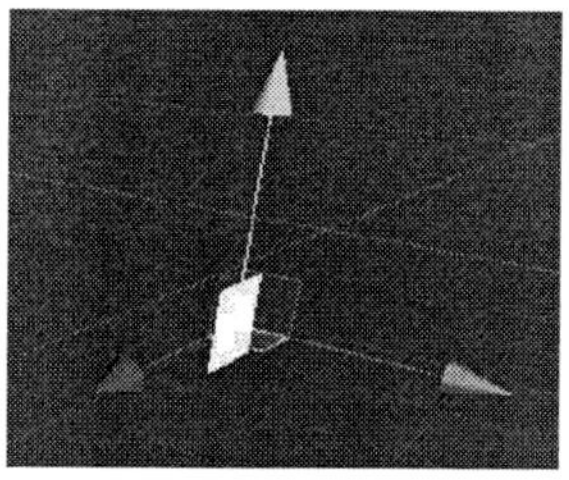

2. **Move Tool**: Quando ativo nos exibe as coordenadas X, Y e Z do elemento selecionado. Em cena há um botão chamado 2D, que quando você clica ele alterna entre uma visão 2D e 3D. Clicar e arrastar qualquer seta fará com que altere as coordenadas do elemento, como você poderá alterar as coordenadas em conjunto clicando em um dos quadrados, que ficam entre os vértices das setas.

3. **Rotate Tool**: Quando ativo, altera a rotação do elemento selecionado, clicando e arrastando.
4. **Scale Tool**: Quando ativo, altera a escala do elemento selecionado.
5. **Rect Tool**: Quando ativo permite redimensionar o elemento selecionado.
6. O penúltimo botão é meio que a junção de tudo, onde permite rotacionar, escalar e mover ao mesmo tempo.

Também poderemos alterar esses valores, selecionando o elemento em cena ou pela janela de hierarquia e indo à janela inspector em Transform temos position (posição), rotation (rotação) e scale (escala).

Tendo dificuldades de trazer uma imagem para o cenário

Selecione a imagem e na janela inspector altere Texture Type para Sprite (2D and UI), e descendo a janela inspector haverá um botão appy, clique no mesmo, para que a alteração seja aplicada. Como falei, o Unity faz isso automaticamente, porém, o lançamento de novas versões, às vezes trazem bugs, como este, em que a conversão não é feita. Caso ocorra com você, já saberá como contornar o problema.

Movimentações básicas sobre o cenário

Para dar zoom dentro do cenário utilizando o scroll roller ou botão de rolagem do mouse. Para "andar" pelo cenário, basta clicar e arrastar com o botão direito do mouse ou utilizando o Hand Tool, que apresentamos anteriormente. Se habitue a utilizar essas ferramentas tools ao manipular um objeto em cena.

Para se movimentar em um cenário 3D, você poderá segurar o botão Alt Gr, junto com o botão esquerdo do mouse; ou utilizar as teclas "w", "a", "s" e "d" junto com o botão direito do mouse. Na questão da mudança de ângulo em um cenário 3D Alt + botão esquerdo do mouse.

Criação de prefab

Prefab serve de referência ao objeto original. Um cenário que possua várias referências a uma imagem, por exemplo, consome menos memória do que se fossem utilizadas várias cópias daquela imagem.

Você pode alterar um prefab de forma individual e se desejar aplicar essa alteração a todos os prefabs presentes em cena, indo à janela inspector e no campo prefab>overrides>apply all. Que só estará disponível se você realizou algum tipo de alteração em um dos prefabs, obviamente.

Mas como saber qual objeto em cena é um prefab?

Todo objeto presente em cena será listado na janela de hierarquia. Todo ele possui o ícone de um cubo, porém, em objetos prefabs, este cubo estará preenchido, normalmente na cor azul, afirmando que aquele objeto se originou de um prefab.

Para alterar um prefab você poderá selecioná-lo diretamente na janela de projetos ou se desejar ir à janela de hierarquia e clicar numa setinha que aparece do lado direito do nome do prefab. Ex:

Mas como criar um prefab?

A maneira mais simples é pegar o elemento presente em cenário ou pela janela de hierarquia e arrastar este objeto até a pasta Assets; ao soltar o botão do mouse você cria um prefab automaticamente e o objeto presente no cenário também se torna, a partir deste ponto, um prefab.

Estes são conceitos extremamente básicos, mas necessários para poder manusear e se localizar durante os exemplos que serão criados na IDE Unity.

Conceitos da programação e manuseio de objetos

Todo script que você cria no Unity, indo em Assets e no menu de contexto escolhendo Create > C# Script, vem com a seguinte estrutura:

```
01 using System.Collections;
02 using System.Collections.Generic;
03 using UnityEngine;
04
05 public class Exemplo : MonoBehaviour
06 {
07     // Start is called before the first frame update
08     void Start()
09     {
10
11     }
12
13     // Update is called once per frame
14     void Update()
15     {
16
17     }
18 }
```

Os using das linhas 01 a 03 fazem a requisição de objetos. Estes objetos podem estar agrupados em uma matriz de objetos, que trabalha com um número fixo de objetos fortemente tipados ou com coleções de objetos.

Este último termo se aplica às linhas 01 a 03. Independe se está em uma matriz ou coleção de objetos, eles estão agrupados em grupos lógicos, que são os namespaces. Ao utilizar using seguido do seu namespace, no início do script, evita que você utilize o nome da coleção, toda vez que utilizar algum recurso que derive o mesmo. Vamos a um exemplo:

```
//using System.Collections;
using System.Collections.Generic;
using UnityEngine;
public class Exemplo : MonoBehaviour
{
    IEnumerator teste;
}
```

O IEnumerator é uma interface que faz parte de System.Collections. Ao comentar esta linha, como apresentado no exemplo acima, linha 01; um erro é retornado na janela de console:

```
Assets\Exemplo.cs(6,5): error CS0305: Using the generic type 'IEnumerator<T>' requires 1 type arguments
```

A linha de erro nos alerta de algum tipo de argumento estar faltando para IEnumerator, este problema pode ser contornado, se for declarado na linha 06 da seguinte forma:

```
System.Collections.IEnumerator teste;
```

O problema disso é que tudo que deriva de System.Collections deverá ser declarado desta forma antes de utilizar algum componente que derive do mesmo. Por isso que o termo:

using System.Collections é tão importante, porque evita que fiquemos utilizando constantemente este namespace, toda vez que precisarmos utilizar algo que se derive do mesmo.

importante

As linhas 01 a 03 não serão incluídas nos scripts apresentados neste livro. A justificativa de não incluir essas linhas nos exemplos é porque não acrescenta nenhuma informação nova; você já sabe que elas estarão presentes em todo script criado.

Linhas de comentários

Toda linguagem de programação é possível inserir uma linha na forma de comentário, com uso de barras duplas (//); o programa entende que ela não deve ser compilada ou interpretada pelo programa, apenas ignorada. Comentários são úteis para desativar certas linhas de código as quais não queremos executá-las naquele momento, ou para inserir algum tipo de informação para saber o que aquela parte do código representa, por exemplo. Há ainda os comentários de várias linhas; neste caso você inicia o comentário com barra asterisco (/*) e o encerra com asterisco barra (*/). Ex:

```
void Update()
{
	//Comentário de linha
/* Comentário de várias linhas. O que estiver dentro deste comentário será ignorado. Esta estrutura de comentário suporta várias linhas e que serão completamente ignoradas pelo programa. */
}
```

Definição de namespace

O namespace, que foi citado anteriormente, para quem não está habituado ao termo, é responsável em criar um grupo lógico; principalmente utilizado para uma desambiguação de itens, que possuem o mesmo nome; mas seu uso não é obrigatório. Por exemplo, digamos que eu tenha duas classes de nome jogador, para se quebrar a ambiguidade deles, já que possuem o mesmo nome, poderia colocar um deles em um grupo lógico. Ex:

```
01 namespace Geral{
02     public class Jogador : MonoBehaviour
03     {...}
04 }
```

Com isso, uma das classes estará presente em um grupo lógico de nome Geral, contornando desta forma a ambiguidade. As reticências dentro das chaves, linha 03, é só uma forma de representar que há linhas de código dentro da classe Jogador. Tome nota.

A essa altura você deve ter percebido que todo script criado deriva a classe MonoBehaviour:

```
public class Jogador: MonoBehaviour
```

No exemplo acima a classe Jogador herda características da classe MonoBehaviour. O script criado obrigatoriamente possui o mesmo nome da classe. Neste caso o script é Jogador.cs. Onde "cs" é a extenção do arquivo.

Os métodos padrões que sempre acompanham o código são: Start() e Update(); derivam de MonoBehaviour. O método Start() é chamado quando o script ativo é carregado. E Update() é um método que é executado em loop. Temos derivações destes métodos que são Awake(), FidexUpdate() e LateUpdate(). Vamos entender as suas diferenças.

Update() vs FixedUpdate()

Update é chamado quadro a quadro. Sua frequência depende da rapidez com que o computador é capaz de processar. Por isso que Update() não é recomendado para atualizar a física do jogo; em vez disso, utilizamos FixedUpdate() que é chamado em intervalos fixos, independente do desempenho da máquina. Há programadores que utilizam FixedUpdate em tudo e outros que simplesmente ignoram o FixedUpdate e só utilizam quando a complexidade do jogo realmente exigir; mas isso é um critério que cada programador adota por conta própria.

Start() vs Awake()

Awake() é chamado quando a instância do script está sendo carregada; diferente de Start() que é executado quando o carregamento for completado, ou seja, ele é chamado antes mesmo de Start(); útil quando queremos perdurar objetos em cena que foram mantidos por DontDestroyOnLoad e manipularmos antes mesmo de Start() ser chamado, por exemplo.

LateUpdate()

Por fim, temos o LateUpdate(). Ele é chamado depois que todas as funções de atualização foram chamadas.

A ordem completa de chama para o que foi apresentado é: Awake > Start > FixedUpdate > Update > LateUpdate. O fluxograma da ordem completa pode ser visto em: https://docs.unity3d.com/Manual/ExecutionOrder.html

Noções básicas no desenvolvimento da programação

Antes de continuarmos, gostaria de reforçar conceitos básicos, que é considerado como boa prática da programação:

1. Classes e namespaces devem iniciar com letra maiúscula e métodos devem iniciar com a letra minúscula. Se tiverem nomes compostos, a primeira letra de cada palavra interna deverá ser maiúscula. A isso nós chamamos de sistema camelo, pois se assemelha a um camelo. Exemplo de nomeação de métodos: calculaSaldo, verificaContaAtual, transfereValores, etc.

2. Métodos que nos retornam valores são recomendados virem precedidos por get. Ex: getSalario, getSaldo, getTotal, etc.

3. Métodos que atribuímos valores são recomendados virem precedidos por set. Ex: setSalario, setSaque, setSoma, etc.

4. Os nomes de variáveis declaradas constantes devem ser todos maiúsculos e nomes compostos devem vir separados por sublinhado ("_"). Ex: VALOR_TOTAL, XP_LEVEL, SCORE_LIFE, etc.

5. Variáveis locais e globais de mesmo nome exigem que a variável global venha antecedida por sublinhado. Ex:

Variável Global: _total
Variável Local: total

Há outros conceitos mais básicos ainda, como recuo por tabulação, nomeação de identificadores, limitadores de bloco, palavras reservadas, etc. Se tiver dificuldades ou dúvidas em conceitos tão simples, recomendo que deixe de lado o livro e estude o assunto relacionado à lógica de programação e algoritmo, que é a base de todo alicerce da programação e que todo programador que se preze deve dominar este assunto antes de tudo.

Objetos ativos e capturas de objetos de jogo

Tudo que você arrasta ou cria na cena torna-se um Game Object, também conhecido por objeto de game, objeto de jogo ou simplesmente objeto. Não interessa o que você coloca na cena, ele sempre será um objeto de jogo; seja um som, imagem ou qualquer objeto criado em cena, com exceção de scripts.

Um script, como qualquer outro objeto, pode ser ainda classificado como ativo e inativo. Um objeto ativo é quando ele está presente em cena. Então quando me referir a um script ativo, eu estou dizendo que ele está presente em um objeto de jogo dentro do cenário; fazendo com que o script seja executado; do contrário se este script só estiver presente na pasta Assets, nada dele será executado.

Para colocar um script no cenário primeiro você deve criar um objeto de game, indo à **janela de hierarquia** e no menu de contexto escolhendo Create Empty. Dentro deste objeto de game você deverá arrastar o script para o mesmo ou ir em Add Component, presente na janela inspector deste objeto de game e realizar a busca pelo script que você quer adicionar ao objeto. E com isso torna-se um script ativo.

Com relação aos objetos de jogo você deve estar se perguntando: como diferencio os objetos se todos são considerados as mesmas coisas? Aí que entra o termo componente.

Componente é aquilo que compõe um objeto de game, um GameObject pode ter um script, um som, uma imagem e outras infinidades de coisas; mas, podemos pegar cada um deles através do nome do seu componente. Mas, antes de mais nada, precisamos saber como localizar este objeto de jogo na cena, para que possamos manipular o mesmo.

Entenda algo muito importante e tome nota a respeito disso, o nome que você coloca em um objeto na cena é extremamente importante e influenciável sobre um objeto, porque através deste nome é possível buscar o objeto na cena e manipulá-lo. Os nomes dos objetos em cena estão listados na janela de hierarquia, como sabemos, e através daquele nome é que podemos manipular o objeto, explicação redundante, mas a redundância reforça a sua importância; já que a sua utilização está presente em praticamente todo o livro.

Para iniciarmos este tópico precisamos de um exemplo, por isso crie um novo projeto 2D e o nomeie como Exemplo2D e importe dois objetos e coloque-os em cena:

- Uma imagem (imagem)
- Um som (som)

A importação, como já explicado, é indo em Assets e no menu de contexto escolhendo Import New Asset... Quando coloco algo entre parênteses, me refiro aos nomes que deverão ser dados aos objetos presentes em cena. Ex:

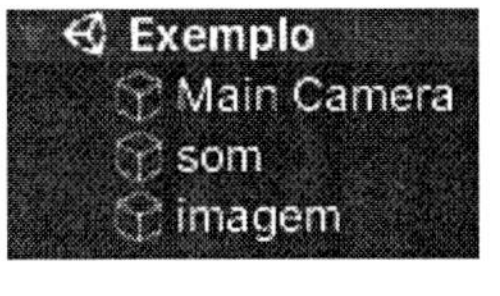

Se não sabe onde pegar algum som para este exemplo, você poderá adquirir algum pela biblioteca de Assets da Unit, onde veremos mais à frente, em detalhes, de como pegar algo dela ou em qualquer outro site que ofereça sons possíveis de serem baixados como: https://freesound.org. Sempre lembrando que quando desejar lançar algo, seja para fins comerciais ou gratuitos, lembre-se de verificar o tipo de licença e que critérios deverão ser atendidos para poder utilizá-lo que não seja para fins didáticos.

O som que utilizei como exemplo foi este:

https://freesound.org/people/graham_makes/sounds/449202/

Nota: O site requer um cadastro para poder baixar qualquer arquivo de som.

Quando for salvar o som, você poderá salvar o mesmo diretamente na pasta Asset. Dispensando a necessidade de importá-lo depois. Já que o Unity passa a reconhecer qualquer arquivo que você insira dentro da pasta Asset ou em suas pastas filhas, se houver.

Já a imagem, peguei do anime de One Punch, você poderá pegar qualquer uma a seu gosto; como você poderá se utilizar de um simples sprite, indo à janela de hierarquia e abrindo o menu de contexto escolhendo 2D Objects > Sprites > Square, por exemplo. Lembre-se de nomear, conforme demonstrado, a imagem referente à janela de hierarquia.

Quando você insere um objeto de som e inicia a cena ele passa a tocar no mesmo instante, faça o teste. Vamos agora selecionar o mesmo, pela janela de hierarquia, e na janela inspector desmarque a opção Play On Awake, já que com ele marcado faz com que o som toque assim que a cena é iniciada.

Crie um script de nome PegaObjetos, indo em Assets e no menu de contexto escolhendo Create > C# Script e insira o seguinte código:

PegaObjetos.cs

Responsável em pegar os seus objetos em cena e exibir os seus nomes pela janela console do Unity.

```
01 public class PegaObjetos : MonoBehaviour
02 {
03     GameObject som, imagem;
04     void Start()
05     {
06         if(GameObject.Find("som")!=null)
07         {
08             som = GameObject.Find("som");
09             Debug.Log(som.name);
10         }
11         if(GameObject.Find("imagem")!=null)
12         {
13             imagem = GameObject.Find("imagem");
14             Debug.Log(imagem.name);
15         }
16     }
17 }
```

Na linha 03 são criados objetos de game que irão nos auxiliar neste exemplo. Como havia falado tudo que está em cena é um GameObject, por isso para localizar o mesmo, digitamos GameObject seguido de find (procurar), como ocorreu nas linhas 06, 08, 11 e 13. O mesmo requer um argumento, neste caso o nome do objeto que deverá ser o mesmo nome presente na janela de hierarquia.

Na linha 06 é procurado o objeto de nome som na cena, se nada for encontrado, o retorno será nulo (null); contudo se o retorno for diferente (!=) de nulo (null), ele irá pegar o objeto e atribuir ao objeto de nome som, linha 08. Onde Debug.Log(), imprime na janela de console o nome deste elemento resgatado na cena, as demais linhas seguem o mesmo preceito.

Para esse script funcionar ele deverá ser ativo, ou seja, estar presente em cena. Por isso crie um objeto de game vazio, indo à janela de hierarquia e no menu de contexto escolhendo a opção Create Empty. Nomeie este objeto como script e arraste o script que criamos para o mesmo ou com este objeto selecionado vá à janela de inspector e clique em Add Component e realize a busca pelo script para ser adicionado ao mesmo.

Acima da janela de Cena há um botão semelhante ao de play. Clique no mesmo para executar:

Ao testar a saída será:

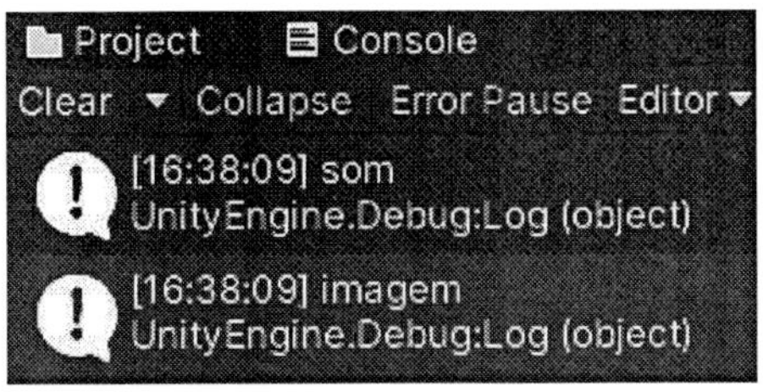

importante

Alguns exemplos podem parecer que estão ocupando duas linhas devido a linha de código-fonte não caber totalmente na largura da página do livro. Lembre-se que se não há um novo número no lado esquerdo, significa que aquele conteúdo pertence ainda à linha anterior.

Quando você clica no objeto de game que possui o som, você vê um componente de nome Audio Source, quando você clica em um objeto de jogo que possui alguma imagem você vê um componente de nome Sprite Renderer, quando você clica no nosso objeto de jogo que possui o script, você vê o nome da classe seguido pelo termo script. Ex:

Isso está lhe informando o nome do componente que faz parte daquele objeto de game e como havia falado, um objeto de game pode ter um ou mais componentes. Se eu quiser que um som toque com o pressionamento de uma tecla, precisarei pegar o componente de som, daquele objeto de jogo e utilizar alguma de suas propriedades que realize este feito. Vamos ver na prática como fica:

PegaObjetos.cs

Responsável em tocar ou não o som, quando a tecla de espaço for pressionada; como também tornar ou não visível a imagem quando a tecla Enter for pressionada.

```
01 public class PegaObjetos : MonoBehaviour
02 {
03     GameObject som, imagem;
04     bool tocar=false, ver=true;
05     void Start()
06     {
07         som = GameObject.Find("som");
08         imagem = GameObject.Find(""imagem");
09     }
10
11     void Update()
12     {
13         if(Input.GetKeyDown("space"))
14         {
15             tocar=!tocar;
16             if(tocar)
17                 som.GetComponent<AudioSource>().Play();
18             else
19                 som.GetComponent<AudioSource>().Stop();
20         }
21         if (Input.GetKeyDown(KeyCode.Return))
22         {
23             ver=!ver;
24             imagem.GetComponent<Renderer>().enabled=ver;
25         }
26     }
27     public void Mg()
28     {
29         Debug.Log("Olá mundo!");
30     }
31 }
```

Neste script resolvi enxugar a captura dos objetos de game, no que há de novo foram acrescentadas variáveis booleanas, linha 04, com valores já predefinidos.

Em Update() verifica-se se a tecla de espaço foi acionada com o comando Input.KeyDown mais o nome da tecla, linha 13, se for afirmativo, inverto o valor booleano de tocar, que inicialmente é falso e passa a ser verdadeiro. Sendo verdadeiro, entra na condição if da linha 16; onde pega o componente (GetComponent) o nosso Audio Source e pedidos que o som seja tocado, com o comando Play().

A cada pressionamento da tecla de espaço o valor booleano de tocar é invertido, ao pressionar novamente a tecla de espaço a nossa variável booleana volta a ser falso; fazendo que entre no else, linha 18, que realiza a mesma coisa da linha 17; com a diferença de que estar parando a música, com o comando Stop().

Na linha 21, no lugar do nome da tecla pegamos o seu código de Return, que seria a nossa tecla Enter. Quando pressionado ele inverte o valor booleano de ver, que é inicialmente true e passa a ser false; com isso ao pegar o componente de imagem (Renderer) poderemos com enabled, tornar ativo ou não este componente dependendo do valor booleano de ver. Enquanto na linha 27, temos um simples método público que nos exibe uma mensagem pela janela de console, quando chamado e que não será utilizado a princípio. Teste a aplicação.

Veremos um pouco mais aprofundado sobre este assunto no próximo tópico.

Contudo, há outras formas de encontrar um objeto em cena, poderíamos nos utilizar de tags ao invés do nome do objeto, por exemplo. Para isso, precisamos adicionar uma tag ao objeto. Siga as etapas:

1. Selecione o objeto de game de nome script.
2. Na janela inspector clique na listagem de seleção e escolha a opção Add Tag.

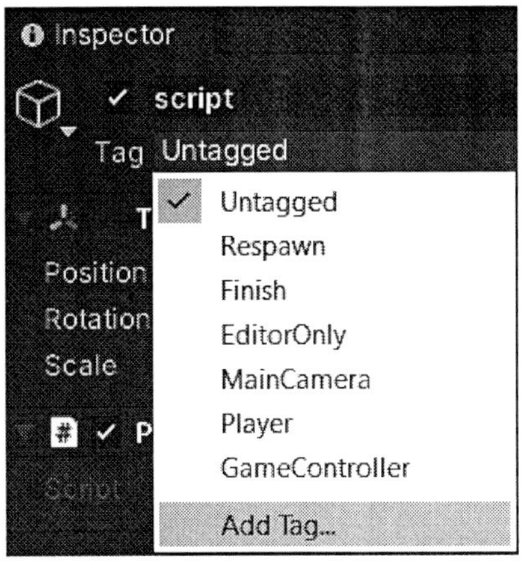

3. Lá clique na seta de mais para adicionar uma nova tag e a nomeie de code. Ex:

4. Com a tag criada, selecione novamente o objeto de jogo de nome script e agora na lista de seleção escolha code.

Agora imagine ficar fazendo isso em cada objeto de cena o grande trabalho que dá. Por isso sempre opto em realizar busca de nomes ao invés do uso de tags. Mas, obviamente, você verá o exemplo com uso de ambos no decorrer do livro.

Agora vamos criar um novo script de nome PegaCode, para o mesmo funcionar crie um outro GameObject em cena de nome script2, por exemplo, e adicione este script ao mesmo.

PegaCode.cs

Este script será responsável em executar o método Mg() da classe PegaObjetos que criamos.

```
01 public class PegaCode : MonoBehaviour
02 {
03     PegaObjetos script;
04     void Start()
05     {
06         script = GameObject.FindWithTag("code").GetComponent<PegaObjetos>();
07     }
08     void Update()
09     {
10         if(Input.GetKeyDown("escape"))
11         {
12             script.Mg();
13         }
14     }
15 }
```

Lembra que temos uma classe de nome PegaObjetos? Bem na linha 03 declarei um objeto da classe PegaObjetos de nome script. Na linha 06 eu peguei o objeto de game que possui a tag code e nele peguei o componente PegaObjetos que é o script presente neste objeto.

Com o script do outro objeto em mãos eu chamo o método Mg(), que exibirá a frase: Olá mundo! Quando a tecla ESC (Escape) for pressionada. E isso só é possível, porque o método em questão é público. Faça o teste.

Manipulando um objeto que possui o script

A esta hora você deve estar se perguntando: ótimo, sei como procurar um objeto em cena e manipular o mesmo via script. Mas se o objeto que desejo manipular possui o próprio script? Preciso procurar ainda? A resposta é não. Você não precisa procurar o objeto de jogo, já que ele está atrelado diretamente ao script. Vamos criar um novo exemplo de como será a sua manipulação:

1. Crie um círculo, indo pela janela de hierarquia pelo menu de contexto e escolhendo 2D Objects > Sprites > Circle.

2. Crie um script de nome ManuseioDireto.

3. Atrele esse script ao nosso círculo.

ManuseioDireto.cs

Ele será responsável em mudar a cor do nosso sprite de forma aleatória, toda vez que a tecla Alt esquerda do teclado for pressionado.

```
01 public class ManuseioDireto : MonoBehaviour
02 {
03     Color color;
04     void Update()
05     {
06         color= new Color(Random.Range(0f, 1f), Random.Range(0f, 1f), Random.Range(0f,
1f));
07         if(Input.GetKeyDown(KeyCode.LeftAlt))
08             GetComponent<Renderer>().material.color = color;
09     }
10 }
```

Já que vamos mudar a cor precisamos do objeto cor, linha 03; onde em Update(), criamos uma cor de forma randômica, linha 06. Todo objeto cor possui as cores Red (vermelho), Green (verde) e Blue (Azul); suas tonalidades variam em um valor real ou fracionado de zero até um, por isso que foi utilizado o Random.Range em um intervalo de ponto flutuante de 0f a 1f; já que "f" é a definição para número de ponto flutuante.

Que ao pressionar a tecla Alt esquerdo, linha 07, ele irá atribuir esta nova cor ao objeto, linha 08. Perceba que não precisamos procurar o objeto e muito menos declarar antes GameObject para pegar algum componente presente no mesmo. Isso só é possível, porque o script está atrelado diretamente ao objeto. Se ainda não adicionou o script ao círculo, faça e teste a aplicação.

Com estes exemplos simples espero que tenha entendido que precisamos do objeto de game; salvo se este objeto estiver atrelado diretamente ao script para manipular seus componentes. "A grosso modo" seria:

<objeto><componente que desejamos manipular><propriedade>

Atribuindo um objeto diretamente ao script

Também é possível atribuir objetos diretamente ao script de duas formas, tornando a variável pública ou serializando a variável quando a variável não for pública.

Quando crio um script e anexo a um objeto de jogo em cena, torno esse script ativo e quando declaro variáveis públicas deste script campos são abertos na janela inspector do objeto que possui o script; para anexar imagens, prefabs ou simples campos numéricos, por exemplo. Dependendo do formato da variável pública declarada. Ex:

A.cs

```
01 public class A: MonoBehaviour
02 {
03     public int valor;
04     public GameObject gameobject;
05     public Sprite imagem;
06     void Start()
07     {
08         Debug.Log("Valor: "+valor);
09         Debug.Log("Nome do objeto de jogo: "+gameobject.name);
10         Debug.Log("Dimensões da imagem: "+imagem.bounds.size);
11     }
12 }
```

Da linha 03 a 05 foram declaradas variáveis públicas do tipo inteiro, objeto de jogo e uma imagem, respectivamente. Na linha 08, exibimos o valor da variável inteira, na linha 09 o nome do objeto de jogo (GameObject) e na linha 10 as dimensões de nossa imagem.

Quando você pegar este script e anexar a um objeto de jogo em cena, verá os seguintes campos:

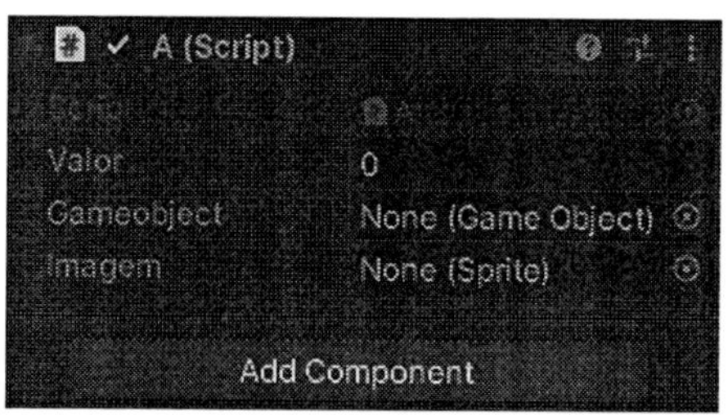

Arraste do assets uma imagem, se não tiver a importe abrindo o menu de contexto e escolhendo Import New Asset... Arraste também um objeto de jogo como um prefab ou algum objeto de jogo presente na janela de hierarquia; como também forneça algum valor para o campo valor. Ex:

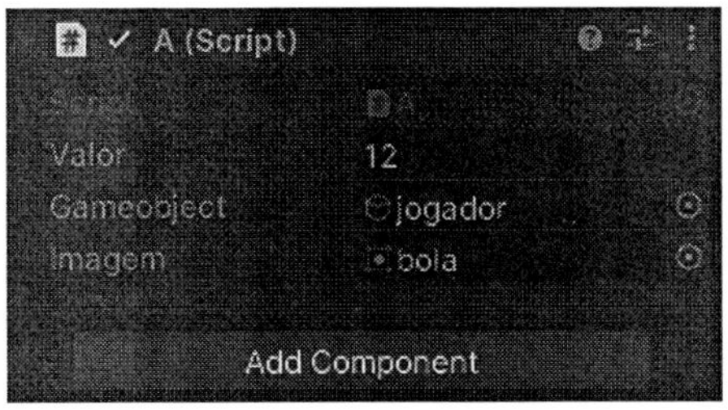

A saída deste script será:

```
Valor: 12
Nome do objeto de jogo: jogador
Dimensões da imagem: (2.56, 2.56, 0.20)
```

O Unity, conforme explicado em sua documentação, ele serializa automaticamente campos públicos. Se você deseja que o Unity serialize campos protegidos ou privados você deverá se utilizar de SerializeField. Ex:

```
01 public class A: MonoBehaviour
02 {
03     [SerializeField] int valor;
04     [SerializeField] protected GameObject gameobject;
05     [SerializeField] private Sprite imagem;
06     void Start()
07     {
08         Debug.Log("Valor: "+valor);
09         Debug.Log("Nome do objeto de jogo: "+gameobject.name);
10         Debug.Log("Dimensões da imagem: "+imagem.bounds.size);
11     }
12 }
```

Os campos ainda estarão presentes na janela inspector do componente que possui o script, independentemente de ser privado, linha 05, ou protegido, linha 04.

A serialização é o processo automático de transformar estruturas de dados ou estados de objetos em um formato que o Unity possa armazenar e reconstruir posteriormente. Por isso quando você abre e fecha o projeto, os campos serializados não são apagados. Os serializadores no Unity são executados em um ambiente de jogo em tempo real. E isso tem um impacto significativo no desempenho, por isso eu evito utilizá-los.

Quando me refiro evitar utilizá-lo é evitar declarar campos públicos ou se utilizar do termo [SerializeField]. Claro que haverá no decorrer do livro a serialização de campos, mas não tenho por hábito utilizar [SerializeField], já que o campo público serializa automaticamente a variável.

Mas este conhecimento é importante, pois por alguma razão você quer serializar uma variável, mas que ela não seja pública, para evitar que outra classe tenha acesso a ela. Caso você esteja neste dilema, saberá agora como fazê-lo.

Mas a serialização não se limita só a variáveis, mas isso, veremos mais a frente quando resolvermos realizar o salvamento de dados em arquivo binário.

Passagem por valor e passagem por referência

Antes de iniciar o próximo tópico vamos revisar rapidamente passagem por valor e passagem por referência. Toda variável primitiva é tida como passagem por valor, ou seja, variáveis do tipo inteiro, flutuante, string, booleana, por exemplo, são passagens por valor. Já objetos ou matrizes são passagens por referência.

Passagem por valor entrega uma cópia do conteúdo da variável original, ao alterar o valor desta cópia ela não estará alterando diretamente o valor da variável original. Quando é passagem por referência você estará passando a referência da variável, que caso altere o conteúdo desta referência estará alterando também o conteúdo da variável original.

Para tornar uma variável do tipo primitivo, como passagem por referência, nós habitualmente utilizamos o modificador de parâmetro ref ou out. A diferença de um para o outro é que ref requer que a variável seja inicializada antes de ser passada, vou optar em utilizá-la; já que vou declarar algumas variáveis já com valores.

Nota: Este script deverá ser atribuído a algum GameObject em cena para torná-lo ativo, para que assim seja executado.

ValorRef.cs

```
public class ValorRef : MonoBehaviour
{
    int n1=5, n2=17;
    int[] n = {1,2,3};
    void Start()
    {
        print("Antes de chamar o método:");
        print("N1: "+n1+", N2: "+n2+" N Array: "+n[0]+", "+n[1]+", "+n[2]);
        valores(ref n1, n2, n);
        print("Fora do método:»);
        print("N1: "+n1+", N2: "+n2+" N Array: "+n[0]+", "+n[1]+", "+n[2]);
    }
    void valores(ref int n1, int n2, int[] n)
    {
        n1+=200;
        n2+=100;
        for (int i=0; i<n.Length; i++)
            n[i]=2;
        print("Dentro do método:");
        print("N1: "+n1+", N2: "+n2+" N Array: "+n[0]+", "+n[1]+", "+n[2]);
    }
}
```

Na linha 03, foram criadas variáveis primitivas do tipo inteiro com valores já determinados, na linha 04, foi criada uma matriz unidimensional, também com valores já atribuídos.

Em Start() exibo esses dados antes de chamar o método, linha 08, que irá fazer com que exiba os seus valores inicialmente atribuídos. Ao chamar o método valores, linha 09, perceba que a primeira variável primitiva, n1, está sendo passada como referência devido ao modificador de parâmetro ref, ou seja, ao alterar o seu valor estarei alterando também o valor da variável global n1. Da mesma forma não ocorre com n2, que ao alterar a mesma, esta alteração só estará presente na variável local de mesmo nome que pertence ao método; que veremos quando print que pertence ao método for chamado, linha 20.

Por causa do array ser passagem de referência, a alteração do mesmo irá se refletir no conteúdo da variável original. Ao rodar verá que as variáveis sofreram alteração de forma permanente, a única inalterada foi o n2, que iniciou com valor 17 e se encerrou com o valor 17.

A saída deste programinha será:

```
Antes de chamar o método:
N1: 5, N2: 17 N Array: 1, 2, 3
Dentro do método:
N1: 205, N2: 117 N Array: 2, 2, 2
Fora do método:
N1: 200, N2: 17 N Array: 2, 2, 2
```

Manipulação entre classes

Jogos sempre demandam mais esforço por parte do programador; então quero aproveitar e dar uma dica simples e crucial quando você está desenvolvendo um jogo. É provável que em algum momento você precise de um determinado dado X em uma classe e que ainda precise deste mesmo dado em outra classe. Um programador inexperiente replica o mesmo código que se obtém este dado X desejado nas duas classes e se por acaso ainda precisar deste mesmo dado em outra classe, novamente ele replica o código e assim por diante.

E aqui levantamos dois pontos em que pode ocorrer a redundância; uma boa e outra ruim. A saber:

- **Redundância de dados**: é um sistema de segurança que gera cópias de um mesmo dado; para caso o dado armazenado venha a se corromper ou se perder na memória; haverá ainda uma outra cópia de segurança do mesmo alocada em um outro lugar para garantir a integridade deste dado.

- **Redundância de código**: Torna-se o código-fonte inchado, repetições de um mesmo código dificulta a capacidade de manutenção e confiabilidade do sistema em si criado; além de poder gerar código-fonte morto; leia-se sem utilidade.

A redundância ou "jeitinhos" para se fazer um código funcionar é comumente denominado de:

G	rande
A	rtifício
M	aroto
B	esta
I	nventado
A	uferindo
R	remendo para
R	ealização de
A	lgo

Entenda, se estais sendo redundante em algo, não está fazendo direito; quanto mais complexo for, mais emaranhado fica ao ponto de você mesmo não entender mais o que está ou deixou de ser ou foi ou terá de ser feito. Gerando uma difícil manutenção e possível geração de código morto.

Da mesma forma quando há linhas de código repetidas, dentro de um código; nós pegamos e criamos um método para remover o código repetido e centralizá-lo em um único lugar. Como precisamos que um método que precise se utilizar de sua própria estrutura criamos um laço ou uma recursão, para chamar a si mesmo. Quando um método é necessário em diversas classes, criamos este método em uma classe separada que seja possível de ser incorporada às demais classes que precisem deste método.

Se você tem um mínimo conhecimento em POO (Programa Orientado a Objetos), sabe que o termo incorporar é abrangente, principalmente quando se refere ao uso da IDE Unity. Poderíamos:

Criar uma instância do objeto da classe para poder utilizá-la.

O Unity, porém, não permite que você instancie nenhum tipo de classe que esteja herdando a classe MonoBehaviour. Digamos que tenha duas classes Waves e Jogador, e que ambos se utilizam de MonoBehaviour; então ao declarar uma instância da classe Waves dentro da classe jogador. Ex:

```
public class Jogador : MonoBehaviour
{
       Waves w = new Waves();
...
```

Um aviso seria retornado:

```
You are trying to create a MonoBehaviour using the 'new' keyword. This is not allowed. MonoBehaviours can only be added using AddComponent(). Alternatively, your script can inherit from ScriptableObject or no base class at all UnityEngine.MonoBehaviour:.ctor ()
```

Basicamente diz que:

Você está tentando criar um MonoBehaviour usando a palavra-chave 'new'. Isso não é permitido. MonoBehaviours só pode ser adicionado usando AddComponent (). Alternativamente, seu script pode herdar de ScriptableObject ou nenhuma classe base UnityEngine.MonoBehaviour: .ctor ()

A explicação nos esclarece três possibilidades. Uma delas, como a própria explicação nos diz que para instanciar uma classe, bastaria ela não ter herança com MonoBehaviour (ou nenhuma classe base UnityEngine.MonoBehaviour: .ctor ()). Então com base nisso poderia fazer da seguinte forma. Ex:

```
public class Waves : MonoBehaviour
{
...
```

Onde retiramos a herança de MonoBehaviour e com isso poderemos nos utilizar de uma instância da mesma. Ex:

```
public class Jogador : MonoBehaviour
{
       Waves w = new Waves();
...
```

Sem que nenhum tipo de erro nos retorne. Porém, há um grande problema quanto a isso, MonoBehaviour lida com uma série de métodos, colisões, gatilhos, ouvintes de eventos diversos, corrotinas, captura de componentes, Start(), Update(), FixedUpdate(), etc. Além disso, uma classe que não deriva de MonoBehaviour não poderá ser atrelada a um objeto em cena. Que ao tentar um aviso como este nos será retornado:

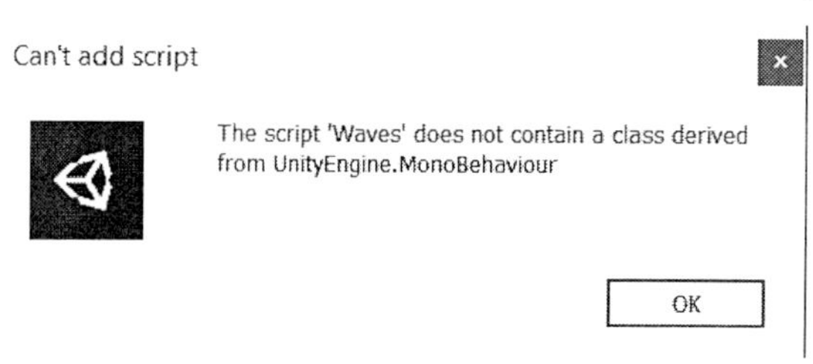

Que basicamente nos diz que a classe Waves não contém a classe derivada MonoBehaviour e por isso não poderá ser atrelada ao objeto em cena. E venhamos e convenhamos MonoBehaviour é extremamente útil, para chegarmos a dispensá-lo, só se a classe em questão for simples demais ao ponto de não precisar da mesma.

Criando um objeto da classe

Voltando ao aviso, quando ele fala que MonoBehaviour só pode ser adicionado usando AddComponent (). Lembra que fizemos isso no tópico anterior? Vamos a outro exemplo para sanar as dúvidas e reforçar o conceito.

```
public class A: MonoBehaviour
{
    public void AP()
    {
        print("Método Público A");
    }

    protected void AP2()
    {
        print("Método Protegido A");
    }

    public static void AP3()
    {
        print("Método Público Estático»);
    }

    private void AP4()
    {
        print("Método Privado");
    }
}
```

Para tornar essa classe ativa, eu vou à janela de hierarquia e ao abrir o menu de contexto (clique com o botão direito do mouse, lembre-se disso) eu crio um GameObject vazio (Create Empty) e o nomeie como Script, onde adiciono esta classe lá. E com isso a classe "A" torna-se um ativo, por estar presente em cena. Agora crio outra classe, digamos "B" e com isso crio outro objeto de jogo com o nome Script2 e coloco lá o script da classe "B" com isso torno também a classe "B" uma classe ativa.

Com cada uma das classes presentes em um objeto de cena, poderei localizar qualquer uma das classes e manuseá-las. Neste exemplo a classe "B" manuseia um método da classe "A". Ex:

```
public class B : MonoBehaviour
{
    GameObject obj;
```

```
04     void Start()
05     {
06         if(GameObject.Find("script"))
07         {
08             obj = GameObject.Find("script");
09             obj.GetComponent<A>().AP();
10         }
11     }
12 }
```

Na linha 03 foi criado um GameObject de nome "obj"; enquanto na linha 06, procuro o GameObject de nome script; que se for encontrado, pego este objeto, linha 08 e na linha seguinte sua a classe "A"; onde chamo o método público pertencente a esta classe "A" de nome AP(), linha 09. A saída será:

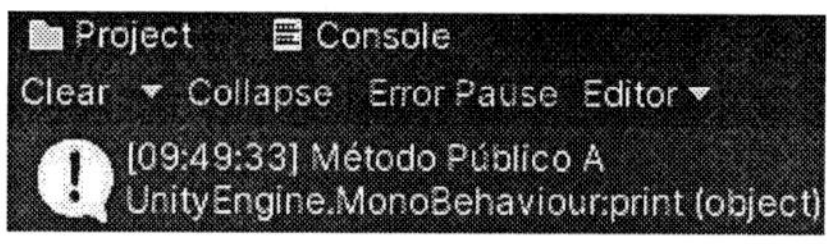

Reforçando

Um objeto de jogo (GameObject) poderá ser atribuído a outro objeto de jogo, sem problema algum, como fizemos na linha 08. E com isso este objeto de jogo possuirá os mesmos componentes daquele que lhe foi atribuído.

Nosso objeto de jogo de nome script tem um dos componentes atribuído a ele o script "A". Com isso nosso GameObject de nome "obj" possuirá também este componente. Por isso que na linha 09 nós utilizamos o nome de nosso GameObject, mais o componente que queremos, neste caso o script de nome "A" e a sua propriedade.

<Objeto de game><Componente><Propriedade>

A propriedade neste caso, seria o chamado do método AP(); que só é possível de ser chamado por ser público, diferente com que ocorre com métodos privados, que só podem ser chamados pela própria classe que os criou ou métodos protegidos, que só podem ser chamados se houver herança. Então porque não utilizei o script.AP3() ele é um método público?

Sim, ele é público, porém ele é estático. E por ser estático não poderá ser chamado desta forma. Métodos estáticos pertencem à própria classe e não a uma instância dela. Ao tentar fazê-lo, um erro será retornado. Ex:

```
public class B : MonoBehaviour
{
    A script ;
    void Start()
    {
```

```
        script = GameObject.FindObjectOfType<A>();
        script.AP3();
    }
}
```

FindObjectOfType ele retornará o primeiro objeto ativo encontrado correspondente ao que foi solicitado; do contrário seu retorno será nulo (null). No nosso caso será retornada a classe "A". Não é recomendada sua utilização no método Update(), por ter um processamento considerado lento. A janela de console nos retornará a seguinte mensagem:

```
error CS0176: Member 'A.AP3()' cannot be accessed with an instance reference; qualify it with a type name instead
```

Basicamente este erro nos diz que para acessar um membro estático, você só precisa usar o nome da classe. Ex:

```
public class B : MonoBehaviour
{
    void Start()
    {
        A.AP3();
    }
}
```

A saída na janela de console será:

Métodos estáticos são independentes e por isso não precisam de uma instância da classe ou objeto dela, como fizemos acima; bastando simplesmente citar a classe e o método estático da mesma. Se fosse uma variável pública estática, bastaria citar a classe e o nome da variável. E é aí que entra a magia do termo estático, pois além de não precisar instanciar a classe, o que é útil quando se trata de classes que herdam MonoBehaviour, ainda haverá apenas uma cópia disponível para todas as instâncias desse tipo de classe. Então não adianta termos duas instâncias diferentes desta classe, se manipulamos variáveis do tipo estático; pois ao alterar em uma das instâncias, o valor alterado estará refletindo em todas as instâncias desta classe.

O que é perfeito quando se pretende trabalhar com duas classes distintas como Inimigos.cs e Jogador.cs, se ambos contabilizam a destruição das naves inimigas, seja pelo tiro ou pela colisão com a nave do jogador, então você ter uma cópia disponível para todas as instâncias cai como uma luva; pois independente de qual classe esteja contabilizando as destruições da nave inimiga, este valor estará se refletindo para todas as demais classes que a manipulam.

Para ver em prática, vamos a um pequeno exemplo de como isso funciona. Vamos criar duas classes.

T1 e T2.

T1.cs

```
01 public class T1
02 {
03     private static int n1=0;
04     private int n2=0;
05
06     public void setN1(int n)
07     {
08         n1 += n;
09     }
10     public void setN2(int n)
11     {
12         n2 += n;
13     }
14     public int getN1()
15     {
16         return n1;
17     }
18     public int getN2()
19     {
20         return n2;
21     }
22 }
```

Há duas variáveis; onde n1 é estático, linha 03, e n2 que é uma variável comum, linha 04. Foram criados métodos set, linhas 06 a 13, para somar algum valor a essas variáveis. Sendo setN1 representando a variável n1 e o setN2 a variável n2. E os gets retornam os valores destas variáveis.

T2.cs

Neste exemplo só a classe T2 foi incorporada a um GameObject vazio, ou seja, se tornou uma classe ativa; mas, por que a classe T1 não foi? Porque declaramos uma instância da classe T1 dentro da classe T2.

```
T1 TT1 = new T1();
```

E por isso nós podemos utilizar os seus métodos se forem públicos. Lembrando que se o método público em questão fosse estático, então não seria necessário criar uma instância da classe T1 para manuseá-lo. Lembre-se a criação de instâncias da classe T1 só é possível porque ela não herda MonoBehaviour. Como você pode constatar na linha 01 da classe T1.

```
public class T2 : MonoBehaviour
{
    T1 TT1 = new T1();
```

```
04     T1 TT2 = new T1();
05     void Start()
06     {
07         TT1.setN1(10);
08         TT1.setN2(100);
09         print("Somando 10 em N1 e 100 em N2 do objeto de classe TT1");
10         print("TT1 de N1: " + TT1.getN1());
11         print("TT2 de N1: " + TT2.getN1());
12         print("TT1 de N2: " + TT1.getN2());
13         print("TT2 de N2: " + TT2.getN2());
14         print("Somando 15 em N1 e 150 em N2 do objeto de classe TT2");
15
16         TT2.setN1(15);
17         TT2.setN2(150);
18         print("TT1 de N1: " + TT1.getN1());
19         print("TT2 de N1: " + TT2.getN1());
20         print("TT1 de N2: " + TT1.getN2());
21         print("TT2 de N2: " + TT2.getN2());
22     }
23 }
```

Dentro desta classe temos duas instâncias da classe T1, uma de nome TT1, linha 03 e a outra de nome TT2, linha 04.

Em TT1 foram chamados os métodos set, para n1 e n2, linhas 07 e 08. E depois foram exibidos os valores de n1 e n2, com a utilização dos métodos get, tanto do objeto de classe TT1, linhas 10 e 12, como os de TT2, linha 11 e 13. Na saída você verá que a variável n1 tanto de TT1, como de TT2 vale agora 10; enquanto alterar o valor de n2 em TT1 não alterou o valor de n2 em TT2.

As linhas 16 e 17 alteraram o valor de n1 e n2 com o objeto de classe TT2. E mais uma vez verá que n1 somou os dez que existia aos 15 que foram acrescentados; ficando agora 25 tanto para TT1, como para TT2. O restante do resultado da saída do programa será:

```
Somando 15 em N1 e 150 em N2 do objeto de classe TT2
TT1 de N1: 25
TT2 de N1: 25
TT1 de N2: 100
TT2 de N2: 150
```

importante

Lembre-se, métodos estáticos só aceitam manipular variáveis globais que sejam estáticas; mas nada impede de se criar variáveis locais comuns dentro de um método estático; contudo não se pode criar variáveis estáticas dentro do método, mesmo que seja um método comum; nem muito menos utilizar em um método um parâmetro do tipo estático.

Entenda que variáveis estáticas são membros da classe e pertencem à classe e não a um método específico. E antes que se pergunte. Sim, métodos normais podem manipular variáveis estáticas, sem problema algum.

Quando manipulo algum método estático, tenho por hábito utilizar variáveis estáticas globais; já que subentendo que devo manter estes dados, mesmo que em certos momentos não seja necessário, faço por precaução.

Utilizar herança entre classes

Ainda aquele aviso afirma que, alternativamente, seu script pode herdar de ScriptableObject. Em questão de herdar, ele fala sobre herança que faz com que não seja necessário instanciar um objeto de classe para que possa utilizá-lo.

Posso fazer, por exemplo, com que uma classe A, que possua MonoBehaviour, seja herdada por uma classe B, fazendo com que a classe A seja pai, ou super classe da classe B; e B seja considerada classe filha ou subclasse. Com isso, poderei utilizar os métodos e variáveis públicas ou protegidas da classe A na classe B, que possuirá também as propriedades de MonoBehaviour, já que a classe A herda dela.

A.cs

```
public class A : MonoBehaviour
{
    static int soma;
    public void AP()
    {
        print("Método Público");
    }

    protected void AP2(int n)
    {
        soma+=n;
        print("Método Protegido, com variável estática de valor: "+soma);
    }

    protected static void AP3()
```

```
16      {
17          print("Método Estático Protegido");
18      }
19 }
```

Foi criada uma variável estática, linha 03, um método público, linha 04, que exibe uma simples mensagem, linha 06. Há ainda métodos protegidos, linhas 09 e 15; que só poderão ser acessados por herança.

Onde o primeiro possui um parâmetro que se soma à variável estática que foi criada, linha 11; onde logo em seguida a exibe, linha 12. O outro método, que é estático, só exibe uma simples mensagem, linha 17.

Ao criar a classe B e atribuir esta classe a um objeto em cena, para que a classe seja executada, como já fizemos inúmeras vezes, ela será responsável em chamar esses métodos da classe A; já que B irá herdar os métodos de A. Ex:

B.cs

```
01 public class B : A
02 {
03     void Start()
04     {
05         AP();
06         AP2(5);
07         AP3();
08     }
09 }
```

Como vemos a classe B, herda da classe A, linha 01. A saída do programa será algo como:

```
Método Público
Método Protegido, com variável estática de valor: 5
Método Estático Protegido
```

A esta altura você adquiriu conhecimento de:

1. Como localizar um objeto em cena e manusear seus componentes.
2. Diferenciar dados passados a um método por valor e por referência.
3. Saber como manipular uma classe externa e seus métodos.
4. Entender o conceito do termo estático.
5. Capturar a classe de um objeto em cena por meio de componente.

São conceitos básicos que serão utilizados ao longo do livro. Com isso chegou a hora de entramos na movimentação básica de objetos em cena.

Movimentação de teclado, mouse e joystick

O Unity já possui uma ferramenta chamada Axis, que nos apresenta comandos para teclado, mouse e joystick. Para isso vá ao menu principal em Edit > Project Settings > Input Manager

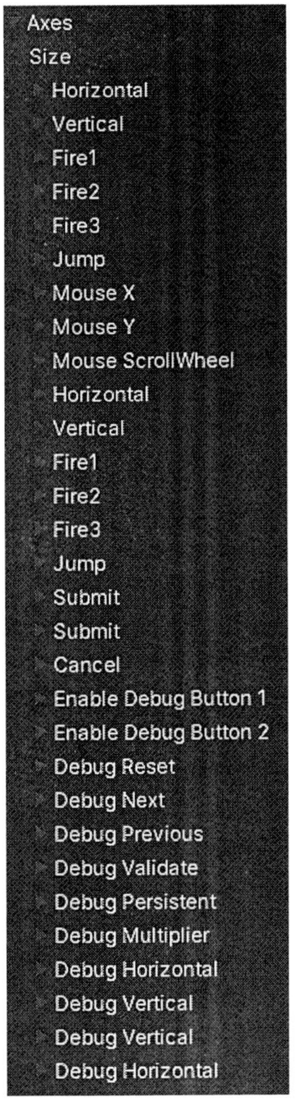

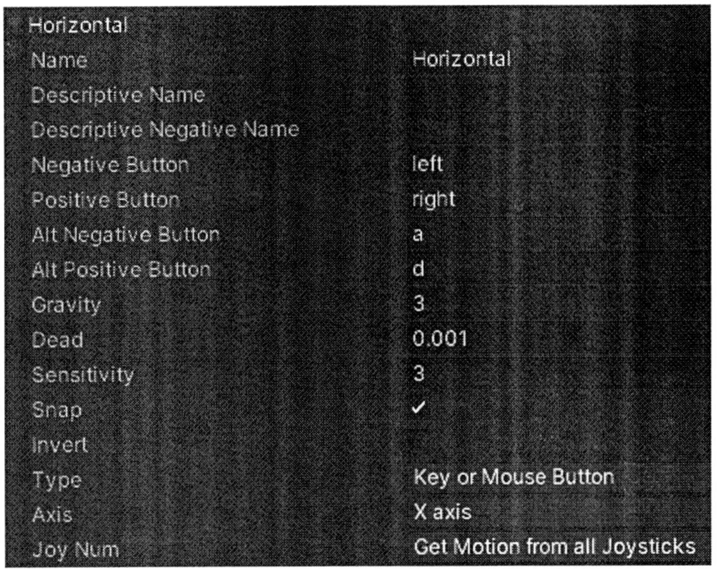

Ao expandir o Axis verá uma extensa lista de opções e cada opção possui um campo com ou sem valores predefinidos.

Como exemplo, decidi expandir o primeiro da lista que é o horizontal.

O Axis horizontal controla obviamente a posição horizontal, o eixo X; fazendo com que realize movimentos para esquerda ou para direita.

Name da linha 01 é o identificador deste componente e é através deste identificador que nos utilizamos deste eixo.

As linhas 02 e 03, segundo o próprio site da Unity são dados obsoletos, por isso vamos ignorá-los. As linhas 04 a 07 definem as teclas que são reconhecidas por este componente. Neste caso as setas direcionais de direita e esquerda, além das teclas "a" e "d" presentes no teclado, respectivamente. Se desejar que as setas direcionais não sejam mais reconhecidas por ele, basta apagar left e right das linhas 04 e 05, por exemplo.

Na linha 08 trata da gravidade, mas o objeto para sofrer gravidade deve possuir corpo; que trataremos em outro tópico.

O dead da linha 09 segundo a documentação do Unity é "A distância que o usuário precisa mover um stick analógico antes que seu aplicativo registre o movimento."; enquanto na linha 10 nos determina a sensibilidade de movimentação, que pode ser determinada ou alterada diretamente por código, se assim desejar; assim como os demais campos.

O snap da linha 11, quando habilitado, zera o valor do eixo que estamos trabalhando, quando pressionada a tecla ou botão na direção oposta. Na linha 12 quando habilitado inverte os controles e na linha 13 determinamos o que pode vir a ativar este input; se é uma tecla do teclado ou mouse, a movimentação do mouse ou um joystick.

Na linha 14 determinamos que o dispositivo horizontal controla o eixo X. E na linha 15 Joy Num, possui uma caixa de listagem que ao clicar, verá que há uma extensa lista de comandos para controles, como 3rd, 4th a 28th. A determinação de qual deles utilizar vem através do mapeamento dos controles, que pode sofrer algum tipo de alteração, conforme o modelo.

Felizmente, há fóruns na própria Unity e em outros locais que nos trazem o mapeamento dos controles como do Playstation e do X Box. Ex:

https://answers.unity.com/questions/1483922/how-to-map-controls-for-any-controller.html

Uma simples busca por controller button map unity já retornará vários sites que tratam do mapeamento.

Como sabemos, o Axis é um input, presente em input manager. Então como utilizá-lo? Simplesmente utilizamos o termo input, seguido pelo nome Axis; e já que desejo resgatar o valor do eixo X deste componente será acrescentado o termo get; ficando da seguinte forma:

```
float h = Input.GetAxis("Horizontal");
```

Colocamos entre parênteses o nome (name) do elemento. Que se você não realizou nenhuma alteração referente a name da linha 01, terá como nome o termo Horizontal; e o GetAxis nos retornar um valor, armazenamos ele em uma variável de nome "h" do tipo ponto flutuante.

Mas o que fazemos com este valor? Nós o utilizamos em um vetor para dar movimento ao elemento presente em cena. Todo e qualquer objeto presente em cena, seja em um cenário 2D ou 3D possui um vetor e a alteração constante deste vetor sobre um objeto nos resulta no deslocamento do mesmo, seja sobre o plano cartesiano 2D ou tridimensional. Onde X nos representa o deslocamento horizontal e Y o deslocamento vertical e Z a profundidade ou aproximação/distanciamento sobre um objeto tridimensional presente em cena.

Um jogo 3D nós utilizamos os eixos X e Z para nos deslocarmos sobre o ambiente do game e o Y nos serve para subir da mesma forma que ocorre em cenários 2D; já que independente de ser um plano 2D ou 3D o eixo vertical normalmente nos serve para isso.

Para dar referência a um objeto em cena, precisaremos utilizar o transform que pode nos determinar, dependendo de como é utilizado, a posição (position), rotação (Rotate) e escala (Scale) de cada objeto em cena.

Então transform é um componente presente em um objeto de cena? Sim, exatamente. Selecione um objeto em cena e verá pela janela inspector o componente transform deste elemento.

Por estarmos interessados em mudar a posição do objeto, podemos nos utilizar tanto de position como de translate. Ex:

```
01 float x = Input.GetAxis("Horizontal");
02 float y = Input.GetAxis("Vertical");
03 transform.Translate(new Vector3(x, y, 0));
ou
04 transform.position = transform.position + new Vector3(x, y, 0);
```

A diferença entre transform.position em relação a transform.Translate é que a primeira o movimento é aplicado em relação ao sistema de coordenadas do espaço global; enquanto a segunda é relacionado ao espaço local. Para tornar Translate também relativo às coordenadas do espaço global, devemos acrescentar um segundo argumento ao chamá-lo. Ex:

```
transform.Translate ( new Vector3(x, y, 0) , Space.World );
```

Lembrando que as linhas 01 e 02 estão pegando os valores dos eixos X e Y, respectivamente, atribuindo esses valores às variáveis; conforme pressionamos alguma tecla correspondente, como as setas direcionais, por exemplo. E na linha seguinte passamos para o objeto de cena a nova posição, com o uso de transform.Translate, na forma de um vetor; com base nos valores resgatados de X e Y. Transform. Translate ele pega a posição do objeto em cena e adiciona os novos valores passados ao vetor, fazendo com que haja o deslocamento do mesmo.

Como foi dito, poderíamos ter utilizado a linha 04 ao invés da linha 03, onde position é atribuído a sua posição atual mais a posição de deslocamento. Se você:

1. Criar um sprite em cena.
2. Criar um script com as três primeiras linhas de código acima.
3. Atrelar este script ao sprite criado.

Quando você rodar a cena, verá que o objeto em questão irá se movimentar pelos comandos de direção do teclado. Vamos ver com mais detalhes de como fazê-lo.

Criando um projeto em 2D

1. Crie um projeto vazio 2D no Unity.
2. Crie um sprite no cenário, abrindo o menu de contexto em Assets e escolhendo Create > 2D > Sprites > Square
3. Crie também um script, indo no Assets pelo menu de contexto. Create > C# Script.
4. Dê o nome de movimenta ao arquivo e atrele esse script ao objeto de jogo em cena.
5. Abra o script, indo em Assets e dando um duplo clique.

Movimenta.cs

```
public class Movimenta : MonoBehaviour
{
    void Update()
    {
        float X = Input.GetAxis("Horizontal");
        float Y = Input.GetAxis("Vertical");
        transform.Translate(new Vector3(X, Y, 0));
    }
}
```

Ao testar o controle verá que os movimentos são rápidos, isso ocorre porque a movimentação é baseada por frame, devemos alterar utilizando de Time.deltaTime. Além disso, crie uma variável para determinar um valor de velocidade. Altere o código para:

```
01 public class Movimenta : MonoBehaviour
02 {
03     float velocidade = 10f;
04     void Update()
05     {
06         float X = Input.GetAxis("Horizontal")* velocidade * Time.deltaTime;
07         float Y = Input.GetAxis("Vertical")* velocidade * Time.deltaTime;
08     }
09 }
```

A mudança basicamente foi na linha 03, a declaração de uma variável global, já que não foi criada dentro de um método, do contrário seria uma variável local ao método, de nome velocidade e de valor 10f, cujo "f" é uma representação para número de ponto flutuante. Alteramos as linhas 06 e 07 pegando o conteúdo do input, multiplicando pelo valor da velocidade que determinamos e utilizando ainda o Time.deltaTime, que sempre será feito por uma multiplicação, para que seja considerado o deslocamento por segundo ao invés de frames (quadros) por segundo. Salve e teste novamente o exemplo e veja o resultado.

Comandos de teclado

Neste tópico já demos uma "pincelada" quando foram apresentados os conceitos básicos de programação. Porém, há outros ouvintes de evento além de GetKeyDown, que foram apresentados anteriormente.

- **Getkey**: Onde a condição é sempre verificada enquanto o botão ou tecla em questão, continuar sendo pressionada.

- **GetKeyUp**: Quando a tecla/botão é pressionada e logo em seguida liberada.

- **GetKeyDown**: Ocorre a cada novo pressionamento de tecla/botão.

Com isso poderíamos substituir o Axis por comandos de teclado. Apesar de já virmos algo sobre o assunto, vamos ver como aplicar em um projeto 3D simples.

Criando um projeto em 3D

Primeiramente, vamos preparar o cenário. Lembre-se do tópico que aborda como passear pelo cenário 3D e como utilizar as ferramentas tools, vamos precisar dele.

1. Crie um projeto vazio em 3D no Unity.

2. Vá até a barra do menu principal em GameObject>3D Object>Plane.

    2.1. Também poderia ser criado abrindo o menu de contexto pela janela de hierarquia 3D Object > Plane.

3. Deixe o objeto plano nas coordenadas x, y e z como zero. Para isso, selecione o mesmo, se não estiver selecionado e vá àa janela inspector, em transform.

4. Organize a iluminação de Directional Light, que normalmente acompanha o projeto. Para as seguintes coordenadas:

Position	X 11	Y 14	Z 11
Rotation	X 35	Y 0	Z 0
Scale	X 1	Y 1	Z 1

    4.1. Para isso selecione o objeto em cena ou pela janela de hierarquia e vá à janela inspector.

    4.2. Se o elemento de luz não estiver presente em cena, o inclua, indo ao menu principal em GameObject > Light > Directional Light; como também pode ser criado pelo menu de contexto da janela de hierarquia.

5. Insira dois cubos e os coloque acima do plano, como se estivessem flutuando. Indo em GameObject>3D Object>Cube. Lembre-se de tirar o cubo um de cima do outro, use a ferramenta move tool, que vimos.

6. Deixe-os conforme o exemplo:

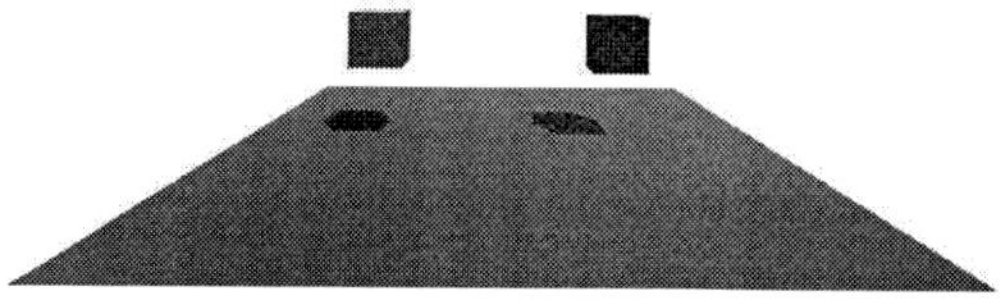

A diferença de cores entre os elementos se dá devido ao uso de material, vamos fazer isso para ter alguma diferenciação.

7. Vá para Assets e no menu de contexto vá em Create> Material. Com o material selecionado vá à janela inspector e em Albedo tem uma caixinha na cor branca, clique lá e altere a cor para preta, por exemplo. Faça novamente outro material sendo na cor cinza, por exemplo.

8. Adicione a cor preta a um dos cubos, simplesmente clicando sobre o material presente em Assets e arrastando até o cubo presente na janela de hierarquia.

9. Feito isso, pegue o material de cor preta e arraste até o plano. Com isso teremos três elementos de cores diferentes.

10. Para ter uma visão de câmera como a minha, altere a câmera presente em cena (Main Camera) para a seguinte posição:

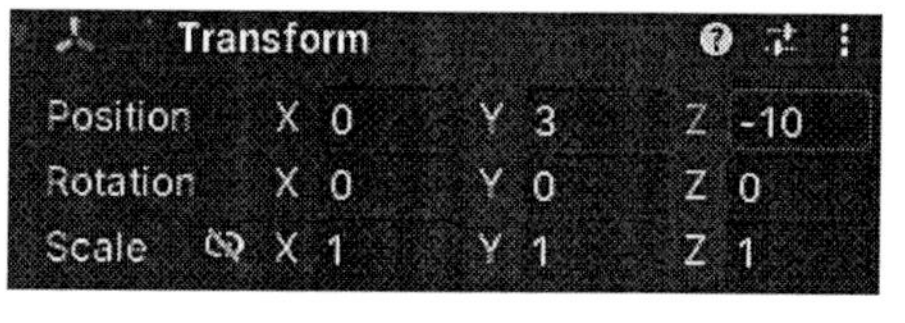

10.1. Isso, obviamente, se seu plano, onde estão os cubos, estiver na posição (0,0,0). Além disso, considere estes valores como uma sugestão, como em tudo relacionado à dimensão e posição sugeridas no livro.

11. Para o sistema gravitacional funcionar, ambos os cubos precisam ter um Rigidbody. Para isso, selecione o cubo e, na janela inspector, clique em add component e na barra de busca digite Rigidbody, ao aparecer, clique em adicionar.

12. Com tudo feito crie um script, indo ao menu de contexto de Assets em Create > C# Script. Nomeie como Move.

Move.cs

```
public class Move : MonoBehaviour
{
    private float velocidade=10f;
    void Update()
    {
        float X = velocidade * Time.deltaTime;
        float Z = velocidade * Time.deltaTime;
        if (Input.GetKey(KeyCode.W))
```

```
09            transform.position += new Vector3(0, 0, Z);
10        if (Input.GetKey(KeyCode.S))
11            transform.position += new Vector3(0, 0, -Z);
12        if (Input.GetKey(KeyCode.A))
13            transform.position += new Vector3(-X, 0, 0);
14        if (Input.GetKey(KeyCode.D))
15            transform.position += new Vector3(X, 0, 0);
16    }
17 }
```

Foi utilizado o input.GetKey ao invés do Input.GetAxis; GetKey, assim como, GetKeyDown e GetKeyUp, precisam passar por uma verificação, por isso que na linha 08 se faz o uso de if, assim como as demais, onde verifica se foi pressionada a tecla "W"; caso afirmativo, o retorno será true, entrando no if e executando o transform.position que pega a posição atual do elemento e soma ao vetor recém-criado com base no deslocamento passado de X ou Z. No caso da linha 09 pegamos a posição atual do elemento e somamos a um vetor, cuja posição de Z sofreu alteração devido a nossa variável Z; fazendo com que o elemento assuma uma nova posição, dando assim o movimento. O valor de Z negativo nos serve para mudar a direção do eixo Z; de forma similar ocorre com o eixo X, que pode ser passado o valor negativo ou positivo com base nas teclas pressionadas. Salve e execute para ver o resultado.

A disposição dos seus objetos presentes em cena, deve estar assim:

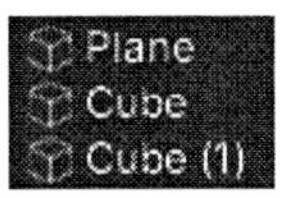

Nomeie Cube (1), como jogador e arraste o script que acabamos de criar para o mesmo. Depure e veja o resultado ao utilizar as teclas W, A, S, D e E.

Paralaxe de cena

Paralaxe possui o efeito de iludir o jogador para que se tenha a impressão que o personagem está se movimentando pelo cenário. Mas, ele está parado e só a imagem ou imagens de fundo na cena está em movimento.

O paralaxe divide-se em horizontal e vertical. Se formos criar um movimento de paralaxe horizontal, por exemplo, teremos que criar uma imagem em que as suas extremidades, esquerda e direita, possuam sincronia; pois paralaxe não é nada mais do que a repetição de uma imagem de fundo que fica passando, várias e várias vezes, para dar a ideia de movimento.

Com esta sincronia ela permite se encaixar perfeitamente com sua extremidade oposta, não dando aquele efeito de quebra. Porém, se houver um espaço vazio entre as extremidades, neste caso, não haverá necessidade de se preocupar com isso. Para entender melhor as duas situações, vamos a um exemplo:

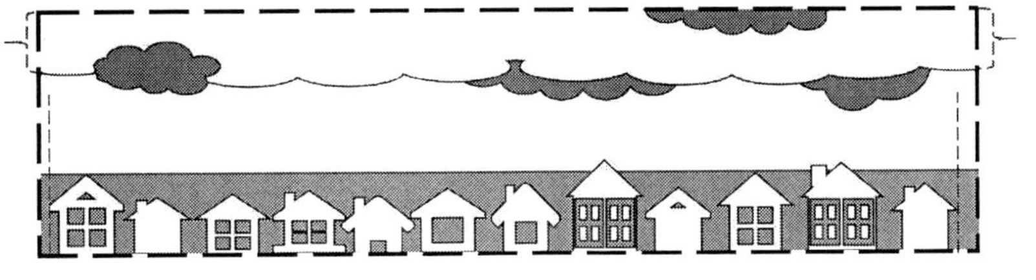

Tudo que estiver tracejado não faz parte da imagem; os tracejados só nos servirão de auxiliares para entender melhor como foi preparada esta imagem para poder utilizá-la como paralaxe horizontal. As bordas tracejadas, representando o limite desta imagem, onde na parte de cima temos as nuvens; que se estendem do início ao fim. Por isso, as extremidades desta nuvem devem possuir a mesma altura, o qual representei como chaves tracejadas. Do contrário, se uma for diferente da outra, vai aparecer uma "falha" na repetição desta imagem.

Na parte de baixo temos algumas casinhas, devido possuir um espaço vazio no início e no fim de sua extremidade, que foi representado este espaço por linhas tracejadas; não há com que se preocupar.

Criando paralaxe de uma única imagem em cena

Vamos colocar nossas casinhas em movimento de cena. Vamos criar uma imagem de fundo azul, representando o céu e logo abaixo de nossa imagem as casinhas, conforme o exemplo:

Sinta-se livre para criar outra coisa, se desejar, ao invés das casas pode ser montanhas, floresta, serrado, etc. A importância aqui, como em todos os exemplos, é entender a lógica por trás.

Nós iremos inserir essa imagem em um objeto 3D plano (quad). Sendo que o mesmo não trabalha diretamente com imagens e sim com materiais. Por isso iremos criar um material e anexar a imagem ao mesmo, para que dessa forma possamos integrar este material ao quad. Com base nisso vamos às etapas deste procedimento:

1. Vá para assets e no menu de contexto importe a imagem, escolhendo Import New Assets...

2. Selecione a imagem que você importou e na janela inspector altere Wrap Mode como Repeat. Para que possa criar desta forma um padrão de repetição.

3. Crie um Quad 3D, indo na barra do menu principal em GameObject > 3D Object > Quad.

4. Aumente o quad de forma que ocupe todo o espaço delimitado da câmera.

5. Crie agora um material. Indo para assets e no menu de contexto escolha Create > Material.

6. Na janela inspector deste material clique no ícone de uma mira que fica entre um quadrado e o nome Albedo. Ex:

7. Lá você irá selecionar a imagem. O Albedo é mais comumente utilizado para atribuir um mapa de textura que irá representar as cores da superfície do objeto.

Nota: Há tutoriais espalhados na internet que indicam a utilização de Legacy Shaders ao invés de Shader Standard (sombreamento padrão); contudo a própria documentação do Unity fala que Legacy Shaders ainda está presente no Unity, por questões de compatibilidade com versões anteriores; recomenda-se que use o sombreamento padrão sempre que possível para novos projetos.

https://docs.unity3d.com/Manual/Built-inShaderGuide.html

Por isso se você possui o hábito de utilizar Legacy Shaders, recomendo que pare agora.

1. Clique e arraste este material para o quad.

Vamos agora criar um script e anexar este script ao próprio quad presente em cena; quando anexamos um script a um objeto, poderemos manipular diretamente este objeto dentro do script, por justamente estar atrelado ao mesmo. Como explicado anteriormente.

1. Em assets, no menu de contexto escolha Create > C# Script.
2. Nomeie como MoveCena.
3. Abra o script e digite o seguinte código:

```
01 public class MoveCena : MonoBehaviour
02 {
03     Renderer rend;
04     void Start()
05     {
06         rend = GetComponent<Renderer>();
07     }
08     void Update()
09     {
10         rend.material.mainTextureOffset += new Vector2(0.5f * Time.deltaTime, 0);
11     }
12 }
```

Na linha 03 declaramos uma variável renderizada, com ela vamos armazenar o renderizador de nosso objeto atual, linha 06, com este render nós pegamos o material que foi incluso em quad, linha 10. O mainTextureOffset pega a textura principal de nosso material; onde foi atribuído um deslocamento deste em X de 0.5f com Time.deltaTime, que trabalha com fração de segundos.

Ao executar a cena, pode ser que a mesma esteja meio escura; já que materiais precisam ser iluminados por objetos de luz. Por isso vá àa janela de hierarquia e no menu de contexto escolha Light > Directional Light.

Paralaxe duplo com objeto jogador

Para encerrar este tópico, vamos criar uma paralaxe dupla na vertical desta vez, com um objeto jogador em cena. Este objeto jogador poderá se locomover pela cena respeitando os limites da câmera; do contrário, se a câmera acompanhasse o movimento do jogador deixaria de ser uma paralaxe.

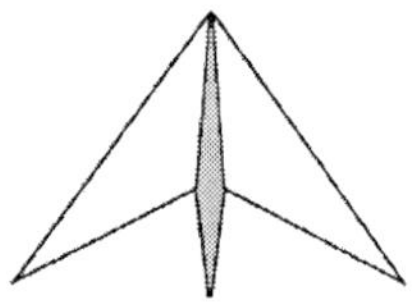
01

02

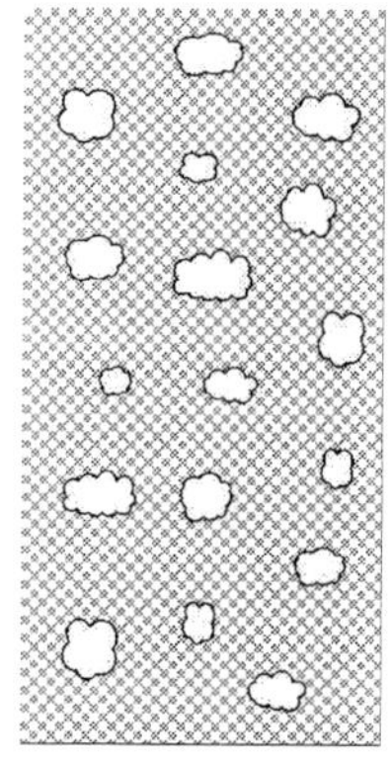
03

A imagem 01 será nosso jogador, a imagem 02 as casas e a imagem 03 as nuvens, que será uma imagem PNG de fundo transparente, você poderá ajustar a opacidade das nuvens para que não cubra completamente quando alguma delas passar por cima de alguma das casas. As imagens 02 e 03 são imagens de grande escala, aqui deixei quase o mesmo tamanho da nave, só a critério de demonstração das mesmas.

1. Crie um novo projeto 2D e o nomeie como nave.

2. Importe imagens similares indo para Asset e no menu de contexto escolhendo a opção Import New Asset...

3. Nas imagens de nuvens e casas, lembre-se de deixar o Wrap Mode como Repeat. Selecionando cada um e alterando esta propriedade pela janela inspector.

4. Crie um material, indo em Asset e no menu de contexto escolhendo Create > Material.

    4.1. Nomeie o mesmo como casa.

    4.2. Com o material selecionado, vá na janela inspector e clique na mira que fica em Albedo e selecione a imagem das casas.

5. Crie um outro material e nomeie o mesmo como nuvens.

    5.1. Com o material selecionado, vá na janela inspector e clique na mira que fica em Albedo e selecione a imagem das nuvens.

    5.2 Altere o Redering Mode de Opaque, para Cutout. Já que as nuvens possuem fundo transparente.

6. Crie um Quad em cena, indo à janela de hierarquia e no menu de contexto escolhendo 3D Object > Quad.

    6.1. Nomeie como casas e arraste o material relativo às casas.

    6.2. Expanda o Quad para que ocupe todo o espaço da câmera ou mais, dependendo do formato dimensional da imagem.

7. Agora crie um novo Quad para nuvens e repita o procedimento.

8. Lembre-se de adicionar um objeto de luz na cena, indo à janela de hierarquia e no menu de contexto escolhendo Light > Directional Light.

9. Por fim, adicione o aviãozinho de papel e o nomeie como jogador.

Se algum objeto ficar por cima do outro, você poderá selecionar e alterar a sua coordenada em Z. Por exemplo, casas deixei com -1 em Z, nuvens -2 e nosso objeto jogador com -3. Sempre selecionando o objeto e indo à janela inspector do mesmo e alterando o valor de Z por lá. Você ainda poderá alterar manualmente alternando a visualização 2D para 3D, clicando no botão presente em cena. Ex:

Ao selecionar algum dos objetos pela cena ou pela janela de hierarquia e clicando na ferramenta move tool, você poderá alterar os valores das coordenadas X, Y e Z deste objeto. Ex:

Onde a seta de destaque é a do eixo Z. Lembre-se de utilizar Alt + botão esquerdo do mouse para mudança de ângulo e Alt Gr + botão esquerdo do mouse para se mover no espaço 3D; além de utilizar o botão de rolagem para aumento e diminuição do zoom.

Agora vamos criar um script que seja responsável pela movimentação dos quads e um outro pela movimentação do objeto jogador, sempre respeitando os limites da câmera.

Na movimentação dos quads crie um script de nome cena e atrele este script a um objeto de game vazio. Para isso abra o menu de contexto na janela de hierarquia e escolha a opção Create Empty, nomeie este objeto como script. É necessário estar atrelado a um objeto de cena para que o script venha a ser executado (torne-se um script ativo).

Cena.cs

```
01 public class Cena : MonoBehaviour
02 {
03     Renderer[] rends = new Renderer[2];
04     string[] listaNomes = {"casas", "nuvens"};
05     void Start()
06     {
07         for (int i=0; i<listaNomes.Length; i++)
08         {
09             if(GameObject.Find(listaNomes[i])!=null)
10                 rends[i] = GameObject.Find(listaNomes[i]).GetComponent<Renderer>();
11         }
12     }
13     void Update()
14     {
15         rends[0].material.mainTextureOffset += new Vector2(0, 0.01f * Time.deltaTime);
16         rends[1].material.mainTextureOffset += new Vector2(0, 0.05f * Time.deltaTime);
17     }
18 }
```

Na linha 03 foi criado um array de renderes e na linha seguinte um com a lista dos nomes dos objetos que iremos procurar pela cena. No método Start(), linha 05, foi criado um laço por contador, onde o "i" vai da posição zero até uma posição inferior mostrado pela propriedade Length, que nos retorna o total de elementos de um array. Neste caso irá retornar o valor dois (2).Mas por que se basear em um valor inferior a dois (2)? Como sabemos um array de duas posições, como fizemos nas linhas 03 e 04, o primeiro elemento ocupa a posição zero (0) e o segundo a posição (1), por isso que deverá ser um laço até um valor inferior ao que Length retornar.

Por exemplo, se tivermos um array X com dez posições Length vai nos retornar o valor 10. Mas sabendo que o primeiro elemento inicia na posição zero, então a expressão do laço deverá ser X<10.

```
for (int i=0; i<10; i++) ou for (int i=0; i<x.Length; i++)
```

Na linha 09 requisitamos um objeto de game que possua o nome apresentado no array com a lista de nomes; se for encontrado o valor será diferente de null (nulo), entrando assim no if e resgatando o rendere deste elemento, através de GetComponent, seguido no nome do componente solicitado, tudo com base no valor de "i" a cada laço.

Em Update, linha 13, fazemos a movimentação do material dentro do quad, como já vimos anteriormente; sendo a movimentação das casas mais lentas do que a das nuvens; optei em diferenciar a velocidade para dar uma impressão maior da distância na nova nave em relação às casas.

Script do jogador

Ao invés de ser incluído em um objeto vazio de cena como o anterior, este será atrelado ao objeto jogador. E terá a seguinte estrutura:

Jogador.cs

```
01 public class Jogador : MonoBehaviour
02 {
03     float altCam, largCam, vel=10f, x, y;
04     Vector3 posNave;
05     void Start()
06     {
07         altCam = 2*Camera.main.orthographicSize;
08         largCam = altCam*Camera.main.aspect;
09         largCam = largCam/2 - GetComponent<Renderer>().bounds.size.x/2;
10         altCam = altCam/2 - GetComponent<Renderer>().bounds.size.y/2;
11     }
12     void Update()
13     {
14         x = Input.GetAxis("Horizontal") * vel * Time.deltaTime;
15         y = Input.GetAxis("Vertical") * vel * Time.deltaTime;
16         posNave = transform.position;
17         if((posNave.x>-largCam && posNave.x<largCam) || ((posNave.x>=largCam && x<0f) || (posNave.x<=-largCam && x>0f)))
18             transform.position += new Vector3(x, 0, 0);
19         if((posNave.y>-altCam && posNave.y<altCam) || ((posNave.y>=altCam && y<0f) || (posNave.y<=-altCam && y>0f)))
20             transform.position += new Vector3(0, y, 0);
21     }
22 }
```

O orthographicSize, linha 07, retorna a metade do tamanho da visualização vertical. Enquanto o aspect, linha 08, retorna a largura dividida pela altura. Se quisermos a largura e altura total da câmera, o cálculo é este que foi apresentado nas linhas 07 e 08. E sempre opto em utilizá-lo, mesmo quando não há necessidade de resgatar toda a dimensão da câmera, mas só uma parte dela, como será neste exemplo.

Nas linhas 09 e 10 pegamos a metade da largura e altura da tela e subtraímos a metade do tamanho do nosso objeto jogador. Mas, para que este dado? Para sabermos exatamente as coordenadas X e Y de até aonde o objeto jogador poderá ir, com base também no tamanho do objeto jogador. Não coloco neste exemplo valores fixos, porque o tamanho do jogador poderá variar de projeto para projeto, assim como as dimensões de tela definida pelo usuário.

Em Update(), linha 12, pegamos os valores dos controles horizontal e vertical, linhas 14 e 15, atribuindo a variáveis X e Y, respectivamente. Na linha seguinte, linha 16, pegamos a posição do nosso objeto que possui o script, no caso o objeto jogador. E fazemos comparações lógicas.

Na linha 17 verifico se a posição da nave em X (posNave.x) ainda é maior do que o valor negativo da largura estabelecida e menor do que a maior largura estabelecida. Ou se a posição X da nave é maior ou igual à largura estabelecida, porém o valor de X é negativo; em outras palavras, esta condição permite qu uma nave que está toda para a direita possa se deslocar contanto que seja para a esquerda; da mesma forma ocorre o contrário, se a nave estiver toda para a esquerda (posNave.x<=-largCam) possa se deslocar, contanto que seja para a direita (X>0f). Se estas condições forem satisfeitas, haverá um deslocamento em X, linha 18.

Se você verificar a condição do if da linha 19 verá que são os mesmos critérios que o if da linha 17; contudo em relação a Y. Que quando atendidos os critérios haverá um deslocamento em Y, linha 20.

Sistema de seguir

Como vimos no exemplo anterior, o deslocamento de um objeto em cena é realizado com o uso de vetores. Todo objeto em cena possui um vetor para localizar sua posição em um plano cartesiano 2D ou 3D.

Eles nos servem para saber a distância, direção relativa entre dois objetos, posicionar elementos na tela, entre outros aspectos. A subtração de dois vetores é utilizada para

determinar um vetor de distância entre dois outros vetores ou coordenadas vetoriais dentre dois objetos.

Toda a distância obtida é recomendada ser normalizada, pois um vetor de direção sem ser normalizado fará com que quanto mais longe o alvo estiver do seguidor, mais rápido o seguidor irá se mover.

Um vetor normalizado é um vetor que possui magnitude igual a um. Se tivermos um vetor de direção como (6, 8), sua magnitude seria:

$M = \sqrt{x^2 + y^2}$
$M = \sqrt{36 + 64}$
$M = \sqrt{100}$
$M = 10$

Para normalizar um vetor, precisamos dividi-lo pelo valor de sua magnitude. O vetor normatizado será então (6/10, 8/10) = (0.6, 0.8)

A normalização é útil para armazenar direção pura, quando a magnitude não deve ser considerada. Então se desejássemos criar um perseguidor para o nosso jogador faríamos da seguinte forma:

Sistema seguidor em um projeto 2D

1. Crie um projeto novo em 2D.

2. Vá em assets e crie um sprite (Create>2D>Sprites>Square).

3. Arraste para a cena.

4. Nomeie um como Jogador e o outro como inimigo. Sempre selecionando e indo à janela inspector do mesmo.

5. Coloque um objeto distante do outro.

6. Selecione o objeto de jogo de nome inimigo e mude a sua cor, só para ter uma diferenciação. Isso

pode ser feito indo **à** janela inspector, com o objeto selecionado, e indo em color.

7. Crie agora um script no assets (Create>C# Script) de nome Persegue.

8. Atrele esse script ao objeto de game de nome inimigo. Dentro da classe Persegue insira o seguinte código:

```
01 private GameObject alvo;
02 private float vel=4f;
03 void Start()
04 {
05     alvo = GameObject.Find ("jogador");
06 }
07 void Update()
08 {
09     Vector3 dir = alvo.transform.position - this.transform.position;
10     Vector3 vet = dir.normalized * vel;
11     this.transform.Translate (vet * Time.deltaTime);
12 }
```

Na linha 01 criamos um game objeto de nome alvo e na linha 02 uma variável de ponto flutuante que irá determinar a velocidade de locomoção do perseguidor. No método start(), atribuo ao game objeto--alvo o objeto jogador, utilizando o método de procura find, baseado no nome do objeto presente em cena.

Na linha 09 determino um vetor direção entre os objetos, o jogador, que é o nosso alvo menos a posição de nosso objeto que possuirá o script, que no caso é o inimigo.

Com a direção do vetor obtida, a mesma é normalizada na linha 10 com normalized; onde ainda multiplico pela velocidade que eu determinei na linha 02. Tudo isso atribuído a um novo vetor de nome "vet" e na linha seguinte o utilizo para começar a perseguição com transform.Translate, logicamente utilizando-se de Time.deltaTime, para ser por segundos e não por quadros.

O this significa este, esta ou isto em inglês, ou seja, na linha 11 significa, "a grosso modo", que mova este objeto. Mas, que objeto? O objeto que possui o script. Utilizar o this é mera formalidade. Aqui coloquei a critério de informação.

Salve o script (CTRL + S) e lembre-se, se não o fez, de mover o script para o objeto de jogo de nome inimigo. Teste seu projeto; verá que o inimigo irá atrás do jogador e ficará em sua posição.

Sistema seguidor em um projeto 3D

Lembra do nosso exemplo 3D que criamos, com a movimentação de um objeto em cena 3D? Vamos aproveitá-lo e realizar pequenas adaptações para este exemplo:

1. Reabra o projeto e verifique se um dos cubos possui o nome jogador e o outro de nome inimigo.

2. Crie um script de nome Persegue, utilizando do mesmo código que criamos em nosso exemplo 2D.
3. Atrele o script ao cubo de nome inimigo.
4. Teste o projeto.

Aliado seguindo jogador

E se não quisermos que seja um inimigo indo atrás do jogador até se chocar com o mesmo, mas sim um aliado? Neste caso o aliado deverá ficar a uma certa distância do jogador, como ocorre com os personagens presentes no jogo de Breath of Fire; onde gastei preciosas horas em sua primeira versão de 1993.

Em qualquer um dos exemplos 2D ou 3D? Acrescentando um if a condição de perseguir:

```
void Update()
{
    if(Vector3.Distance(transform.position, alvo.transform.position)>1.5f)
    {
        Vector3 dir = alvo.transform.position - this.transform.position;
        Vector3 vet = dir.normalized * velInimigo;
        this.transform.Translate (vet * Time.deltaTime);
    }
}
```

Distance ele precisa ter dois argumentos, que são a posição de dois objetos, no nosso caso se alterou o exemplo em 3D, seria a posição de nosso cubo que possui o script, que é o cubo de nome inimigo e o cubo que está representando o jogador; se suas distâncias forem maiores do que 1.5f, então entra a condição do if e realiza a aproximação entre eles, do contrário nada acontece. Por isso quando chegar a um valor igual ou inferior a 1.5f de distância, a condição if se torna false e nada mais será feito a não ser que você se distancie novamente do cubo de nome inimigo.

Detectando uma colisão

Todos os jogos trabalham com colisões, seja um chute num jogo de luta, um tiro, pegando um item... Enfim, praticamente tudo estaá relacionado a uma colisão ou gatilho de colisão, que iremos abordar neste tópico.

Na colisão há três estados, que são definidos como Enter, Stay e Exit. Enter é quando há o início da colisão, Stay é quando os objetos colididos permanecem em contato um com outro e Exit, quando se encerra esta colisão, ou seja, quando os objetos deixam de se colidir. Estes estados são verificados através dos seguintes métodos: OnCollisionEnter, OnCollisionStay e OnColissionExit. No caso da verificação de colisões em 2D são os mesmos; sendo que terminados com 2D. Ex: OnCollisionEnter2D, OnCollisionStay2D e OnColissionExit2D.

E a mudança de 3D para o 2D é basicamente isso, o acréscimo do termo 2D. Mas para que os métodos detectem as colisões entre dois objetos pelo menos um deles precisa conter o componente Rigidbody e ambos os componentes precisam de um Collider. O RigidBody ou RigidBody2D dá vida aos efeitos físicos, enquanto o collider é o que detecta a colisão. Com relação aos colisores 2D há o:

- **Box Collider 2D**: que tem sua forma quadrada ou retangular
- **Caspule collider 2D**: em forma de elipse ou cápsula.
- **Circle collider 2D**: em forma de círculo.
- **Edge Collider 2D**: neste você desenha o campo de colisão, puxando linhas.

Melhor do que a teoria é ver na prática, então vamos a um exemplo:

1. Crie um projeto 2D.

2. Adicione um sprite, indo no assets (Create>2D>Sprites>Square).

3. Altere a cor de um indo à janela inspector e em color.

4. Nomeie um como inimigo e outro como jogador, pela janela hierarquia ou pela janela inspector, com o elemento selecionado.

5. Selecione o objeto inimigo e na janela inspector vá em tag>add tag. Crie uma tag de nome inimigo; depois volte a selecionar o objeto inimigo em cena e selecione a tag de nome inimigo que você acabou de criar.

6. Em cada um dos elementos em cena acrescente um colisor. Selecionando cada um e indo à janela inspetor, clique no botão add component. Na barra de busca digite Box Collider2D.

7. Em um deles acrescente um Rigidbody 2D, por exemplo no inimigo.

8. E na janela inspector e em Rigidbody 2D altera a gravidade (Gravity Scale) para zero (0); para que não sofra sua influência.

9. Vamos agora criar um script de nome TestaColisor e depois anexar ao jogador.

10. Dentro da classe TestaColisor, iremos acrescentar o seguinte código:

```
01 private float vel=10f;
02 void Update()
03 {
04   float H = Input.GetAxis("Horizontal");
05   float V = Input.GetAxis("Vertical");
06   transform.Translate(new Vector3(H*(vel*Time.deltaTime), V*(vel*Time.deltaTime), 0));
07 }
08 void OnCollisionEnter2D(Collision2D obj)
09 {
10     if (obj.gameObject.name == "inimigo")
11         Debug.Log("CollisionEnter - name");
12     if (obj.gameObject.tag == "inimigo")
13         Debug.Log("CollisionEnter - tag");
14     if (obj.gameObject.CompareTag("inimigo"))
15         Debug.Log("CollisionEnter - CompareTag");
16 }
17 void OnCollisionStay2D(Collision2D obj)
18 {
19     if(obj.gameObject.name=="inimigo")
20         Debug.Log("Collision Stay");
21 }
22 void OnCollisionExit2D()
23 {
24     Debug.Log("Saiu da colisão");
25 }
```

Na linha 01 foi criada uma variável privada de nome "vel" de ponto flutuante, para nos ajudar a mover o jogador e o restante do código de movimento já foi explicado algumas vezes, então vamos pular diretamente para a linha 08 em diante. Na linha 08 ele pega o objeto que colidiu, através de um parâmetro passado ao método, que foi nomeado como "obj"; que o utilizo na linha 10 e verifico se este objeto que colidiu com o jogador possui o nome de inimigo. Caso afirmativo, faço com que seja exibida uma mensagem pela janela de console do Unity a frase: CollisionEnter – name, linha 11.

De forma semelhante ocorre com os demais, sempre informando o tipo de colisão e o tipo de ferramenta que foi utilizada; se foi por uma comparação pelo nome (name), linha 10, por tag, linha 12, ou comparação de tag (CompareTag), linha 14; na realidade só precisávamos de uma verificação, mas aqui foram utilizadas três, para que você leitor saiba que há mais de uma maneira de se verificar uma colisão. A mensagem, como podemos ver é exibida através do comando Debug.Log().

O método OnCollisionStay2D, linha 17, só é ativo quando os objetos permanecem colididos e continua sendo chamado enquanto esta colisão persistir. Diferente da primeira colisão, linha 08, que só é ativada uma única vez no momento em que os objetos colidem.

Assim como Enter, da mesma forma ocorre com o método Exit, linha 22. Que só será também chamado uma única vez no momento em que a colisão parar de existir.

importante

Se algum dos colisores não estiver funcionando, verifique se colocou uma única letra "L" ao invés de dois, ou um "s" a mais, ou alguma letra que deveria ser maiúscula esteja em minúsculo. Do contrário, ele não irá funcionar; o Unity não alerta sobre o erro, pois para ele é como se você estivesse criando um novo método. Tome nota.

Deixo aqui um detalhe simples que novatos fazem. Nunca compare uma colisão com o próprio objeto que possui o script de colisão, pois esta condição nunca será verdadeira. Não adianta eu criar um objeto X, onde anexo o script de colisão ao mesmo e tento verificar se X colidiu com ele mesmo. Por isso que no nosso caso anexamos o script ao jogador e verificamos se o inimigo colidiu com o mesmo, se o script de colisão estivesse no objeto inimigo, então a verificação seria se o jogador colidiu com ele.

Mas e se fosse posto em um exemplo 3D, como ficaria? Lembra do nosso exemplo 3D, em que temos dois cubos em um plano, onde um deles tem o nome inimigo e o outro jogador? Pois bem, reabra este projeto e retire, se colocou, aquele if que evita os objetos de colidirem, incluindo os limitadores de bloco ({}) deste if. Ex:

```
void Update()
{
    if(Vector3.Distance(transform.position, jogador.transform.position)>1.5f)
    {
        Vector3 dir = jogador.transform.position - this.transform.position;
        Vector3 vet = dir.normalized * velInimigo;
        this.transform.Translate (vet * Time.deltaTime);
    }
}
```

Esse script ao qual me refiro é o Persegue.cs, que está atrelado ao bloco de nome inimigo. Acrescente ainda nesse script as linhas 08 a 25 do código que vimos de colisão 2D; retirando o termo 2D e alterando o nome de inimigo para jogador; já que o script de colisão está no cubo de nome inimigo, e como foi dito não há como verificar se ele colidiu com ele mesmo.

Selecione para o cubo de nome jogador a tag existente de nome player. Pois vamos utilizar esta tag como verificação de colisão do inimigo com o jogador. O código acrescentado deverá ficar da seguinte forma:

```
void OnCollisionEnter(Collision obj)
{
    if (obj.gameObject.name == "jogador")
        Debug.Log("CollisionEnter - name");
    if (obj.gameObject.tag == " Player ")
        Debug.Log("CollisionEnter - tag");
    if (obj.gameObject.CompareTag("Player "))
        Debug.Log("CollisionEnter - CompareTag");
}
void OnCollisionStay(Collision obj)
{
    if(obj.gameObject.name==" jogador ")
        Debug.Log("Collision Stay");
}
void OnCollisionExit()
{
    Debug.Log("Saiu da colisão");
}
```

Lembre-se, para que a verificação de colisão seja válida ambos os objetos devem possuir colisores e pelo menos um deles um rigidbody (corpo rígido), para que o teste de colisão tenha sucesso.

Em ambos os exemplos, vimos uma física agindo na colisão entre os dois objetos; mas nem sempre desejaremos isso; há momentos que o desenvolvedor só irá desejar saber se houve ou não o toque entre dois objetos, mas que não sofra nenhum tipo de efeito físico pra isso. E então como fazer?

Neste caso devo marcar em um dos colisores, por exemplo o inimigo, o colisor de gatilho (trigger); com o objeto selecionado e indo à janela inspector e marcando Is Trigger do componente colisor. Então ele se utilizará dos métodos OnTriggerEnter, OnTriggerStay e OnTriggerExit ao invés dos métodos convencionais anteriormente utilizados. No caso do 2D seria OnTriggerEnter2D, OnTriggerStay2D e OnTriggerExit2D.

Exemplo de colisão em gatilho 2D

Marque Is Trigger no objeto em cena inimigo e acrescente os métodos de colisão:

```
void OnTriggerEnter2D(Collider2D obj)
{
    if (obj.gameObject.name == "inimigo")
        Debug.Log("OnTriggerEnter2D");
}
void OnTriggerStay2D(Collider2D obj)
{
    if(obj.gameObject.name=="inimigo")
        Debug.Log("OnTriggerStay2D");
}
```

```
void OnTriggerExit2D()
{
    Debug.Log ("Saiu da OnTriggerExit2D");
}
```

Perceba que além do método, nosso parâmetro também muda, não estamos utilizando mais de Collision2D e sim de Collider2D. Também o princípio é o mesmo. Faça o teste.

Exemplo de gatilho 3D

```
01 void OnTriggerEnter(Collider obj)
02 {
03     if (obj.gameObject.name == "jogador")
04         Debug.Log("OnTriggerEnter");
05 }
06 void OnTriggerStay(Collider obj)
07 {
08     if(obj.gameObject.name=="jogador")
09         Debug.Log("OnTriggerStay");
10 }
11 void OnTriggerExit()
12 {
13     Debug.Log ("Saiu da OnTriggerExit");
14 }
```

Simplesmente retiramos o termo 2D e a comparação da colisão será com o objeto jogador, linhas 03 e 08. Marcamos, por exemplo, o cubo inimigo como Is Trigger; para isso o selecionamos e vamos à janela inspector deste elemento; com base nisso, desmarcamos a opção Use Gravity de rigidBody; já que o objeto do tipo Trigger perde corpo e neste caso o cubo inimigo cairia do plano.

Criando um game shoot 'em up

Shoot 'em up é um subgênero de jogos eletrônicos de tiro. É um ataque solitário de visão vertical ou frontal; normalmente sendo uma nave disparando em vários inimigos que surgem de forma simultânea na tela.

Há estilo de jogos como esses que além de fases, possui o sistema de waves (levas). Uma wave é nada mais do que uma leva de inimigos que surgem, que quando eliminados faz com que surja uma nova wave mais complicada que a anterior; pois a quantidade ou dificuldade de abatê-los vai se complicando.

Então o que precisamos para fazer a mágica acontecer?

1. Precisamos movimentar o personagem na cena.

2. Precisamos que o inimigo persiga o personagem.

3. Precisamos que o personagem possa atirar e eliminar os inimigos.

4. Precisamos criar uma barra de vida para nosso personagem.

5. Precisamos criar inimigos em locais de forma randômica.

6. Precisamos contabilizar a destruição destes inimigos para fazer com que o jogador passe de fase ou gere uma outra wave mais difícil.

7. Precisamos declarar vitória ou derrota dependendo se o jogador cumpriu a meta ou foi simplesmente derrotado.

Com estes sete passos simples você terá um game Shoot 'em up. Já temos as etapas um e dois, a terceira etapa praticamente temos, que é o sistema de colisão; mas precisamos saber como aplicá-lo em um sistema de tiro. Então vamos a ele.

Criando nossa navezinha

1. Crie um quadrado e um diamante isométrico, simplesmente indo em assets Create>2D>Sprites>Square, novamente em Create>2D>Sprites>Isometric Diamond. Faça com que o diamante seja a ponta do lado direito, por exemplo, de nosso quadrado. Só para que a nossa navezinha defina alguma frente. Faça com que este diamante seja filho deste quadrado em questão. Mas como isso? Simplesmente clique sobre o diamante, pela janela de hierarquia e arraste para cima do quadrado.

2. Agora clique com o botão direito sobre o diamante e no menu de contexto escolha a opção Create Empty, para criar um GameObject vazio, que será filho de nosso diamante isométrico e o nomeie como tiro.

3. Arraste esse gameObject tiro para a extremidade do nosso diamante

   3.1. A disposição das figuras e a hierarquia ficará da seguinte forma:

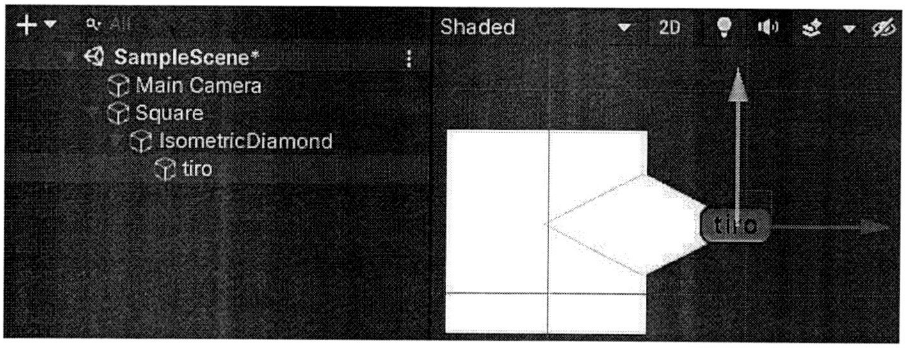

Eu tornei o GameObject tiro visível na edição para você ter uma noção melhor de onde ele se encontra. E é através dele de onde sairá o tiro.

Como vemos na hierarquia, o diamante e o GameObject tiro são filhos de Square; com isso ao arrastar o quadrado pela cena verá que estará arrastando também os demais componentes. Pois a herança de pai e filho os torna conectados entre si.

   3.2. Para tornar o GameObject tiro visível em cena, o selecione e na janela de hierarquia clique na seta que fica a imagem do cubo, lá você poderá escolher diversas formas de exibição deste GameObject que só será visível na edição da cena e não no jogo em si. Ex:

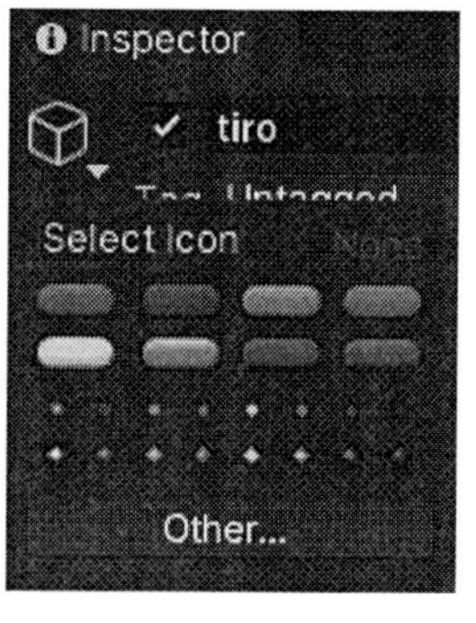

4. Selecione o elemento pai Square (quadrado) e coloque um edge colider no mesmo; você verá uma linha fina verde no meio do quadrado. Clique e arraste as extremidades para reposicionar esta linha ou no meio, por exemplo, para criar novas linhas; vá criando novas linhas até que contorne toda a nave, incluindo a sua ponta.

5. Eu nomeei Square como jogador e Isometric Diamond como ponta.

6. Crie três tags: bala, jogador e inimigo. Para isso vá em tag pela janela inspector de qualquer elemento e na caixa de listagem, escolha Add Tag...

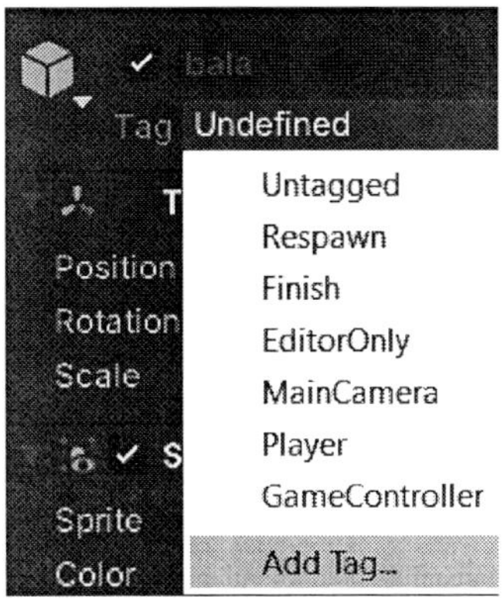

Depois de criadas as tags não esqueça de atribuir a tag ao jogador.

Criando a bala

1. Para criar a bala será um sprite square que iremos puxar em cena, sendo que menor em escala de altura e largura, para se parecer mais como uma bala. Deixei as escalas 0.4 para X e 0.1 para Y.

2. Atribua a tag bala, que já criamos anteriormente a este elemento. Para isso, com o mesmo selecionado, vá à janela inspector e clique em tag e escolha bala.

3. Atribua um Box Collider 2D ao mesmo, pela janela inspector e clicando em Add Component, procure pelo mesmo utilizando a barra de busca. E marque a opção is Trigger deste colisor.

4. Crie um script de nome **Tiro.cs** e acrescente uma simples linha de movimento horizontal em X pelo método update. Ex:

Tiro.cs

```
01 private float vel=10f;
02
03 void Update()
04 {
05     transform.Translate(new Vector2 (vel*Time.deltaTime, 0));
06 }
```

Na linha 05 será um deslocamento em X, para o objeto que possuir o script em anexo, com base na velocidade definida pela variável "vel" (linha 01).

1. Anexe o script à bala e crie um prefab desta bala.

2. Ao apertar o botão play, verá a bala se deslocando pelo cenário. Mas no nosso caso a bala será criada a cada pressionamento do botão esquerdo do mouse.

3. Com o prefab criado, exclua a bala da cena.

Fazendo nossa nave atirar

Como foi falado, a localização do tiro partirá do gameObject de nome tiro e o projétil será nossa bala que acabamos de criar. Então, obviamente, vamos precisar destes dois elementos em nosso código.

A cada tiro será criada uma cópia da bala e por isso utilizaremos o comando Instantiate, que é responsável em gerar cópias de um determinado objeto. Nele devemos informar o objeto que criaremos uma cópia e a posição (x, y e z) deste objeto em cena; além do fato de determinar a rotação do mesmo. Ex:

Instantiate(<objeto a ser criado a cópia>, (x, y, z), <rotação>);

As coordenadas, como sabemos terão que ser feitas através de um vetor, onde passamos algum valor qualquer ou podemos passar as coordenadas de um determinado objeto em cena, para que a cópia seja criada aonde o mesmo estiver.

Então nada mais óbvio passar as coordenadas do gameObject tiro, que se encontra na ponta de nosso diamante isométrico, de onde a bala deverá surgir.

Mas e quanto a rotação? Podemos nos utilizar de Quaternion.identity, que corresponde a sem rotação ou nos utilizar de um gameObject em cena, para caso a rotação do mesmo mude, a nossa bala acompanhe esta rotação. Por isso, passaremos a rotação atual de nosso gameObject tiro. Pois a nossa nave além de se mover irá girar pelo cenário com base na posição do ponteiro do mouse. É parecido com a mecânica do jogo Asteroids de 1979.

Então vamos ao código. Crie um script e o nomeie como jogador e escreva o seguinte código:

```
public class jogador : MonoBehaviour
{
    private float vel=5f;
    public GameObject bala;
    private GameObject localTiro;
    void Start()
    {
        localTiro = GameObject.Find("tiro");
    }
    void Update()
    {
        float x = Input.GetAxis("Horizontal") * vel * Time.deltaTime;
        float y = Input.GetAxis("Vertical") * vel * Time.deltaTime;
        transform.position = transform.position + new Vector3(x, y, 0);
        Vector3 pos = Camera.main.ScreenToWorldPoint(Input.mousePosition) - transform.
```

```
position;
16          pos.Normalize();
17          float z = Mathf.Atan2(pos.y, pos.x) * Mathf.Rad2Deg;
18          transform.rotation = Quaternion.Euler(0, 0, z);
19          if(Input.GetKeyDown(KeyCode.Mouse0))
20          {
21              Object destruir = Instantiate(bala, localTiro.transform.position, localTiro.
transform.rotation);
22              Destroy (destruir, 2);
23          }
24      }
25      void OnCollisionEnter2D(Collision2D obj)
26      {
27          if(obj.gameObject.CompareTag("inimigo"))
28          {
29              Debug.Log("Inimigo, Colidiu com a nave");
30              Destroy(obj.gameObject);
31          }
32      }
33 }
```

Na linha 03 criamos uma variável "vel" de ponto flutuante do tipo privado. Na linha 04 um GameObject público de nome bala. Quando for anexar o script ao jogador isso fará com que um campo apareça na janela inspector de nome bala, onde deveremos clicar e arrastar nosso prefab de bala para este campo.

Há um outro GameObject na linha 05 do tipo privado de nome localTiro. No método start (linha 06), nós pegamos o GameObject tiro presente em cena e atribuímos ao nosso GameObject localTiro.

No método update temos as linhas 12 a 14 que irá fazer com que nossa nave se desloque com base nas teclas de nosso teclado, assunto que por sinal já vimos. Mas da linha 15 em diante a coisa muda. Nesta linha nós pegamos a posição da câmera principal (main camera) que fica presente por padrão no cenário; o ScreenToWorldPoint pega a posição do mouse em relação a sua posição global com relação à posição do mouse passada (Input.mousePosition) e subtraimos com base na posição de nossa nave.

Lembra-se do script perseguir? Em que subtraímos a direção do jogador em relação ao inimigo para saber qual a direção a ser percorrida? É basicamente isso que estamos fazendo com relação ao ponteiro do mouse em relação a nossa nave. E como vimos, durante uma subtração entre vetores, precisaremos normalizar este vetor. No nosso caso «pos» é o vetor que armazena esta subtração e por isso na linha 16 ele está sendo normalizado.

Na linha 17 Mathf.Atan2 nos retorna um valor em radianos, com base na posição X e Y do mouse; já que a variável «pos» possui as coordenadas do mouse; enquanto Mathf.Rad2Deg é uma conversão deste valor de radianos para graus.

Com base no valor adquirido em «z» nós rotacionamos a nave com o transform.rotation, com base no uso de Quaternion.Euler, linha 18, que retorna uma rotação em relação ao valor que foi passado pela variável «z».

O pressionamento do botão esquerdo do mouse (KeyCode.Mouse0), linha 19, irá nos retornar true; fazendo com que entre na condição if da linha 19. Na linha 21 foi criado um objeto de nome destruir que irá atribuir a cópia de referência do objeto criado com Instantiate. Onde passamos o prefab da bala e as coordenadas do local em que o tiro irá sair e também se baseando em sua rotação. Na linha 22 ele irá destruir essa bala após dois segundos em cena.

É recomendado fazer este procedimento de destruição; do contrário toda bala gerada ficará presente no cenário, ocupando algum espaço de memória desnecessariamente.

Mas o que ocorre se a nave inimiga colidir com a nossa nave? A princípio vamos fazer um simples teste de detecção com o método OnCollisionEnter2D, no parâmetro pegamos o objeto colisor e atribuímos a variável obj. Na linha 27 verificamos, pela tag, se é de nome inimigo; caso afirmativo (true), irá aparecer uma pequena frase na janela de console: Inimigo, Colidiu com a nave.

Na próxima linha destruímos a nave inimiga que colidiu. Teste a aplicação e verá que a nave acompanha o ponteiro do mouse, ficaria mais interessante se modificássemos este ponteiro para uma mira, certo?

Alterando o ponteiro do mouse para uma mira

1. Primeiro crie a imagem de uma mira.
2. Importe esta mira pelo assets, pelo menu de contexto Import New Assets...
3. Com a mira em mãos vá na barra do menu principal em Edit>Project Settings...
4. Selecione Player e em Default Cursor clique numa caixa vazia que possui o botão select.
5. Selecione a sua mira, no meu caso foi uma imagem PNG de fundo transparente.

Ao movimentar a mira estará mudando o ângulo da nave.

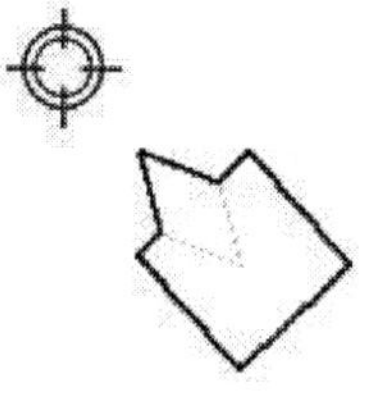

Criando o inimigo

1. Puxe para cena um square e altere sua cor, pela janela inspector. Só para ter alguma diferença em relação a cor da nave

2. Altere o nome padrão para inimigo e selecione a tag inimigo; para isso vá à janela inspector deste elemento e selecione a tag solicitada que já havíamos criado, se não tiver, crie e selecione novamente nosso objeto para selecionar a tag criada.

3. Ainda na janela inspector deste elemento clique em Add Component e localize na barra de busca um Box Collider 2D e um Rigidbody 2D; altere o campo Gravity Scale do Rigidbody para zero (0).

4. Crie um script de nome **Inimigo.cs** e anexe este script ao nosso objeto inimigo em cena.

5. Crie um prefab do mesmo.

Iremos criar um sistema de perseguir, que já vimos, e um sistema de colisão. Para caso colida com a nave ou com a bala, seja destruído.

```
01 public class Inimigo : MonoBehaviour
02 {
03     private GameObject alvo;
04     private float vel=4f;
05     void Start()
06     {
07         alvo = GameObject.FindWithTag ("jogador");
08     }
09     void Update()
10     {
11             Vector3 dir = alvo.transform.position - transform.position;
12             Vector3 vet = dir.normalized * vel;
13             this.transform.Translate (vet * Time.deltaTime);
14     }
15     void OnTriggerEnter2D (Collider2D col)
16     {
17         if(col.gameObject.CompareTag("bala"))
18         {
19             Destroy(col.gameObject);
20             Destroy(this.gameObject);
21         }
22     }
23 }
```

Nas linhas 03 e 04 foram criadas variáveis do tipo privadas; sendo uma gameObject e a outra de ponto flutuante, respectivamente. No método start (linha 05), pegamos o objeto jogador em cena, pela busca de sua tag (jogador), linha 07, e atribuímos a variável alvo.

Em update (linha 09 a 14), simplesmente criamos o sistema de perseguição, que já vimos. O método OnTriggerEnter2D; verifica se nosso inimigo colidiu com algum objeto que possua a tag de nome bala (linha 17). Obviamente o objeto em questão deve possuir um colisor do tipo gatinho (trigger), que é o caso de nossa bala.

Caso seja a bala que colidiu com o mesmo, destruímos a bala (linha 19) e o próprio objeto que possui o script, no caso o inimigo (linha 20).

Deixe, se não tiver, um inimigo em cena e faça o teste. Verá que será destruído quando acertar com a bala.

Criando inimigos aleatórios

Será um GameObject vazio que possuirá um script com a referência ao inimigo que criamos; o mesmo surgirá em locais randômicos (aleatórios).

1. Crie um GameObject vazio em cena, clicando com o botão direito do mouse sobre a janela de hierarquia e no menu de contexto escolhendo create empty.

2. Nomeie como waves.

3. Crie um novo script pelo assets de nome **Waves.cs**.

4. Atrele este script ao nosso objeto de jogo (GameObject).

5. O script possuirá o seguinte código:

```
public class Waves : MonoBehaviour
{
    public GameObject inimigo;
    private Vector3 pos;
    void Start()
    {
        StartCoroutine(naves());
    }
    IEnumerator naves()
    {
        while(true)
        {
            yield return new WaitForSeconds(1f);
            if(Random.Range(-1.0f, 1.0f)>0)
                pos = new Vector3(Random.Range(-14.0f, 14.0f), 7f, 0);
            else
                pos = new Vector3(Random.Range(-14.0f, 14.0f), -7f, 0);
            Instantiate(inimigo, pos, transform.rotation);
        }
    }
}
```

Ao anexar esse script ao gameObject vazio de nome waves; você verá na janela inspector deste objeto, que irá aparecer um campo; onde você deverá arrastar o objeto inimigo presente no assets para este campo.

A variável privada na linha 04 é um vetor que iremos nos utilizar para determinar a posição que o inimigo irá surgir. Na linha 06 foi utilizado o método Start() para iniciar uma corrotina. Uma corrotina é uma subrotina que permite pausar a execução do Unity e retomar a partir do mesmo ponto após o cumprimento de uma condição. Neste caso coloquei um laço infinito, ao declarar while como true, linha 11; em outras palavras, essa corrotina nunca será encerrada, fazendo com que se criem inimigos indefinidamente em um intervalo predeterminado. Mas, pretendo refinar este laço mais a frente.

Por que utilizar uma corrotina e não Update()? O Update() se atualiza de forma muito rápida, o que torna inviável utilizá-la para a criação das naves inimigas que irão surgir contra o jogador. Por isso foi utilizado uma corrotina, que para funcionar, precisa estar atrelada a um método que seja do tipo IEnumerator; que retorna um objeto IEnumerator do método ou por tempo predeterminado por WaitForSeconds, que foi nosso caso, linha 13; onde foi determinado uma pausa de um segundo (1f).

Dentro do if, linha 14, criamos um valor randômico que varia entre 1.0 a -1.0. Dependendo do valor retornado o vetor de posição assumirá uma posição específica em Y, entre 7f, se na linha 14 obter um valor positivo ou -7f, se for negativo. Em ambas as posições, linha 15 e 17, o valor de X é escolhido de forma randômica, entre -14f a 14f.

Criando Waves

Vamos complicar um pouco mais com dois novos tópicos em nosso código. Tente me acompanhar ao que será feito:

1. Fazer a nave sofrer danos quando se choca com uma nave inimiga.

2. Durante uma wave pode-se dar vitória ou derrota (mudança de cena), dependendo se todos os inimigos criados foram destruídos ou se a nave foi destruída.

Para a nave sofrer dano e o jogador ficar informado sobre isso, precisamos criar uma barra de vida ou algo relativo a isso. Por isso vamos criar duas barras: uma para demarcar o tamanho da nossa barra de vida e outra para contabilizar o que resta de vida. Semelhante aos jogos de luta. Ex:

Para isso siga as seguintes etapas:

1. Crie um sprite Square, indo para assets, no menu de contexto Create>2D>Sprite>Square.
2. Selecione o Square em assets e mude para PV (pontos de vida).
3. Ainda com o mesmo selecionado, vá até a janela inspector e clique em Spriter Editor.
4. Lá altere o pivot para Left Center, conforme o exemplo da imagem:

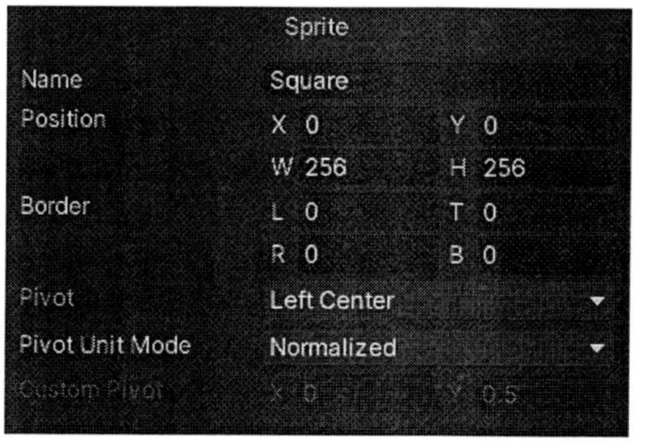

5. Clique em apply, para aplicar a alteração.

6. Puxe duas barras para a cena, uma terá escala de 3.1 X e 0.3 Y enquanto a menor terá as escalas de 3.0 X e 0.2 Y. Faça com que uma fique sobre a outra.

7. Optei em criar um gameObject vazio de nome PV e arrastar as duas barras sobre o mesmo, para se tornar elemento filho deste e alterei seus nomes para PV1 e PV2, conforme o exemplo:

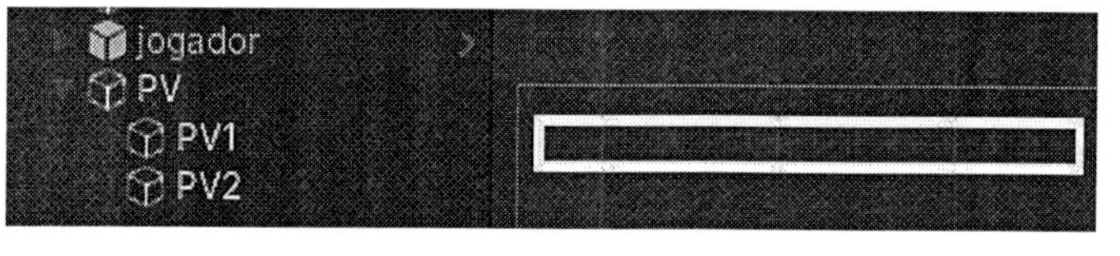

7.1. Caso a barra menor fique por trás da maior, isso pode ser corrigido, verificando o eixo Z da barra menor ou simplesmente alterando o campo Order In Layer do mesmo.

8. Na barra menor que está representando a vida da nave, crie uma tag de nome «pv» pela janela inspector e depois selecione a mesma.

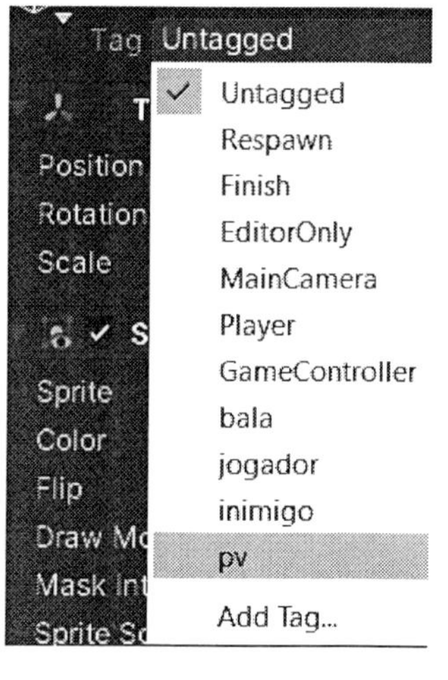

A mudança da localização do pivot em nosso exemplo se faz necessária para quando diminuirmos na nossa barra de vida ela diminua da direita para a esquerda; se deixarmos o pivot configurado ao centro, como estava antes; ao diminuir a barra por código, diminuirá pelo centro. Ex:

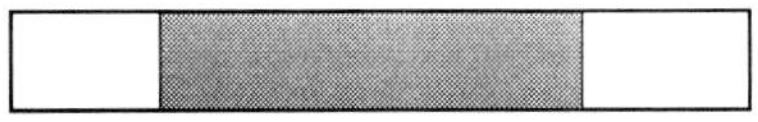

Mas, em todos os jogos a diminuição da barra de vida, como sabemos, se dá da direita para a esquerda e por isso que o pivot passou para Left Center; quando diminuir a barra o seu comportamento será algo como:

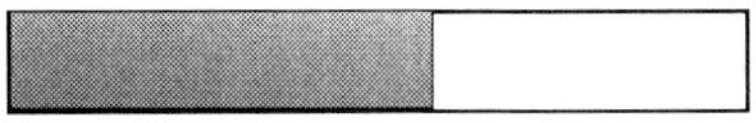

Agora vamos criar duas cenas uma para vitória e outra para derrota.

1. Vá para assets, no menu de contexto, create>Scene. Faça isso duas vezes.
2. Na primeira cena criada nomeie como win e na outra como lose.
3. Importe pelo assets no menu de contexto Import New Assets... Uma imagem que represente a vitória e outra que represente a derrota.
4. Selecione a cena de win e arraste a imagem de vitória e salve (CTRL + S).
5. Selecione a cena lose e arraste a imagem que representa a derrota e salve (CTRL + S).
6. Volte para a cena inicial que estamos criando o nosso joguinho.

Para que haja as mudanças de cena, deveremos acrescentá-las, mesmo após criadas, em nosso projeto. Para isso, vá na barra de menu principal em File>Build Settings... E lá clique e arraste cada cena do Build Settings. Ex:

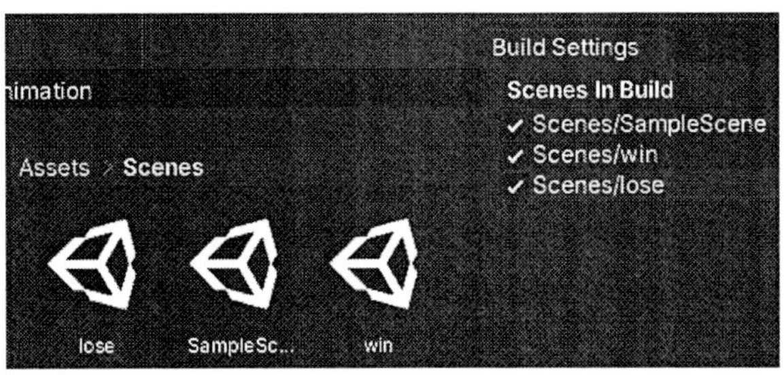

Vamos alterar o script de nosso jogador, para incluir a barra de vida de forma com que a mesma diminua a cada colisão com o inimigo. E quando zerar esta barra de vida vá para a cena lose, que criamos, para declarar que o jogador perdeu o game. Acompanhe o código:

Jogador.cs

```
using UnityEngine.SceneManagement;
public class Jogador : MonoBehaviour
{
    private float vel=5f;
    private int vida=3;
    public GameObject bala;
    private GameObject localTiro, BarraPV;
```

```
08      void Start()
09      {
10          localTiro = GameObject.Find("tiro");
11          BarraPV = GameObject.FindWithTag("pv");
12      }
13      void Update()
14      {...}
28      void OnCollisionEnter2D(Collision2D obj)
29      {
30          if(obj.gameObject.CompareTag("inimigo"))
31          {
32              Destroy(obj.gameObject);
33              --vida;
34            BarraPV.transform.localScale= new Vector3(BarraPV.transform.localScale.x-1f,
BarraPV.transform.localScale.y, 0);
35              if(vida<=0)
36              {
37                  SceneManager.LoadScene("lose");
38              }
39          }
40      }
41 }
```

Perceba que o código está acinzentado ou faltando trechos do mesmo, pois aqui não iremos acrescentar todo o código, mas enfatizar as mudanças que ocorreram.

Após inseridas as cenas em Build Settings, na linha 01 foi incorporada a biblioteca SceneManagement da UnityEngine, para que houvesse a mudança de cena. Na linha 05 foi adicionada uma variável do tipo inteiro de nome vida, que já possui o valor três (3) por padrão; na linha 07 acrescentamos um gameObject privado de nome BarraPV, que irá pegar a referência da nossa barra de vida, na linha 11, com base no nome de sua tag de nome pv; lembre-se de deixar a tag neste objeto, resgatamos o objeto em cena que representa a barra de vida do jogador.

Perceba que no método de verificação de colisão, retiramos a mensagem que utilizávamos para aparecer na janela de console. Decrementamos a vida a cada impacto com a nave, linha 33, e diminuímos a barra de vida. Para isso pegamos o seu objeto de referência BarraPV e alteramos a sua escala (transform. localScale), linha 34; logicamente precisamos manipular um novo vetor; com base nisso, criamos um (new Vector3) e atribuímos os dados a nossa barra; pegando seu próprio tamanho com a redução de -1f no valor em X.

Por fim, na linha 35, verifica se vida é menor ou igual a zero, caso afirmativo, mudamos para a cena lose; dando game over para o nosso jogador.

Contabilizando as mortes das naves inimigas

Para encerrar nosso pequeno exemplo, precisamos criar um número limitado de inimigos e contabilizá-los para determinar se o jogador destruiu todos ou não. A quantidade de inimigos a ser criada podemos fazer pelo próprio script **Waves.cs**; que cria as naves inimigas. Ela será responsável em interagir com as duas classes Jogador.cs e Inimigos.cs; optarei em tornar o método estático, acredito que a essa altura tenha entendido o motivo, para contabilizar de forma correta a quantidade de naves inimigas destruídas, seja pelo tiro ou pela colisão com a nave do jogador.

```
01 using UnityEngine.SceneManagement;
02 namespace Fases{
03     public class Waves : MonoBehaviour
04     {
05         public GameObject inimigo;
06         private const int INIMIGOS=7;
07         private int criaInimigos=0;
08         private static int destroiInimigos=0;
09         private Vector3 pos;
10         void Start()
11         {
12             StartCoroutine(naves());
13         }
14         IEnumerator naves()
15         {
16             while(INIMIGOS>criaInimigos)
17             {
18                 yield return new WaitForSeconds(1f);
19                 ++criaInimigos;
20 
21                 if(Random.Range(-1.0f, 1.0f)>0)
22                     pos = new Vector3(Random.Range(-14.0f, 14.0f), 7f, 0);
23                 else
24                     pos = new Vector3(Random.Range(-14.0f, 14.0f), -7f, 0);
25                 Instantiate(inimigo, pos, transform.rotation);
26             }
27         }
28         public static void destroi()
29         {
30             ++destroiInimigos;
31             if(INIMIGOS==destroiInimigos)
32                 SceneManager.LoadScene("win");
33         }
34     }
35 }
```

Mais uma vez o código se destaca com aquilo que foi acrescentado, no script waves foi criado um grupo lógico de nome Fases, linha 02. Os namespace são grupos lógicos criados para evitar colisões de nomes que podem vir a ocorrer quando há um número extenso de bibliotecas inclusas no código; aqui foi acrescentado a critério de informação sobre a utilização de um namespace. O SceneManagement foi requisitado, linha 01, para poder se utilizar da mudança de cena.

Na linha 06 foi adicionada uma variável privada constante inteira de nome inimigos de valor sete (7), na linha seguinte uma variável privada inteira de nome criaInimigos de valor zero (0), e por fim, na linha 08 uma variável privada estática do tipo inteiro de nome destroiInimigos, também de valor inicial zero (0).

Desta vez foi imposta uma condição para que o laço de nossa corrotina se encerre, linha 16, neste caso é quando o valor da variável criaInimigos for igual ou maior que a variável constante de nome INIMIGOS. Mas, como sabemos, a variável criaInimigos possui valor inicial zero (0) e por isso a condição imposta no while é verdadeira, fazendo com que se inicie o laço; que é o procedimento de criação de uma nave inimiga.

Dentro deste laço temos um pré-incremento da variável criaInimigos a cada laço, linha 19. Agora temos um método público estático de nome destroi(), linha 28. Quando chamado este método ele pré-incrementa automaticamente nossa variável destroiInimigos, que logo em seguida é comparada com a variável constante INIMIGOS, que criamos na linha 06. Caso seja verdadeiro, então todas as naves inimigas foram destruídas e por isso pode prosseguir para cena que parabeniza o jogador, linha 32.

Agora vamos nos utilizar deste método chamado destrói para os scripts jogador e inimigo.

Jogador.cs

```
01 using UnityEngine.SceneManagement;
02 using Fases;
03 public class jogador : MonoBehaviour
04 {
            .
            .
            .
29          void OnCollisionEnter2D(Collision2D obj)
30          {
31                  if(obj.gameObject.CompareTag("inimigo"))
32                  {
33                          Destroy(obj.gameObject);
34                           --vida;
35                          Waves.destroi();
36                          BarraPV.transform.localScale= new Vector3(BarraPV.transform.localScale.x-1f, BarraPV.transform.localScale.y, 0);
37                          if(vida<=0)
38                          {
39                          SceneManager.LoadScene("lose");
40                          }
41                  }
42          }
43 }
```

Na linha 02 eu utilizo nome do grupo lógico Fases que possui a classe Waves; quando ocorre uma colisão com a nave inimiga além de diminuir a vida do jogador, linha 34, chamo também o método estático destroi() da classe Waves; como declaramos o seu namespace, linha02, não haverá necessidade de declarar junto com o nome da classe; basta simplesmente utilizar <nome da classe>.<nome do método público estático>. Do contrário, sem o uso da linha 02, a chama do método ficaria:

Fases.Waves.destroi();

Poderíamos ter várias classes pertencentes a um único grupo lógico, no nosso caso Fases. Mas vamos com calma; quando eu englobar um projeto simples, mas completo, espero que consiga acompanhar meu raciocínio e até lá tenha uma visão mais esclarecedora sobre grupos lógicos. Por enquanto estou seguindo certas etapas, para que consiga acompanhar o desenvolvimento deste primeiro projeto.

O método destroi() da classe Waves, como vimos, contabiliza o inimigo que foi destruído e dependendo da quantidade destruída dá ou não vitória ao jogador.

Em caso de empate eu preferi conceder vitória ao jogador; pois chamo o método destroi antes de verificar a vida do jogador (linha 37), se foi zerada. Em outras palavras, se o jogador conseguiu destruir as sete naves, mesmo se chocando com uma no final e desta forma zerando os seus pontos de vida, ainda lhe darei vitória; por chamar só depois a verificação de sua vida na linha 37.

Agora vejamos o script inimigo como fica:

Inimigo.cs

```
01 using Fases;
02 public class Inimigo : MonoBehaviour
03 {
        .
        .
        .
16      void OnTriggerEnter2D (Collider2D col)
17      {
18          if(col.gameObject.CompareTag("bala"))
19          {
20              Destroy(col.gameObject);
21              Destroy(this.gameObject);
22              Waves.destroi();
23          }
24      }
25 }
```

Da mesma forma que o script jogador, eu chamo a classe Waves pelo nome de seu grupo lógico (linha 01) e seu método de contabilização de naves destruídas (linha 22).

Ao iniciar o jogo, você poderá atirar nos inimigos, guiado pelo ponteiro do mouse. Ao se chocar com alguma nave perderá vida, mas se conseguir destruir sete navezinhas, o jogo lhe dará vitória, do contrário game over.

Aperfeiçoando o game shoot 'em up

Vamos complicar um pouco mais a estrutura do jogo. Vamos fazer um aumento progressivo de waves, sempre informando o número atual da wave; pois é o que normalmente ocorre nos jogos. Caso você destrua todas as naves daquela wave, daríamos um novo aviso de uma nova onda (wave); com direito a inimigos mais fortes a serem abatidos. E por isso cada inimigo terá uma cor específica no jogo. E esta cor será definida por linha de código.

A última wave será um inimigo com o dobro de tamanho, com 30 pontos de vida e sua cor vai mudando quando leva uma determinada quantidade de dano; e se o jogador colidir com este "chefão", será game over para o mesmo, diferente dos inimigos padrões que diminuía a vida a cada colisão.

Waves.cs

```
using UnityEngine.SceneManagement;
namespace Fases{
    public class Waves : MonoBehaviour
    {
        private static Waves objClasse;
        public GameObject inimigo;
        public Sprite[] arraySprites = new Sprite[4];
        private static int destroiInimigos=0, totalInimigos=5, wave=1, criaInimigos=0;
        private static float probabilidade;
        private static Vector3 pos;

        void Awake()
        {
            objClasse = this;
        }
        void Start()
        {
            StartCoroutine(waves());
        }
        IEnumerator waves()
        {
            objClasse.gameObject.AddComponent(typeof(SpriteRenderer));
            objClasse.GetComponent<SpriteRenderer>().sprite = arraySprites[wave-1];
            objClasse.GetComponent<SpriteRenderer>().sortingOrder=10;
            Destroy(objClasse.GetComponent<SpriteRenderer>(), 3);
            yield return new WaitForSeconds(4f);
            StartCoroutine(naves());
```

```
        }
        IEnumerator naves()
        {
            while(totalInimigos>criaInimigos)
            {
                yield return new WaitForSeconds(1f);
                ++criaInimigos;

                if(Random.Range(-1.0f, 1.0f)>0)
                    pos = new Vector3(Random.Range(-14.0f, 14.0f), 7f, 0);
                else
                    pos = new Vector3(Random.Range(-14.0f, 14.0f), -7f, 0);
                Instantiate(inimigo, pos, transform.rotation);
            }
        }
        public static void destroi()
        {
            ++destroiInimigos;
            if(totalInimigos==destroiInimigos && wave!=4)
            {
                destroiInimigos=0;
                criaInimigos=0;
                if(wave<3)
                    totalInimigos+=5;
                else if(wave==3)
                    totalInimigos=1;
                ++wave;
                objClasse.StartCoroutine(objClasse.waves());
            }
            else if(totalInimigos==destroiInimigos && wave==4)
                SceneManager.LoadScene("win");
        }

        public static int pvInimigos()
        {
            probabilidade = Random.Range(-1f, 1f);
            switch(wave)
            {
                case 2:
                    if(probabilidade<0f)
                        return 1;
                    else
                        return 2;
                case 3:
                    if(probabilidade<-0.3f)
                        return 1;
```

```
74                  else if (probabilidade>=-0.3f && probabilidade<=0.3f)
75                      return 2;
76                  else
77                      return 3;
78              case 4:
79                  return 30;
80              default:
81                  return 1;
82          }
83      }
84  }
85 }
```

Como sabemos, o SceneManagement foi requisitado para mudança de cena, linha 01; além de ter criado um grupo lógico de nome Fases (linha 02).

Agora temos um array para armazenar os avisos das waves que irão aparecer na tela (linha 07), que são nada mais do que imagens de texto como: WAVE I, WAVE II, WAVE III e WAVE IV; que aparecerão antes de se iniciar a wave, propriamente dita. Poderia ter utilizado um simples UI (Interface do usuário do Unity) de texto. Mas deixarei essa questão da manipulação dos objetos UI, na criação de menus. Até porque sinto que já estou inserindo assuntos demais neste tópico.

Este script deverá ser ativo; por isso você terá que criar um GameObject vazio; deixe o mesmo na posição (0, 0, 0), ou seja, centralizado. Depois de arrastado o script Waves.cs você deverá arrastar o prefab de inimigo; além das imagens. Para isso, selecione o GameObject que possui o script e vá clicando e arrastando cada elemento de Assets até a janela inspector. Ex:

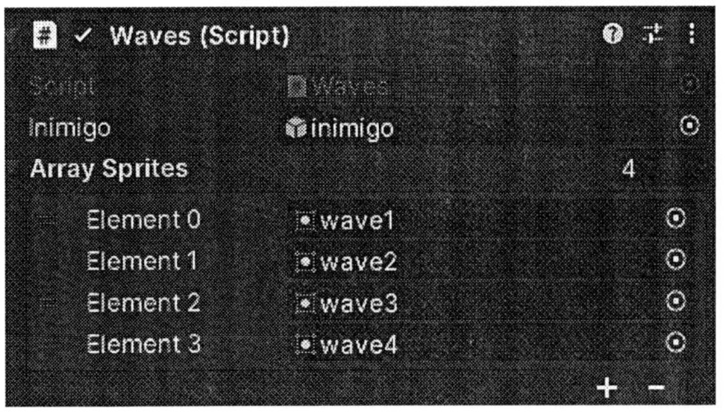

Retornando agora à explicação do código, foram criados variáveis do tipo ponto flutuante, inteiro; lembrando que variáveis do tipo estático, linhas 08 a 10, são obrigatórias quando se deseja manipular as mesmas em métodos do tipo estático.

Na linha 05 foi criado um objeto estático da própria classe e atribuímos este objeto a ela mesma, linha 15, criando assim uma instância da classe. Lembrando que Awake() é chamado antes de Start() e Update(), para termos essa instância antes de que qualquer procedimento se inicie. Em Start(), linha 16, eu inicio uma corrotina, linha 18, que chama o método waves(), linha 19.

No método waves(), linha 20, eu adiciono um componente do tipo Sprite Renderer, linha 22, para podermos adicionar a imagem atual da wave ao nosso objeto que possui o script, linha 23.

Sim é possível adicionar componentes a um objeto de jogo ativo ou instanciado em cena; além de manipular as propriedades deste componente; onde na linha 24 altero a ordem para 10, para ter a certeza que ficará à frente de tudo. E na linha 25 peço para destruir este componente recém-adicionado ao nosso objeto de jogo, após três segundos. Outra novidade que inseri neste código, além de poder adicionar componentes, você poderá removê-los do objeto, bastando passar o nome do seu componente como ocorreu na linha 25.

Na linha 26 faço com que nossa corrotina aguarde quatro segundos antes de prosseguir; onde chamo outra corrotina de nome naves, linha 27.

Em naves(), linha 29, verifica se totalInimigos é maior do que criaInimigos; enquanto esta afirmação for verdadeira, ele irá a cada um segundo de intervalo, linha 33, incrementar a variável criaInimigos, linha 34 e adquirir uma posição randômica, linhas 36 a 39; para com base nesta posição criar um inimigo, linha 40.

O método estático público sem retorno de nome destroi(), linha 43, continua encarregado de contabilizar as naves inimigas destruídas, linha 45; mas verificamos além da contagem se bate com o total de inimigos criados e se o número da wave é diferente de quatro (linha 46); caso afirmativo criamos uma nova wave.

Com isso esvaziamos as variáveis para a nova wave, linhas 48 e 49. Verificamos se a wave é menor do que três; caso afirmativo, incrementamos esta nova wave com mais cinco inimigos, linha 51; do contrário, verifica se a wave é a terceira, linha 52, caso afirmativo, a próxima wave terá um único inimigo, linha 53, que será o nosso chefão. Na linha 54 incrementamos a variável wave e na linha 55 chamamos o método waves.

Métodos estáticos só aceitam chamar outros métodos que sejam estáticos. Para não virar uma bola de neve e tudo se tornar estático, você poderá criar uma instância estática da classe, linha 05, para poder chamar o método através desta instância estática da própria classe, sem a necessidade de converter o método chamado também em estático. Tome nota.

O else if da linha 57 é quando o jogador derrotou o inimigo e está na última wave, neste caso mudamos de cena onde se declara vitória ao jogador, linha 58.

Temos um novo método estático de retorno que é pvInimigos, linha 61, onde criamos um valor randômico entre 1.00 e -1.00 e atribuímos este resultado à variável probabilidade (linha 63). Além disso, utilizamos o switch, linha 64, para fazer um estudo de caso com base no valor da variável wave; que caso seja dois, verificamos se o valor obtido e armazenado na variável probabilidade é menor do que zero, linha 67, retorna um (1), ou seja, o inimigo criado terá um ponto de vida; do contrário terá dois pontos de vida, linha 70. Não utilizei o break no estudo de caso switch() por ser do tipo retorno (return), não havendo a necessidade, neste caso, de utilizá-lo.

Quando a wave está na fase três (linha 71), calculamos com base no valor armazenado em probabilidade se o valor retornado será um, dois ou três pontos de vida; mas se o valor de wave for quatro (4), linha 78, então será um inimigo com 30 pontos de vida, linha 79.

O default, linha 80, que por padrão é executado quando nenhum dos casos é atendido, coloquei como retorno sempre o valor um; ele entrará quando nossa wave valer um. Em outras palavras, na primeira wave só haverá inimigos com um ponto de vida e por isso basta um único tiro para eliminarmos. Agora vamos explorar o script inimigo e como foi assimilado esse novo método de nome pvInimigos, em que nós iremos nos utilizar.

inimigos.cs

```
using Fases;
public class Inimigo : MonoBehaviour
{
    private GameObject alvo;
    private float vel=4f;
    private int pvInimigo;
    private Renderer render;
    private Color[] cores = {Color.white, Color.yellow, Color.cyan, Color.red, Color.magenta, Color.black};
    void Start()
    {
        alvo = GameObject.FindWithTag("jogador");
        render = GetComponent<Renderer>();
        pvInimigo = Waves.pvInimigos();
        if(pvInimigo==1)
            render.material.color = cores[0];
        else if(pvInimigo==2)
            render.material.color = cores[1];
        else if(pvInimigo==3)
            render.material.color = cores[2];
        else if(pvInimigo>=30)
        {
            transform.localScale = new Vector2(2.5f,2.5f);
            render.material.color = cores[5];
        }
    }
    void Update()
    {
            Vector3 dir = alvo.transform.position - this.transform.position;
            Vector3 vet = dir.normalized * vel;
            this.transform.Translate (vet * Time.deltaTime);
    }
    void OnTriggerEnter2D (Collider2D col)
    {
        if(col.gameObject.CompareTag("bala"))
        {
```

```
36              Destroy(col.gameObject);
37              --pvInimigo;
38              //mudança de cores do chefão
39              if(pvInimigo==5) render.material.color = cores[0];
40              else if(pvInimigo>5 && pvInimigo<=10) render.material.color = cores[1];
41              else if(pvInimigo>10 && pvInimigo<=15) render.material.color = cores[2];
42              else if(pvInimigo>15 && pvInimigo<=20) render.material.color = cores[3];
43              else if(pvInimigo>20 && pvInimigo<=25) render.material.color = cores[4];
44              if(pvInimigo==0)
45              {
46                  Destroy(this.gameObject);
47                  Waves.destroi();
48              }
49          }
50      }
51  }
```

No script inimigos requisitei o script waves, com base no nome de seu grupo lógico, linha 01. Da mesma forma que o anterior foram criadas variáveis para nos auxiliar no processo de construção, neste caso, de nossa nave inimiga. O objeto Renderer (linha 07) que vou utilizá-lo para poder alterar a cor das naves inimigas. Por sinal foi criado um array de cores, linha 09, para esta tarefa.

O componente de cor trabalha com cores RGB (red, green, blue), que variam entre zero (0) e um (1) em um intervalo de ponto flutuante. Ainda há um quarto argumento que lhe dá a possibilidade de definir a opacidade da cor, que varia entre 0f a 1f, da mesma forma que os demais; onde zero (0) nos define como transparente. Em outras palavras, poderia ter criado as mesmas cores da seguinte forma:

```
private Color[] cores = { new Color(1, 1, 1, 1), new Color(1 , 1 , 0 , 1), new Color(0, 1, 1, 1), new Color(1, 0, 0, 1),  new Color(1, 0, 1, 1), new Color(0, 0, 0, 1)};
```

Ao iniciar (start) pego o objeto redenrizador de nossa nave, linha 12 e chamo, na linha seguinte o método pvInimigos; presente no script waves para nos retornar os pontos de vida para nossa nave, que vai variar dependendo da wave, como vimos.

Da linha 15 a 25 definimos a cor do inimigo, com base na quantidade de pontos de vida. Se for um ponto de vida, linha 14, a cor será branca, linha 15; quando forem dois pontos de vida, linha 16 será na cor amarela e com três na cor ciano. Quando for um inimigo com 30 pontos de vida, linha 20, mais que dobramos o tamanho do mesmo, linha 23, e colocamos sua cor como preto, linha 23. No método de atualização será a mesma coisa que anteriormente.

Já em OnTriggerEnter2D a coisa muda; pois dependendo da quantidade de vida, o inimigo assumirá uma cor específica. Se for igual a cinco pontos de vida, linha 39, assumirá a cor branca; do contrário, se possuir um valor maior do que cinco e menor ou igual a dez, linha 40, assumirá a cor amarela e assim por diante. O restante do código é o mesmo, zerando a vida do inimigo (linha 44), destruímos o mesmo, linha 46, e contabilizamos a sua destruição com o método destroi da classe Waves, linha 47.

No script do jogador só terá uma pequena alteração em seu método de colisão, pois se o mesmo se chocar com o nosso suposto chefão, resultará em game over e não destruição do inimigo e a redução da barra de vida como de costume.

```
01 void OnCollisionEnter2D(Collision2D obj)
02 {
03     if(obj.gameObject.CompareTag("inimigo"))
04     {
05             if(Waves.pvInimigos()>=30)
06                     SceneManager.LoadScene("lose");
07             else{
08                     Destroy(obj.gameObject);
09                     --vida;
10                     Waves.destroi();
11                     BarraPV.transform.localScale= new Vector3(BarraPV.transform.
localScale.x-1f, BarraPV.transform.localScale.y, 0);
12                     if(vida<=0)
13                             SceneManager.LoadScene("lose");
14             }
15     }
16 }
```

Como sempre verificamos se colidiu com o inimigo, linha 03, caso afirmativo, verificamos se foi com o chefão que possui seus 30 pontos de vida. Para verificar isso simplesmente puxo o método pvInimigos e verifico se o que ele me retornou foi um valor igual ou superior a 30, linha 05. Caso afirmativo, vou para a cena de game over. Do contrário, linha 07, utilizo os mesmos procedimentos de sempre.

Physics 3D e 2D

Antes de trabalharmos com física propriamente dita, precisamos falar de camadas (layers). A física independente de ser 2D ou 3D, lida com camadas; você poderá fazer com que um determinado grupo de objetos sejam detectados pela física de colisão se estiverem presentes ou em uma camada (layer) específica, por exemplo. A isso chamamos de filtro.

Mas como inserir uma camada a um objeto? Todo objeto de jogo (GameObject) presente em cena poderá ter uma camada. Para isso, selecione o mesmo e na janela inspector vá até a lista de seleção layer que fica do lado direito da lista de seleção de tags.

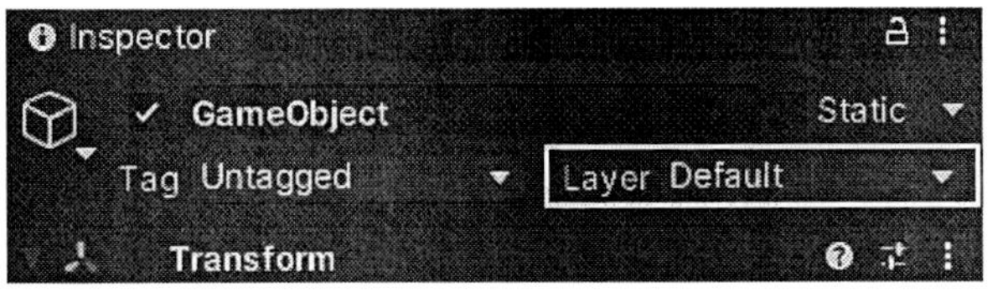

Assim como tags, ao expandir a lista de seleção haverá a opção Add Layer... Lá aparecerá uma lista com 32 posições, se iniciando na posição zero (0), até a 31. Sendo as primeiras já com dados predeterminados e outras vazias para você mesmo determinar o nome da camada.

E assim como as tags, depois de criado você terá que selecionar novamente o objeto de jogo e escolher a camada recém-criada. O seu funcionamento vamos entender melhor com exemplos, presentes neste tópico.

A física do Unity possui métodos auxiliares que nos retornam informações detalhadas do objeto atingido na projeção de um raio. Podendo ser um único ponto (Raycast), esfera (SphereCast), capsula (CapsuleCast) ou caixa (BoxCast) de contato, por exemplo. Há expressões como Raycast NonAlloc, CapsuleCastNonAlloc, BoxCastNonAlloc e SphereCastNonAlloc, que estão sendo descontinuadas e por isso serão ignoradas.

Você poderá se utilizar de um Gizmo. Ele serve para fornecer a depuração visual na edição da cena e não no jogo especificamente. Ele possui métodos que nos permite desenhar um cubo (DrawCube ou DrawWireCube), um raio (DrawRay) ou uma esfera (DrawSphere ou DrawWireSphere). Além do DrawRay, também posso me utilizar do Debug.DrawRay(), que possui o mesmo efeito.

A diferença de DrawSphere para DrawWireSphere, por exemplo, que a primeira é totalmente preenchida, enquanto a segunda é como se fosse construída em uma estrutura de arame.

Porque se eu utilizo o método Raycast para criar um raio, com base em um ponto, este raio não será projetado na edição e muito menos no jogo, a não ser que eu desenhe. E por isso que o Gizmo será utilizado para entender melhor na depuração visual de edição onde ele toca e até onde vai seu raio.

BoxCast

Lança um colisor no formato de caixa ao longo de um raio e retorna informações detalhadas sobre o que foi atingido. Sintaxe:

Retorno booleano BoxCast(Vetor Centro, Vetor Tamanho, Vetor Direção, RaycastHit HitInfo, Orientação = Quaternion.identity, Distância = Mathf.Infinity, Máscara de Layer = DefaultRaycastLayers, Interação de Trigger = QueryTriggerInteraction.UseGlobal);

Parâmetro	Definição
Centro	Centro da caixa.
Tamanho	Metade do tamanho da caixa em cada dimensão.
Direção	A direção na qual a caixa deve ser lançada.
HitInfo	Possuirá informações sobre onde o colisor foi atingido.
Orientação	Rotação da caixa.
Distância	Comprimento máximo de varredura.
Máscara de Layer	Serve para ignorar objetos de uma layer específica.
Interação de Trigger	Especifica se esta consulta deve incluir gatilhos.

CapsuleCast

Lança um colisor no formato de cápsula e retorna informações detalhadas sobre o que foi atingido. Sua sintaxe é:

Retorno booleano CapsuleCast (Vetor Ponto1, Vetor3 Ponto2, Raio, Vetor3 Direção, RaycastHit HitInfo, Distância = Mathf.Infinity, Máscara de Layer = DefaultRaycastLayers, Interação de Trigger = QueryTriggerInteraction.UseGlobal);

Parâmetro	Definição
Ponto 1	O centro inicial da cápsula.
Ponto 2	O centro final da cápsula.
Raio	O raio da cápsula.
Direção	A direção na qual a cápsula deve ser lançada.
HitInfo	Possuirá informações sobre onde o colisor foi atingido.
Distância	Comprimento máximo de varredura.
Máscara de layer	Serve para ignorar objetos de uma layer específica.
Interação de Trigger	Especifica se esta consulta deve incluir gatilhos.

Raycast

Projeta um raio da origem na direção que foi definida; o comprimento é baseado na distância e obtém detalhes do objeto colidido. Sua sintaxe é:

Retorno booleano Raycast (Vetor Origem, Vetor Direção, RaycastHit HitInfo, Distância = Mathf.Infinity, int Máscara de Layer = DefaultRaycastLayers, Interação de Trigger = QueryTriggerInteraction.UseGlobal);

Parâmetro	Definição
Origem	O ponto de partida do raio em coordenadas mundiais.
Direção	A direção do raio.
HitInfo	Possuirá informações sobre onde o colisor foi atingido.
Distância	A distância máxima que o raio deve verificar as colisões.
Máscara de Layer	Serve para ignorar objetos de uma layer específica.
Interação de Trigger	Especifica se esta consulta deve incluir gatilhos.

SphereCast

Lança um colisor no formato de esfera e retorna informações detalhadas sobre o que foi atingido. Sua sintaxe é:

Retorno booleano SphereCast (Vetor Origem, Raio, Vetor Direção, RaycastHit HitInfo, Distância = Mathf.Infinity, Máscara de Layer = DefaultRaycastLayers, Interação de Trigger = QueryTriggerInteraction.UseGlobal);

Parâmetro	Definição
Origem	O centro da esfera.
Raio	O raio da esfera.
Direção	A direção na qual a esfera deve ser lançada.
HitInfo	Possuirá informações sobre onde o colisor foi atingido.
Distância	Comprimento máximo de varredura.
Máscara de Layer	Serve para ignorar objetos de uma layer específica.
Interação de Trigger	Especifica se esta consulta deve incluir gatilhos.

RaycastHit

Responsável em armazenar todas as informações do objeto colidido, ele pode nos fornecer diversas informações sobre o objeto, como a coordenada, distância ou o próprio objeto. E tendo o objeto em mãos poderemos destruir o mesmo, acrescentar ou remover um de seus componentes, saber o seu nome, etc. Eis algumas das propriedades possíveis de serem vistas com o uso de RaycastHit:

Parâmetro	Descrição
articulationBody	Retorna o corpo de articulação do colisor. Se o colisor não tiver o retorno é nulo.
barycentricCoordinate	A coordenada baricêntrica do triângulo que atingimos.
collider	O colisor que foi atingido.

distance	A distância da origem do raio ao ponto de impacto.
lightmapCoord	A coordenada do mapa de luz UV no ponto de impacto.
normal	O normal da superfície que o raio atingiu.
point	O ponto de impacto no espaço mundial onde o raio atingiu o colisor.
rigidbody	O corpo rígido do colisor que foi atingido, se não tiver o retorno será nulo.
textureCoord	A coordenada de textura uv no local da colisão.
textureCoord2	A coordenada de textura uv secundária no ponto de impacto.
transform	Obtém o transform do objeto atingido.
triangleIndex	O índice do triângulo que foi atingido.

Todos eles têm o complemento All, que nos retorna todas as ocorrências em que o raio foi atingido: RaycastAll, SphereCastAll, CapsuleCastAll e BoxCastAll. Cujos parâmetros são os mesmos, mas o retorno é um array de RaycastHit[]. Por isso que RaycastHit não está incluso nos parâmetros. Ex:

Retorno RaycastHit[] **BoxCastAll**(Vetor Centro, Vetor Tamanho, Vetor Direção, Orientação = Quaternion.identity, Distância = Mathf.Infinity, Máscara de Layer = DefaultRaycastLayers, Interação de Trigger = QueryTriggerInteraction.UseGlobal);

Retorno RaycastHit[] **CapsuleCastAll** (Vetor Ponto1, Vetor3 Ponto2, Raio, Vetor3 Direção, Distância = Mathf.Infinity, Máscara de Layer = DefaultRaycastLayers, Interação de Trigger = QueryTriggerInteraction.UseGlobal);

Retorno RaycastHit[] **RaycastAll** (Vetor Origem, Vetor Direção, Distância = Mathf.Infinity, int Máscara de Layer = DefaultRaycastLayers, Interação de Trigger = QueryTriggerInteraction.UseGlobal);

Retorno RaycastHit[] **SphereCastAll** (Vetor Origem, Raio, Vetor Direção, Distância = Mathf.Infinity, Máscara de Layer = DefaultRaycastLayers, Interação de Trigger = QueryTriggerInteraction.UseGlobal);

Entendendo na prática

1. Crie um projeto 3D.

2. Coloque um plano 3D, nas coordenadas (0, 0, 0).

3. Insira um cubo 3D, o chame de jogador. Acrescente um Rigidbody no mesmo.

4. Acrescente mais dois cubos, um atrás do outro e os nomeie como cubo1 e cubo2, também adicione corpo rígido (Rigidboy) aos mesmos.

5. Altere a câmera na rotação de X para 60. E a posição para (0, 7, -5.5).

6. Organize nossos cubos nas seguintes posições: jogador (2, 1, -4), cubo1 (2, 1, 0), cubo2 (2, 1, 2.5).

   6.1. Ficará conforme a imagem:

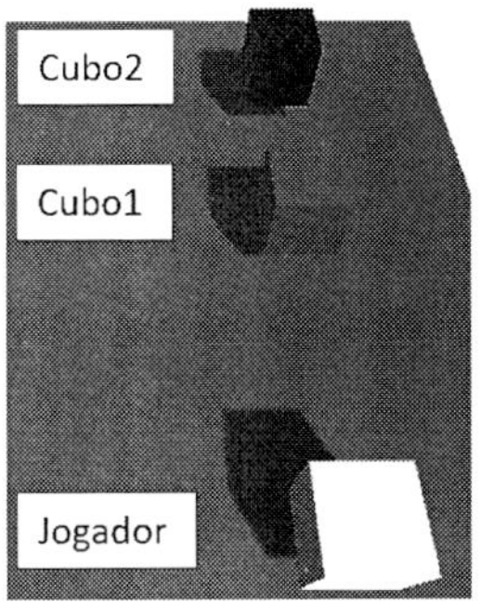

7. Para não ficar tudo branco, como demonstrado na imagem, crie dois materiais ou mais, indo em Assets > Create > Material.

8. Com um dos materiais selecionados, vá à janela inspector e altere a cor.

9. Para atribuir alguma cor a um objeto, basta arrastar o material para o mesmo em cena ou pela janela de hierarquia.

10. Você irá agora criar um Script de nome Jogador e adicionar esse script ao objeto jogador presente em cena.

O primeiro exemplo vamos utilizar do Raycast, mas vamos fazer com que o primeiro cubo seja ignorado. Para isso, selecione o mesmo e na janela inspector clique em layer (camada) e logo em seguida, clique em Add Layer...

Adicione uma layer na posição três de nome layer3. Ex:

Volte a selecionar o primeiro cubo e selecione a layer recém-criada.

Jogador.cs

```
public class Jogador : MonoBehaviour
{
    LayerMask mask;
    void Start()
    {
        mask = LayerMask.GetMask("layer3");
    }

    void FixedUpdate()
    {
```

```
11         if (Input.GetKeyDown("space"))
12         {
13             RaycastHit hit;
14             RaycastHit[] hits;
15             if (Physics.Raycast(transform.position, transform.forward, out hit, Mathf.Infinity, mask))
16                 Debug.Log("Acertou: "+hit.transform.gameObject.name);
17
18             hits = Physics.RaycastAll(transform.position, transform.forward, 30.0F);
19             foreach(RaycastHit hi in hits)
20                 Debug.Log(hi.transform.gameObject.name);
21         }
22     }
23 }
```

Na linha 03 declaro uma máscara de layer e na linha 06, no método Start(), pego nossa camada (layer3) e atribuo a nossa máscara. Em FixedUpdate(), verifica-se se a tecla de espaço foi pressionada, linha 11, isso só foi posto para não emundar a janela de console com mensagens.

Foram criados dois RaycastHit, sendo da linha 14 um array. Verifico com a física Raycast, linha 15, se na nossa posição, no eixo Z (transform.foward), o objeto colidido (hit), por uma extensão infinita (Mathf.Infinity), se o objeto em questão está na camada de filtro (mask).

Foi pedido que você colocasse a camada layer3 no cubo2 e por isso o cubo1 seria ignorado, apesar de ser o primeiro a entrar em contato com o feixe de colisão. Se você desejar que o primeiro cubo seja detectado, basta colocar a camada layer3 no mesmo. O retorno deixará de ser o cubo2 para ser o cubo1; pois cubo1 é o primeiro objeto que entrar no feixe de colisão.

Já na linha 18 crio um raio que pega todos que estiverem entrando em colisão (RaycastAll), iniciando na posição do jogador, pelo eixo Z e até 30f de distância. Na linha 19 foi criado um laço para listar os nomes dos objetos colididos, linha 20.

A saída do programa será:

```
Acertou: cubo2
cubo2
cubo1
```

Vamos criar um outro exemplo rápido sendo que com o uso de SphereCast, onde ao colidir com o objeto fará com que a cor do mesmo mude. Você poderá reaproveitar o exemplo anterior ou criar outro só com um cubo para colidir ao invés de dois. Assim como o exemplo anterior, o cubo de nome jogador herdará o script.

Jogador.cs

```
public class Jogador2 : MonoBehaviour
{
    void Update()
```

```
04      {
05          float x = Input.GetAxis("Horizontal") * 10f * Time.deltaTime;
06          float z = Input.GetAxis("Vertical") * 10f * Time.deltaTime;
07          transform.Translate(new Vector3(x, 0, z));
08      }
09      void FixedUpdate()
10      {
11          RaycastHit hit;
12          if(Physics.SphereCast(transform.position, 1.5f, transform.forward, out hit, 1.5f))
13              hit.transform.gameObject.GetComponent<MeshRenderer>().material.color = Color.yellow;
14      }
15      void OnDrawGizmos()
16      {
17          Gizmos.color = Color.blue;
18          Gizmos.DrawWireSphere(transform.position, 3f);
19      }
20 }
```

Desconsiderando o que já vimos. Na linha 12 criamos uma esfera na posição do nosso objeto que possui o script (transform.position), com 1,5 de raio; cujo o impacto terá por base o eixo Z (transform.forward) e com uma distância de 1,5.

Quando uma colisão for detectada, pegamos a referência do mesmo e alteramos a sua cor, linha 13. O método OnDrawGizmos serve para desenharmos as linhas de nossa esfera que aparecerão no modo de edição. Aqui, faço questão de utilizar o OnDrawGizmos, para você entender melhor a estrutura física em torno do cubo.

Ela foi desenhada com base na posição do objeto que possui a classe (transform.position); sabendo que o raio é 1,5, assim como a distância. Então o total fica 3f de diâmetro no segundo argumento. Ao clicar no play e se aproximar do quadrado, verá que quando ocorrer a mudança de cor, a esfera estará em contado com o mesmo. Sem desabilitar o play já na cena de edição e verá algo como:

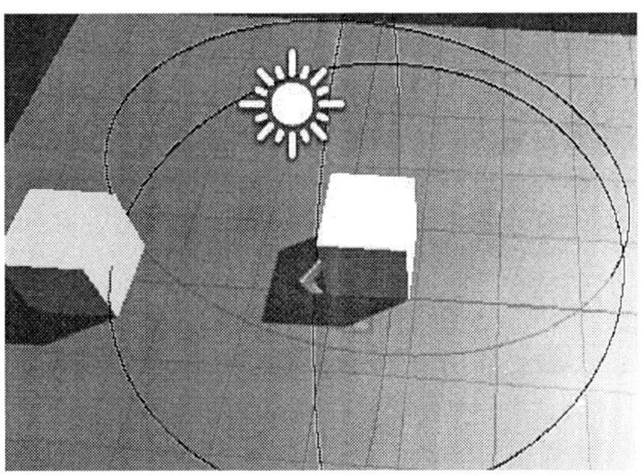

Aperfeiçoando a estrutura seguir, através de Physics

Tínhamos feito o seguir que é ativado automaticamente. Desta vez vamos criar um em que só é ativado quando o usuário se aproxima do inimigo a uma certa distância. Quando ativo ele vira em direção do jogador e o persegue. Contudo, se o jogador conseguir se distanciar do inimigo até uma certa distância, fará com que o adversário desista de seguir o jogador.

1. Crie um novo projeto 3D.

2. Adicione um plano com escala (4, 1, 3).

3. Altere a câmera na posição (0,18,-5) e rotação 90° em X.

4. Adicione dois cubos. Um deles terá o nome jogador e com rigidbody.

5. O cubo que será o inimigo, além de possuir o seu colisor padrão, ela terá uma Sphere Collider de raio (radius) quadro (4) e com a opção is trigger marcado e também um corpo rígido.

Se quiser adicione materiais aos objetos para não ficar tudo branco. O cubo jogador terá um script simples de movimento atrelado ao mesmo.

MoveJogador.cs

```
public class MoveJogador : MonoBehaviour
{
    void Update()
    {
        float x = Input.GetAxis("Horizontal") * 10f * Time.deltaTime;
        float z = Input.GetAxis("Vertical") * 10f * Time.deltaTime;
        transform.Translate(new Vector3(x, 0, z));
    }
}
```

Já o inimigo, a perseguição se iniciará quando o jogador entrar na área do gatilho da esfera. E a distância de contato será determinada por um raycast. Lembrando que o script a seguir deverá estar atrelado ao cubo inimigo.

Inimigo.cs

```
public class Inimigo : MonoBehaviour
{
    private Collider _obj;
    void OnTriggerStay(Collider obj)
    {
        if(obj.name=="jogador")
            _obj = obj;
    }

```

```
10      void FixedUpdate()
11      {
12          if(_obj!=null)
13              transform.LookAt(_obj.transform.position);
14          RaycastHit hit;
15          if (Physics.Raycast(transform.position, transform.forward, out hit, 15f))
16          {
17              Vector3 caminho = hit.transform.position - transform.position;
18              caminho = caminho.normalized*3f*Time.deltaTime;
19              transform.position = transform.position + caminho;
20          }
21          else
22          {
23              _obj=null;
24          }
25      }
26 }
```

Em OnTriggerStay, linha 04, verifica se o objeto que colidiu possui o nome jogador, linha 06, caso afirmativo armazena o colisor deste objeto na variável global _obj. Por ter duas variáveis de mesmo nome, a recomendação é que a variável global venha acompanhada de underline ou subtraço.

Em FixedUpdate é verificado inicialmente se a variável global possui algum objeto colisor, linha 12, caso afirmativo, pegamos o nosso objeto inimigo e viramos para este objeto colisor, linha 13, que seria no caso o objeto jogador.

Na linha 15, verificamos se o Raycast entra em colisão com algum objeto até uma distância de 15f. Caso afirmativo, criamos um vetor de perseguição; que é a posição da colisão com o objeto, menos o nosso próprio objeto.

Na linha 18, normalizamos este vetor e calculamos uma velocidade 3f, para o mesmo, na frequência de Time.deltaTime.

Feito isso, deslocamos nosso objeto inimigo pegando sua posição atual mais o caminho em que se encontra o jogador, linha 19.

Quando o jogador estiver longe do raio de colisão do Raycast, a condição if da linha 15 será false e com isso entra no else, linha 21; onde atribuímos um valor nulo à variável, linha 23; para que o LookAt também deixe de atuar na linha 12.

Criando um joguinho em 3D

Com base neste nosso novo conhecimento, vamos aplicar na criação de um joguinho, onde haverá um plano e um objeto, como se fosse um tanque; que irá se locomover pelas coordenadas X e Z do plano e o mouse será responsável em girar o mesmo, através de um plano imaginário e com o uso de Raycast. Será algo semelhante ao Shoot em up que fizemos, sendo que agora em 3D.

1. Crie um novo projeto em 3D.

2. Adicione um plano 3D, indo à janela de hierarquia e no menu de contexto escolhendo 3D Object>Plane. Deixe as coordenadas (0,0,0).

3. Aumente a escala deste plano para (3, 2, 2).

4. Acrescente um cubo e coloque um RigidBody no mesmo; nas coordenadas (0,1,0). A coordenada Y:1 é para o cubo ficar acima do plano.

5. Altere as coordenadas da câmera principal (Main Camera), para (-0.5,14,-9.5) e em rotação deixe o X como 60 graus, para termos uma visão por cima da cena, quando o jogo estiver rodando.

6. Coloque um cilindro (Cylinder) neste cubo, para ser o nosso "canhão". Com as escalas 0.5 para X, Y e Z. Rotacione em Z e Y em 90 graus.

7. Coloque esse cilindro como filho do nosso cubo e com 0.5 no eixo Z, para que o mesmo fique à frente. Quero que este cilindro tome por base no eixo Z.

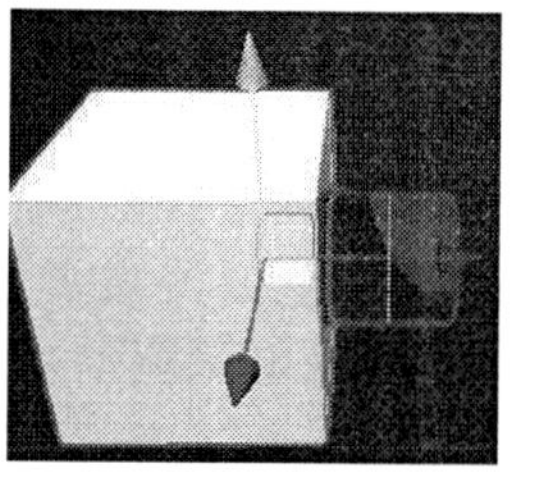

Eixo Z

8. Crie alguns materiais, indo para assets e no menu de contexto escolhendo Create > Material. Crie um na cor preta e outro na cor vermelha, pelo menos dois para haver alguma distinção.

   8.1. Lembre-se que ao selecionar o material e indo à janela inspector selecione o quadradinho branco para atribuir alguma cor a este material que não seja branco.

   8.2. Arraste o material preto para o plano e o material vermelho para o cilindro.

9. Crie um objeto vazio como filho do cilindro, pois é nele que servirá de referência de onde partirá o tiro, indo à janela de hierarquia e no menu de contexto escolhendo Create Empty.

10. Coloque o eixo Y como 1.2 e o resultado final ficará da seguinte forma:

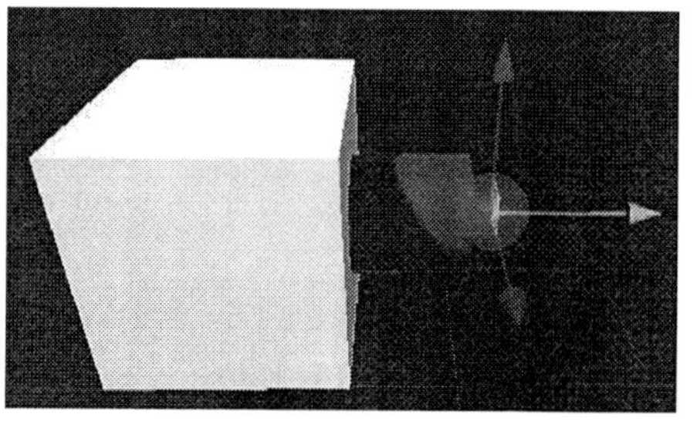

10.1. O objeto de tiro está visível, pois acrescentei um ícone ao mesmo, que só é visível na edição e não na cena.

11. Crie uma esfera (Sphere) e adicione o material vermelho ao mesmo, altere sua escala para 0.2 em X, Y e Z. Nela adicionaremos o script de Bala.cs

    11.1 Marque o seu colisor como is Trigger, selecionando o mesmo e indo à janela inspector e selecionando esta opção presente em Sphere Collider.

12. Crie as tags bala, inimigo, jogador e pv. Para isso você poderá selecionar qualquer objeto em cena e ir para tag, quando clicar na setinha, selecione Add Tag e por lá crie as tags, como já fizemos.

13. No cubo e no cilindro associe a tag jogador.

14. Na bala associe a tag bala.

15. Crie uma esfera (Shpere) e adicione a tag inimigo. Pois ele será o nosso inimigo que possuirá o script Inimigo.cs. Aproveite e acrescente um RigidBody a esta esfera.

A princípio não vamos criar prefabs da bala ou do inimigo, sem antes criar os scripts para os mesmos e aí sim criar seus prefabs, para depois excluí-los de cena, já que inimigo e bala serão criados via código.

Irei criar um cilindro que nos servirá de barra de vida; porém ele irá possuir aquele velho problema, que ao diminuir o mesmo ele diminuirá partindo do centro, ou seja, haverá uma diminuição deste cilindro tanto à direita quanto à esquerda. Para resolver este problema iremos criar um objeto vazio em cena e associar o cilindro a ele de forma que este objeto vazio fique na extremidade do cilindro.

Vamos às etapas:

1. Crie um novo cilindro (Cylinder), que servirá como a barra de vida. Altere as escalas do mesmo para (0.5, 1.2, 0.5) e sua posição para (8.5, 5, 4); lembre-se de rotacionar em Z em 90 graus.

2. Crie agora um objeto vazio em cena, como já fizemos inúmeras vezes.

3. Coloque um ícone neste objeto vazio para termos uma noção de onde está em cena.

4. Nomeie como PVPivot. Recomendo que faça a renomeação dos demais objetos em cena, para saber do que se trata cada objeto.

5. Com o objeto vazio selecionado, altere suas coordenadas para ficar na extremidade do cilindro como (7.2,5,4), conforme o exemplo:

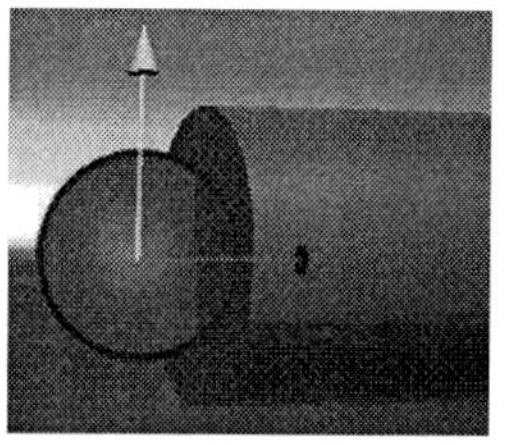

6. Agora associe o cilindro como filho do objeto PVPivot.

7. Em PVPivot adicione a tag pv, que havíamos criado.

Bala.cs

```
public class Bala : MonoBehaviour
{
    private float vel=10f;
    void FixedUpdate()
    {
            transform.Translate(new Vector3 (0, vel*Time.deltaTime));
    }
}
```

Como pode perceber, o código é praticamente idêntico ao anterior, mas você deve estar se perguntando porque no eixo Y e não no X? Nosso objeto de onde partirá o tiro, o eixo Y é que está alinhado com a posição do cano:

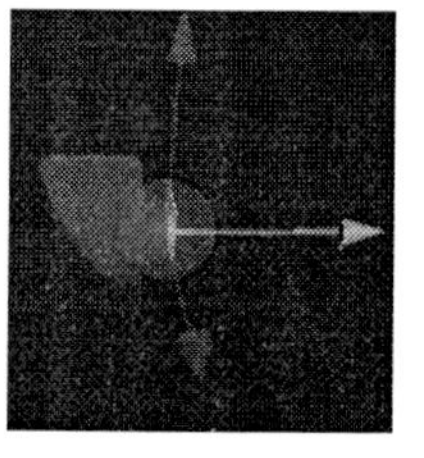
Eixo Y

Anexe esse script à bala presente em cena, crie um prefab da mesma e com isso pode excluí-la do cenário.

Inimigo.cs

```
using Fases;
public class Inimigo : MonoBehaviour
{
    private GameObject alvo;
    private float vel=4f;
    private int pvInimigo;
    private Renderer render;

    private Color[] cores = {Color.white, Color.yellow, Color.cyan, Color.red, Color.
magenta, Color.black};
    void Start()
    {
        alvo = GameObject.FindWithTag("jogador");
        render = GetComponent<Renderer>();
        pvInimigo = Waves.pvInimigos();
```

```
15          if(pvInimigo==1)
16              render.material.color = cores[0];
17          else if(pvInimigo==2)
18              render.material.color = cores[1];
19          else if(pvInimigo==3)
20              render.material.color = cores[2];
21          else if(pvInimigo>=30)
22          {
23              transform.localScale = new Vector3(2.5f,2.5f,2.5f);
24              render.material.color = cores[5];
25          }
26      }
27      void FixedUpdate()
28      {
29              Vector3 dir = alvo.transform.position - this.transform.position;
30              Vector3 vet = dir.normalized * vel;
31              this.transform.Translate (vet * Time.deltaTime);
32      }
33      void OnTriggerEnter (Collider col)
34      {
35          if(col.gameObject.CompareTag("bala"))
36          {
37              Destroy(col.gameObject);
38              --pvInimigo;
39              //mudança de cores do chefão
40              if(pvInimigo==5) render.material.color = cores[0];
41              else if(pvInimigo>5 && pvInimigo<=10) render.material.color = cores[1];
42              else if(pvInimigo>10 && pvInimigo<=15) render.material.color = cores[2];
43              else if(pvInimigo>15 && pvInimigo<=20) render.material.color = cores[3];
44              else if(pvInimigo>20 && pvInimigo<=25) render.material.color = cores[4];
45              if(pvInimigo==0)
46              {
47                  Destroy(this.gameObject);
48                  Waves.destroi();
49              }
50          }
51      }
52  }
```

Também praticamente a mesma coisa, o que muda é que a ampliação do chefão não se limitou só às escalas X e Y, linha 23; além da detecção da colisão, que deixou de ser 2D, linha 33. Adicione esse script ao objeto inimigo presente em cena, depois crie um prefab e o exclua da cena.

Waves.cs

Você terá que criar um GameObject vazio e atrelar esse script a ele. Você deverá importar as imagens que fizemos anteriormente, indo para assets e no menu de contexto, escolhendo Import New Assets... Pretendo criar um Quad via código e atrelar essas imagens ao mesmo. Para isso, utilizarei um material para cada imagem. A criação do material é indo para assets e no menu de contexto escolhendo Create > Material.

Cada material você deverá ir àa janela inspector e em albedo clicar no ícone que parece uma mira e selecionar a imagem correspondente para cada material, os materiais com a imagem anexada ficarão da seguinte forma na pasta Assets:

Lembre-se de arrastar esses materiais e o prefab do inimigo presente em Assets. Ex:

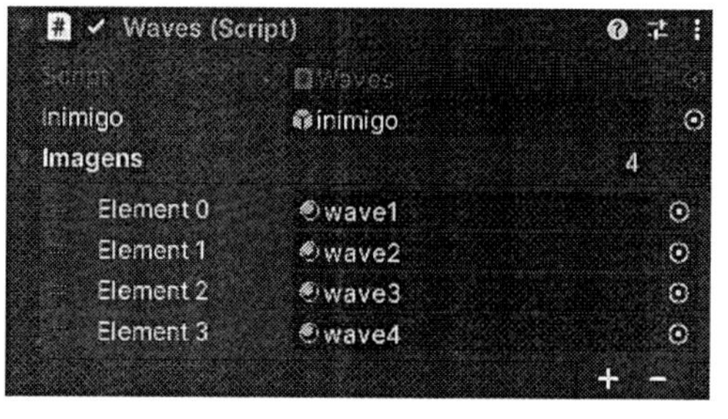

Ao criar nesse script e atrelar ao GameObject aparecerá um campo público para colocarmos o nosso inimigo e outro que é uma matriz unidimensional para colocar os materiais que fizermos. Lembre-se de arrastá-los para o preenchimento destes campos. Segue o código:

```
using UnityEngine.SceneManagement;
namespace Fases{
    public class Waves : MonoBehaviour
    {
        private static Waves objClasse;
        public GameObject inimigo;
        public Material[] imagens = new Material[4];
        private GameObject aviso;
        private static int destroiInimigos=0, totalInimigos=5, wave=1, criaInimigos=0;
        private static float probabilidade;
        private static Vector3 pos;

        void Awake()
        {
            objClasse = this;
        }
```

```
        void Start()
        {
            StartCoroutine(waves());
        }
        IEnumerator waves()
        {
            aviso = GameObject.CreatePrimitive(PrimitiveType.Quad);
            aviso.transform.position = new Vector3(0, 6, 0);
            aviso.transform.localScale = new Vector3(4, 3, 1);
            aviso.GetComponent<Renderer>().material = imagens[wave-1];
            Destroy(aviso, 3);
            yield return new WaitForSeconds(4f);
            StartCoroutine(naves());
        }
        IEnumerator naves()
        {
            while(totalInimigos>criaInimigos)
            {
                yield return new WaitForSeconds(1f);
                ++criaInimigos;

                if(Random.Range(-1.0f, 1.0f)>0)
                    pos = new Vector3(Random.Range(-15.0f, 13.0f), 1f, -8f);
                else
                    pos = new Vector3(Random.Range(-15.0f, 13.0f), 1f, 9.5f);
                Instantiate(inimigo, pos, transform.rotation);
            }
        }
        public static void destroi()
        {
            ++destroiInimigos;
            if(totalInimigos==destroiInimigos && wave!=4)
            {
                destroiInimigos=0;
                criaInimigos=0;
                if(wave<3)
                    totalInimigos+=5;
                else if(wave==3)
                    totalInimigos=1;
                ++wave;
                objClasse.StartCoroutine(objClasse.waves());
            }
            else if(totalInimigos==destroiInimigos && wave==4)
                SceneManager.LoadScene("win");
        }

```

```
63        public static int pvInimigos()
64        {
65            probabilidade = Random.Range(-1f, 1f);
66            switch(wave)
67            {
68                case 2:
69                    if(probabilidade<0f)
70                        return 1;
71                    else
72                        return 2;
73                case 3:
74                    if(probabilidade<-0.3f)
75                        return 1;
76                    else if (probabilidade>=-0.3f && probabilidade<=0.3f)
77                        return 2;
78                    else
79                        return 3;
80                case 4:
81                    return 30;
82                default:
83                    return 1;
84            }
85        }
86    }
87 }
```

Ao invés de imagens, propriamente dito, iremos manipular materiais, linha 07. Na linha 23 criamos um Quad e na linha 24 definimos a posição deste objeto e na linha 25 alteramos o valor de sua escala.

Através do componente renderer, linha 26, é que atribuímos um dos materiais, que são imagens de aviso das waves, ao nosso objeto. E o restante do código é o mesmo que você já viu.

As posições, obviamente, tiveram mudança, linha 39 e 41, já que estamos lidando com um plano 3D ao invés de 2D.

Jogador.cs

Lembre-se de atrelar esse script ao jogador. E atrelar ao campo que aparece no script, o prefab da bala. Ex:

```
using UnityEngine.SceneManagement;
using Fases;
public class Jogador : MonoBehaviour
```

```
{
    private float vel=5f, vida=3f, dano=0f;
    public GameObject bala;
    private GameObject localTiro, BarraPV;
    void Start()
    {
        BarraPV = GameObject.FindWithTag("pv");
        localTiro = GameObject.Find("tiro");
    }
    void FixedUpdate()
    {
        float x = Input.GetAxis("Horizontal") * vel * Time.deltaTime;
        float z = Input.GetAxis("Vertical") * vel * Time.deltaTime;
        transform.position = transform.position + new Vector3(x, 0, z);
        Ray raio = Camera.main.ScreenPointToRay(Input.mousePosition);
        Plane plano = new Plane(Vector3.up, this.transform.position );
        if(plano.Raycast(raio, out float pontDist))
        {
            Vector3 alvo = raio.GetPoint(pontDist);
            this.transform.LookAt(alvo);
        }
        if(Input.GetKeyDown(KeyCode.Mouse0))
        {
            Object destruir = Instantiate(bala, localTiro.transform.position, localTiro.transform.rotation);
            Destroy (destruir, 2);
        }
    }
    void OnCollisionEnter(Collision obj)
    {
        if(obj.gameObject.CompareTag("inimigo"))
        {
            if(Waves.pvInimigos()>=30)
                SceneManager.LoadScene("lose");
            else{
                Destroy(obj.gameObject);
                --vida;
                dano+=0.33f;
                Waves.destroi();
                BarraPV.transform.localScale= new Vector3(BarraPV.transform.localScale.y-dano, 1f, 1f);
                if(vida<=0)
                {
                    SceneManager.LoadScene("lose");
```

```
48                  }
49              }
50          }
51      }
52 }
```

Além do teste de colisão ser retirado o termo 2D, a movimentação do jogador em relação a um plano 3D muda bastante. Na linha 18 pegamos a distância do raio de linha infinita, em relação à posição do mouse.

E utilizamos em seguida um plano teórico nos eixos X / Z que é infinito em tamanho e localizado em relação à posição do jogador, já que passo sua posição como referência.

O pontDist (ponto de distância) foi declarado esta variável dentro de uns dos argumentos de Racast, linha 20, graças ao uso de out. O out força os argumentos a serem passados por referência. Esse comportamento é idêntico ao da palavra-chave ref, exceto que ref requer que a variável seja inicializada antes de ser passada. Já out não, por isso que a variável pode ser declarada dentro de um argumento de método, contanto que se tenha a certeza que será atribuído um valor a esta variável antes que o método seja retornado.

O plano teórico, em relação ao raio, linha 20, nos resulta em um ponto de distância. Basicamente o Raycast retorna verdadeiro se o raio se cruzar com um Colisor, caso contrário, retornará falso. Se verdadeiro pontDist conterá as informações sobre o colisor mais próximo que foi atingido.

Se você precisar do ponto exato onde ele se cruza, o raio em relação a este ponto, você pode usar GetPoint, linha 22. Já o LookAt, linha 23, faz com que gire para apontar seu vetor na direção que capturamos com GetPoint. Essa solução é a mais prática e viável, tanto que muitos desenvolvedores a utilizam.

Physics 2D

Trabalha com vetores de duas coordenadas X e Y, diferente da física 3D. A mesma pode assumir as seguintes estruturas: BoxCast, BoxCastAll, CapsuleCast, CapsuleCastAll, CircleCast, CircleCastAll, Linecast e LinecastAll. Há expressões como BoxCastNonAlloc, CapsuleCastNonAlloc, CircleCastNonAlloc e LinecastNonAlloc que estão sendo descontinuadas e por isso serão ignoradas.

Há três formas diferentes de se trabalhar com estes objetos, porém só vou apresentar a primeira delas.

BoxCast

Lança um colisor em forma de caixa. Capturando o primeiro objeto que entrar em contato. Sua sintaxe é:

public static RaycastHit2D BoxCast(Origem (Vector2), Tamanho (Vector2), Ângulo (float), Direção (Vector2), Distância (float) = Mathf.Infinity, int layerMask = Physics2D.AllLayers, float minDepth = -Mathf.Infinity, float maxDepth = Mathf.Infinity);

Parâmetros	Definição
Origem	A origem da caixa.
Tamanho	O tamanho da caixa.
Ângulo	O ângulo em graus.
Direção	Direção da caixa
Distância	A distância máxima de se lançar a caixa.
layerMask	A camada de contato
minDepth	Incluir objetos com profundidade (Z) maior que este valor.
maxDepth	Incluir objetos com profundidade (Z) inferior a este valor.

CapsuleCast

Lança um colisor em forma de cápsula. Capturando o primeiro objeto que entrar em contato. Sua sintaxe é:

public static RaycastHit2D CapsuleCast (Origem (Vector2), Tamanho (Vector2), CapsuleDirection2D capsuleDirection , Ângulo (float), Direção (Vector2), Distância (float) = Mathf.Infinity, int layerMask = DefaultRaycastLayers, float minDepth = -Mathf.Infinity, float maxDepth = Mathf.Infinity);

Parâmetros	Definição
Origem	A origem da cápsula.
Tamanho	O tamanho da cápsula.
CapsuleDirection2D	A direção da cápsula.
Ângulo	O ângulo em graus.
Direção	A direção para lançar a cápsula.
Distância	A distância máxima de se lança a cápsula.
layerMask	A camada de contato
minDepth	Incluir objetos com profundidade (Z) maior que este valor.
maxDepth	Incluir objetos com profundidade (Z) inferior a este valor.

CircleCast

Lança um colisor em forma de círculo. Capturando o primeiro objeto que entrar em contato. Sua sintaxe é:

public static RaycastHit2D CircleCast(Origem (Vector2), Raio (float), Direção (Vector2), Distância (float) = Mathf.Infinity, int layerMask = DefaultRaycastLayers, float minDepth = -Mathf.Infinity, float maxDepth = Mathf.Infinity);

Parâmetros	Definição
Origem	A origem do círculo.
Raio	O raio do círculo.

Ângulo	O ângulo em graus.
Direção	Direção do círculo.
Distância	A distância máxima de se lançar o círculo.
layerMask	A camada de contato.
minDepth	Incluir objetos com profundidade (Z) maior que este valor.
maxDepth	Incluir objetos com profundidade (Z) inferior a este valor.

LineCast

Lança uma linha sobre os colisores em cena. Sua sintaxe é:

public static RaycastHit2D Linecast(início (Vector2), fim (Vector2), int layerMask = DefaultRaycastLayers, float minDepth = -Mathf.Infinity, float maxDepth = Mathf.Infinity);

Parâmetros	Definição
Início	O ponto de origem da linha.
Fim	O ponto final da linha.
layerMask	A camada de contato.
minDepth	Incluir objetos com profundidade (Z) maior que este valor.
maxDepth	Incluir objetos com profundidade (Z) inferior a este valor.

RaycastHit2D

Responsável em armazenar todas as informações do objeto colidido, ele pode nos fornecer diversas informações sobre o objeto, conforme demonstrado na tabela.

Parâmetros	Definição
centroid	Retorna o centro da respectiva forma quando está em contato com o ponto retornado.
collider	O colisor atingido pelo raio.
distance	A distância da origem do raio ao ponto de impacto.
fraction	Fração da distância ao longo do raio em que ocorreu o acerto.
normal	O vetor normal da superfície atingida pelo raio.
point	O ponto no espaço mundial onde o raio atingiu em relação à superfície do colisor.
rigidbody	O Rigidbody2D anexado ao objeto que foi atingido.
transform	O transform do objeto que foi atingido.

Todos eles têm o complemento All, que nos retorna todas as ocorrências que entrar em contato: LineCastAll, BoxCastAll, CapsuleCastAll e CircleCastAll. E o retorno é um array RaycastHit2D[]. Ex:

public static **RaycastHit2D[] BoxCastAll** (Origem (Vector2), Tamanho (Vector2), Ângulo (float), Direção (Vector2), Distância (float) = Mathf.Infinity, int layerMask = DefaultRaycastLayers, float minDepth =

-Mathf.Infinity, float maxDepth = Mathf.Infinity);

public static **RaycastHit2D[] CapsuleCastAll** (Origem (Vector2), Tamanho (Vector2), CapsuleDirection2D capsuleDirection, Ângulo (float), Direção (Vector2), Distância (float) = Mathf.Infinity, int layerMask = DefaultRaycastLayers, float minDepth = -Mathf.Infinity, float maxDepth = Mathf.Infinity);

public static **RaycastHit2D[] CircleCastAll** (Origem (Vector2), raio (float), Direção (Vector2), Distância (float) = Mathf.Infinity, int layerMask = DefaultRaycastLayers, float minDepth = -Mathf.Infinity, float maxDepth = Mathf.Infinity);

public static **RaycastHit2D[] LinecastAll** (início (Vector2), fim (Vector2), int layerMask = DefaultRaycastLayers, float minDepth = -Mathf.Infinity, float maxDepth = Mathf.Infinity);

Para encerrar este assunto, vamos fazer um exemplo simples para entender melhor. Normalmente, para permitir o jogador pular, precisamos saber primeiramente se ele está no chão; para isso, podemos nos utilizar de uma tag de nome solo, por exemplo, para identificar o objeto que está representando o solo. Veja o exemplo abaixo:

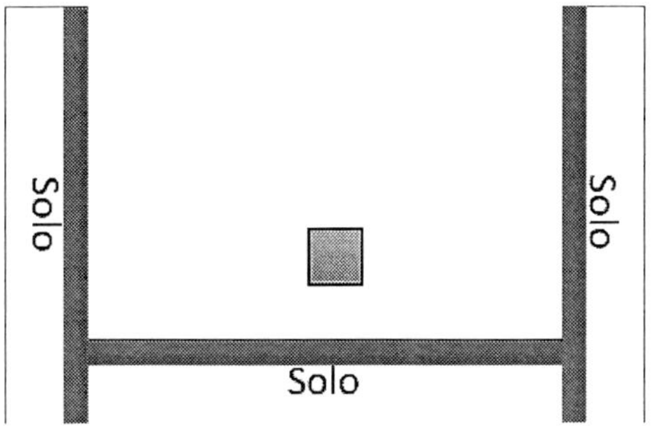

Digamos que o nosso quadradinho seja o jogador; quando o quadradinho estiver em contato com o chão ele poderá pular, isso é verificado com OnCollisionEnter2D e o nome da tag. E para impedir pulos no ar, verificamos com OnCollisionExit2D se ele deixou de ter contato com o solo. O problema do exemplo acima é que as paredes que limitam a área de nosso jogador também possuem a tag de nome solo; isso fará com que o jogador possa pular várias vezes se estiver encostado em uma das paredes, apesar de parecer estranho, isso pode ocorrer quando estiver trabalhando com Tilemaps, que veremos mais à frente.

Uma solução prática para isso seria adicionar uma camada ao elemento. Lembre-se a layer (camada) fica ao lado da tag na janela inspector do objeto. Escolha a opção Add Layer e crie uma camada de nome solo; também reforço que você terá que selecionar novamente o elemento para selecionar esta camada, da mesma forma que ocorre com tags.

Nosso jogador terá um BoxCollider2D e um Rigidboy2D, além do seguinte script anexado ao mesmo:

Jogador.cs

```
public class Jogador : MonoBehaviour
{
```

```
03      public LayerMask solo;
04      BoxCollider2D colisor;
05      void Start()
06      {
07          colisor = GetComponent<BoxCollider2D>();
08      }
09      void Update()
10      {
11          float x = Input.GetAxis("Horizontal")*Time.deltaTime*5f;
12          transform.position = transform.position + new Vector3(x, 0, 0);
13          if(Input.GetKeyDown(KeyCode.Space) && pulo())
14              GetComponent<Rigidbody2D>().AddForce(Vector2.up * 7f, ForceMode2D.Impulse);
15      }
16      private bool pulo()
17      {
18          return Physics2D.BoxCast(colisor.bounds.center, colisor.bounds.size/2, 0f, Vec-
tor2.down, colisor.transform.localScale.y/2, solo);
19      }
20 }
```

Na linha 03 é declarado um campo público do tipo LayerMask (máscara de camada), que faz com que o campo solo apareça como uma lista de seleção, onde você deverá selecionar a layer criada. Ex:

Em Start(), linha 05, pegamos o colisor de nosso objeto, linha 07. E em FixedUpdate(), linha 09, realizamos os comandos de movimentação padrão, linhas 11 e 12; onde na linha 13 verificamos se a tecla de espaço foi pressionada e se o método pulo nos retorna true. Caso tudo esteja ok, ele entra nesta condição, onde pegamos o corpo rígido (Rigidboy) do nosso jogador e adicionamos uma força de impulso (impulse) para cima, já que o vetor aponta para cima (Up), vezes o fator de modificação.

O método pulo, linha 16, utiliza um BoxCast, que será na posição central do nosso jogador (colisor.bounds.center) e com a metade do volume ou tamanho colisor.bounds.size/2, com zero de modificação angular, cuja detecção da colisão aponta para baixo (Vector2.down), com base no valor do tamanho ou escala de nosso jogador (colisor.transform.localScale), cuja layer que o interessa será aquela contida na variável solo. Ex:

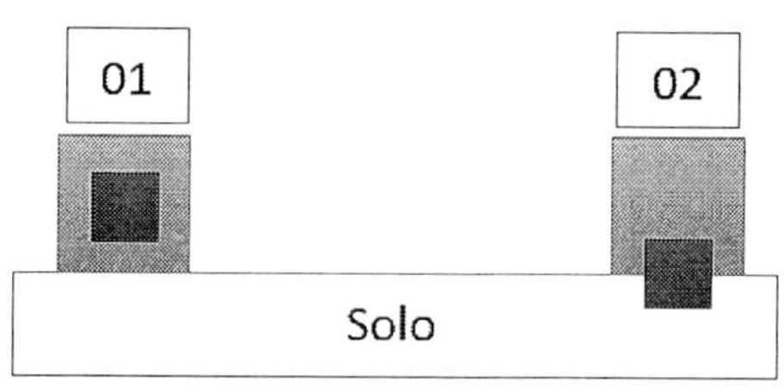

Ele nos retorna true quando estiver tocando o solo ou false, caso contrário. Na figura acima originamos o nosso BoxCast ao centro e com metade do tamanho (01) e pegamos o valor de sua escala em Y apontando para baixo (02). Com isso, mesmo que se encoste numa parede não conseguirá realizar pulos contínuos, já que o nosso BoxCast está afastado das extremidades de nosso objeto.

Versionamento Semântico de Software

Há vários sistemas diferentes de implementação de regras quanto à definição da versão do software. O que iremos ver é o versionamento semântico, que possui algumas regras, a saber:

Todo o desenvolvedor mantém por regra a versão anterior intacta do software; quando se deseja criar uma nova versão, recurso ou correção de bug, trabalha-se com a cópia do mesmo. Fazendo com que se respeite a regra da versão imutável, onde desenvolvedores mantêm um certo número de versões anteriores, pois se um erro grave ocorrer, por exemplo, os desenvolvedores poderão comparar com as versões anteriores do código para ajudar a corrigir o erro ou retornar a sua versão anterior, caso a estrutura se perca por completo.

Têm desenvolvedores que permitem a atualização para uma nova versão de forma gratuita, como ocorre, comumente, em softwares gratuitos, há também alguns softwares pagos que fazem o mesmo.

Como sabemos, há empresas que não ajeitam a antiga versão, que passa a ter problemas nas versões mais atuais do S.O, a solução que muitas encontram é lançar uma nova versão que passou por atualizações para se adaptar ao sistema operacional atual, tendo algum «melhoramento gráfico» e lançam com a denominação remastered. Para justificar a sua nova revenda. Aquele famoso ditado: jogo velho com preço de novo.

Sintaxe de definição da versão de um software:

Major.Minor.Path(-tipo)+(bluid)

Major – É a versão do software, a mudança deste número ocorre quando a nova versão desenvolvida se torna incompatível com a versão anterior, melhoramentos substanciais que não cabem na versão atual. Quando as mudanças se tornam incompatíveis com a API atual.

A API (Application Programming Interface) significa **interface de programação de aplicação**. É uma forma de comunicação entre sistemas, utilizadas para a coleta, envio e a troca de informações, sem a necessidade de o sistema que consome a API conhecer detalhes da implementação.

A API então é a porta de comunicação entre dois sistemas distintos. Para que o usuário possa interagir com a máquina precisamos de uma API; para que o software possa se comunicar com o hardware precisamos de uma API; para que um software possa se comunica com outro tipo de software precisamos de uma API.

Lembremos que interface, presente no conceito de API, é o elemento que proporciona uma ligação física ou lógica entre dois sistemas ou partes de um sistema que não poderiam ser conectados diretamente, no nosso caso usuário e máquina.

Com isso entendemos que a forma de interação do jogador com o game é uma API. A mudança dessa API, como a mecânica do jogo, sugere uma nova versão.

Há APIs que permitem apenas o envio de dados ou apenas ao acesso de um determinado tipo de dado, além daquelas que fazem ambas as funções conforme a demanda do usuário. Além disso APIs se divide em:

- **Privado**: Utilizado internamente por uma empresa de forma local.
- **Parceiro**: Onde se utiliza em determinadas parcerias de negócio, permitindo a integração de determinados softwares.
- **Pública**: Utilização livre. Para realizar a integração com outros sistemas.

A Steam, por exemplo, possui uma API que permite interagir com o game através de um sistema de conquistas ou drops de cartas, por exemplo, ao qual o desenvolvedor terá que defini-lo. Toda API deve possuir uma documentação precisa e clara quanto a isso.

O API da Steam, por exemplo, é classificado como parceiro, que permite só a interação desta com jogos que estejam devidamente registrados em seu sistema de plataforma.

Minor – O acréscimo de uma nova funcionalidade ou aprimoramento de um recurso já existente que não comprometa a versão atual do sistema.

Path – Correções de Bugs que não comprometa a versão atual do sistema.

Se fosse lançar uma nova versão, você acrescenta +1 ao número da versão atual e zera o número do melhoramento e da correção de bugs. De forma similar, ocorre quando há um novo melhoramento daquela versão; você zera todos os bugs que foram contabilizados até o presente momento, em decorrência do novo melhoramento. Vamos para um exemplo, para entendermos melhor.

Quando lança a primeira versão do software, obrigatoriamente ela é lançada como 1.0. Se eu corrijo cinco falhas desta versão, comuns ou críticas, a versão passa a ser 1.0.5. Se eu corrijo mais dez bugs, então passa para 1.0.15. Mas, se eu lanço um melhoramento, os bugs que estavam sendo contabilizados, são zerados, por justamente gerar uma versão melhorada daquele software. Ex: 1.1.0.

Da mesma forma ocorre se eu lanço uma nova versão, o melhoramento é zerado por justamente estarmos em uma versão completamente nova e a contagem de bugs, se tiver, também é zerada. Ex:2.0

Em tipo, que iremos ver, trata questões como Alpha, Beta, RC, etc. Uma mudança de tipo zera tanto o major como minor e path.

Tipo – Podendo ser:

- **Pre-Alpha**: Todas as atividades realizadas anteriores aos testes, como a análise dos requisitos, desenvolvimento e teste de unidade.

- **Alpha**: Primeira versão testada. Focando mais na estabilidade do software e em recursos que podem estar faltando ser implementados na versão final.

- **Beta**: Quando verifica que não há mais funcionalidade a ser implementada. Valendo-se de teste de usabilidade. Em outras palavras, fase de refinamento do software.

- **Release candidate** (RC): Que traduzindo significa candidato a lançamento. É o produto final a ser lançado; nesta fase todos os bugs críticos foram supostamente removidos. Uma última chance para fornecer um feedback e relatar algum tipo de problema.

- **RTM**: Release to manufaturing (lançamento para a fabricação) ou release to marketing (lançamento para o mercado), produto pronto para o usuário final.

- **GA**: General availability (disponibilidade geral), quando o produto fica disponível para compra, ou seja, quando todos os demais detalhes já foram concluídos.

RTM e GA são bem parecidos, por isso em vários materiais eles são considerados como uma versão gold para jogos.

Build – É opcional e não interfere em qualquer numeração da versão ou em sua precedência; já que todos lançados, possuem normalmente a mesma precedência de uns para com os outros. Precedência é quem tem maior prioridade de uma versão para outra.

tipo>Major>Minor>Path

Por exemplo, em uma versão alpha 1.4.57 tem menos precedência que uma versão beta 1.0.0.

1.0.0-Beta > 1.4.57-Alpha

Já que uma versão beta já está em fases de testes, enquanto uma versão alpha ainda está na verificação da implementação de novos recursos ou não.

Build trabalha com metadados de construção; normalmente utilizado quando se trabalha em sistemas de integração contínua (CI); ocorre quando muitos desenvolvedores trabalham ao mesmo tempo em um único software. Os identificadores devem incluir apenas alfanuméricos ASCII e hifens [0-9A-Za-z-].

Quando há essa interação de vários desenvolvedores, utilizamos o Build como complemento. Podemos ter uma mesma versão de software diferenciado por builds diferentes, como uma forma de haver a distinção. Poderia, por exemplo, datar a versão. Ex:

```
1.2.11-beta+20211229141155
1.2.11-beta+20220301144700
```

Traduzindo

```
1.2.11-beta de 29/12/2021 às 14:11:55
1.2.11-beta de 03/01/2022 às 14:47:00
```

Se utilizar identificadores com letras ou hifens, serão comparados lexicamente na ordem de classificação ASCII.

Criando animação com IK Bones

Num game tudo que se mexe em cenário ou o próprio cenário possui algum tipo de animação. Se não crio uma animação para anexar ao personagem do jogo ele vai se deslocar pelo cenário de forma estática, ou seja, sem qualquer tipo de animação, como já fizemos.

Se quisermos que nosso personagem tenha uma animação como uma simples caminhada, por exemplo, teremos que criar uma animação para o mesmo; que ao se deslocar faça com que a animação seja ativada juntamente com o deslocamento proposto em código. Seja para objetos 2D ou 3D.

Numa animação 2D, por exemplo, podemos criar uma única imagem, cujas partes deverão ser divididas por camadas, para que desta forma possam se interligar entre si com o uso de bones (ossos) do Unity; criando-se uma estrutura esquelética virtual. O IK (Inverse Kinematics), que acompanha o termo, significa cinemática inversa.

Ao se criar um boneco, com ossos e juntas virtuais, criamos uma interligação entre eles que permite um movimento conjunto entre os membros; tornando assim um boneco articulado. Mas isso não define a cinemática inversa, a cinemática inversa é definida pela forma angular que o objeto filho realiza ao acompanhar o movimento do objeto pai.

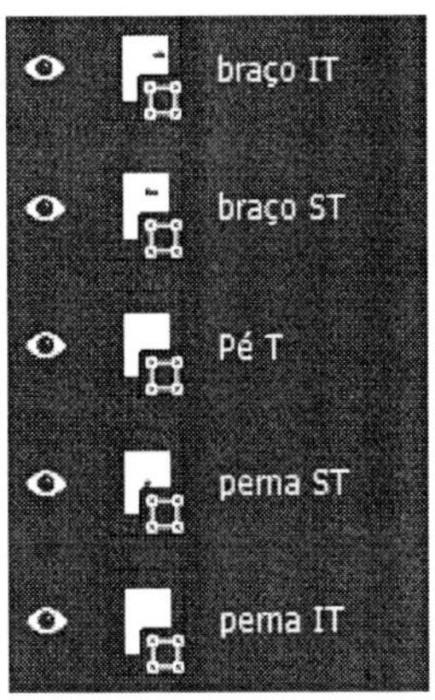

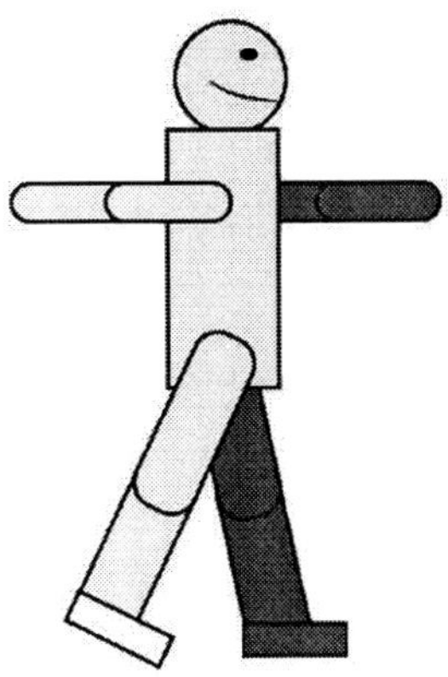

Se desejar utilizar este conceito, você terá que desenvolver o personagem em questão pelo Photoshop, já que o Unity só tem suporte a imagens do tipo PSB (Photoshop Big); pois com este tipo de formato é possível salvar a imagem, preservando assim as suas camadas.

Este exemplo é bem simples e fácil de fazer, mesmo para aqueles que não possuem noção alguma desta ferramenta. O boneco foi todo construído com formas simples, retângulos normais ou arredondados, acompanhado de uma esfera, para simbolizar a cabeça de nosso boneco. Uma esfera menor para o olho e uma linha para a boca. Tudo isso pode ser encontrado na ferramenta de formas, na barra vertical do Photoshop.

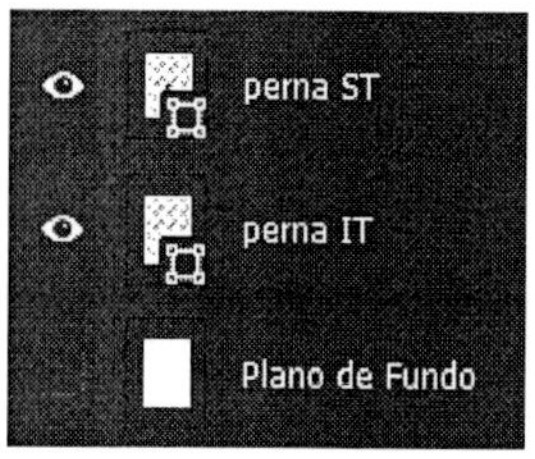

E o bom é que cada forma criada automaticamente assume uma nova camada. Se o seu boneco estiver sobre um plano de fundo, que não seja transparente, você deverá remover este plano antes de salvar como PSB; você pode remover este plano de fundo, se existir, simplesmente ocultando esta camada, por exemplo, ao clicar no ícone do olho.

No caso dos membros, os braços foram divididos em dois e as pernas em três, para podermos simular a articulação das pernas e braços. Ao terminar salve-o como bonecoBone.psb.

Nota: Se não tiver como fazer em Photoshop, não se preocupe. O próximo tópico nos traz uma alternativa para criar animações de uma outra forma. Com a famosa sequência de imagens.

Criando o esqueleto do Boneco

1. Vá ao assets do Unity e com o botão direito do mouse, no menu de contexto, opte por Import New Assets... Para importar a imagem bonecoBone.psb.

2. Com o mesmo selecionado, vá àa janela inspector e verá o botão Sprite Editor. Clique no mesmo, onde o boneco apresenta suas partes de forma espalhada:

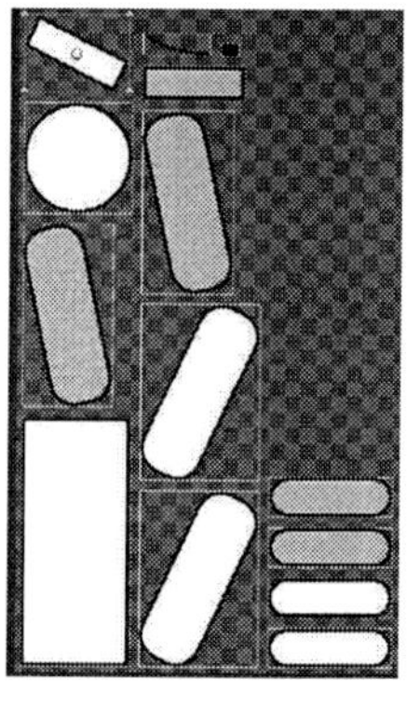

Recomendo você maximizar a janela quando estiver trabalhando.

3. Para organizar, opte por Skinning Editor, clicando na caixa de listagem de Sprite Editor, logo abaixo da barra de título da janela, conforme o exemplo:

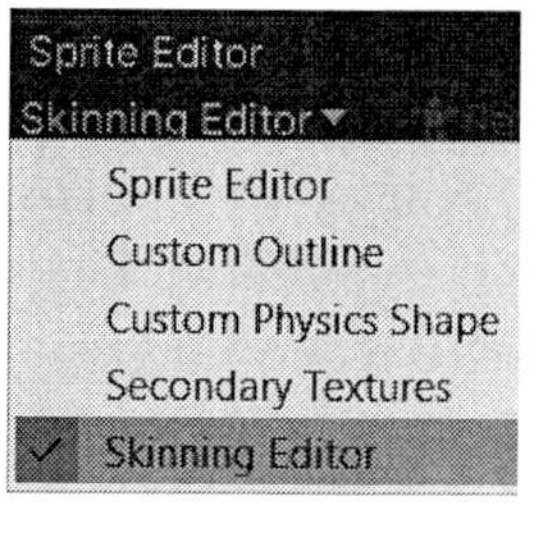

Depois disso verá o boneco ajustado, como estava anteriormente e três janelinhas no lado esquerdo. A primeira é Bone, que possui as seguintes opções:

- **Preview Pose**: Serve para testar o esqueleto. Mova e gire os diferentes ossos para verificar sua influência na geometria.
- **Edit Bone**: Serve para editar os ossos. Como mover, reposicionar, desconectar e reconectar ossos.
- **Create Bone**: Para criar um osso.
- **Split Bone**: Permite dividir um único osso em dois ossos conectados, por exemplo.

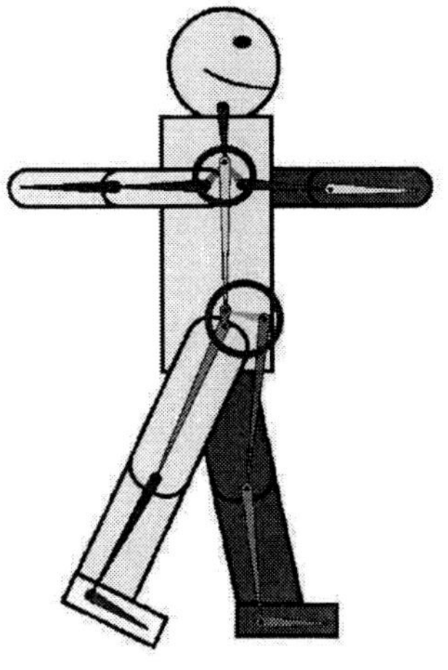

Eu particularmente comecei criando primeiro Bone, pela cabeça e depois o tronco e um pequeno Bone, como pode ver no exemplo da imagem, para utilizá-lo como ligação entre as pernas.

Com este pequeno Bone eu criei uma ligação com os ossos na perna de cor branca e ao cancelar a seleção, peguei novamente este pequeno osso para fazer uma pequena interligação (cor mais clara) com a perna cinza.

Uma interligação não é um osso propriamente dito e por isso não pode ser utilizado; por isso puxei novamente para que passasse de uma interligação para um Bone.

Na imagem fiz questão de circular onde há locais que possuem uma interligação. Alguns livros os classificam de outra forma, como interconexão, então não estranhe se descobrir uma denominação diferente para o mesmo.

Não se incomode com a disposição bizarra do osso da perna cinza, isso pode ser corrigido utilizando-se, após o término, a ferramenta de edição (edit Bone). Por sinal recomendo que o faça assim que terminar de criar os Bones.

Com isso, ao mover o tronco com o uso da ferramenta Preview Pose, verá que todos os ossos que fazem parte deste boneco acompanharão o movimento. Pois seria terrível se eu movesse o tronco para frente e as pernas do boneco ficassem para trás sem acompanhar o movimento, como se não fizessem parte do corpo.

A conexão entre os ossos funciona da seguinte forma: o Bone pai comanda o Bone filho. Para que você entenda melhor, todo Bone conectado faz com que o primeiro criado, exemplo A, seja o Bone pai e o conectado a este, por exemplo B, seja o Bone filho, se houver outro Bone ligando a B, por exemplo C; será Bone filho de A e de B, ou seja, se eu mexer o Bone A, estarei movendo em conjunto os Bones A, B e C; se eu mexer o B estarei movimentando os Bones B e C.

Você deve ter percebido, ao fazer o teste, que só os ossos movem. Para que os sprites também acompanhem este movimento, você terá que utilizar a ferramenta presente na outra janela, a geométrica (Geometry).

- **Auto Geometry**: Cria automaticamente uma malha de vértices do osso em relação ao sprite; tendo, obviamente, as mesmas cores que o osso tem. Se o sprite estiver sobre a influência de mais de um osso, são gerados vértices com uma mistura das cores. Onde é gerado, através disso, o peso e quanto de influência o vértice tem sobre o sprite em questão.

- **Edit Geometry**: Permite que você mova ou exclua arestas e vértices.

- **Create Vertex**: Permite que você crie vértices que acabam por criar arestas automaticamente para se conectar aos vértices vizinhos.

- **Split Edge**: Divide a aresta para se criar um novo vértice.

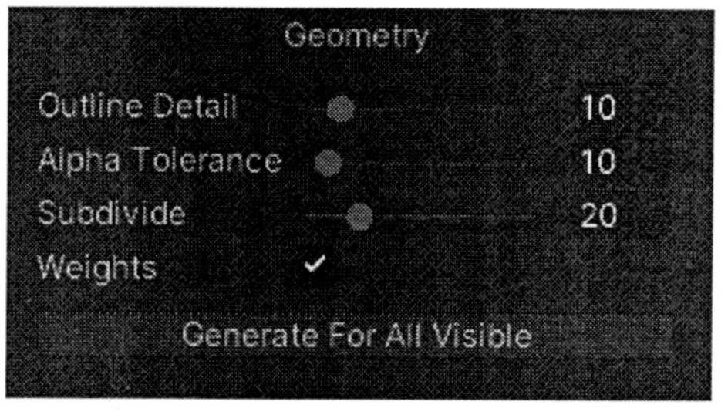

Com isso, clique em Auto Geometry e verá que aparecem as seguintes opções:

- **Outline Detail**: Serve para ajustar a precisão do contorno em relação à geometria do sprite.
- **Alpha Tolerance**: Serve para definir o limite do valor alfa ao ser gerado a geometria.
- **Subdivide**: Serve para aumentar ou diminuir o número de vértices gerados dentro da malha.
  - **Weights**: Quando ativado, atribui os pesos automaticamente entre a malha e a geometria gerada.

Sem alterar nada, simplesmente clique em Generate For All Visible. Caso a opção não seja esta e sim Generate For Selected, é porque um dos sprites está selecionado, para remover a seleção basta dar um duplo clique fora da imagem do boneco que a opção Generate For All Visible será mostrada. Do contrário, terá que selecionar um por um e clicar em Generate For Selected, o que só gera mais trabalho em criar uma malha sobre cada membro do nosso boneco.

Ao fazer o teste de tentar articular o boneco, provavelmente verá algumas deformações indesejadas. Já que a articulação de um sprite provavelmente deve estar afetando outro de forma indesejada. Quando desejamos mover o braço, por exemplo, acabamos movimentando o tronco junto, o que causa a deformação. Ex:

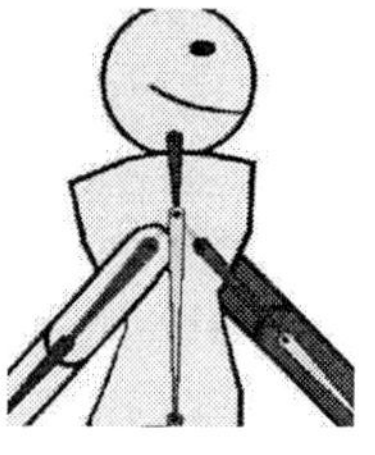

Faça o teste, clique em Preview Pose e depois tente mexer o antebraço do boneco e verá a deformação ocorrendo. E qual a melhor forma de tentar organizar isso? É indo para outra janelinha de pesos (Weights).

- **Auto Weights**: Pode gerar, normalizar ou limpar automaticamente os pesos ósseos.
- **Weight Slider**: Selecione um ou mais ligamentos, segurando control, e através dos controles deslizantes você poderá alterar o valor de seus pesos.
- **Weight Brush**: Permite selecionar um osso e pintar sua área de influência, utilizando-se de um pincel tradicional.
- **Bone Influence**: Determina qual ou mais ossos têm influência sobre aquele sprite.

Com base nisso selecione Bone Influence e veja qual ou quais ossos influenciam um determinado sprite. Ao clicar no sprite corpo, por exemplo, verá a lista de Bones que o influenciam. Ex:

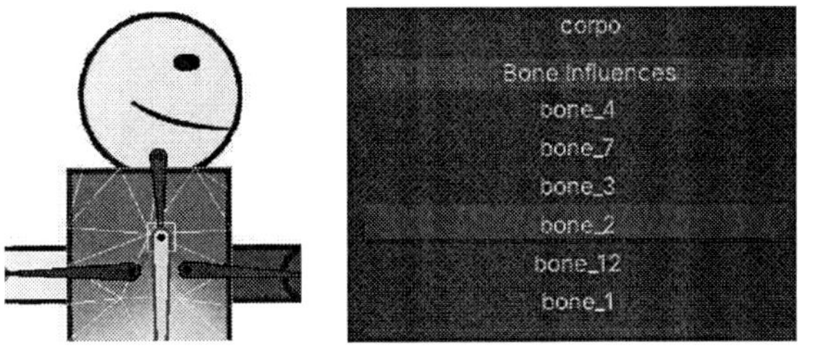

Remova todos os ossos que influenciam o corpo, menos o maior que faz parte do tronco. No meu caso o Bone_2. Faça isso também com os demais membros só deixando o Bone pertencente àquele sprite.

Após terminar e testar os movimentos do boneco para ver se nada mais o está deformando, recomendo então, clicar no botão Apply, presente no canto superior direito, e fechar esta janela.

Inserindo o algoritmo de cinemática inversa

1. Coloque o bonecoBone em cena.
2. Selecione o bonecoBone pela janela de hierarquia e na janela inspector clique em add componente, realize a busca por IK Manager 2D. Ex:

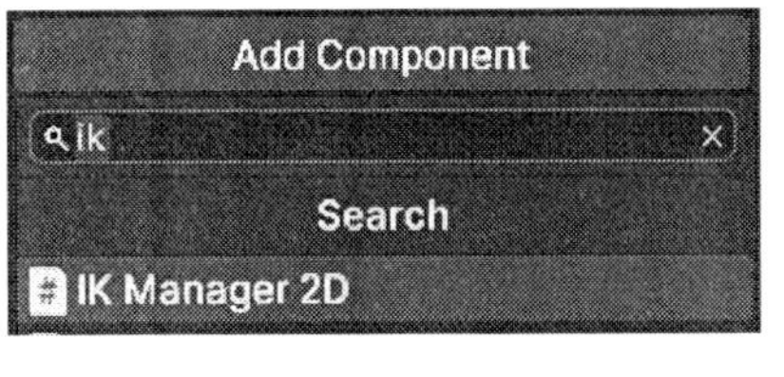

Com isso irá aparecer na janela inspector o IK Solvers (IK soluções), com uma lista vazia (lis tis Empty):

Em que precisaremos acrescentar um resolvedor de cinemática inversa (IK), clicando no sinal de mais (+). Uma cinemática inversa servirá para que membros pais acompanhem o movimento dos membros filhos. Atualmente, isso não ocorre por estarmos utilizando cinemática direta. Mas, para mudar essa realidade, utilizaremos um dos três algoritmos presentes da cinemática inversa. A saber:

- **Chain (CCD)**: Se adapta aos intervalos cíclicos criados. Fazendo com que gradualmente se torne mais preciso. E a solução se encerra quando o número de interações desejadas for atingido.

- **Chain (FABRIK)**: Semelhante ao anterior, geralmente leva menos interações para se chegar ao objetivo alvo; contanto que não haja limitações de rotação.

- **Limb**: É o sistema mais simples de articulação, em que se limita em uma cadeia de até três Bones de hierarquia; contudo, ele não possui muitas opções de personalização em relação aos algoritmos do tipo chain.

No nosso caso utilizaremos o limb como exemplo:

1. Selecione agora o osso do antebraço.

2. Vá à janela de hierarquia onde aparece o elemento selecionado e com o botão direito do mouse, no menu de contexto escolha criar um gameObject vazio e o nomeie como mao1. Este será o elemento filho de nosso antebraço. Ele nos servirá de referência para a movimentação deste braço, normalmente denominado como pivot.

3. Movimente nosso objeto mao1 até a extremidade de nosso antebraço, conforme o modelo:

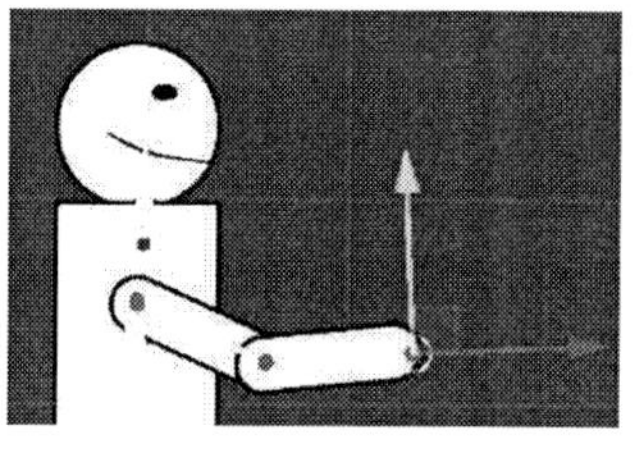

   3.1. Faça a mesma coisa com o outro braço e nomeie como mao2.

4. Com o nosso bonecoBone selecionado vá ao IK Manager 2D que acrescentamos, clique no sinal de mais (+) e escolha limb.

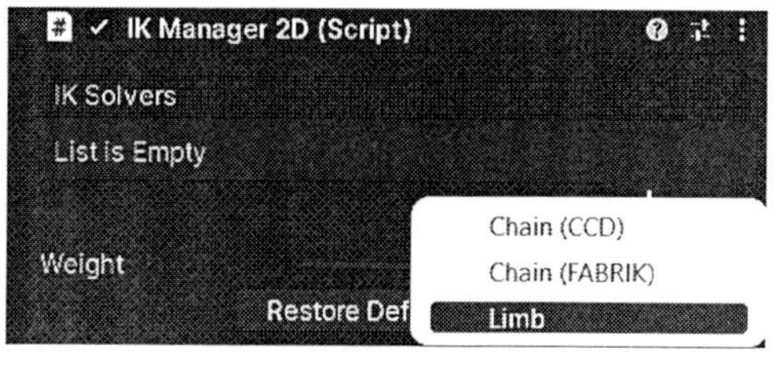

4.1. A mesma irá aparecer na janela de hierarquia, nomeie como mao1Limb. Aproveite e crie mais três limbs com os seguintes nomes na hierarquia: mao2Limb, pe1Limb e pe2Limb. Ex:

5. Arraste a mao1 da hierarquia para o campo effector de mao1Limb. E depois clique em create target.

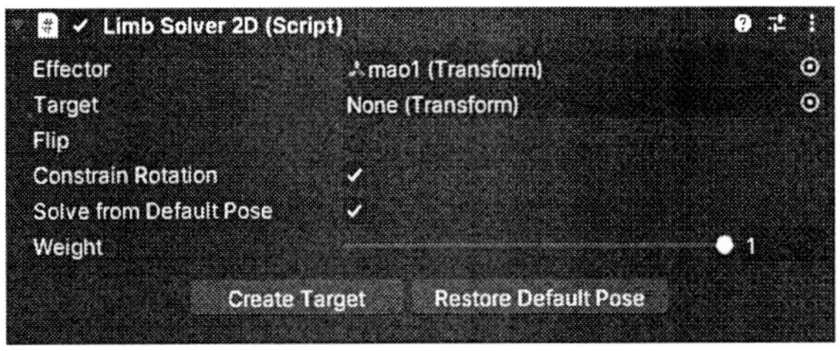

5.1. Talvez você precise marcar o flip, onde inverte o eixo de rotação.

5.2. Se algo estranho ocorrer, utilize o CTRL + Z, para desfazer e refaça novamente o processo, lembrando que o gameObject vazio tem que pertencer à hierarquia do braço como o último elemento filho.

6. Você terá que fazer o processo semelhante para o outro braço, mas para as pernas não há necessidade da criação de um objeto extra, já que o membro é composto de três Bones. Por sinal, selecionei o Bone de cada pé e renomeei como pe1 e pe2, respectivamente. Por fim, associei cada um ao campo effect do limb de nome correspondente, que é pe1Limb e pe2Limb.

Recomendo que para o pé você desmarque a opção de restrição de rotação (constrain rotation), pois desta forma você poderá alterar manualmente a rotação do pé quando estiver fazendo a sua animação.

Se fôssemos nos utilizar de qualquer Chain, seria praticamente a mesma coisa; com a diferença de que poderemos determinar quantos ossos serão influenciados com o Chain Length, mas primeiro devemos indicar o Bone ou Pivot que será utilizado no campo Effector, como fizemos com limb. Com a exceção de que não podemos inverter o eixo do Bone, já que a opção Flip não se faz presente em nenhunm dos Chains. Ex:

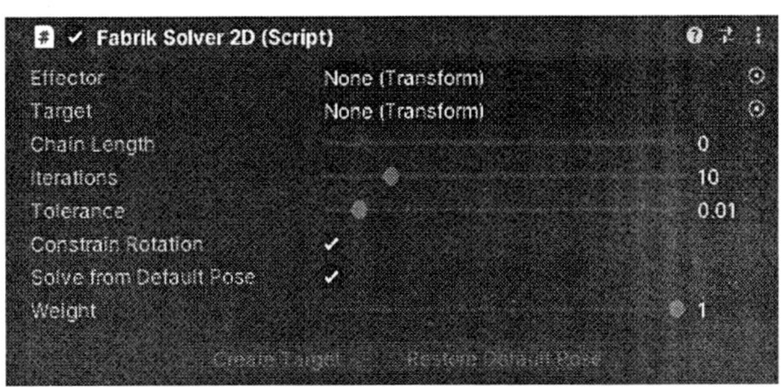

Criando a animação

A primeira animação que criamos será considerada a animação padrão. No meu caso terá uma animação quando o personagem estiver parado.

Mas o que seria uma animação parada? Como sabemos, em todo game quando você fica parado com o personagem, ele normalmente faz algo, nem que seja movimentos sutis ou algo mais visível como balançar os braços, abrir a boca, acender um cigarro... Enfim, nem no seu status parado ele fica realmente parado, sempre estará fazendo algom nem que seja piscando os olhos.

Antes de mais nada, a animação das mãos se dá utilizando o pivô das mãos e a ligação do pé, conforme o exemplo:

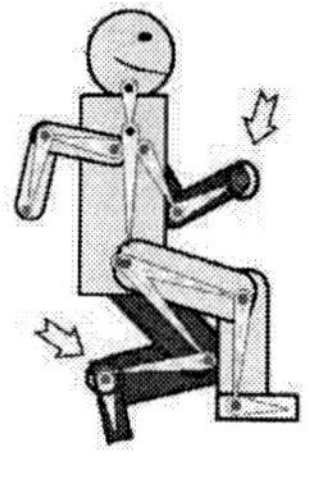

1. Depois de toda cinemática inversa criada, com o bonecoBone selecionado na janela de hierarquia, vá em animation e clique em create.

    1.1. Para aparecer a janela de animation, caso não tenha, vá à barra principal em Windows > animation > animation ou simplesmente utilize ctrl + 6.

    1.2. Você poderá adicionar a janela onde fica a exibição de cena, por exemplo, clicando e a arrastando_ pela barra de título ou para outro local de sua preferência.

2. Dê um nome à animação, nomeie como parado.

    2.1. Caso você decida baixar o braço e perceber que a perna está à frente do braço. Ex:

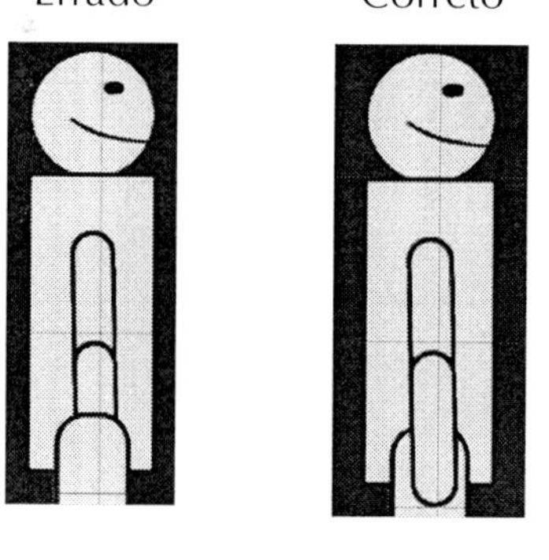

3. Você pode selecionar o braço pela janela de hierarquia, por exemplo, e na janela inspector, alterar a order layer para um valor mais alto.

4. Em animation há um botão vermelho de gravar, é ele que iremos nos utilizar. Clique no mesmo e

posicione seu boneco da forma que você deseja.

5. Depois clique na barra de tempo e selecione um outro valor de tempo e mude novamente a posição do boneco e vá fazendo desta forma até chegar à animação desejada. A cada um novo tempo e uma nova posição a time line de animation vai marcando os novos dados.

Nota: Se sentir alguma dificuldade de mover algum membro, pelos pontos de um membro está muito próximo ao esqueleto de outro membro. Recomendo selecionar a mão, por exemplo, pela hierarquia, irá aparecer uma leve circunferência que é o Pivot e é nele que você deverá mexer.

Vamos ver em prática a criação de uma animação, na criação de um inimigo de fase. Lembre-se: as duas partes que compõem as pernas devem vir em camadas separadas. Mais uma vez algo extremamente simples e fácil de fazer. Ex:

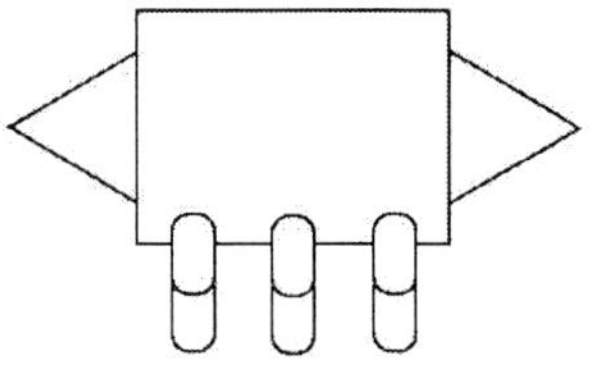

Neste caso é composto por dois triângulos, um retângulo e as pernas em duas partes de retângulos arredondados.

1. No Photoshop, Salve-o em formato PSB de nome InimigoBone.

2. Vá até o assets e no menu de contexto escolha a opção Import New Assets... Para importá-lo.

3. Selecione o mesmo e clique pela janela inspector na opção Sprite Editor. E maximize a janela, se não estiver.

4. Próximo à janela de título, clique na caixa de listagem e mude de Sprite Editor para Skinning Editor, como fizemos no exercício anterior.

5. Crie Bones, utilizando a ferramenta Create Bone, para as pernas de nossa criaturinha.

6. Feito isso, clique em Auto Geometry e no botão Generate For All visible.

7. Depois vá em Bone Influence. E vá clicando em cada sprite, removendo as influências indesejadas. No caso dos membros só deixe o Bone que está presente no sprite, da mesma forma que o exemplo anterior.

8. Teste a movimentação e se tudo estiver ok, ou seja, nada deformando, clique em Apply, presente no canto superior direito da janela. E feche a mesma.

Gerando a animação

1. Arraste o inimigoBone para a cena. Talvez você precise alterar a escalar, se o mesmo ficar muito

grande ou alterar o atributo pixels por unit, presente na janela inspector. Pois quanto maior o valor, menor será o nosso inimigo.

2. Antes de criar os limbs para cada membro, selecione o último membro de cada perna e com o botão direito do mouse crie um gameObject vazio. E vá nomeando conforme for criando em cada membro, como p1, p2 e p3. Lembre-se de deixar o gameObject vazio criado na extremidade dos membros, pois estes servirão como pivot. Ex:

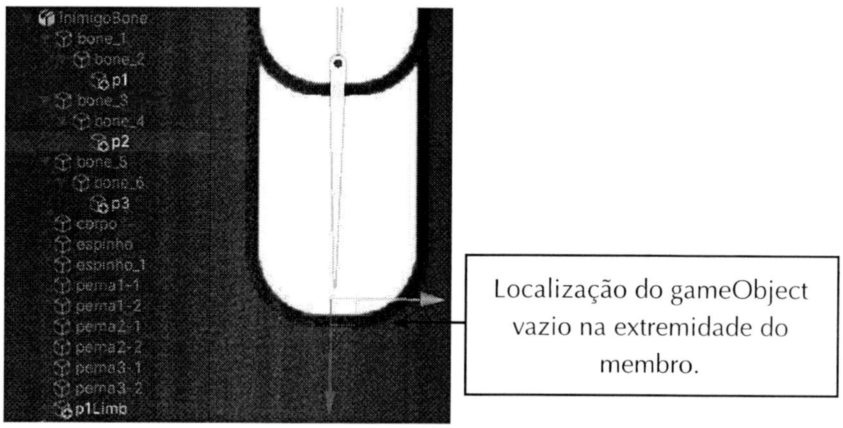

1. Com o inimigoBone selecionado adicione o componente IK manager 2D. E no sinal de mais (+), adicione um limb, nomeie como p1Limb e arraste o gameObject p1 que acabamos de criar para o campo Effect de p1Limb. E clique em Create Target

2. Faça o mesmo procedimento para p2 e p3.

3. Vá até a aba de animation. Com o inimigoBone selecionado, clique em create. No meu caso, vou nomear como moveInimigo, pois o mesmo estará em constante movimento como padrão.

4. Clique no botão vermelho de gravação presente em animation e determine a primeira posição.

5. Vá alterando a linha do tempo e criando novas posições até criar uma animação satisfatória ou desejada. Ex:

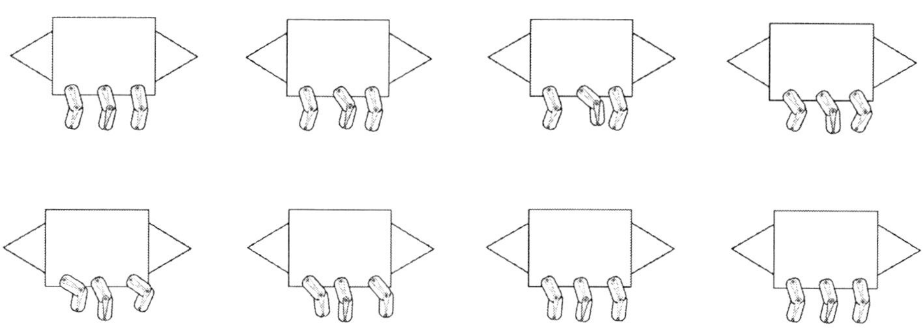

A última imagem idêntica à primeira, selecionando a primeira key da lista gerada e CTRL + C e CTRL + V na última posição da animação, para tornar a movimentação mais natural.

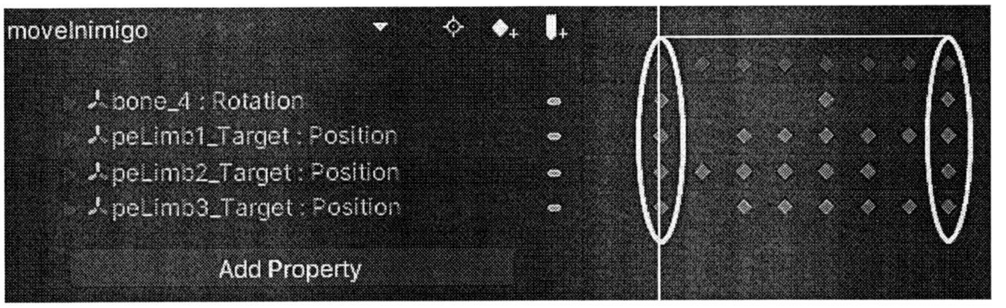

Em ambos foi acrescentado um rigidbody 2D, mas em relação a colisores entra aqui uma ressalva, os pés dos personagens não podem ter colisores retos, pois podem fazer com que o colisor do personagem entre sobre o colisor do chão. Ex:

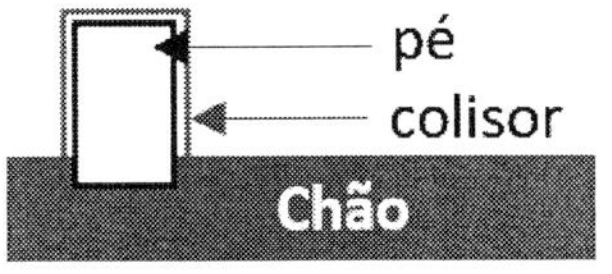

Se fizer um colisor circular, fará com que seu personagem caia quando estiver em uma borda de uma plataforma. Ex:

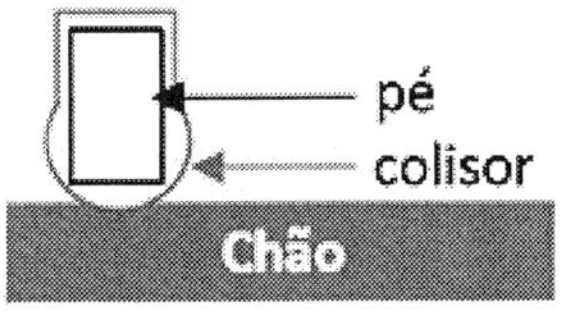

A melhor opção é na forma de um trapézio invertido, que você poderá desenvolvê-lo com o edge collider 2D, por exemplo:

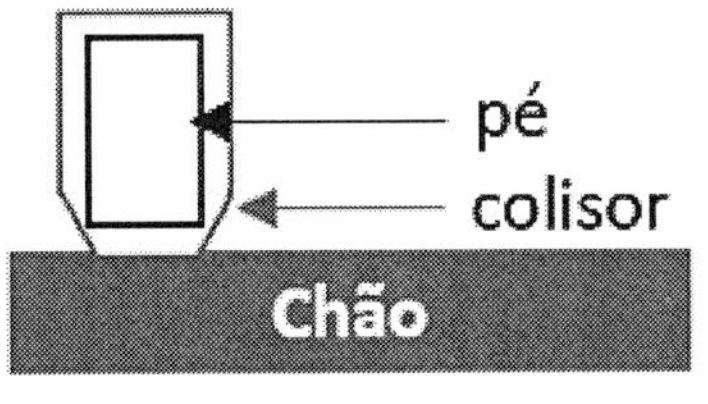

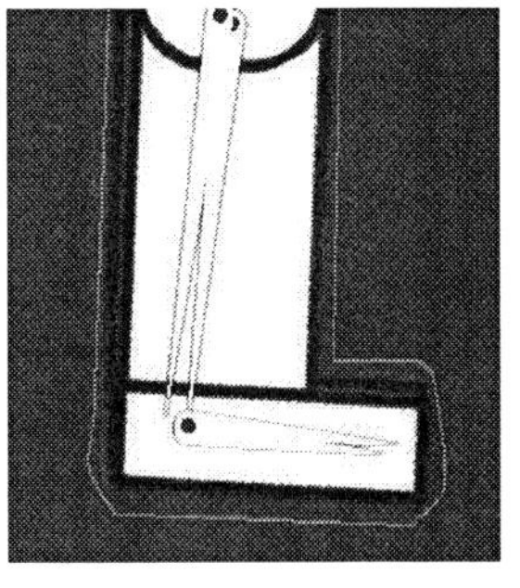

Tilesets, Tilemaps e Pallets

Neste tópico vamos aprender como trabalhar com tilesets, que é uma única imagem composta de várias pequenas imagens, também chamadas de ladrilhos, que possuem diversos formatos como quadrados, triângulos, hexágonos, etc. A união dessas imagens nos compõe normalmente um cenário. Uma ótima referência de tilesets são os que estão presentes no RPG Maker na construção de cenários.

O RPG Maker está voltado para o desenvolvimento de games RPGs, criado pela empresa ASCII e atualmente desenvolvida pela Enterbrain. Acredito que se é fã de desenvolvimento de jogos já deve ter mexido alguma vez com esta ferramenta ou pelo menos ouvido falar dela.

Você vai aprender a dividir um tileset e ainda utilizar em conjunto com este um tilemap. Conhecido como mapa de ladrilho. Ele é extremamente útil, já que agrega todos os ladrilhos do tileset em uma única camada. Imagine por um segundo se não o utilizar, o que aconteceria? Bem, como sabe, todo componente que você puxa para a cena, cria automaticamente um objeto de game (game object); agora imagine puxar todos os componentes que precisa para constituir um cenário, como uma cidade, quantos objetos de game não seriam criados? Seria um verdadeiro caos não? Além de fazer com que ocupe mais espaço se fosse construído dentro de um tilemap.

O tilemap quando criado ele divide a tela em uma grade, tenho por hábito de chamar cada separação de bloco ou quadrado; informo aqui, para entender quando este termo for citado. Mas o tilemap não só agrupa todas as imagens da cena em um só lugar como também é possível distinguir cada conjunto separadamente por uma paleta. Poderíamos criar, por exemplo, uma paleta para o que seria o chão, outra para objetos que compõem o cenário, ou outra que represente o céu e assim por diante. Mas também pode haver uma única paleta que represente tudo.

Podemos ter vários tilemaps, um responsável pelo chão, onde definimos um colisor, para se tornar algo sólido, para que o jogador possa andar sobre o mesmo, sem que o personagem caia no espaço infinito do cenário. Um outro tilemap para objetos onde poderia configurar para que eles estejam à frente do jogador, para quando passar sobre estes objetos possa encobrir uma parte do personagem ou todo ele, como arbustos, árvores ou rochas, por exemplo, ou criar um corpo rígido (rigidboy), para que o jogador possa interagir com eles como empurrá-los, por exemplo. Em outras palavras, a definição de como será cada parte do cenário, poderá ser feita de forma distinta, com tilemaps para cada caso.

A paleta possui algumas ferramentas, a saber:

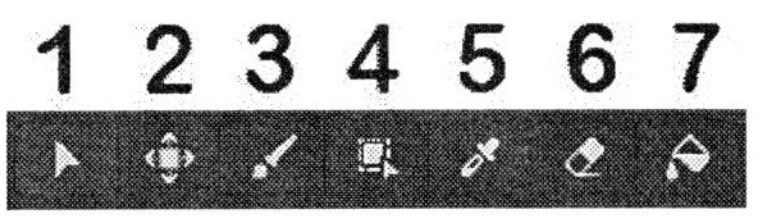

1. A primeira ferramenta é de seleção, onde você pode selecionar um bloquinho ou vários, clicando e arrastando.

2. A segunda ferramenta é para mover esses bloquinhos selecionados de um local para outro.

3. Esta ferramenta é responsável por pintar um quadradinho por vez, dependendo do que estiver selecionado na paleta.

4. Esta é por pintar na forma de quadrado ou retangular vários blocos ao mesmo tempo.

5. O conta-gotas, serve para copiar um bloco específico, ao clicar, com isso automaticamente a ferramenta de pincel é selecionada e ao utilizar verá que irá produzir aquele bloco que foi copiado; independente da seleção presente na paleta.

6. Uma borracha que é responsável em apagar os sprites presentes no tilemap; você poderá utilizar as outras ferramentas como borracha também, para isso pressione a tecla shift ao utilizar o pincel, por exemplo.

7. Este parecido com um balde de tinta é responsável em preencher uma área com um determinado sprite selecionado. Normalmente cercamos a área e selecionamos o balde para preencher todo o resto dela.

Antes de "por a mão na massa" precisamos de algo para trabalhar, por isso gostaria que você puxasse um pacote pelo assets store da unity. O site é: https://assetstore.unity.com/

Lá há diversas opções pagas e gratuitas. Há uma barra de busca que facilita encontrar aquilo que você deseja. Ao realizar qualquer tipo de busca, aparecerão outras opções de filtragem, para facilitar a sua busca optei, por exemplo, pela categoria 2D e assets gratuitos. Ex:

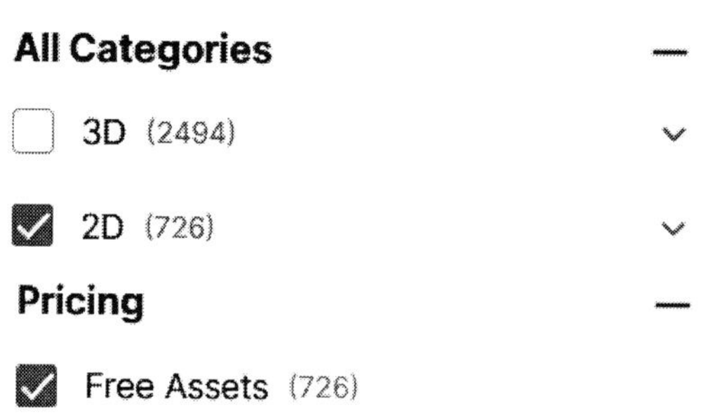

Mesmo com o termo Free, recomendo que leia os termos de licença, no caso de não o utilizar de forma didática.

Dos gratuitos há o **Sunny Land**, desenvolvido por **Ansimuz** e é com este que iremos trabalhar. Se tiver com dificuldades de encontrá-lo, o link do mesmo é:

https://assetstore.unity.com/packages/2d/characters/sunny-land-103349

Na página irá aparecer um link de nome Add to My Assets é nele que você deverá clicar. Onde irá desejar que você logue com uma conta, caso ainda não tenha feito. E duas opções em seguida serão exibidas, normalmente no topo da janela do navegador:

- **Open in Unity**: Para abrir diretamente pelo Unity.
- **Go to my Assets**: Para ir em sua conta no assets store da unity e vê sua lista de Assets que você já adquiriu.

Clique em Open in Unity, verá que aparecerá uma aba de nome Packages: My Assets. O Package Manager pode ser aberto também indo ao menu principal em Windows> package Manager.

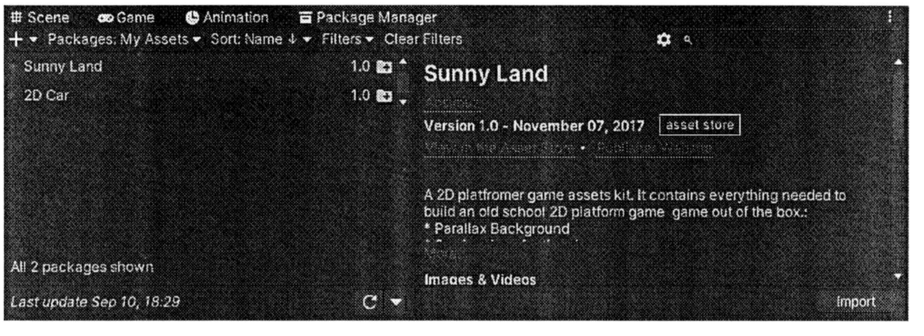

Para baixar o pacote, clique em download; ao concluir, clique em import. Verá que aparecerá uma janela para você selecionar aquilo que deseja.

No nosso caso não precisamos do pacote completo, só de um titleset e das imagens de movimentação do personagem; já que no próximo tópico vamos utilizar essas imagens da raposinha, para você ver como é possível gerar movimentos e animações correspondentes.

Desmarque a pasta sunnyland e marque um dos tilesets; no meu caso escolhi o tileset.png, além disso deixe marcado a pasta player eE clique em import.

Diferente de você, leitor, eu não pretendo utilizar de qualquer material disponível para download, mesmo que gratuito; já que não citam detalhes no caso da utilização em livros. Por isso, opto por evitá-los e, como sempre, criar algo simples só para exemplo, quando necessário.

Após baixado o pacote, siga as seguintes etapas:

1. Clique no tileset.png. Que está no caminho Sunnyland > arwork > Environment
2. Com o mesmo selecionado, vá à janela inspector.
   2.1 Altere o campo de Sprite Mode para multiple, para entender que há múltiplos sprites na imagem.
   2.2. Altere pixels por Unit para 16, pois é a resolução deste tileset.
   2.3. E Mesh Type para Full Rect, que é a malha de retângulo e clique em Apply, para aplicar as alterações.
   2.4. Clique em sprite editor e em slice. Lá tem as opções:

2.4.1 Automatic: Divisão das células automaticamente.
2.4.2 Grid By Cell Size: Onde se define o tamanho de cada célula na grade.
2.4.3 Grid By Cell Count: Onde você define em quantas linhas e colunas deve ser composto este sprite.
2.4.5 Isometric Grid: Divisão isométrica.

2.5. Opte pela opção Grid By Cell Size e altere as dimensões para 16, conforme o exemplo:

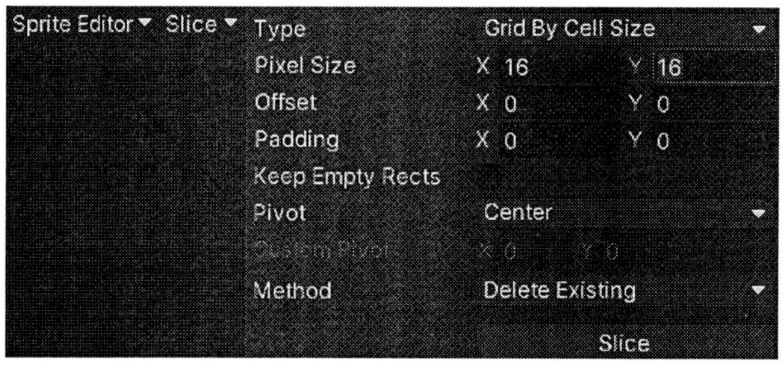

2.6. Feito isso clique em Apply.
2.7. Feche a janela de Sprite editor.

3. Abra o menu de contexto na janela de hierarquia e escolha 2D Object>Tilemap>Rectangular.

4. Ao aparecer o Tilemap, irá surgir um pequeno ícone, no canto superior direito da janela de edição da cena, para abrir a paleta:

5. Se ela não aparecer, você pode ir ao menu principal em Window> 2D > Tile Palette.
   5.1. Dentro deste, clique em Create New Palette, onde vai pedir para dar um nome ao mesmo, coloque como tileset e clique em create.
   5.2. Vai pedir que uma pasta seja criada, crie com o nome tileset.
   5.3. Feito isso, você deverá arrastar a imagem do nosso tileset para dentro do Palette recém-criado; mais precisamente na área vazia com o aviso: Drag Tile, Sprite or Sprite Texture assets here. Ex:

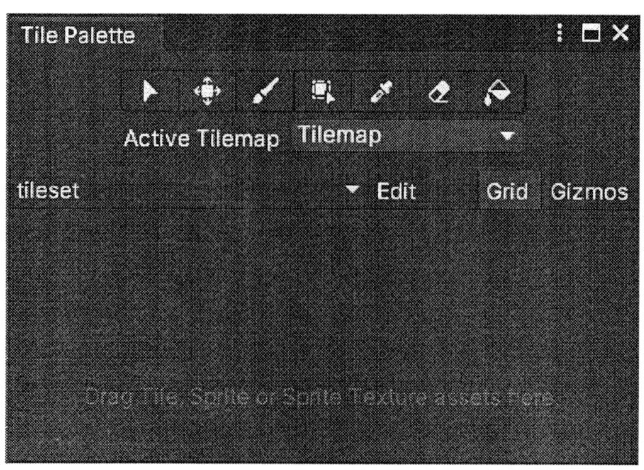

5.4. Ele vai pedir uma pasta, pode optar em colocar na mesma pasta que criamos ou criar uma nova dentro desta.

5.5. Para poder navegar na imagem dentro do palete, como aumentar ou diminuir o zoom, utilize o botão de rolagem do mouse e, para se mover, utilize o Atl Gr + botão esquerdo do mouse.

6. Faça um chão como exemplo e ainda com o tilemap selecionado, vá à janela inspector do mesmo.
   6.1. Clique em Add Component e escolha Tilemap Collider 2D. Você verá que cada objeto do chão terá um colisor individual, o que não é muito eficiente, já que gera uma demanda de memória para cada um.
   6.2. Por isso, vamos acrescentar um outro componente chamado Composite Collider 2D.
   6.3. Com o componente adicionado, vá em Tilemap Collider 2D e marque a opção Used By Composite; verá que agora há um único colisor para todo o chão.
   6.4. Com tudo configurado e mesmo acrescentando mais objetos do chão verá que o mesmo automaticamente é agregado ao colisor já existente.
   6.5. Lembre-se de alterar o Body Type do Rigidboy 2D, para estático (Static), para que o mesmo não sofra o efeito da gravidade.

Sabendo agora como criar um cenário de forma eficiente com tilesets e tilemap, vamos para a próxima etapa, que é gerar uma animação de movimento com os sprites existentes do personagem.

Trabalhando com Animação Parte I

A palavra animação vem do latim anima, que significa alma ou sopro de vida. Dos diferentes métodos de construção de uma animação, temos a mais conhecida que é a animação por imagem. Formada por um conjunto de imagens estáticas, que possui alguma variação de uma imagem para outra, em que demonstradas em uma sequência nos dá a sensação de movimento. Algumas delas possuem grande profundidade e realismo como o anime kimetsu no yaiba.

No tópico anterior, importamos alguns materiais de SunnyLand e é com esses materiais que iremos trabalhar. Precisaremos de duas janelas: o Animator e Animation. Em Animation nós criamos as animações e em Animator, o sistema de transição destas animações; criamos condições que permitem realizar a alternância das animações, como sair da animação correndo para pulando ou vice-versa.

Vá ao menu principal em Window>Animation; lá terão os dois Animator e Animation. Acrescente Animation na parte de cima, junto com as demais janelas e Animator na parte de baixo. Ex:

Para isso, simplesmente clique e arraste pela barra de título as janelas. Vamos começar com um exemplo bem simples de três estágios: parado, correndo e pulando. Não quero encher de estágios logo de cara, para que você consiga entender como a lógica funciona. Por ser bem mais complexo, espero que o primeiro exemplo lhe ajude a entender o exemplo final. Vamos a ele.

Criando um exemplo de três estágios

1. Vá na pasta de player, indo em Sunnyland > Arwork, Sprites > Player.

2. Lá escolha o estágio idle (parado), selecione todas as imagens e na janela inspector altere Pixel per Unit para 32 e clique em Apply.

    2.1. Aproveite faça isso com todos os demais estágios.

    2.2. Ainda em idle, puxe a primeira imagem e nomeie na janela de hierarquia como jogador.

    2.3. Adicione um Rigidboy 2D ao objeto jogador em cena e um capsule collider 2D ao mesmo. Lembre-se de ativar a edição ( ) do capsule para que possa trabalhar manualmente na altura e largura da cápsula.

3. Eu achei a cena do meu tilemap grande, por isso o selecionei e fui à janela inspector do mesmo e alterei sua escala de X e Y para 0.5.

4. Com o objeto jogador selecionado vá à janela de Animation e clique em Create.

5. Ele vai pedir para salvar em algum local esta animação, aconselho criar uma pasta de nome Animation, por exemplo, e salvar esta primeira animação com o nome de parado. Lembre-se em criar algum tipo de organização, sempre.

6. Você agora vai pegar todas as imagens contidas em idle (parado), selecionando conforme a sequência das imagens e arrastá-las para a animação.

7. Se você testar a cena, verá a animação de parado agindo, de forma extremamente rápida; mas não se preocupe quanto a isso, mais à frente ajustaremos.

8. Ainda com o jogador selecionado e ainda na janela Animation, você irá clicar na caixa de listagem que tem a animação parado e clicar em Create New Clip...

9. Nomeie esta nova animação como correndo e puxe todas as imagens referentes à pasta run (correndo).

10. Novamente clique na caixa de listagem, que possui as animações criadas e clique novamente em Create New Clip e nomeie uma nova animação como pulando e nesta puxe as imagens de jump.

Com relação às imagens de nosso jogador, você poderá ainda alterar o filter mode (modo de filtro) para point, pela janela inspector. Há três tipos de filtro que o unity oferece:

- **Point**: Os pixels de textura são bloqueados.
- **Bilinear**: As texturas são calculadas.
- **Trilinear**: As texturas são calculadas e também combinadas entre os níveis de mipmap.

O modo de filtro é a qualidade da textura a se trabalhar indo da pior qualidade point até o Trilinear; basicamente o comportamento da aproximação e o distanciamento entre um objeto definem o modo de filtro que ele tem. Se não há nenhuma transição, então é um point. Se ele se diferencia de forma abrupta conforme se aproxima ou se afasta é um filtro bilinear, se essa mudança é suavizada devido a uma combinação de níveis de mipmap então é trilinear.

O bilinear, neste caso, pode borrar a imagem com o cálculo de textura, em algum momento. Por isso, o point é que deverá ser utilizado, se não tiver, selecione todas as imagens e modifique para point, mas você deve estar se perguntando, mas por que não o trilinear? Como foi dito, ele se utiliza de mipmap. Um mipmap é basicamente a resolução múltipla de uma imagem, onde cada uma é uma representação de resolução progressivamente da mais baixa até a mais alta. As texturas Mipmap são usadas em cenas 3D para diminuir o tempo necessário para renderizar uma cena, que não é o nosso caso.

Com o jogador selecionado e indo à janela Animator, você verá uma janela com nossas animações, onde a animação de entrada ou inicial é a animação de parado. Caso você tenha criado uma animação antes de parado, como correndo, por exemplo, basta simplesmente abrir o menu de contexto na animação parado e escolher Set as Layer Default State, que irá definir a animação parado como o estado inicial de entrada. Ex:

Em Animator há duas abas: Layers (onde estamos) e Parameters (parâmetros). Clique nesta segunda aba e após clique no sinal de mais (+). Ex:

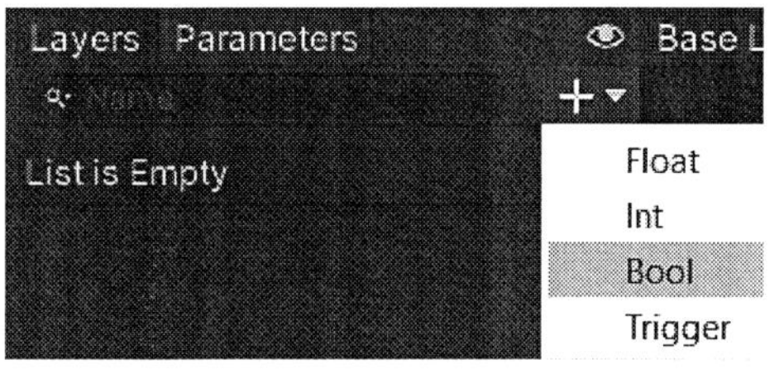

Para que haja a mudança de um estágio para outro precisamos criar parâmetros; contudo há transições especiais que não dependem de um parâmetro como o Entry para o Parado, por exemplo. Com relação aos parâmetros, eles podem ser de ponto flutuante (Float), inteiro (Int), booleano (Bool) ou um Trigger (gatilho). Neste caso, decidi criar três parâmetros booleanos de nomes parado, pulando e correndo.

Quando você clica com o botão direito do mouse sobre um desses estágios de animação, percebe-se que no menu de contexto há a opção Make Transition; a grosso modo significa realizar a transição. Tome nota, pois quando solicitar uma transição, já sabe como acessar o make transition, quando clicado é criada uma linha; quando você clica sobre um outro estágio de animação, cria-se uma ponte de conexão. Normalmente, com uma seta que indica o caminho do ponto inicial até o ponto final, como ocorre com Entry -> Parado, como vimos no exemplo da imagem. Vamos entender melhor isso na prática.

Criando as pontes de conexão

Toda ponte de transição precisa de parâmetros, normalmente não há como mudar um estágio de animação para outro sem que haja alguma condição de mudança. Então em toda ponte que iremos criar definiremos condições para que haja a mudança de estágios.

Vamos pôr em prática: abra o menu de contexto de parado e escolha Make Transition, arraste a linha até pulando e clique, com isso você criou uma ponte de transição. Na linha de conexão que acabou de criar, vá à janela inspector e clique no sinal de mais (+) de condições (conditions) e acrescente as seguintes condições:

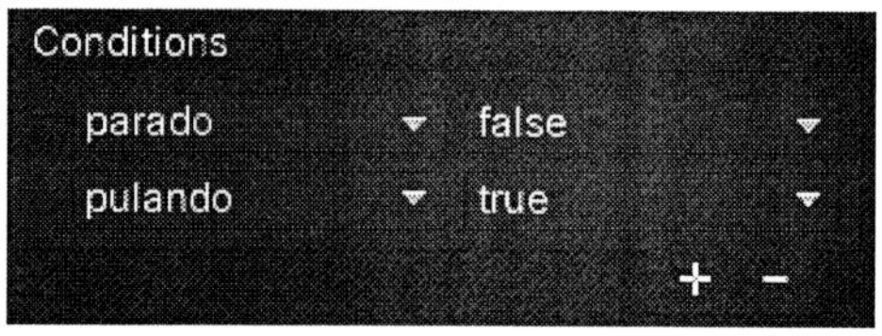

Basicamente é isso que você fará:

1. Criará uma transição.
2. Irá clicar sobre a transição criada e adicionar as condições.

As transições que deverão ser criadas e as condições de cada uma são demonstradas na tabela abaixo:

Realizar a transição	Condições
Parado -> Pulando	Parado: false Pulando: true
Pulando -> Parado	Parado: true Pulando: false
Parado -> Correndo	Parado: false Correndo: true
Correndo -> Pulando	Parado: true Correndo: false
Pulando -> Correndo	Pulando: false Correndo: true
Correndo -> Pulando	Pulando: true Correndo: false

Ao final deverá ficar algo como:

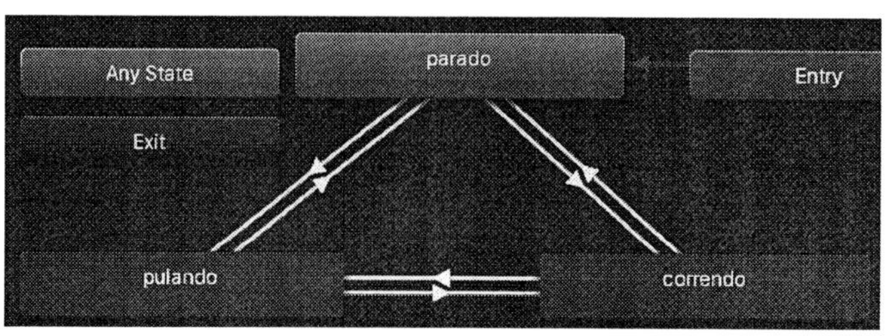

Com essas conexões é possível mudar a animação de correndo para pulando ou vice-versa, por exemplo, poderia estar correndo e cair em um buraco, fazendo com que a animação pulando entre em ação, já que há uma ponte de conexão em que é possível realizar essa transição.

Cada estágio de animação que você clica em Animator, aparece a janela inspector com a velocidade da animação. Lembra que parado estava muito veloz? Por aqui é possível redefinir essa velocidade; no meu caso alterei o parado e os demais para 0.1. Ex:

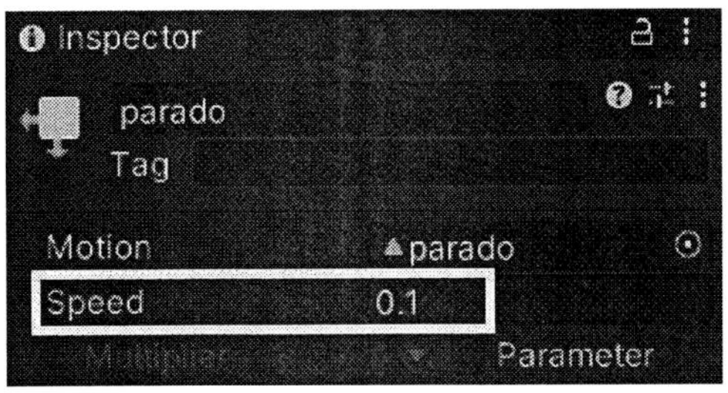

Para as transições ocorrerem de forma mais suave, você deverá selecionar cada uma das setinhas e ir à janela inspector, desmarcando a opção has exit time de cada um. Já que has exit time (tempo de saída) é uma transição especial que não depende de um parâmetro, mas já que utilizaremos um parâmetro para controlar a transição, deveremos então desmarcá-la; além de desmarcar Fixed Duration e zerar o valor de transition duration, que é o tempo de transição de uma animação para outra. Esse intervalo faz com que a animação continue ativa mesmo quando não houver mais interação com a mesma. Um exemplo seria você andar com o personagem e do nada parar, com um valor em transition duration vai fazer com que a animação além de andar, rode por um tempinho, mesmo com o personagem parado, como se fosse um bug ou delay.

Já o Fixed Duration marcado, faz com que o tempo de transição de uma animação pra outra seja interpretado em segundos. Desmarcá-lo vai fazer com que a transição não passe de uma fração do tempo normalizado, ou seja, se ele estiver marcado, você pode ativar o pulo e ele não ocorrer na hora desejada. O que é extremamente inconveniente e por isso deve estar desmarcado. A configuração final deverá ficar:

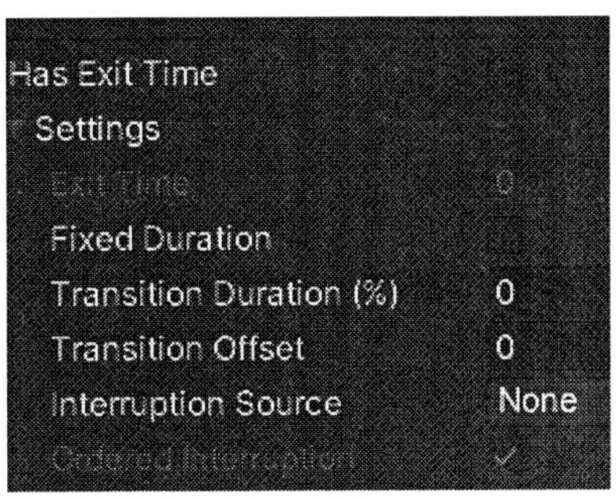

Há animações em que você não desejará que se repitam como morte ou pulo; caso a animação seja ativada, você vai desejar que ela seja realizada uma única vez. Mas como fazer isso? Simples, toda animação criada é gerado um objeto da animação na forma de um triângulo. Se você desejar que a animação do pulo só ocorra uma única vez, ao invés de ficar se repetindo enquanto o boneco estiver no ar, você simplesmente seleciona o triângulo desta animação e na janela inspector, desmarca a opção loop time. Ex:

Lembre-se que as animações estão dentro da pasta Animation, pelo menos foi o nome da pasta que eu pedi que fossem criadas e salvas dentro dela todas as animações. Ex:

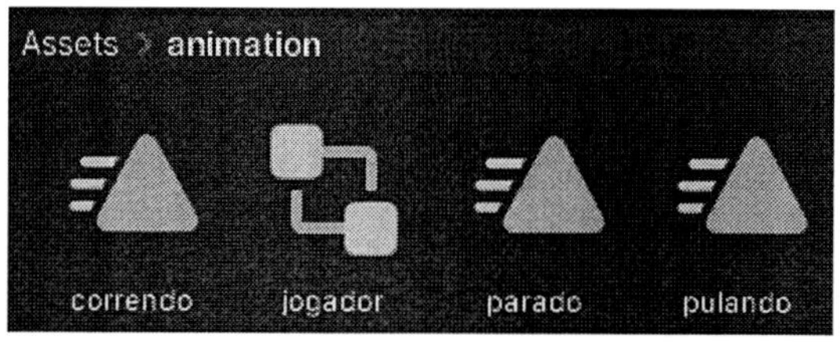

Ainda deixo uma outra observação. Quando o personagem pula, pelo menos o boneco que fiz, ele tende a ter uma leve inclinação no pulo, podendo cair deitado; principalmente quando o mesmo esbarra em uma plataforma durante o pulo. Para evitar essa alteração de inclinação no eixo Z, você deverá marcar a opção Freeze Rotation Z (congelar rotação em Z), presente em constraints (constantes) do componente RigidBoby2D da janela inspector do personagem. Ex:

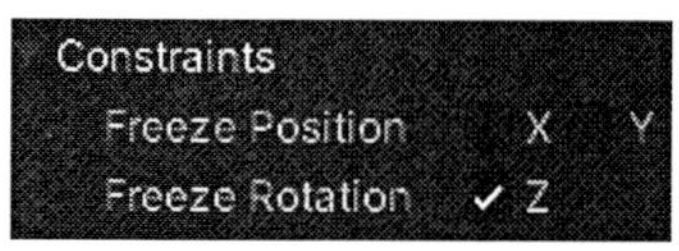

Como havia falado, você deverá acrescentar um colisor e um corpo rígido ao nosso jogador. Agora iremos criar um script de nome Jogador e associá-lo ao nosso personagem, pois com ele é que iremos criar as linhas de comando para movimentar o personagem e realizar as transições de animação.

Jogador.cs

```
public class Jogador : MonoBehaviour
{
    Animator amin;
    float vel=5f, impulso=7f;
    bool solo=true;
    void Start()
    {
        amin = GetComponent<Animator>();
    }
    void Update()
    {
        float h = Input.GetAxis("Horizontal") * vel * Time.deltaTime;
        transform.position += new Vector3(h, 0, 0);
```

```
        if(h>0)
            GetComponent<SpriteRenderer>().flipX = false;
        else
            GetComponent<SpriteRenderer>().flipX = true;

        if(h!=0 && solo)
            estados("correndo");
        else if(h==0 && solo)
            estados("parado");
        if(Input.GetKeyDown(KeyCode.Space) && solo)
            pula();

    }
    void estados(string estado)
    {
        amin.SetBool("parado", false);
        amin.SetBool("correndo", false);
        amin.SetBool("pulando", false);
        amin.SetBool(estado, true);
    }

    void OnCollisionEnter2D (Collision2D obj)
    {
        if(obj.gameObject.name=="solo")
        {
            solo=true;
            estados("parado");
        }
    }

    void OnCollisionExit2D (Collision2D obj)
    {
        if(obj.gameObject.name=="solo")
        {
            solo=false;
            estados("pulando");
        }
    }

    void pula()
    {
        estados("pulando");
        solo=false;
        GetComponent<Rigidbody2D>().AddForce(transform.up * impulso, ForceMode2D.Impulse);
    }
```

```
59 }
```

Na linha 03 crio o Animator, para poder realizar as transições de animações pelo código; enquanto na linha 04 temos duas variáveis de ponto flutuante, uma para a velocidade de deslocamento e a outra para o pulo. Por fim, temos uma variável booleana de nome solo, linha 05. Para só validar o pulo quando o personagem estiver tocando o chão. Por isso gostaria que você mudasse o nome do tilemap para solo, já que este que criamos é responsável pelos componentes do chão.

Com a variável anim, linha 08, nós resgatamos o componente animador de nosso jogador, com isso já deve saber que este script estará anexado ao nosso personagem jogador.

Em Update(), pegamos o deslocamento horizontal detectado por input.GetAxis(), linha 12, que vimos no início deste livro, que captura qualquer tecla de deslocamento horizontal manuseado pelo usuário, como as teclas A e D ou as setas direcionais do teclado, e calculamos o seu valor com base na variável «vel» com Time.deltaTime. E na linha seguinte, linha 13, nós realizamos este deslocamento com base na posição atual do nosso jogador, mais um novo vetor com base no valor de «h».

Se estiver se deslocando com o personagem, o valor de «h» deve ser diferente de zero. Se for maior do que zero, linha 14, deixamos o flipX do SpriteRenderer do nosso jogador como falso, linha 15, do contrário o deixamos como true, linha 17. O flipX inverte o sprite do jogador no eixo X. Se deslocamos para direita o valor de «h» será positivo e sabendo que o nosso personagem já está virado para direita então não invertemos o seu eixo X, do contrário se ele se deslocar para a esquerda, o valor de «h» será negativo e deveremos virar o nosso jogador.

Na linha 19, ele nomeia o método estados para correndo, linha 20. Isso se o valor de «h» for diferente de zero e o personagem estiver tocando o solo. Do contrário, linha 21, verificamos se o valor de «h» é zero e esteja tocando o solo, então, neste caso, chamamos o método estados para informar que a animação é de parado, linha 22.

Caso seja pressionada a tecla de espaço e o personagem esteja tocando o chão, linha 23; chamamos então o método de pulo, linha 24. O de estados é muito simples, ele simplesmente desativa todos os estados atuais, linha 29 a 31 e só ativa o estado passado como argumento ao método, linha 32.

Foram criados sistemas de colisões para saber se o personagem está tocando o chão ou não, caso esteja (OnCollisionEnter2D), linha 36, então a variável boleana solo é true, linha 39 e o estado que resolvi chamar é o parado, linha 40. Mas se ele deixou de tocar o chão (OnCollisionExit2D), a variável boleana do solo é falsa, linha 48, e o estado da animação atual é pulando, linha 49.

O método de nome pula, chama o estado da animação de pulo, linha 55; além de tornar o valor booleano de solo como falso, linha 56. E aplicamos uma força para cima, por isso o termo transform.up, vezes o valor do impulso.

Verificar que o nosso boneco jogador esteja tocando o chão para poder pular, impede que o jogador possa pular infinitamente no ar; só sendo permitido pular se estiver em contato com o chão. O cenário que você deverá criar para teste deverá ser algo simples, conforme o exemplo:

Organizando o fluxo dos estágios

Quando há uma grande complexidade na teia de animações você poderá utilizar do Sub-State Machine, que é uma máquina de subestado, que lhe possibilita agrupar um grupo de estados em um único item, simplesmente clicando fora da teia com o botão direito do mouse e escolhendo a opção Create Sub-State Machine.

Será gerado um hexágono alongado para distinguir dos estados normais. Como exemplo eu criei outros estados de animação como morto e ferido. Criei também um subestado de nome atividades; alterando para isso o seu nome pela janela inspector do elemento. Depois disso selecionei pulando e correndo, com o uso de CTRL, e os arrastei para esta máquina de subestados. Ficando o exemplo desta forma:

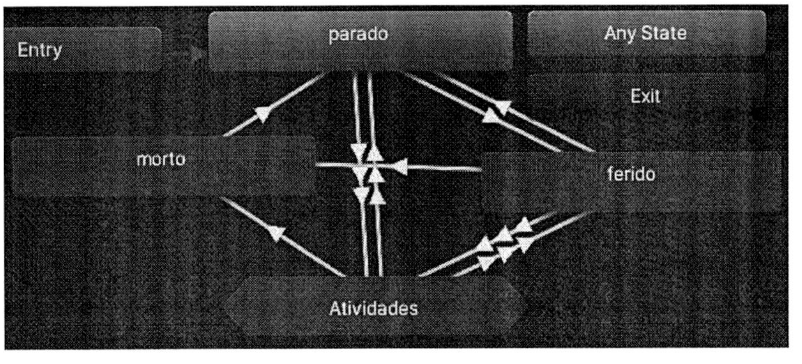

Caso queira visualizar novamente os estados de pulando e correndo é só dar um duplo clique no nosso hexágono de nome atividades. E para retornar, você clica em Base Layer. Ex:

Dentro do hexágono, se desejar criar uma nova seta de fluxo de animação, basta clicar sobre a animação desejada e pelo menu de contexto escolher Make Transition da mesma forma que era anteriormente e levar esta nova seta até a (Up) Base Layer, onde pelo States, você poderá escolher qual estado de animação você deseja realizar uma nova conexão.

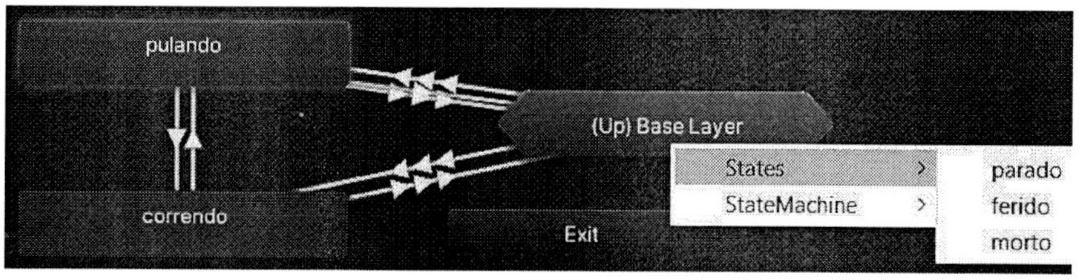

Também se não desejar mais este subestado de nome atividades, basta selecionar cada estado: pulando e Correndo, para o (Up) Base Layer, que a engenharia inversa será feita. E depois disso é só selecionar o subestado Atividades e clicar em delete pelo teclado.

Decidi lhe explicar a criação de subestados, se desejar organizar melhor o próximo exemplo que envolve uma série de atividades.

Criando um exemplo de oito estágios

Todas as animações que a raposinha possui serão criadas neste exemplo. Porém, o estágio de morto não tem, por isso que vou criar uma animação bastante simples só para preencher esta lacuna. Vamos às etapas de forma resumida:

1. Crie um projeto novo.
2. Importe o Sunnyland com algum tileset e a pasta player.
3. Selecione o tileset e altere pelo inspector:
   3.1. Sprite mode: Multiple
   3.2. Pixels Per Unit: 16
   3.3. Mesh Type: Full Rect
   3.4. Clique em Apply.
   3.5. Abra o Sprite Editor
   3.6. Clique em Slice e escolha Grid By Cell Size.
   3.7 Altere Pixel Size para 16 tanto em X como em Y e aplique.

4. Crie um tilemap.
5. Abra o Palette.
   5.1. Clique em Create New Palette e dê algum nome.
   5.2. Ele vai pedir para salvar em uma pasta, então crie uma.
   5.3. Arraste o tileset para o palette.
   5.4. Novamente ele vai pedir para salvar em uma pasta, salve no mesmo local ou crie uma.

6. Voltando ao tilemap altere o seu nome para solo.
   6.1. Acrescente um Tilemap Collider e marque a opção Used By Composite.
   6.2. Acrescente um Composite Collider 2D.
   6.3. Altere o Rigidboy 2D o campo Body Type para kinematic

7. Acrescente outro tilemap e nomeie como objetos.
   7.1 Você vai utilizar este para acrescentar uma escada.
   7.1. Acrescente também dois objetos, um deles que parece um fogo e outro que é uma pedra com o desenho de um caracol.

8. Crie um objeto de game (gameObject) vazio.

    8.1. Adicione um Box Collider 2D no mesmo.
    8.2. Marque a opção is trigger deste Box Collider 2D e o coloque em cima da escada que colocou em cena.
    8.3. Edite este colisor para que ocupe toda a escada, mas não encubra totalmente as partes superior e inferior da escada.

9. Acrescente outro objeto de game vazio, coloque um Box Collider 2D e o ajuste para ficar onde fica a imagem do foguinho. O nomeie como ferido.

10. Acrescente outro objeto de game vazio, coloque um Box Collider 2D e o ajuste para ficar onde fica a imagem da pedra com o desenho de caracol. O nomeie como morto.

No exemplo final deverá ficar algo como:

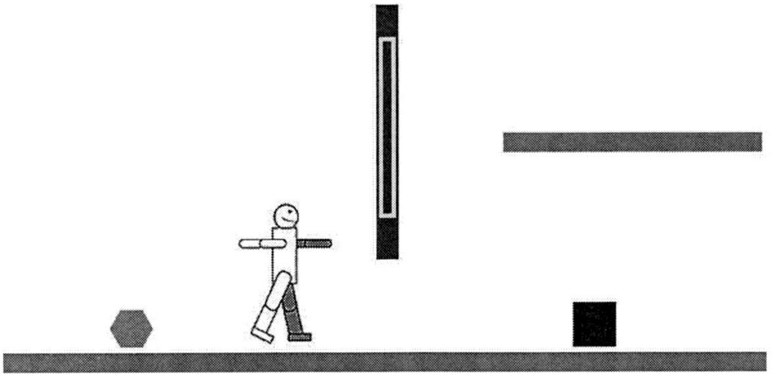

O hexágono seria o objeto que possui o colisor de nome ferido e o quadrado preto o que possui o colisor de nome morto. Fiz isto porque vamos testar estes dois estados. O retângulo vertical mais escuro será a escada e a linha interna a ele representa como ficaria o seu colisor. Isso se faz necessário para o personagem ficar um pouco dentro da escada antes de se agarrar na mesma, seja em sua parte inferior ou superior, o que não é possível de se fazer quando é colisão em ladrilho.

Digamos que o hexágono seria um inimigo qualquer da fase e o quadrado preto algo que mate o personagem automaticamente, como larva ou um buraco sem fundo, hipoteticamente falando. Você até poderia criar um tilemap de nome morto, só para puxar objetos relacionados a isso na fase.

Além do problema que citei acima sobre ladrilhos, ele ainda possui outro, já que apenas dá a localização de onde houve a colisão; não há como extrair propriedades específicas do ladrilho, os blocos são destinados apenas para renderização e física, em outras palavras, se eu desejo que quando o jogador colidir com a escada fique centralizado, preciso de um colisor separado, pois com ele faríamos a centralização de forma bem simples:

```
transform.position = new Vector3(obj.transform.position.x, transform.position.y, 0);
```

Onde "obj" seria o objeto que o jogador colidiu, neste caso a escada. Repare que só estou alinhando em X, já que em Y passei as mesmas coordenadas do jogador.

Agora se fosse tentar utilizar ose ladrilhos, pegaríamos o objeto colisor e verificaríamos o seu nome. Se houvesse só um tilemap de escada, então verificaríamos se o nome deste ladrilho é escada, caso afirmativo, faríamos a mesma coisa sendo com base na posição do jogador, que acabou de se colidir com o ladrilho, mais a proporção de deslocamento em X para fazer com que o jogador fique centralizado com a escada:

```
transform.position = new Vector3(transform.position.x+desloca, transform.position.y, 0);
```

Digamos que precisaríamos nos deslocar 0.35, mas este valor poderia ser negativo ou positivo, dependendo do lado da escada que o jogador estaria colidindo ao pular ou correr:

Poderíamos verificar este valor de deslocamento em Update sempre que o jogador utilize as setas direcionais:

```
if(Input.GetKey(KeyCode.A))
            desloca=-0.35f;
else if(Input.GetKey(KeyCode.D))
            desloca=0.35f;
```

Mas, teríamos que verificar também em zerar este deslocamento se o jogador estiver na escada e pular para cima e ainda continuar em contato com a escada para não desalinhar novamente ao acrescentar mais deslocamento, ou se o usuário ficar debaixo de uma escada e só pular, este deslocamento deverá ficar zerado; mas, se o jogador estiver desalinhado com a escada ao pular, continuará desalinhado, já que as verificações de alinhamento só se aplicam quando há um deslocamento para esquerda ou direita, junto com a colisão com a escada.

Perceba que a coisa vai se complicando, quando pensamos de forma grosseira como aplicar uma lógica sobre esta questão e vai resultando em algo que não é completamente satisfatório para este problema; simplesmente porque ladrilhos não possuem uma propriedade individual de colisão para cada um.

Animando o personagem

1. Todas as imagens da raposinha têm que estar com 32 no campo Pixels Per Unity.

2. Puxe a primeira imagem de parado indo em Sunnyland > Arwork, Sprites > Player >idle (parado).

Altere o seu nome pela janela de hierarquia como jogador.

3. Com esta imagem selecionada vá à janela Animation e clique em create, ele vai pedir para nomear a animação, coloque como parado e salve em uma pasta de nome anima, por exemplo, destinada a guardar estas animações.

   3.1. Puxe todas as imagens relacionadas a parado.

4. Ainda na janela de Animation, crie uma nova animação, clicando no nome parado e escolhendo na caixa de listagem que se abre a opção: Create New Clip...

5. As animações que você irá criar, seguindo o mesmo procedimento são: Climp (Escalar), Crouch (Agachar), Hurt (Ferir), Jump (Pular) e Run (Correr).

   5.1. Os nomes das animações serão: parado, subindo, abaixado, ferido, pulando e correndo.

6. Além dessas animações haverá morto e "subindoParado".

7. No "subindoParado", será a primeira imagem da raposinha escalando. Esse estágio será utilizado quando o jogador estiver sobre a escada e ficar simplesmente parado nela.

8. A animação de morto você irá puxar a primeira imagem de parado.

   8.1. Depois disso você irá iniciar a gravação da animação e criar uma chave (key), onde você irá alterar a <u>escala</u> da raposinha <u>para zero</u>. Em outras palavras, quando o personagem se chocar com algo que o mate, ele simplesmente vai diminuindo de tamanho até desaparecer.

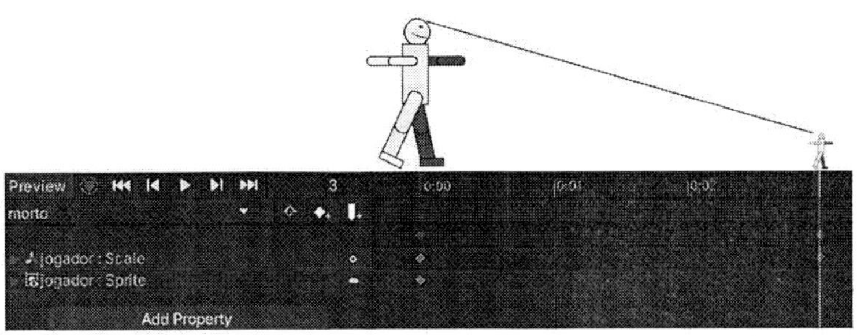

9. Adicione ao nosso jogador, o selecionado pela janela de hierarquia, um Capsule Collider 2D e o ajuste clicando na ferramenta de edição de Edit Collider.

   9.1. Adicione um RigidBoy 2D e em constraints clique em Freeze rotation em Z, para a raposa não girar por causa de alguma colisão.

Criando as pontes de conexão

1. Vá em Animator e em Parameters acrescente os seguintes parâmetros booleanos: parado, correndo, ferido, morto, pulando, subindo, abaixado e "subindoParado".

2. As pontes se dão abrindo o menu de contexto em alguma das animações apresentadas na janela e indo em Make Transition e depois clicando em uma outra animação, daí se cria uma transição, como já vimos.

3. Você irá criar 32 transições a saber:

Pulando -> Morto	Morto <- Correndo	Ferido -> Correndo
Pulando <- SubindoParado	Morto <- Ferido	Ferido <- Correndo
Pulando -> SubindoParado	SubindoParado -> Ferido	Ferido -> Parado
Pulando -> Subindo	SubindoParado <- Ferido	Ferido <- Parado
Pulando <- Subindo	SubindoParado -> Subindo	Abaixado -> Parado
Pulando -> Ferido	SubindoParado <- Subindo	Abaixado <- Parado
Pulando -> Parado	Subindo -> Ferido	Abaixado -> Correndo
Pulando <- Parado	Subindo <- Ferido	Abaixado <- Correndo
Pulando -> Correndo	Subindo -> Parado	Correndo -> Parado
Pulando <- Correndo	Subindo <- Parado	Correndo <- Parado
Pulando -> Abaixado	Subindo <- Correndo	

Lembrando que quando crio uma transição de Pulando -> Parado, terei que selecionar a seta e em condições (conditions), presente na janela inspector, eu terei de acrescentar as condições: pulando como false e parado como true. Se indicação for inversa. Ex: Pulando <- Parado. Então a condição é também inversa, sendo pulando como true e parado como false.

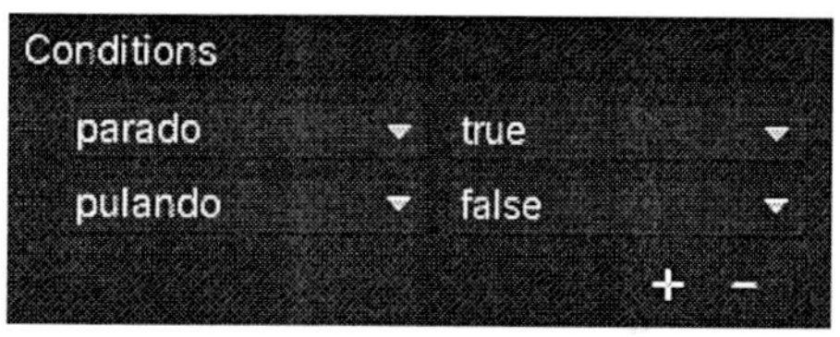

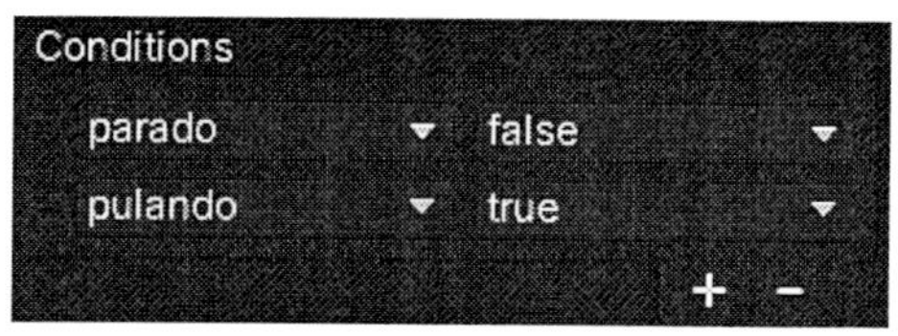

A teia final ficará algo como:

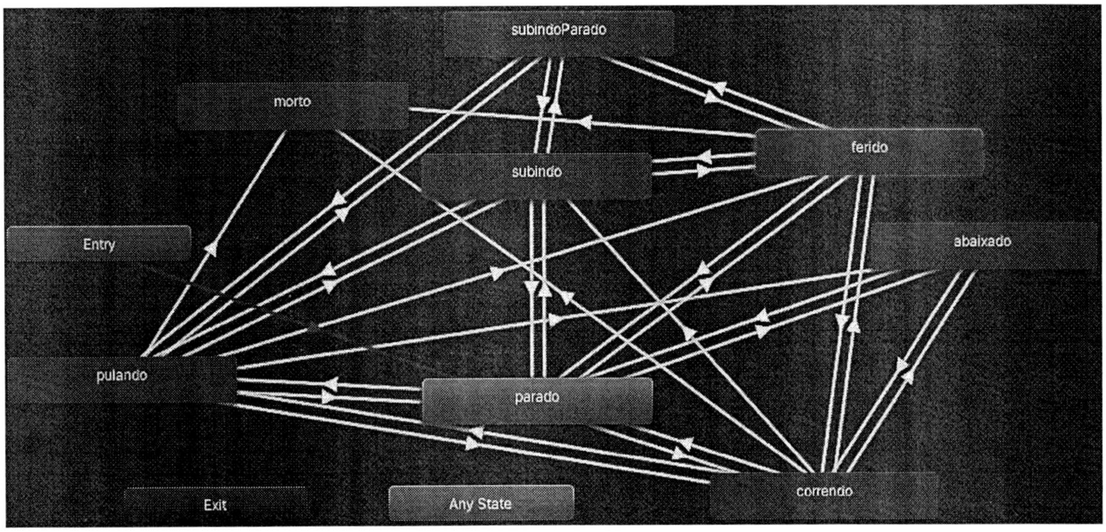

Nesta altura você deve estar se perguntando, e a transição de ferido para pulando, por que não colocou? Não coloquei esta mudança de transição, pois quando o jogador sofrer algum tipo de dano o nosso personagem irá pular na direção contrária de onde sofreu o dano. Por isso não haverá como pular ao ser ferido, já que estará no ar. Mas é permitido, por exemplo, pular e se abaixar na mesma hora que tocar o chão, porque há essa transição.

Claro que estas condições são em base naquilo que pensei que poderia ocorrer com o nosso personagem, talvez você estudando as transições pense em acrescentar mais algumas ou até mesmo remover, até porque o que o personagem faz ou deixa de fazer vai depender das animações que você possui, além daquilo que você deseja que o personagem possa fazer.

1. Lembre-se de remover os atrasos da animação para não ficar estranha a transição de uma animação para outra, selecionando cada seta e zerando seus valores:

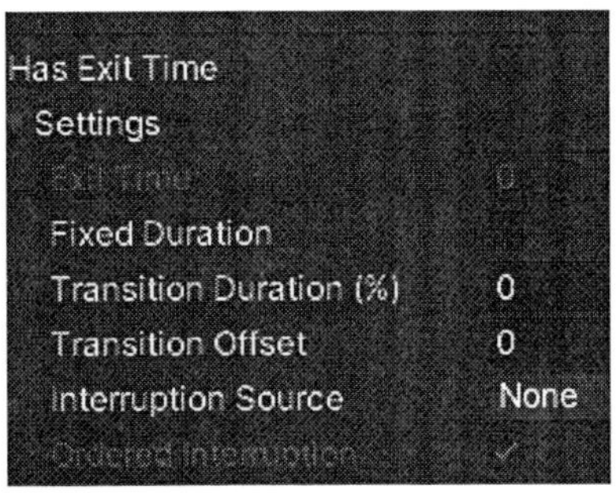

2. Altere a velocidade das animações, para não ficar tão veloz, selecionando o nome de cada uma e alterando seu Speed. Ex:

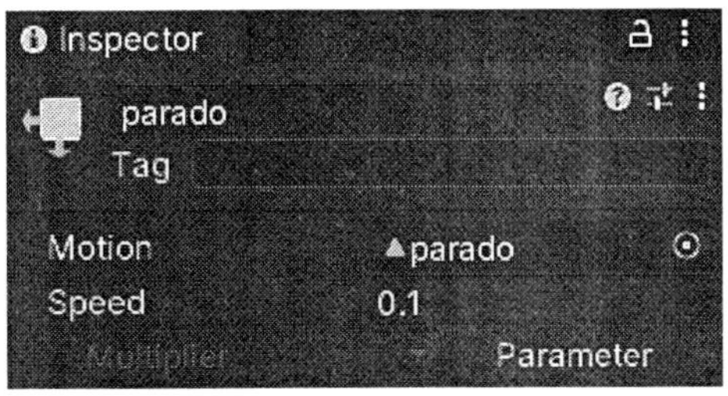

3. Na pasta anima, onde solicitei que você guardasse as animações, resolvi desativar a animação de loop de dois estágios: morto e pulando. Ex:

Agora com tudo pronto, teremos de criar um script que cuide de mover o personagem e gerar a animação correspondente ao movimento. Você irá criar um script de nome Jogador e acrescente este script ao personagem. Vamos a ele:

Jogador.cs

```
public class Jogador : MonoBehaviour
{
    Animator amin;
    float h, v, vel=5f, impulso=7f;
    bool vivo=true, solo=true, escada=false, puloescada=false;
    void Start()
    {
        amin = GetComponent<Animator>();
    }
    void Update()
    {
        if(vivo)
        {
            h = Input.GetAxis("Horizontal") * vel * Time.deltaTime;
            v = Input.GetAxis("Vertical") * vel * Time.deltaTime;
            if(!escada)
                transform.position += new Vector3(h, 0, 0);
            if(h>=0)
                GetComponent<SpriteRenderer>().flipX = false;
            else
                GetComponent<SpriteRenderer>().flipX = true;
            if(Input.GetKeyDown(KeyCode.W) && puloescada)
                puloescada=false;
            if(h!=0 && solo && !escada)
                estados("correndo");
            else if(h==0 && solo && !Input.GetKey(KeyCode.S) )
                estados("parado");
            else if(Input.GetKey(KeyCode.S) && solo)
                estados("abaixado");
            //if((v!=0 || h!=0) && (escada && !solo))
            if((v!=0 && h==0) && (escada && !solo))
            {
```

```
                estados("subindo");
                transform.position += new Vector3(0, v, 0);
            }
            else if(v==0 && escada)
            {
                estados("subindoParado");
            }
            if(Input.GetKeyDown(KeyCode.Space) && (solo || escada))
                pula();
        }
    }
    void estados(string estado="morto")
    {
        amin.SetBool("parado", false);
        amin.SetBool("correndo", false);
        amin.SetBool("pulando", false);
        amin.SetBool("ferido", false);
        amin.SetBool("subindo", false);
        amin.SetBool("abaixado", false);
        amin.SetBool("subindoParado", false);
        amin.SetBool(estado, true);
    }

    void OnCollisionEnter2D (Collision2D obj)
    {
        if(obj.gameObject.name=="morto")
        {
            estados();
            vivo=false;
        }
        else if(obj.gameObject.name=="ferido")
        {
            estados("ferido");
            solo=false;
            if(obj.transform.position.x > transform.position.x)
                GetComponent<Rigidbody2D>().velocity = new Vector2(-5f, 5f);
            else
                GetComponent<Rigidbody2D>().velocity = new Vector2(5f, 5f);
        }
        else if(obj.gameObject.name=="solo")
        {
            solo=true;
            escada=false;
            estados("parado");
        }
    }
```

```

    void OnCollisionExit2D (Collision2D obj)
    {
        if(obj.gameObject.name=="solo")
        {
            solo=false;
            estados("pulando");
        }
    }

    void OnTriggerStay2D(Collider2D obj)
    {
        if(obj.gameObject.name=="escada" && !puloescada)
        {
            GetComponent<Rigidbody2D>().isKinematic = true;
            GetComponent<Rigidbody2D>().velocity = new Vector3(0,0,0);
            transform.position = new Vector3(obj.transform.position.x, transform.position.y, 0);
            escada=true;
            solo=false;
            puloescada=true;
        }
    }

    void OnTriggerExit2D(Collider2D obj)
    {
        if(obj.gameObject.name=="escada")
        {
            puloescada=false;
            escada=false;
            solo=false;
            estados("pulando");
            GetComponent<Rigidbody2D>().isKinematic = false;
        }
    }

    void pula()
    {
        GetComponent<Rigidbody2D>().isKinematic = false;
        estados("pulando");
        solo=false;
        escada=false;
        GetComponent<Rigidbody2D>().AddForce(transform.up * impulso, ForceMode2D.Impulse);
    }
}
```

Na linha 03 foi criado um objeto Animator, para pegarmos este componente do jogador, linha 08, e desta forma manipular suas transições. Na linha 04, são variáveis de ponto flutuante que lidam com deslocamento horizontal (h), vertical (v), a velocidade deste deslocamento (vel) e o impulso do pulo (impulso).

Para permitir que o jogador se mova no cenário, ele tem de estar vivo, por isso na linha 05, que lida com variáveis booleanas possui uma variável com este nome, além de checarmos se ele está no solo, escada ou se pular da escada é permitido (puloescada). A princípio só solo e vivo é true, já que colocarei o personagem tocando o chão ou bem próximo a ele.

Então em Update(), linha 10, algo relativo ao personagem só será possível se ele estiver vivo, linha 12, caso afirmativo pegamos os valores horizontal e vertical de deslocamento, linhas 14 e 15, e verificamos se o personagem não está na escada, linha 16, já que o símbolo de exclamação inverte a condição atual. Ou seja, quando a escada for falsa, será true e entrará na condição permitindo deslocamento horizontal. Se você deseja que o personagem se mova horizontalmente na escada estão terá de eliminar a condição if da linha 16.

Se o valor de «h» é maior ou igual a zero, então o flipx, que inverte o sprite no eixo X será falso, do contrário, linha 20, se o valor de «h» então for negativo, pois foi o que restou, haverá a inversão da imagem, direcionando para a esquerda, linha 21.

Na linha 22, verifica se o personagem pressionou a tecla «W» e se «puloescada» é verdadeiro, neste caso passa a ser falso. Com isso o personagem irá se agarrar novamente à escada. Essa situação ocorre quando o boneco está na escada e pula; ainda continuando na escada, você aperta «W» fazendo com que ele volte a se agarrar a escada novamente.

Na linha 24, verifica se há deslocamento horizontal, se está tocando o solo e não está na escada, então a animação será correndo, linha 25, do contrário, linha 26, se o valor de «h» é zero (0), tocando o solo e não está tentando se abaixar com a tecla «S», então a animação é parado, linha 27. Mas, se está se abaixando e tocando o solo, linha 28, a animação é abaixado, linha 29.

Se você permitir que o jogador se desloque horizontalmente numa escada, então a linha 16 deve ser excluída, como havia falado; além de remover o comentário da linha 30 e colocar um comentário na linha 31. Pois na linha 30 a animação subindo é ativa independente do deslocamento estar ocorrendo na horizontal ou vertical, já a linha 31, só quando há o deslocamento vertical e em ambos quando estão tocando a escada e não estão no solo. Fazendo com que a animação subindo seja utilizada, linha 33, além de sua movimentação em vertical, linha 34, se houver.

Do contrário, linha 36, se não houver deslocamento vertical, mas está na escada, então o estado da animação será «subindoParado», linha 38. Quando for pressionada a tecla de espaço, e eu estiver sobre a escada ou no solo o pulo será permitido, linha 40, onde chamamos o método de pulo, linha 41.

O método de estados possui como sempre um parâmetro, desta vez predefinido como morto, se nenhum argumento for passado ao chamar este método, linha 44. Todas as animações são canceladas e na linha 53, ativamos aquela em que foi passada ao método, ou na ausência desta o estado padrão, que é morto.

Na colisão, linha 56, verifica-se se o objeto que se chocou é de nome morto, linha 58; caso afirmativo, chamamos o método de estados, linha 60, e declaramos a variável booleana de vivo como falso, linha 61. Do contrário, linha 63, verificamos se o nome do objeto é ferido, linha 63; neste caso, chamamos a animação de ferido, linha 65, e colocamos a condição de solo como falso, já que dará um pulinho no processo.

A direção do pulo se dará em relação ao objeto na posição X em relação à posição X do nosso próprio jogador. Se o valor de X o objeto for maior do que o do jogador, então o pulo será para a esquerda, com um valor em X negativo; onde utilizamos velocity do Rigidboy do componente do jogador, linha 68, que permite uma mudança imediata na velocidade e direção. Do contrário, linha 69, então o valor de X do jogador deve ser maior e por isso o deslocamento do pulo será para a direita, linha 70.

Mas se a colisão se deu simplesmente sobre o solo, linha 72, então reafirmamos que o solo é true, linha 74, a escada é false, linha 75, e o status inicial será parado, linha 76.

Quando o jogador se desagrega de algum colisor o método OnCollisionExit2D é chamado, mas neste caso só verificamos se o jogador deixou de tocar o solo, linha 82, caso afirmativo, colocamos o solo como falso, linha 84, e ativamos a animação de pulando, linha 85. Isso pode ocorrer quando o jogador estiver andando em alguma plataforma e simplesmente andar até o final da beirada e começar a cair; devemos neste caso ativar a animação de pulo.

O OnTriggerStay2D, na linha 89, está no cronômetro de física, portanto, não necessariamente será executada em todos os quadros. A não ser que possua um Rigidboy2D envolvido, que como sabemos é um componente de física de corpo rígido para sprites 2D e com isso o cronômetro de física será ativado e verificado constantemente; tome nota.

Se o objeto for de nome escada e «puloescada» for falso, então entramos na condição do if da linha 91, onde altera o Rigidbody 2D do jogador como isKinematic para verdadeiro, que afeta a física do corpo rígido, fazendo com que a gravidade não interfira mais; contudo, ainda reforço que qualquer deslocamento abrupto de velocidade seja zerado, linha 94. Com isso o personagem fica parado literalmente no ar, onde pegamos e alinhamos o jogador com o objeto de colisão da escada no eixo X, linha 95. Com isso, colocamos escada como verdadeiro, linha 96, solo como falso, linha 97 e «puloescada» como verdadeiro, linha 98.

Ao tornar a condição «puloescada» como verdadeiro, a condição de if da linha 91 não será mais satisfeita, o que permite com que o jogador possa pular livremente quando estiver na escada. A não ser que você pule sobre a escada e pressione o W; a condição de «puloescada» se tornará falso, linha 23. E se o jogador ainda estiver de alguma forma em contado com a escada irá entrar novamente na condição da linha 91 e fazer com que o jogador se agarre mais uma vez à escada.

Há um OnTriggerExit2D, linha 102, onde verificamos se o jogador deixou de ter contato com a escada, neste caso, todos os valores booleanos ficarão falsos, linhas 106 a 108; e o estado de pulando, linha 109, será ativado, onde removemos o Kinematic do RibigBody 2D, linha 110. Com isso você poderá pular e perder o contato com a escada, mas se durante a queda tiver novamente algum contato com a escada, o personagem irá se agarrar automaticamente a ela. Isso é mais útil quando o personagem precisa pular de cipó em cipó em uma fase, por assim dizer.

Por fim, temos o pulo, linha 114, onde removemos a Kinematic, linha 116, para que a gravidade volte a agir se ele tiver pulando, estando agarrado a uma escada; onde ativamos o estado de animação pulando, linha 117, e colocamos o solo e a escada como falsos, linhas 118 e 119, já estará pulando, onde aplicamos uma forma de impulso, linha 120.

Salve o script e atrele ao jogador.

Trabalhando com Animação Parte II

Vamos dar uma olhada agora na movimentação em Top Down, como ocorre com o game Graveyard Keeper, um excelente jogo por sinal.

Neste caso teríamos que criar uma animação do personagem se movimentando pros lados, outro para cima e um para baixo. A alternância de uma animação de um estado para o outro poderia ocorrer em qualquer um dos quatro estados mencionados, o que nos resultaria numa verdadeira teia de aranha só nas interligações de movimento.

Para simplificar, recomendo utilizar uma outra ferramenta presente em animator que é o Blend Tree, que significa árvore de mistura ou de mesclagem em português. A mesma possui o 2D Simples Directional presente no campo Blend Type. Que nos serve justamente para isso.

Gostaria de dar uma pequena ressalva quanto as imagens. Você não é obrigado a criar as imagens de forma separada como ocorre com o Sunnyland. Caso você decida criar seu próprio personagem, poderá fazê-lo copiando e colando a primeira imagem e realizando pequenas alterações, para salvar o conjunto destes quadros criados em uma única imagem. A única observação que deixo aqui quanto a isso é de que o seu fundo seja transparente. Pois a divisão delas o próprio unity conseguirá tratá-las. Para não perder tempo, sugiro que pegue alguma imagem de personagem do RPG Maker, fazendo uma busca pelo Google para utilizar os exemplos. Ou simplesmente utilizar as imagens que criei:

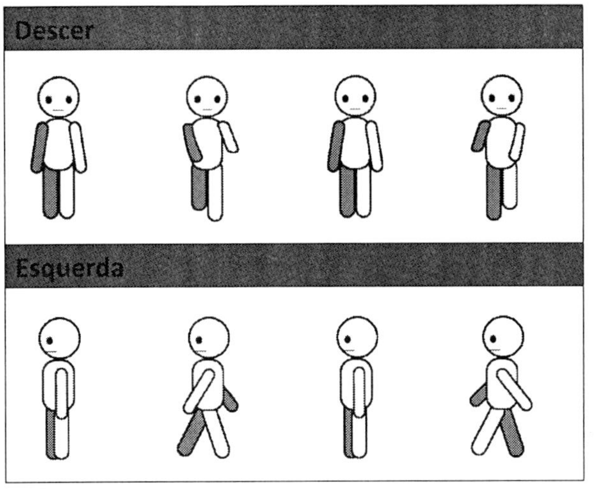

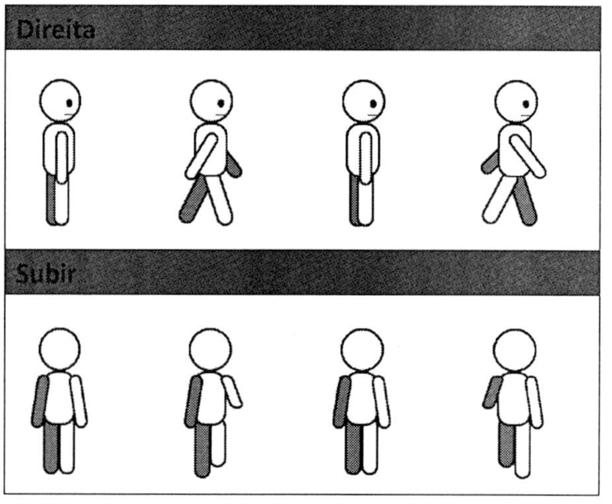

Como pode ver são quatro imagens, cada um responsável por uma direção:

1. Você importará normalmente as quatro indo em assets.

2. No menu de contexto escolha import new Asset...

3. Com as quatro imagens selecionadas já na janela inspector e em Sprite Mode e altere para multiple e depois altere o filter moder, na janela inspector, para point; como fizemos com o tópico anterior. Clique em Apply

4. Feito isso, em cada imagem clique em Sprite Editor e depois clique em Slice, deixe o tipo (type) em automático (Automatic) mesmo e clique no botão Slice (fatiar)

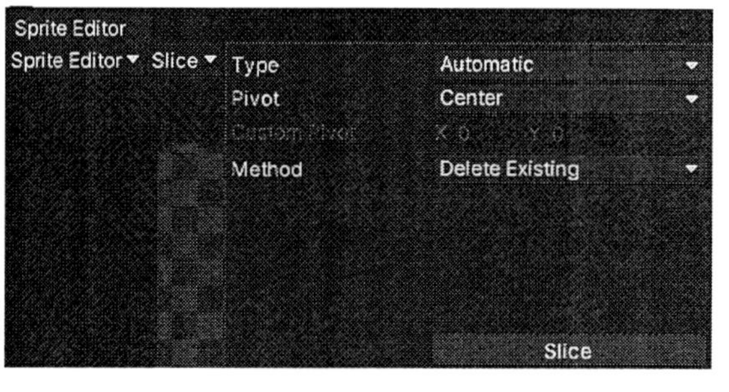

1. Faça esse procedimento simples em cada uma das quatro imagens.

Criando a animação

1. Agora expanda a cadeia de imagens de descer e pegue a primeira delas e coloque em cena, clicando e arrastando para a cena.

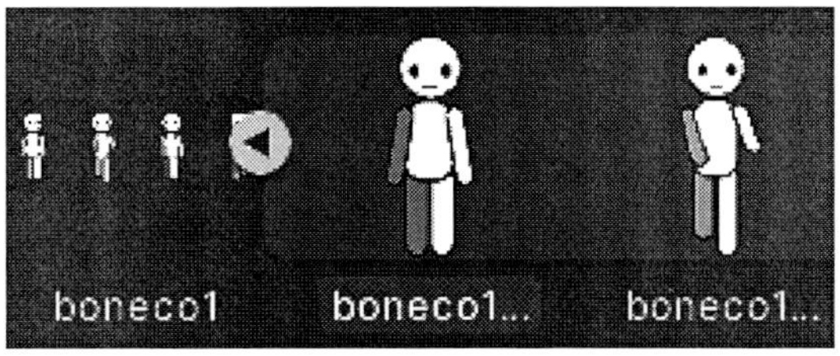

1. Na janela de hierarquia o nomeie como jogador.

2. Feito isso vá à janela animation, com o personagem selecionado em cena e clique em create. Crie uma animação de nome PBaixo, e pegue uma única imagem que é a imagem do personagem parado e olhando para baixo. Depois Crie PCima, PEsquerda e PDireita; pegando sempre a primeira imagem de cada animação. Ex:

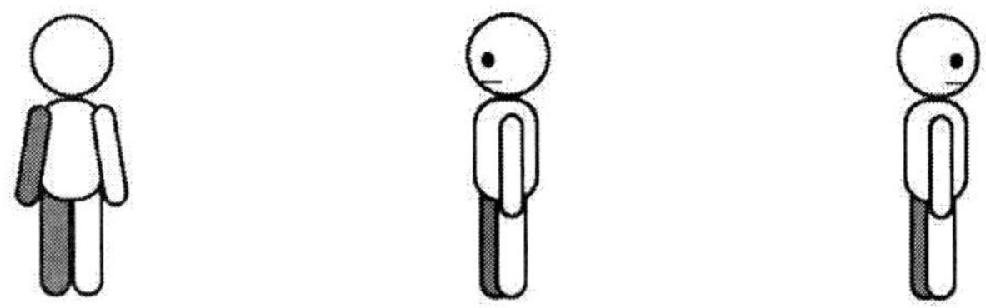

PCima PEsquerda PDireita

1. Depois disso, crie uma nova animação de nome descer e selecione as imagens que andam para baixo. Para isso expanda a cadeira de imagens e clique na primeira e com o shift pressionado selecione a última e, logo em seguida, clique e arraste as imagens para o animation.

2. Crie agora uma nova animação de nome esquerda e selecione as imagens que andam para esquerda e assim por diante. Criando-se as quatro animações restantes: esquerda, direita, subir e descer.

3. Vá em animator e apague todas as animações que criamos e que aparecem nesta janela. Vamos criar dois Blend Tree, uma para tratar as animações paradas e outra para animações em movimento. Com o botão direito do mouse sobre uma área vazia na janela animator abra o menu de contexto e escolha Create State > From New Blend Tree. Nomeie uma como parado e outra como movimento.

4. No Blend Tree criado de nome parado clique com o botão direito do mouse sobre o mesmo e selecione Set as Layer Default State, para se tornar a animação inicial padrão.

5. Agora crie três parâmetros de ponto futuante de nomes: horizontal, vertical e andar.

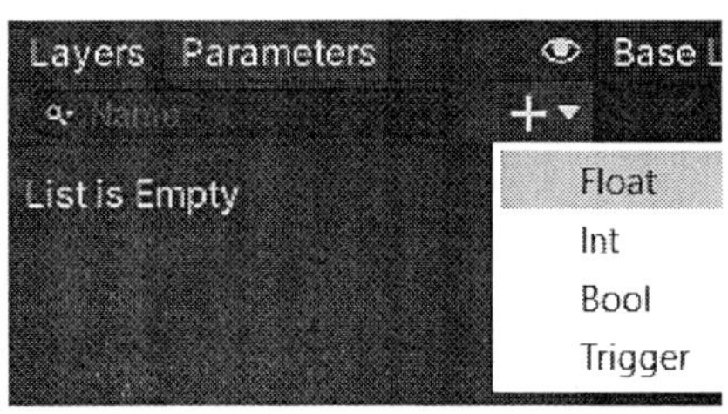

6. Com o Blend Tree de nome movimento selecionado, altere o speed para 0.1, por exemplo, para a animação não ficar tão rápida quando for testá-la ou para qualquer outro valor de sua preferência.

7. Clique duas vezes seguidas no de nome movimento para abri-lo. Selecione o Blend Tree e na janela inspector escolha em Blend Type a opção 2D Simple Directional.

Nas opções disponíveis temos:

- **1D**: Ele permite combinar animações de acordo com um ou dois parâmetros.
- **2D Simple Directional**: O próprio nome já diz; utilizado para representar movimentos simples em direções diferentes.
- **2D Freeform Directional**: Mesma função anterior, contudo, você pode ter vários movimentos na mesma direção, por exemplo, a mudança andar para frente e correr para frente.
- **2D Freeform Cartesian**: Com o Cartesiano de forma livre, seus parâmetros X e Y podem representar conceitos diferentes, como velocidade angular e velocidade linear, como andar para frente e virar à direita.
- **Direct**: Este permite que o usuário controle o peso de cada nó diretamente em uma árvore de mesclagem. Útil para formas faciais ou combinação ociosa aleatória.

1. Ainda na janela inspector deste elemento, clique no sinal de mais (+) e adicione quatro Add Motion Field (campo de movimento).

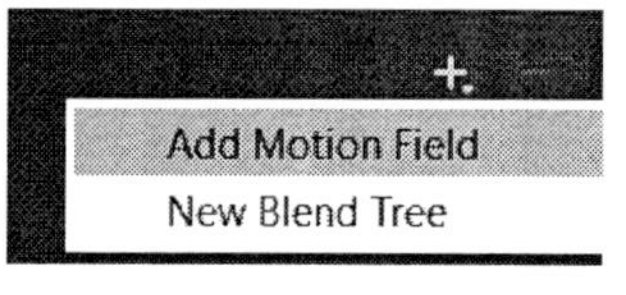

2. Os parâmetros apresentados nesta janela inspector devem estar como horizontal e horizontal. Modifique para que seja horizontal e vertical, conforme o exemplo:

3. Você deve ter percebido que cada campo de movimento que você adicionou está sem animação, no caso você deverá clicar no sinal à direita que parece com uma mira e selecionar a animação correspondente para cada um.

4. Ele funciona como um plano cartesiano por isso vou determinar valores para que cada animação entre com base em um determinado tipo de valor. Ex:

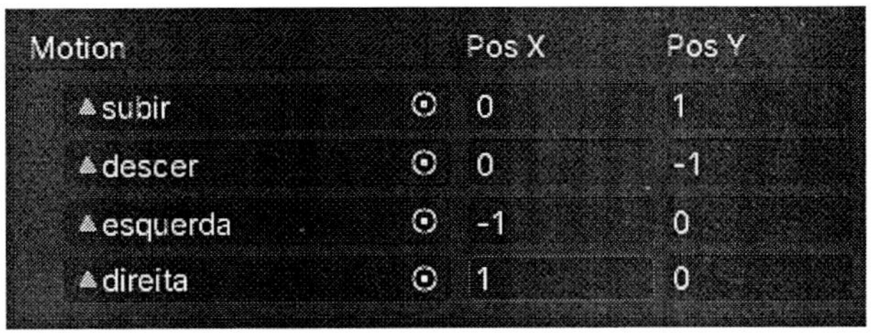

Em outras palavras quando o valor de Y for positivo, ele estará subindo e por isso a animação será de subir, do contrário, se o valor de Y for negativo então o personagem estará descendo e a animação deverá ser descer, e assim por diante.

1. Agora clique em Base layer para voltar e crie uma make transition entre parado e movimento. Selecione a seta e adicione uma condição, que é o parâmetro andar, que criamos, será responsável em ativar o movimento quando for maior (greater) do que zero (0).

2. Faça uma make transition voltando para a animação parado e coloque andar como less (menor) do que 0.01, quando for menor do que este valor haverá a mudança de movimento para parado.

3. Em ambas as setas zere e desmarque tudo, como fizemos com os anteriores, para não dar um atraso na mudança de um movimento para outro. Ex:

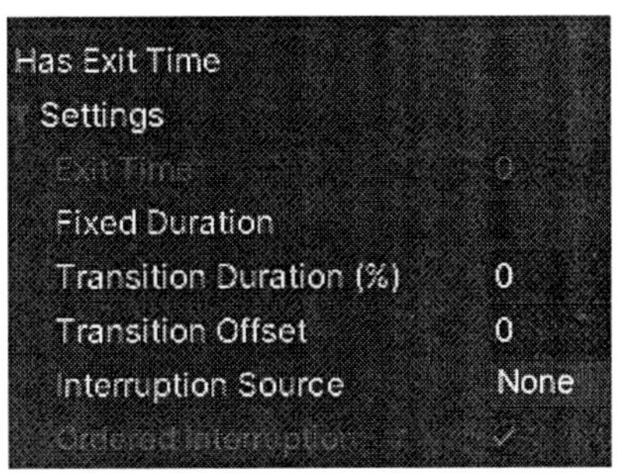

4. Ao abrir o Blend Tree de nome parado, você deverá fazer a mesma coisa que fez com o Blend Tree de movimento, com a diferença que as animações serão: PCima, PBaixo, PEsquerda e PDireita, conforme o exemplo:

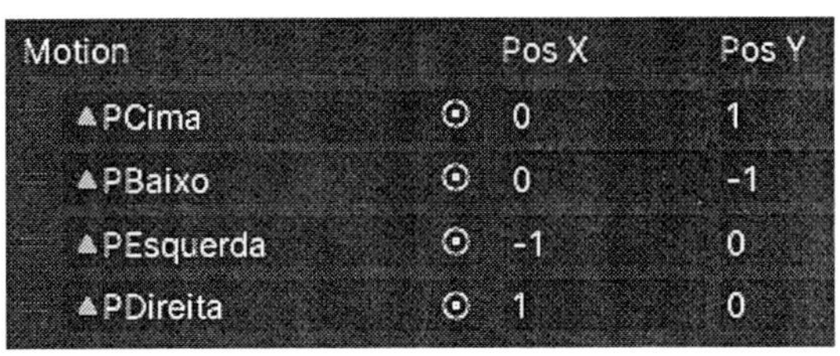

Ao final, a tela de animator ficará desta forma:

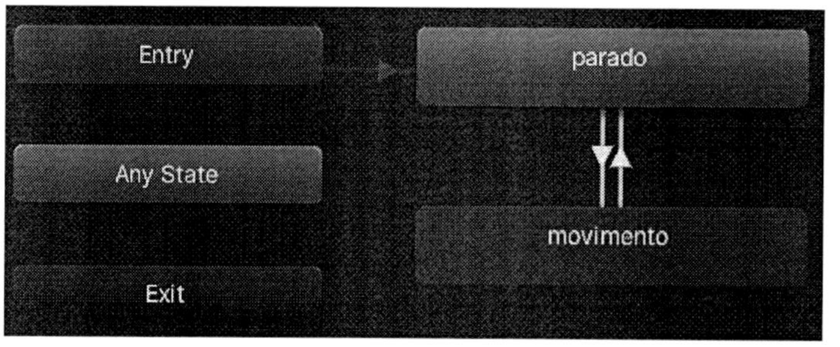

A diversidade de estados para parado se dá para quando o jogador estiver andando para esquerda e pare o personagem continue olhando para esquerda, quando subir e pare o personagem continue olhando pra cima. Como ocorre normalmente em jogos de Top Down.

Crie um script de nome jogador e adicione ao nosso boneco presente em cena, abra o mesmo e digite o seguinte código.

```
[RequireComponent(typeof(SpriteRenderer))]
[RequireComponent(typeof(Animator))]
public class jogador : MonoBehaviour
{
    Animator anim;
    float vel=5f;
    Vector2 dir, dirF;
    void Start()
    {
        anim = GetComponent<Animator>();
    }
     void Update()
    {
        float x = Input.GetAxis("Horizontal");
        float y = Input.GetAxis("Vertical");
        dir = new Vector2(x, y);
        anim.SetFloat("vertical", dir.y);
        anim.SetFloat("horizontal", dir.x);
        anim.SetFloat("andar", dir.magnitude);
        transform.Translate(dir*vel*Time.deltaTime);
        Setdir(dir);
    }
    void Setdir(Vector2 m)
    {
        if(m.magnitude>0.01)
            dirF = new Vector2(m.x, m.y);
        else{
            anim.SetFloat("vertical", dirF.y);
            anim.SetFloat("horizontal", dirF.x);
```

```
30          }
31      }
32 }
```

As linhas 01 e 02 utilizam o comando requer o componente (RequireComponent), onde através do tipo (typeof) dizemos qual componente torna-se indispensável, no nosso caso foram SpriteRenderer e o Animator, poderíamos fazer isso com qualquer componente presente na janela inspector. Se existisse um Rigidbody poderíamos também acrescentar, se fosse o caso. Com isso, ao tentar excluir um dos dois pela janela inspector um aviso será dado. Ex:

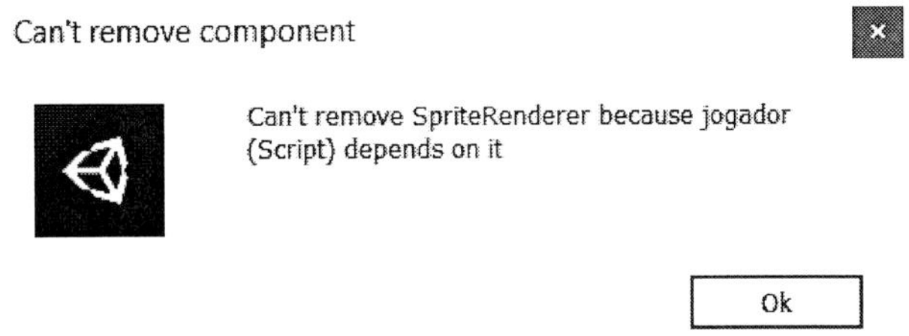

Isso impede que um componente importante seja excluído acidentalmente. Aqui foi inserido a critério de informação.

Na linha 05 criamos um objeto Animator de nome «anim» e na linha seguinte uma variável «vel» do tipo ponto flutuante, além de criar dois vetores, linha 07, um responsável em armazenar a direção (dir) e outro em preservar a direção final (diF), para saber em qual direção o boneco ficará quando estiver parado.

Em Start, linha 08 a 11, pego o componente Animator (linha 10), que possui o script. Já em Update pego as coordenadas horizontal e vertical, como habitualmente fazemos, linhas 14 e 15. Onde na linha 16, atribuo estas coordenadas ao nosso vetor «dir» e com base neste vetor ativo ou não uma determinada animação. Se por exemplo, o vetor «dir» possuir um valor X negativo, então ao passar esse valor negativo a animação direita será ativada. A magnitude como sabemos varia entre 0 e 1; se possuir um valor maior do que zero (0) significa que o personagem está em movimento, atendendo ao requisito que foi imposto em make transition de nossa seta.

A linha 20 movimenta o nosso personagem, através de translate, com base no nosso vetor, uma velocidade e com delta.time para normalizar o deslocamento em segundos. Na linha 21 foi criado um método que captura o valor do vetor. Este método, linha 23 a 30. Verifica se sua magnitude é maior do que 0.01, linha 25, o que indica que ainda está em movimento.

O valor ser maior do que 0.01 tem por base no valor que colocamos em make transition na seta que aponta para o blend tree de nome movimenta. Com base nisso capturamos sua última trajetória e armazenamos no vetor «dirF», do contrário o nosso personagem está parado, fazendo com que ele mude do estado movimento para parado e por isso passamos a última captura de movimento registrado em «dirF» que pode determinar que a animação parado seja para direita, esquerda, cima ou baixo dependendo do valor armazenado neste vetor.

Sistema de som e partículas

Já vimos o assunto sobre o manuseio de som, sendo que vamos aprofundar um pouco mais sobre o assunto e falar também sobre o sistema de partículas. Ao final vamos pegar um exemplo com "meio caminho andado" para aplicar esses novos conhecimentos e os que já foram adquiridos; utilizando o último projeto feito com paralaxe de cena, onde temos o aviãozinho de papel. Mas antes vamos entender sobre as duas questões abordadas.

Som

Quando você colocar um som em cena, seja arrastando para cena ou colocando sobre um objeto, um componente AudioSource é gerado, que possui as seguintes características:

- **Audio Clip**: Referência ao áudio que está sendo produzido.
- **Output**: Saída padrão do som, que pode ser alterado para um mix de áudio.
- **Mute**: Deixar o som mudo.
- **Bypass Effects**: Forma rápida de ativar ou desativar os efeitos de áudios aplicados.
- **Bypass Listener Effects**: Ignorar ou não os ouvintes de som.
- **Bypass Reverb Zones**: Zonas de reverberação, utilizado para ativar ou não a mudança de entonação/reflexão de um som conforme o ambiente. Digamos que você esteja em uma moto no game dirigindo, o som do motor é ouvido de uma forma na estrada e de outra forma quando se entra em um túnel, por exemplo. É como se o som tivesse sido potencializado/prolongado isso nós chamamos de reverberação, que é diferente de eco.
- **Play On Awake**: Tocar assim que for carregada a cena.
- **Loop**: Tocar em loop
- **Priority**: Prioridade deste áudio em relação aos demais em cena. Quanto menor o valor, maior é sua prioridade.
- **Volume**: O volume deste som.
- **Pitch**: Velocidade que o som é produzido.
- **Stereo Pan**: Define a posição no campo estéreo de sons 2D.
- **Spatial Blend**: Define quanto o espaço 2D ou 3D tem efeito no áudio.
- **Reverb Zone Mix**: Define quanto do som é direcionado para as zonas de reverberação.

3D Sound Settings

- **Doppler Level**: Define quanto efeito de Doppler é aplicado.
- **Spread**: Define o ângulo de difusão do som.
- **Min Distance**: Define a distância mínima para ouvir 100% do som.
- **Max Distance**: A distância máxima de atenuação do som. Fora desta distância o som deixa de ser ouvido.
- **Rolloff Mode**: Forma de atenuação de sons em forma de gráfico.
- **Logarithmic Rolloff**: O som diminuir rapidamente quando se afasta do objeto que emana o som.

- **Linear Rolloff**: A atenuação do som é de forma consistente.
- **Custom Rolloff**: Customizado, se comportando conforme o que foi alterado no gráfico de Rolloff Mode.

Partículas

Partículas podem gerar o efeito de fumaça, faíscas, objeto sendo destruído em cena, etc. Tudo depende de como você configura o comportamento desta partícula. As possibilidades de configurações são extensas; talvez, a princípio, você não esteja visualizando todas da lista. Se for o caso, recomendo que clique em Particle System Curves, para tentar visualizar as propriedades completas deste recurso.

Tentarei aqui resumir cada uma delas:

Propriedade	Definição
Duration	Tempo de duração em ponto flutuante.
Looping	Se deve estar em loop ou não.
Prewarm	Pré-aquecido emite partículas intermitentes da variação de seu ápice, propriamente dito, evitando o início da explosão das partículas, mas só funciona se o looping estiver ativo.
Start Delay	Criar um delay ou atraso em ponto flutuante.
Start Lifetime	Quanto tempo cada partícula fica ativa no cenário.
Start Speed	Velocidade das partículas.
3D Start Size	Quando se deseja controlar o tamanho de cada eixo separadamente.
Start Size	Tamanho inicial das partículas
3D Start Rotation	Quando se deseja controlar a rotação de cada eixo separadamente.
Start Rotation	O ângulo inicial de cada partícula.
Flip Rotation	Algumas partículas giram na direção oposta.
Start Color	Cor inicial da partícula.
Gravity Modifier	Define uma gravidade, o valor zero significa sem gravidade.
Simulation Space	Simulação de deslocação no espaço, se é local, mundo ou customizado.
Simulation Speed	A velocidade de simulação.

Delta Time	Define o tempo como escalado ou não escalado.
Scaling Mode	Pode ser Hierarquia (Hierarchy), local ou Forma (Shape). Local aplica-se apenas as partículas, ignorando qualquer objeto pai, diferentemente de hierarquia. Forma aplica-se a posição inicial da partícula e não afeta seu tamanho.
Play on Awake	Inicia as partículas automaticamente.
Emitter Velocity	Se a velocidade é baseada em um corpo rígido (Rigidbody) ou de transformação (transform).
Max Particles	Máximo de partículas emitidas.
Auto Random Seed	Se ativo, o sistema de partículas é diferente toda vez que é reproduzido.
Random Seed	Se desativado o item anterior, você poderá se utilizar deste para um sistema randômico personalizado.
Stop Action	Quando chega ao fim o sistema de partículas elas podem:
Disable	Ser desativado
Destroy	Destruído
Callback	Um retorno de chamada OnParticleSystemStopped é enviado para qualquer script anexado ao GameObject que possui este efeito.
Culling Mode	Comportamento das partículas quando estiverem fora dos limites da câmera. Podendo ser:
Automatic	Sistemas de loop param de simular fora da tela.
Pause And Catch-up	Mesmo que o anterior, mas retorna a simulação ao ficar visível novamente na tela.
Pause	Para de simular fora da tela.
Always Simulate	Fora ou dentro dos limites da tela a simulação continua.
Ring Buffer Mode	Mantêm todas as partículas ativas até que atinja a contagem máxima. Podendo:
Disabled	Remover quando seu tempo de vida terminar.
Pause Until Replaced	Não remove as partículas mesmo ao fim da vida, enquanto não atingir o seu limite máximo de partículas.
Loop Until Replaced	No final de sua vida útil, as partículas retrocedem. Enquanto o limite máximo de partículas não seja atingido; quando alcançado as reciclam, reaparecendo como novas partículas.

Além destas propriedades ainda temos os seguintes módulos:

Emission: Ele afeta a taxa e o tempo da emissão das partículas.

Propriedade	Definição
Rate over Time	Número de partículas emitido por tempo
Rate over Distance	Número de partículas emitido por distância
Bursts	Explosões. Um evento que gera partículas, definido por:
Time	Tempo
Count	Quantidade
Cycles	Círculos. Quantas vezes reproduzir a explosão.
Interval	Intervalo de cada explosão.
Probability	Probabilidade. Quanto maior o valor mais partículas são geradas

Bursts (explosões), são criados quando você clica no sinal de mais (+). Para eliminar é selecionar o que foi gerado e clicar no sinal de menos (-).

Shape: Define como será o formato da emissão das partículas. Os Shape (formato) possíveis são: Sphere (esfera), Hemisphere (hemisfério), cone (cone), donut (rosquinha), box (caixa), mesh (malha), mesh renderer (renderizador de malha), skinned mesh renderer (renderizador de malha com pele), sprite (imagem), circle (círculo), edge (borda), rectangle (retângulo).

Acredite. Cada forma tem suas propriedades específicas. Não pretendo colocar a lista de propriedades de cada forma, por ser demasiadamente longo. Mas, caso tenha curiosidade em consultar as propriedades específicas de uma forma é só acessar: https://docs.unity3d.com/2021.2/Documentation/Manual/PartSysShapeModule.html

Velocity over Lifetime: Ela permite controlar a velocidade das partículas.

Propriedade	Descrição
Linear X, Y, Z	Velocidade linear das partículas com base nos eixos X, Y e Z.
Space	Se refere ao espaço mundial ou local.
Orbital X, Y, Z	Velocidade orbital com base nos eixos.
Offset X, Y, Z	A posição do centro de órbita com base nos eixos.
Radial	Velocidade radial em relação ao centro.
Speed Modifier	Modificador de velocidade de deslocamento.

Inherit Velocity: Este efeito é muito útil para emitir partículas de um objeto em movimento.

Propriedade	Definição
Mode	Especifica como a velocidade do emissor se aplica às partículas
Current	A velocidade do emissor se aplica a todas as partículas
Initial	Aplicada à velocidade do emissor quando a partícula nasce.
Multiplier	Velocidade que o emissor possui e que a partícula deverá herdar.

Lifetime by Emitter Speed: Controla o tempo de vida das partículas com base na velocidade do emissor.

Propriedade	Definição
Multiplier	O valor da velocidade pode ser Constant (constante), com base em uma curva (Curve). Um valor que varia entre duas constantes (Random Between Two Constants) ou um valor que varia entre duas curvas (Random Between Two Curves).
Speed Range	Velocidade máxima e mínima de mapeamento das partículas com base no emissor.

Force over Lifetime: Módulo responsável em alterar a movimentação das partículas por forças externas, como o vento, por exemplo.

Propriedade	Definição
X, Y, Z	A força aplicada nos eixos das partículas.
Space	Se o espaço aplicado é local ou mundial.
Randomize	Força aplicada com base no intervalo entre duas curvas ou valores constantes

Color over Lifetime: Utilizado para alterar a cor das partículas, já que sua tonalidade pode variar ao longo de sua vida como também a sua transparência.

Propriedade	Definição
Color	Você pode gerar um gradiente ou a variação de cores entre dois gradientes. A cor inicial que a partícula assume é mais à esquerda e a final à direita.

Color by Speed: A velocidade de variação de uma cor para outra em unidades de distância por segundo.

Propriedade	Definição
Color	Você pode gerar um gradiente ou a variação de cores entre dois gradientes. A cor inicial que a partícula assume é mais à esquerda e a final à direita.
Speed Range	Faixa de velocidade relativa à variação de cores.

Size over Lifetime: Define o tamanho das partículas a partir de que se distanciam do seu ponto de origem.

Propriedade	Definição
Separate Axes	Controle do tamanho independente de cada eixo.
Size	A curva definida na variação do tamanho da partícula ao longo da vida.

Size by Speed: Variação do tamanho das partículas com base em sua velocidade.

Propriedade	Definição
Separate Axes	Controle do tamanho independente de cada eixo.
Size	Curva que define a variação do tamanho.
Speed Range	A faixa de velocidade.

Rotation over Lifetime: Controla o giro das partículas, enquanto elas se movem.

Propriedade	Definição
Separate Axes	Controle de rotação independente de cada eixo.
Angular Velocity	Velocidade da rotação em graus por segundo.

Rotation by Speed: Utilizado mais no efeito de deslizamento de terra.

Propriedade	Definição
Separate Axes	Controle de rotação independente de cada eixo.
Angular Velocity	Velocidade da rotação em graus por segundo.
Speed Range	Faixa de velocidade da rotação.

External Forces: Um módulo de forças externas, que se obtém o resultado quando há objetos de partículas interagindo com este módulo.

Propriedade	Definição
Multiplier	Valor escalar da força aplicada.
Influence Filter	Define o que este módulo irá influenciar, se é uma máscara de camada ou uma lista ou ambos.
List	Quando definido em uma lista. Aqui você especifica o que pode afetar o sistema de partículas.
Influence Mask	Aqui define a máscara que afeta o sistema de partículas.

Noise: O módulo de ruído ajuda na criação de partículas de brasas ou fumaça.

Propriedade	Definição
Separate Axes	Controle das forças independente de cada eixo.
Strength	A força aplicada em uma curva, que influencia a velocidade e a distância.
Frequency	A intensidade da frequência na mudança de direção.
Scroll Speed	A velocidade de movimentos aleatórios.
Damping	Ativo torna a força proporcional à frequência.
Octaves	Define quantas camadas de ruído são geradas. Cuidado, porque consome processamento significativo.
Octave Multiplier	Aplicado às camadas de ruído adicionais. Pode reduzir a intensidade.
Octave Scale	Aplicado às camadas de ruído adicionais, onde ajusta a frequência.
Quality	Especifica a qualidade
Remap	Remapeia os valores iniciais do ruído em uma faixa.
Remap Curve	Remapeia os valores iniciais do ruído em uma curva.
Position Amount	O quanto afeta a posição das partículas.
Rotation Amount	O quanto afeta a rotação das partículas.
Size Amount	O quanto afeta o tamanho das partículas.

Collision: Permite que as partículas colidam com objetos em cena que possuam colisores.

Propriedade	Definição
Planes popup	Um plano ou mundo
Planes	Uma lista onde define os planos de colisão.
Visualization	Se a visualização é algo sólido ou em grade.
Scale Plane	A escala do plano.
Dampen	Quanto de velocidade uma partícula perde após uma colisão.
Bounce	O quanto chicoteia uma partícula após uma colisão.
Lifetime Loss	Se ela perde o tempo de vida ao colidir.
Min Kill Speed	Velocidade mínima para destruir a partícula após a colisão.
Max Kill Speed	Velocidade máxima para destruir a partícula após a colisão.
Radius Scale	Ajusta o raio de colisão das partículas
Send Collision Messages	Permite enviar informações de colisão com OnParticleCollision.
Visualize Bounds	Define os limites de colisão de cada partícula.

Triggers: Detecção de objetos colisores por meio de gatilho. Essa iteração depende de como você configura a colisão por gatilho; podendo retornar informação da lista de partículas, quando OnParticleTrigger() estiver ativo.

Propriedade	Definição
Inside*	Ativado quando dentro de um objeto colisor.
Outside*	Ativado quando se encontra fora de um colisor.
Enter*	Ativo ao entrar em um colisor.
Exit*	Ativo ao sair de um colisor.
Collider Query Mode	Obtém mais informações, com quais colisores as partículas interagem. Podendo ser: **Disabled**: Desativado. Não retorna nenhuma informação. **One**: Informa sobre o primeiro colisor que as partículas entram em contato; ignorando os demais, se houver. **All**: Informa todos os colisores que as partículas tiveram contato.
Radius Scale	Escala do raio de ação, onde pode aumentar ou diminuir.
Visualize Bounds	Quando ativo exibe os limites do gatilho.

*Essas propriedades possuem as seguintes opções:

- **Callback**: Ativa OnParticleTrigger().
- **Kill**: Destrói a partícula.
- **Ignore**: Ignora a partícula.

Sub Emitters: Cria partículas adicionais, com base em uma partícula. Quando um tiro acerta uma parede e você quer partículas da parede, junto com partículas de poeira, por exemplo.

Propriedade	Definição
Sub Emitters	configura uma lista de partículas adicionais e as propriedades que herdam de suas partículas pais.

Texture Sheet Animation: Criar uma animação na partícula, com o intuito de enriquecê-la em detalhes.

Propriedade	Definição
Mode	Qual modo adotado imagens ou grade.
Time Mode	Tempo será por tempo de vida, velocidade ou FPS (frames por segundo).
Tiles	Número de ladrilhos em que a textura é dividida por X e Y.
Frame over Time	Uma curva que define o aumento da velocidade da animação.

Start Frame	Define quando a animação da partícula deve começar
Cycles	Quantidade de vezes que a animação se repete.
Affected UV Channels	Define os fluxos de UV que serão afetados no sistema de partículas.

Lights: Adiciona brilho às partículas.

Propriedade	Definição
Light	Atribui um objeto de luz.
Ratio	Define o raio da luz.
Random Distribution	Distribuição aleatória de luz nas partículas
Use Particle Color	A luz se baseia pela cor da partícula quando ativo.
Size Affects Range	A intensidade da luz será influenciada pelo tamanho da partícula.
Alpha Affects Intensity	Ativo, faz com que a intensidade da luz seja multiplicada pelo canal alfa da partícula.
Range Multiplier	Definição do alcance da luz de forma personalizada por um intervalo de valores, curva ou intervalo entre curvas.
Intensity Multiplier	Define a intensidade da luz de forma personalizada por um intervalo de valores, curva ou intervalo entre curvas.
Maximum Lights	Define a quantidade máxima de luzes que podem ser criadas.

Trails: Define uma trilha (rastro) de cores na partícula.

Propriedade	Definição
Mode	**Particle**: Deixa um rastro da partícula durante o seu percurso. **Ribbon**: O rastro varia dependendo do tempo de vida de cada partícula.
Ratio	A probabilidade de uma partícula possuir um rastro, variando entre 0 a 1.
Lifetime	Tempo de vida da trilha.
Minimum Vertex Distance	A distância mínima que uma partícula deve percorrer antes de receber um novo vértice de cores.
World Space	Quando ativo, a trilha se move em relação ao mundo e não em relação ao objeto.
Die With Particles	Quando marcada a trilha desaparece assim que sua partícula morre.
Ribbon Count	Define quantas fitas renderizar no sistema de partículas.
Split Sub Emitter Ribbons	Quando ativo, partículas filhas compartilham a mesma fita do objeto pai.

Texture Mode	Define como a textura é aplicada nas trilhas. **Stretch**: A estica. **Tile**: Repete a textura. **Repeat per Segment**: Repete por segmento de trilha. **Distribute per Segment**: Mapeia a textura para distribuir os vértices de forma uniforme.
Size affects Width	Se definido, a largura da trilha é multiplicada pelo tamanho da partícula.
Size affects Lifetime	Se definido, a vida da trilha é multiplicada pelo tamanho da partícula.
Inherit Particle Color	Se definido, a cor do rastro é modulada pela cor da partícula.
Color over Lifetime	Curva que controla a cor da trilha ao longo de sua vida.
Width over Trail	Curva que controla a largura da trilha
Color over Trail	Controla a cor da trilha em sua extensão.
Generate Lighting Data	Para construir uma geometria na trilha
Shadow Bias	Definição para sombra.

Custom Data: Definição personalizada de dados das partículas, por vetor ou por cores.

Renderer: Ela define o modo de renderização das partículas, podendo ser em uma malha 3D, com base em algo ou simplesmente não ser renderizado.

Propriedade	Definição
Render Mode	Modo de renderização. Podendo ser:
Billboard	A renderização é definida por Render Alignment.
Stretched Billboard	Renderização com base na câmera.
Horizontal Billboard	Partículas em paralelo de X e Y
Vertical Billboard	Partícula voltada para a câmera e em Y no espaço mundial
Mesh	Renderiza a partícula em uma malha 3D.
None	Não renderiza partícula nenhuma.

Render	Opções renderização
View	Voltada ao plano da câmera.
World	Alinhado com o eixo do mundo.
Local	Alinhado com um objeto local.
Facing	Definido por transform do componente da câmera ativa.

Velocity	Partículas voltadas na mesma direção do seu vetor de velocidade.

Stretched Billboard	Definição de suas propriedades adicionais
Camera Scale	Estica as partículas conforme o deslocamento da câmera.
Velocity Scale	Estica conforme a velocidade.
Length Scale	Estica proporcional ao tamanho da partícula.
Freeform Stretching	Alongamento livre evita que as partículas fiquem finas quando vistas de frente.
Rotate With Stretch	As partículas giram na direção em que elas esticam.

Mesh	Definição de suas propriedades adicionais
Mesh	Tipo de material 3D a ser atribuído.

Demais propriedades	Definição
Normal Direction	Direção de iluminação das partículas 1.00 (câmera), (0.00) centro da tela.
Material	Material que é utilizado para renderizar as partículas.
Trail Material	Renderizar rastros de partículas, quando o sistema de trilhas está habilitado.
Sort Mode	Ordem que desenha e sobrepõem partículas
None	Nenhuma alteração
By Distance	Por distância da câmera. Quanto mais perto, maior a prioridade.
Oldest in Front	Partículas mais antigas têm prioridade.
Youngest in Front	Partículas mais novas têm prioridade.
By Depth	Relacionado ao ângulo da câmera.
Sorting Fudge	Quanto menor o valor, maior a possibilidade de difundir partículas em objetos transparentes em cena.
Min Particle Size	Tamanho mínimo da partícula
Max Particle Size	Tamanho máximo da partícula
Enable Mesh GPU Instancing	Disponível em renderização de malha. Se ativa ou não o GPU Instancing.
Flip	Virar as partículas.
Allow Roll	Se as partículas podem girar em torno do eixo Z da câmera.
Pivot	Modifica o pivô das partículas.
Visualize Pivot	Visualiza o pivô das partículas.

Masking	Define como as partículas se comportam quando interagem com um SpriteMask
No Masking	Não interage.
Visible Inside Mask	Partículas visíveis onde SpriteMask as cobre.
Visible Outside Mask	Visível fora de SpriteMask
Apply Active Color Space	Quando ativo, converte as cores das partículas antes de carregá-las na GPU.
Custom Vertex Streams	Possível de aplicar quando há Vertex Shader presente na partícula.
Cast Shadows	Cria sombras das partículas, na presença de luz.
On	Habilitado
Off	Desabilitado
Two-Sided	Permite a projeção da sombra nos dois lados da malha.
Shadows Only	Sombras ativas nas partículas e não na malha.
Shadow Bias	Move sombras ao longo da direção da luz.
Motion Vectors	Vetores de movimento para rastrear o espaço por pixels.
Camera Motion Only	A câmera rastreia o movimento
Per Object Motion	Rastreio por um objeto.
Force No Motion	Sem rastreio
Receive Shadows	Se as partículas podem receber sombras de outras fontes.
Sorting Layer ID	O ID da camada do renderer de classificação
Order in Layer	A sua ordem dentro de uma camada de classificação.
Light Probes	Interpolação baseada em sondas de luz.
Reflection Probes	Atribui uma textura de reflexão
Anchor Override	Determina a posição de interpolação nos sistemas Light Probe ou Reflection Probe .

Definindo a estrutura do jogo; aplicando som e partículas

A nave irá atirar, obviamente, mas haverá objetos de poder que irão dropar na tela. Quando o jogador pegar, irá aumentar para dois tiros, e na segunda vez, serão três tiros. Haverá um outro objeto que irá levantar um escudo temporário protegendo a nave, que ao se chocar na nave inimiga a irá destruir automaticamente.

O comportamento da nave inimiga é girar e ficar parada por um tempo antes de ir na direção do jogador, contudo não o persegue; basicamente quando ela resolve agir, pega-se a coordenada do jogador e vai até aquele ponto, não atualizando a coordenada depois, dando chance de se esquivar da nave inimiga.

O nosso adversário terá três pontos de vida, que quando zerado será produzido o sistema de partículas que iremos construir. Todos os sons que serão utilizados estão listados abaixo:

Som de hélice (helicopter)
https://freesound.org/people/ainst/sounds/442668/

Tiro do jogador (laser)
https://freesound.org/people/NoiseCollector/sounds/62793/

Som de quando a nave inimiga explode (boom)
https://freesound.org/people/magnuswaker/sounds/528262/

Música do jogo (music)
https://freesound.org/people/frankum/sounds/384468/

Pega um item de poder (item)
https://freesound.org/people/Scrampunk/sounds/345299/

O que está entre parênteses será o nome que cada objeto de som terá e você irá arrastar esses sons, com exceção do som de hélice para a cena; transformando-se assim um objeto de game. Lembrando que a propriedade Play On Awake, que está presente na janela inspector, deverá estar desmarcada para todos os sons, com exceção da música, pois só serão reproduzidos via códigos.

Criando o sistema de partículas

O sistema de partículas que iremos produzir será o efeito imitando uma explosão. Para isso, vá ao menu principal em GameObject > Effects > Particle System. Com a partícula em cena, as seguintes configurações deverão constar:

- **Duration**: 1 (tempo de duração da animação)
- **Start Lifetime**:2 (tempo de vida das partículas)
- **Start Size**: 0.3 (tamanho das partículas)
- **Start Color**: Alterei para preto, para ficar mais visível; com isso a nave inimiga, que iremos definir, deverá ser da mesma cor.
- **Gravity Modifier**:1 (força da gravidade)
- **Stop Action**: Destroy (Destruir ao término da animação)
- **Emission**: Zere o valor de Rate over Time. E clique no sinal de mais (+) bursts. Só alterando a quantidade (count) para sete (7). Isso resulta numa explosão de sete partículas, para não poluir demais a cena.

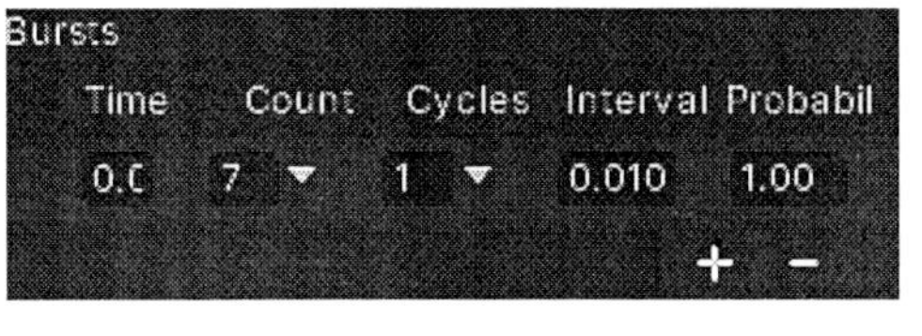

- **Shape**: Altere Shape para Sphere. É a forma como será difundida a explosão, neste caso na forma de uma esfera.

- **Renderer**: A propriedade material será Sprites-Default, para que as partículas sejam pequenos quadrados.

Nomeie como explosion e crie um prefab do mesmo. Depois disso pode excluir da cena.

Criando o inimigo

Por estar girando constantemente, ele deve emitir algum som de hélice. Porém, só quero que este som seja ouvido quando estiver próximo ao jogador. Por isso você irá inserir o som diretamente na nave inimiga, que é um sprite quadrado na cor preta, com as seguintes configurações:

- **Play on Awake**: Ativo
- **Loop**: Ativo
- **Spatial Blend**: 1
- **Spread**: 360
- **Volume Rolloff**: Linear Rolloff
- **Min Distance**: 1.4
- **Max Distance**: 4

Play on Awake ativo para que o som toque e o loop para que se repita. O Spatial Blend é a mudança do som 2D, que não há limitação para o 3D, que como sabemos tem as propriedades Max Distance (distância máxima que se pode ouvir algum som) e Min Distance (distância mínima para se ouvir 100% do som). A atenuação deste som depende de volume Rolloff, que optei por Linear Rolloff.

Depois de criado o inimigo e inserido o som, você ainda deverá inserir um Box Collider 2D, um Rigidboy 2D, com Gravity Scale igual a zero. Ainda há as etapas de animação:

Primeira animação

1. Selecione a nave inimiga, vá à janela Animation e clique em create.
2. Nomeie a animação como inimigo.
3. Clique no intervalo 0.25 e pressione o botão de gravar.
4. Vá à janela inspector e altere a rotação em Z para 1080. Com isso ele automaticamente cria duas chaves.

Segunda Animação

1. Clique na lista de seleção e escolha Create New Clip.
2. Nomeie como inimigoDano.
3. Selecione o intervalo 0.05 e clique no botão de gravar.
4. Altere a cor para vermelho. E a rotação em Z para 10.
5. Clique agora no intervalo 0.10 e altere a cor para preto novamente e a rotação em 20.

importante

Quando você altera qualquer coisa em um objeto, ele registra (lista) essa alteração em Animation. Ex:

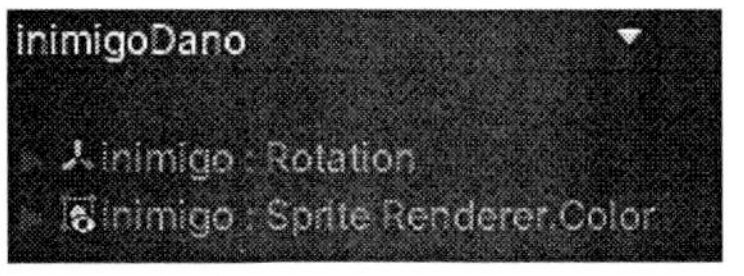

Novatos têm o hábito de mover acidentalmente, com a função de gravar ativa, e com isso position também fica registrado. O problema é que há um empecilho ao tentar mover o nosso objeto via script devido ao movimento que foi registrado na animação. Se em algum momento tiver com um problema relativo a isso, lembre-se de verificar a lista e excluir position, se encontrado.

Quando você testa a animação de girar, verá que ela possui um delay. É como se girasse e tivesse uma breve pausa para se repetir a animação. Vamos remover esta pausa. Na animação inimigo, clique em Curves (curvas). Ex:

A imagem à esquerda é a curva padrão de animação, essa leve ondulação é que causa a nossa pausa, poderíamos arrumar manualmente, mas se você clicar na extremidade desta ondulação e abrir o menu de contexto haverá a opção Auto, clique na mesma e a projeção ficará uma linha reta; conforme demonstrado na imagem à direita. Eliminando esse delay.

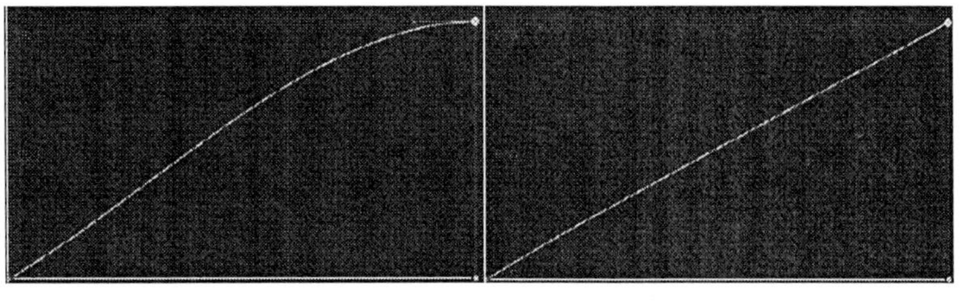

Caso por alguma razão não ocorrer, faça manualmente e repita o processo selecionando auto, para tentar reforçar a construção da linha em reta.

Criando as conexões na animação

1. Com a nave inimiga selecionada vá à janela Animator.
2. Crie um parâmetro booleano de nome dano.
3. Crie uma ponte transição de inimigo para inimigoDano.
   3.1. Lembre-se de limpar as características.

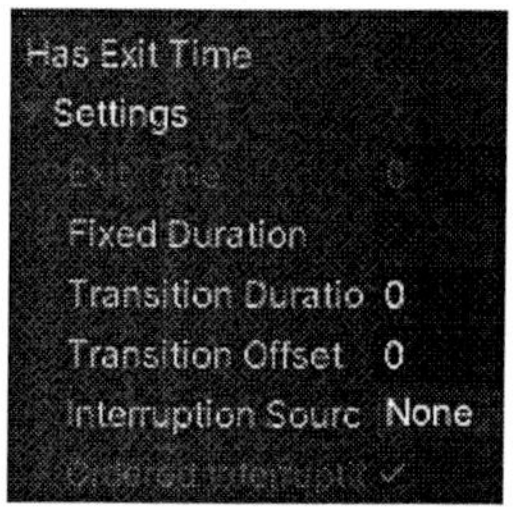

   3.2. Coloque a condição, em conditions, de ativar essa transição, quando dano for verdadeiro.

4. Crie uma ponte de transição de inimigoDano para inimigo e limpe todas as características, só deixe Has Exit Time marcado e com nenhuma condição.

5. Ao final deverá ficar assim:

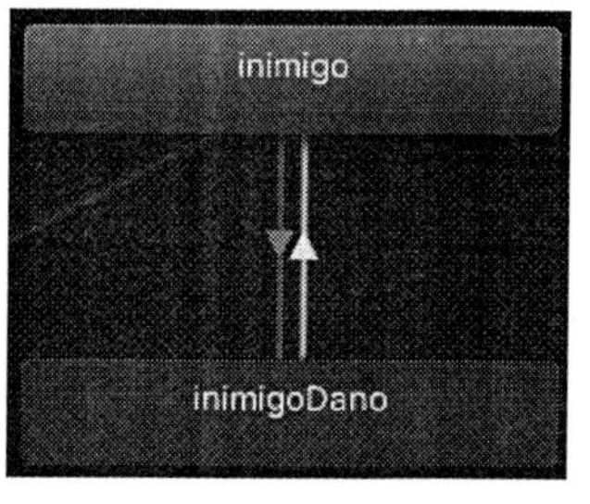

Com isso a animação de dano só será ativa se a condição booleana dano for verdadeiro. E a animação de dano irá sair e voltar para animação inimigo, assim que sua animação encerrar. Mas aí entra um problema, com o valor booleano dano ainda verdadeiro, irá entrar novamente na animação de dano, criando um loop infinito. Então como deixar o valor booleano dano falso no momento certo?

Vamos criar um script propriamente voltado para este assunto, que derive da classe StateMachineBehaviour que pode ser adicionado a um estado da máquina de estado. Lá na janela Animator não tem o estado inimigoDano que criamos? Clique nele e na janela inspector clique em Add Behavioure digite ControlaAnima e clique em Enter.

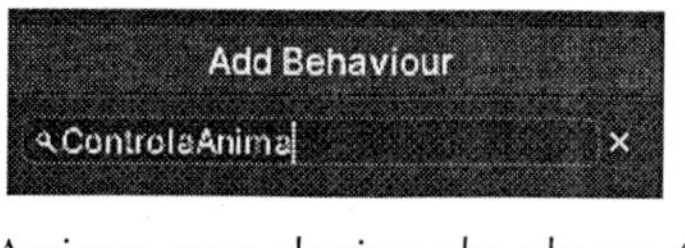

Com isso ele cria um Script ControlaAnima que deriva da classe StateMachineBehaviour e que possui os seguintes métodos ou estados da animação:

- **OnStateEnter**: Chamado quando a animação inicia.

- **OnStateUpdate**: Chamado durante a execução da animação, exceto o primeiro e o último quadro.
- **OnStateMove**: Chamado logo após o MonoBehaviour.OnAnimatorMove.
- **OnStateIK**: Chamado logo após o MonoBehaviour.OnAnimatorIK.

Posso, por exemplo, utilizar OnStateEnter para ativar algum colisor para ataque, quando a animação de ataque estiver ativa e desativar este mesmo colisor com OnStateExit quando a animação for mudada.

ControlaAnima.cs

```
01 public class ControlaAnima : StateMachineBehaviour
02 {
03     override public void OnStateEnter(Animator animator, AnimatorStateInfo stateInfo, int layerIndex)
04     {
05         if(animator.GetCurrentAnimatorStateInfo(0).IsName("inimigoDano"))
06             animator.SetBool("dano", false);
07     }
08 }
```

OnStateEnter na linha 03 é quando a animação se inicia e na linha 05 verifico se o nome da animação é inimigoDano, caso afirmativo torno o valor booleano de dano como falso. Evitando assim o loop. Em outras palavras, assim que ele iniciar a animação de dano, ele torna falso o valor booleano de dano.

Antes de continuarmos, gostaria que você criasse algumas tags que serão utilizadas: bala, inimigo, poder e escudo, além de utilizar a tag Player já existente. Onde a tag inimigo deverá ser anexada ao nosso objeto inimigo.

O script abaixo será anexado ao nosso objeto inimigo, após isso, crie um prefab do mesmo.

Inimigo.cs

```
public class Inimigo : MonoBehaviour
{
    GameObject jogador, boom;
    public GameObject explosion;
    bool atacar=false;
    Vector3 local, dir;
    int vida=3;
    Animator anim;
    void Start()
    {
        boom = GameObject.Find("boom");
        jogador = GameObject.FindWithTag("Player");
        anim = GetComponent<Animator>();
        StartCoroutine(ataque());
    }
    IEnumerator ataque()
```

```
17      {
18          yield return new WaitForSeconds(1f);
19          local =  jogador.transform.position - transform.position;
20          dir = local.normalized * 7f;
21          atacar=true;
22      }
23      void Update()
24      {
25          if(atacar)
26              transform.Translate(dir * Time.deltaTime, Space.World);
27      }
28
29      void OnTriggerEnter2D (Collider2D col)
30      {
31          string nome = col.tag;
32          if(nome=="bala")
33          {
34              Destroy(col.gameObject);
35              anim.SetBool("dano", true);
36              --vida;
37          }
38          else if(nome=="escudo")
39              vida=0;
40          if(vida==0)
41          {
42              boom.GetComponent<AudioSource>().Play();
43              GameObject boom2 = Instantiate(explosion, transform.position, Quaternion.identity);
44              Destroy(gameObject);
45              Destroy(boom2, 2);
46          }
47      }
48 }
```

Da linha 03 a 08, gostaria de destacar a linha 04, que torna um objeto de game público e como sabemos, um campo será criado para adicionar o GameObject ao objeto de game que possuir este script. No nosso caso a animação da partícula que simula uma explosão. E também a linha 07, onde representa os pontos de vida do inimigo; cada tiro irá tirar um ponto, como iremos verificar na colisão por gatilho.

Dentro do método Start(), resgatamos o objeto de som, linha 11, o objeto jogador através de sua tag de nome Player, linha 12. O próprio componente de animação de nosso objeto, linha 13; por fim, iniciamos uma corrotina de ataque, linha 14.

Esta corrotina, linha 16 a 22, espera por um segundo, linha 18; após pegue as coordenadas do jogador em relação ao nosso objeto inimigo, linha 19; onde normalizamos e colocamos algum valor de deslocamento, linha 20, além de tornar a nossa variável booleana verdadeira, linha 21.

E em Update(), verificamos se atacar é verdadeiro, linha 25, caso afirmativo ele irá até a coordenada adquirida, linha 26.

A verificação de gatilho, linhas 29 a 46; pegamos o nome da tag do objeto, linha 31 e vemos se é bala, linha 32, caso afirmativo, destruímos a bala, linha 34, ativamos a animação de dano, linha 35 e removemos um ponto de vida, linha 36.

Do contrário, se a tag tiver o nome escudo, linha 38, ele zera a vida linha 39. O último if, linha 40, verifica se a vida foi zerada, caso afirmativo, ativamos o som de explosão, linha 42, pegando o componente de áudio (AudioSource) e requisitando sua reprodução (Play()). Na linha seguinte cria-se uma instância do objeto que é nossa partícula que simula a explosão, nas mesmas coordenadas que se encontra este objeto, onde na linha 44, destruímos o objeto e, logo em seguida, destruímos a partícula que instanciamos após dois segundos, linha 45.

Lembre-se de anexar o script ao nosso objeto inimigo e puxar o prefab da partícula. Ex:

Após isso, crie um prefab do inimigo e remova o objeto em cena.

Criando o jogador

Como havia falado anteriormente, quando a nave inimiga se aproximar, o som da hélice será ouvido, para isso precisamos que o áudio listener, que é um ouvinte de áudio seja atrelado a nossa nave, por isso que peço que adicione utilizando o Add Component, presente na janela inspector.

Contudo a nossa câmera padrão também tem um ouvinte de áudio, por isso selecione a câmera e remova este ouvinte, para que só haja um ouvinte de áudio em cena e que esteja presente na nossa nave de papel.

Nossa nave terá inclinação para direita ou esquerda dependendo da direção escolhida pelo jogador, as seguintes imagens foram criadas:

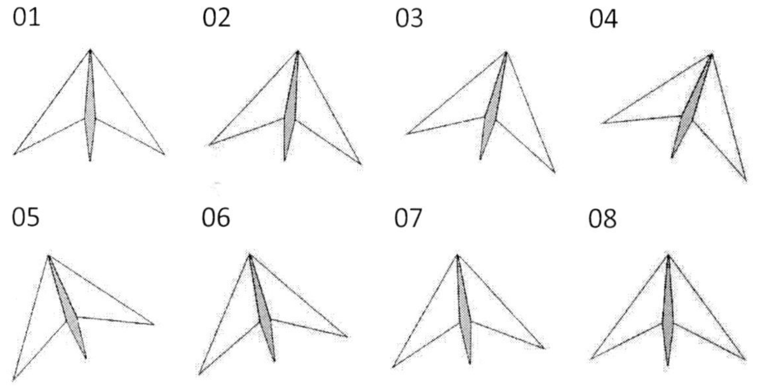

Nota: Fique atento à numeração das imagens, pois a explicação da animação será baseada nestes números.

Isso na realidade é uma imagem única com fundo transparente, a divisão destas imagens foi realizada nas configurações de suas propriedades, pela janela inspector, do Unity. Onde:

1. O Sprite Mode passou de Single para Multiple. Depois disso clique em Appy.
2. Clique em Sprite Editor e depois clique em Slice (fatiar). Não altere nada e clique em Slice .

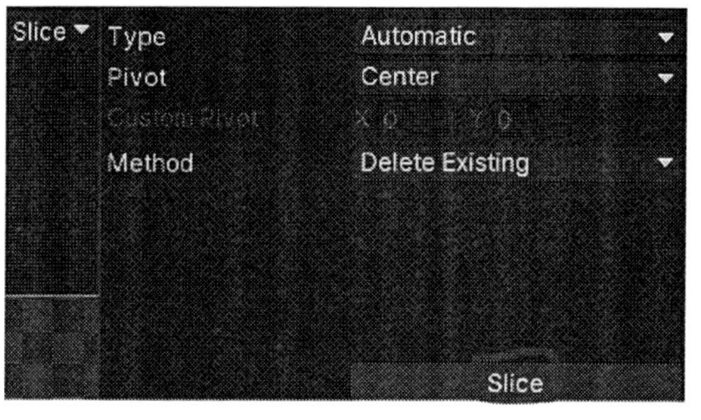

3. Depois disso, clique em Apply. Ao clicar na seta verá que cada imagem agora está dividida. Ex:

4. Se tiver problemas com o tamanho da imagem, lembre-se de alterar o valor de Pixels Per Unit.

Criando a animação do jogador

Antes, recomendo adicionar à nossa nave um Polygon Collider 2D e um Rigidboy 2D (propriedade Gravity Scale zerada), além de selecionar a tag Player a este componente.

1. Selecione o objeto jogador em cena.
2. Vá à janela Animation e clique em create.
3. Nomeie como naveEsquerda.
4. Adicione as imagens de 08 a 05.

5. Crie uma nova animação, selecionando a caixa de listagem onde possui o nome da animação que acabamos de criar e escolha a opção Create New Clip...
6. Nomeie a animação NaveApE e adicione as imagens 06 e 07.
7. Repita a etapa 5 e nomeie a animação como naveDireita.
8. Selecione as imagens 01 a 04.
9. Repita a etapa 5 e nomeie a animação como NaveApD.
10. Selecione as imagens 03 e 02.
11. Crie parâmetros booleanos de nomes: esquerda, direita, apE e apD.
12. Confira a tabela abaixo onde representa as pontes de ligação:

Ponte	Condição(ões)	Propriedades
naveParada -> naveEsquerda	Esquerda (true)	Limpas*
naveEsquerda -> naveApE	Esquerda (false) ApE (true)	Limpas*
naveApE -> naveParada	-	Limpas*, mas Has Exist Time marcado
naveParada -> naveDireita	Direita (true)	Limpas*
naveDireita -> naveApD	Direita (false) ApE (true)	Limpas*
naveApD -> naveParada	-	Limpas*, mas Has Exist Time marcado

*Todo o setting zerado e com Has Exist Time desmarcado

Ao final, as pontes de transição ficarão da seguinte forma:

A nossa nave terá alguns objetos de game filhos, para os lasses e para o escudo. Os lasses serão objetos de game vazios de nomes: tiro1, tiro2 e tiro3. Enquanto o escudo, terá a tag escudo, com um sprite 2D de um círculo que encubra toda a nave e com Circle Collider 2D incluso com a opção is Trigger marcado. Ex:

01

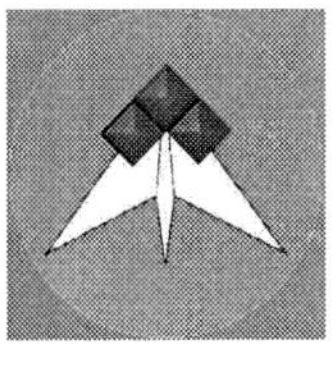

02

03

Para ficar visível adicionei ícone aos tiros (imagem 01), para que você veja como ficou a disposição dos mesmos em relação à nave. O objeto escudo está claro (imagem 02), porque foi desativado (imagem 03). Ele será ativado e desativado via script.

Jogador.cs

```
public class Jogador : MonoBehaviour
{
    float altCam, largCam, vel=10f, x, y, intervaloBala, tempo, tempoEscudo=0, fimEscudo=0;
    int poder=0, pos;
    const int TOTAL_PODER=2;
    Vector3 posNave;
    Animator anim;
    bool direita=false, esquerda=false, shield=false;
    public GameObject bala;
    GameObject[] localTiro = new GameObject[3];
    GameObject[] destruir = new GameObject[3];
    GameObject item, laser, escudo;
    void Start()
    {
        escudo = transform.GetChild(3).gameObject;
        item = GameObject.Find("item");
        laser = GameObject.Find("laser");
        anim = GetComponent();
        for(int i=0; i<=TOTAL_PODER; i++)
            localTiro[i] = transform.GetChild(i).gameObject;

        altCam = 2*Camera.main.orthographicSize;
        largCam = altCam*Camera.main.aspect;
        largCam = largCam/2 - GetComponent().bounds.size.x/2;
        altCam = altCam/2 - GetComponent().bounds.size.y/2;
    }
    void Update()
    {
        x = Input.GetAxis("Horizontal") * vel * Time.deltaTime;
        y = Input.GetAxis("Vertical") * vel * Time.deltaTime;
        posNave = transform.position;
        if((posNave.x>-largCam && posNave.x<largCam) || ((posNave.x>=largCam && x<0f) || (posNave.x<=-largCam && x>0f)))
            transform.position += new Vector3(x, 0, 0);
        if((posNave.y>-altCam && posNave.y<altCam) || ((posNave.y>=altCam && y<0f) || (posNave.y<=-altCam && y>0f)))
            transform.position += new Vector3(0, y, 0);
        if(x>0f)
        {
            direita=true;
            anim.SetBool("direita", direita);
            anim.SetBool("apD", false);
        }
        else if(x<0f)
        {
```

```
            esquerda=true;
            anim.SetBool("esquerda", esquerda);
            anim.SetBool("apE", false);
        }
        if(direita && x<0f || (direita && (x==0 && y==0)))
        {
            direita=false;
            anim.SetBool("direita", direita);
            anim.SetBool("apD", true);
        }
        else if(esquerda && x>0f || (esquerda && (x==0 && y==0)))
        {
            esquerda=false;
            anim.SetBool("esquerda", esquerda);
            anim.SetBool("apE", true);
        }
        if(Input.GetKey(KeyCode.Mouse0))
        {
            intervaloBala+=Time.deltaTime;
            if(intervaloBala>=tempo)
            {
                laser.GetComponent().Play();
                if(poder==0)
                {
                    destruir[0] = Instantiate(bala, localTiro[0].transform.position, Quaternion.identity);
                    Destroy(destruir[0], 2);
                }
                else if (poder==1 || poder==2)
                {
                    if(poder==1)
                        pos=1;
                    else
                        pos=0;
                    for(int i=pos; i<=TOTAL_PODER; i++)
                    {
                        destruir[i] = Instantiate(bala, localTiro[i].transform.position, Quaternion.identity);
                        Destroy(destruir[i], 2);
                    }
                }
                tempo += 0.2f;
            }
        }
        if(shield)
        {
```

```
88              tempoEscudo+=10f;
89              shield=false;
90          }
91          if(tempoEscudo>fimEscudo)
92          {
93              fimEscudo+=Time.deltaTime;
94              escudo.SetActive(true);
95          }
96          else
97              escudo.SetActive(false);
98      }
99      void OnCollisionEnter2D(Collision2D obj)
100     {
101         if(obj.gameObject.CompareTag("inimigo"))
102         {
103             Destroy(obj.gameObject);
104             Destroy(gameObject);
105         }
106     }
107     void OnTriggerEnter2D (Collider2D col)
108     {
109         string nome = col.tag;
110         if(nome=="poder" || nome=="escudo")
111         {
112             item.GetComponent().Play();
113             Destroy(col.gameObject);
114             if(nome=="poder")
115             {
116                 ++poder;
117                 if(poder>TOTAL_PODER)
118                     poder = TOTAL_PODER;
119             }
120             else if(nome=="escudo")
121                 shield=true;
122         }
123     }
124 }
```

Na linha 15 pegamos o quarto objeto de game filho do jogador, já que o primeiro elemento se inicia na posição zero (0). Atribuímos ao objeto escudo. Na linha 16 é objeto de game que emitirá o som ao pegar algum item, como na linha seguinte é o objeto de game que possui o som do laser. Se acha fácil de confundir, renomeie como somItem e somLaser; lembre-se de aplicar a alteração dos nomes pelo código.

Na linha 18, pegamos o componente de animação e na linha 19 foi criado um laço por contador, onde o limite do laço se baseia na constante TOTAL_PODER, sempre incrementando o contador "i" em um.

No primeiro valor "i" vale zero (0); neste caso pega o primeiro filho do objeto jogador e atribui a um array de objetos de games de nome localTiro. No segundo laço "i" vale um (1) e com isso pega o segundo elemento filho do objeto jogador e atribui ao array localTiro e assim por diante. As linhas 22 a 25 já foram explicadas na construção deste exercício no tópico de paralaxe.

Em Update(), as linhas 29 a 35 já foram explicadas. A inclusão de novo código se dá na linha 36, onde verificamos se o valor de X, que muda dependendo do jogador deslocar a nave para direita ou esquerda, se possui um valor positivo; caso afirmativo, tornamos o valor booleano da variável direita como true, linha 38, e ativamos a animação, linha 39. A animação que volta o prumo da nave em relação à direita é desativada, linha 40.

Do contrário, linha 42, se X possui um valor negativo a estrutura é a mesma, sendo que para esquerda. Agora se X é negativo, ou seja, o usuário esteja se deslocando para esquerda e a variável booleana direita é verdadeira, linha 48, ou a variável direita é verdadeira, mas o jogador está com sua nave parada (x e y iguais a zero), então torne a variável booleana direita como falso, linha 50, aplique na animação, linha 51, e solicite a animação que apruma a nave, linha 52; do contrário se foi para a esquerda, ou seja, o valor booleano da variável esquerda é verdadeiro, linha 54, mas a nave está indo para direita ou parada; se faz um procedimento idêntico, sendo que referente a aprumar a nave que foi para a esquerda.

Se o usuário pressionou o botão esquerdo do mouse, linha 60, o laser irá sair, mas com um pequeno intervalo, para não ficar uma linha contínua, por isso utilizamos da variável intervaloBala, linha 62, que se soma ao valor de Time.deltaTime e com este valor verificamos se é maior que o valor da variável tempo, linha 63; caso afirmativo, ativamos o som do objeto de game laser que possui um componente de som, linha 65.

Verificamos em que objeto de game filho do objeto jogador este laser irá sair. Se o poder for zero, ou seja, o usuário não pegou nenhum objeto de poder em cena, então o tiro irá sair no primeiro objeto filho, que é referente ao objeto de game que fica na ponta da nossa nave, linha 68. Destruindo este objeto de game após dois segundos, linha 69.

Caso ele tenha pegado um ou dois objetos de poder, entra na condição da linha 71, onde verificamos se poder equivale a um, linha 73, com isso a variável pos, referente a posição inicial que o contador do laço irá se iniciar, terá o valor um, linha 74. Do contrário, linha 75, ele terá o valor zero, linha 76. Isso serve para caso o usuário pegue um item de poder, para produzir os dois tiros nas extremidades da nave, para não ficar um tiro na ponta e outro na esquerda da nave, por exemplo, o que é deselegante. Mas se ele pega dois ou mais itens de poder, então a posição inicial do laço é zero (0), para projetar o laser nos três objetos de game atrelados ao nosso objeto jogador, linha 79, onde serão destruídos a projeção destes lasses após dois segundos, linha 80. Enquanto isso, atribuímos 0.2f de décimos a variável tempo, linha 83, para ter um certo intervalo de um tiro para outro. Já que o Input.GetKey retorna verdadeiro enquanto o usuário mantém pressionado o botão esquerdo do mouse.

Na linha 86 verifica-se se o escudo está ativo, através de uma variável booleana; caso afirmativo, adiciono dez segundos de vida ao escudo, linha 88, podendo ser cumulativo, se o usuário pegar outro item de escudo. E torno a variável shield falsa, linha 89, para não ficar somando dez em dez constantemente à variável «tempoEscudo».

Na linha 91, verifique se o «tempoEscudo» é maior do que o tempo final do escudo (fimEscudo), caso afirmativo, somamos à variável «fimEscudo» o valor de Time.deltaTime toda vez que entrar nesta condição e deixamos o objeto de game escudo ativo, linha 94. Do contrário, se as variáveis são iguais ou «fimEscudo» é maior, ele desativa o objeto escudo, linha 97.

No método de colisão, linha 99, verifica se o nosso objeto de game jogador se chocou com uma nave inimiga, linha 101, com base em sua tag. Caso afirmativo, ele destrói a nave inimiga e a própria nave do jogador. Contudo, se o escudo estiver levantado esta verificação de colisão nunca será verdadeira, já que o escudo está cobrindo toda a nave e será a primeira coisa que a nave inimiga terá contato, antes de entrar em contato com a nave jogador e como vimos no código da nave inimiga, ela será responsável em destruir a nave inimiga antes que entre em contato com a nave do jogador.

Já o método de verificação de gatilho, linha 107, pega o nome da tag que ativou o gatilho, linha 109, e verifica se possui o nome de poder ou escudo, linha 110. Caso afirmativo, o som presente no objeto de game item será tocado, linha 112. E, logo em seguida, destruímos o item que a nave do jogador entrou em contato, linha 113.

Se for um item de poder, linha 114, incrementamos a variável poder em um, linha 116. E verificamos se esta variável é maior do que o valor limite imposto na variável constante TOTAL_PODER, linha 117. Caso afirmativo, então atribuímos o valor da constante à variável poder, linha 118, para que o valor limite não seja ultrapassado. Do contrário, linha 120, se for só um item de escudo, torne o valor de shield verdadeiro, linha 121.

Lembre-se de atrelar este script à nave do jogador e puxar o objeto bala para o campo. Ex:

Criando itens e naves inimigas em cena

Agora você irá criar um objeto vazio em cena, indo à janela de hierarquia com o menu de contexto aberto, selecionar Create Empty. Nele você irá atrelar um script que iremos criar de nome "CriaObjetos", que possuirá três objetos de game públicos: inimigo, poder e escudo. Acredito que a essa altura já sabe que irá surgir três campos onde você irá arrastar estes três prefabs, conforme o exemplo:

Este objeto de game deverá ficar no topo da tela, mas dentro dos limites da câmera, já que a única coordenada que iremos mudar do mesmo é referente a coordenada em X.

`CriaObjetos.cs`

`Responsável em criar de forma aleatória inimigos e objetos de poder ou de escudo.`

```
01 public class CriaObjetos  : MonoBehaviour
02 {
03     public GameObject inimigo, poder, escudo;
04     private float obj, x;
05     private Vector3 local;
06     void Start()
07     {
08         StartCoroutine(criaObjeto());
09     }
10 
11     IEnumerator criaObjeto()
12     {
13         while(true)
14         {
15             yield return new WaitForSeconds(1.5f);
16             obj = Random.Range(0f, 1f);
17             x = Random.Range(-5f, 5f);
18             local = new Vector3(x, 4f, 0);
19             if(obj>=0.6f && obj<=0.8f)
20                 Destroy(Instantiate(poder, local, Quaternion.identity), 5);
21             else if(obj>0.8f && obj<=1f)
22                 Destroy(Instantiate(escudo, local, Quaternion.identity), 5);
23             else
24                 Destroy(Instantiate(inimigo, local, Quaternion.identity), 5);
25         }
26     }
27 }
```

Linha 03 objetos de jogos públicos criados, como já havia falado, para gerar os campos aos quais você irá arrastar estes objetos pela janela inspector deste objeto presente em cena; além da criação de outras variáveis, linhas 04 e 05, que irão nos auxiliar.

No método Start(), eu inicio uma corrotina, linha 08. Esta corrotina, linha 11, cria um laço indefinido, linha 13, onde se espera 1.5 segundos; após isso geramos um valor aleatório com Random. Range, linha 16, entre zero e um. Também criamos um valor aleatório para X entre -5f e 5f, linha 17. E com isso cria-se um novo vetor com base no valor de X, onde deixei o valor de Y como 4f, para que este objeto fique no topo.

Se o valor aleatório gerado e guardado na variável obj, for maior ou igual que 0.6f e menor ou igual a 0.8f, cria-se um item de poder, linha 20. Do contrário, se este valor aleatório gerado for entre 0.8f e 1f, cria-se um objeto de escudo, linha 22. E se não for nenhum destes valores então cria-se um inimigo, linha 24. Todos eles criados serão destruídos por estarem atrelados a Destroy, depois de cinco segundos, conforme indicado no segundo argumento.

Gerando um controle virtual para Android

Lembra do nosso exemplo do tópico anterior? Vamos nos utilizar dele para este tópico; recomendo que abra o mesmo e vamos acrescentar um controle direcional que só irá aparecer se o sistema operacional for Android.

Vá ao menu principal em File>Build Settings e à janela de plataformas, alterne de PC, Mac & Linux Standalone para Android e logo em seguida clique no botão Switch Platform (mudar de plataforma). Você poderá mudar de uma plataforma para outra, quantas vezes você quiser.

Antes de continuarmos, devo falar de um conceito básico de configuração do Android, que é a orientação de tela. Muitos desenvolvedores optam em travar a orientação em uma posição específica e por isso vamos dar uma olhada nas possíveis soluções.

Ainda na nossa janela em que mudamos de plataforma, clique no botão Project Settings. Em Settings for Android temos o Player e na lista de opções há o Default Orientation, que pode ser:

- **Portrait**: Orientação retrato.
- **PortraitUpsideDown**: Orientação do retrato, de cabeça para baixo.
- **LandscapeLeft**: Orientação paisagem, sentido anti-horário da orientação retrato.
- **LandscapeRight**: Orientação paisagem, no sentido horário a partir da orientação retrato.
- **AutoRotation**: Gira automaticamente a tela conforme necessário para qualquer uma das orientações habilitadas.

Por padrão, a orientação é AutoRotation, mas deixe aqui como Landscape Right.

Detectando o Sistema Operacional (SO)

O aparecimento do controle direcional vai depender do sistema ser Android ou não. Vamos criar um script simples que nos informa o SO atual.

```
SO.cs
01 public class SO : MonoBehaviour
02 {
03     public static string getSO()
04     {
05         if(SystemInfo.operatingSystem.IndexOf("Windows")>=0)
06             return "Windows";
07         else if(SystemInfo.operatingSystem.IndexOf("Android")>=0)
08             return "Android";
09         else
10             return null;
11     }
12 }
```

A classe SO só possui um único método estático e que possui uma string de retorno, linha 03. Na linha 05 SystemInfo.operatingSystem nos informa o sistema operacional, nestes dados procura-se com IndexOf a palavra Windows, se for encontrado, retorna este nome, linha 06; do contrário, verifica se possui a palavra Android, linha 07; caso afirmativo, retorna esta palavra, linha 08. Se nenhum dos termos for atendido, o retorno será nulo, linha 10.

Criando o controle

O controle será algo hiper simples, pegue um sprite de círculo, indo à janela de hierarquia e abrindo o menu de contexto e escolhendo 2D Object > Sprites > Circle. Adicione ao mesmo tempo um circle collider 2D e marque em suas propriedades a opção is Trigger, para tornar uma colisão por gatilho. Mas, para quê um sistema de colisão por gatilho? Há métodos ouvintes que são OnMouseUp e OnMouseDrag que derivam de MonoBehaviour, que iremos utilizar. E para que estes eventos funcionem, o objeto em questão precisará ter um objeto colisor. São eventos que funcionam no sistema Android, mas há eventos mais específicos como touch implementados por UnityEngine.InputLegacyModule. Dos eventos citados há outros como:

Evento	Botão do mouse ou toque na tela
OnMouseDown	Quando há o pressionamento sobre o colisor
OnMouseDrag	Quando se mantém pressionado sobre o colisor
OnMouseEnter	Quando entra em um colisor
OnMouseExit	Quando sai de um colisor
OnMouseOver	Quando está sobre o colisor
OnMouseUp	Quando libera o pressionamento sobre o colisor
OnMouseUpAsButton	Só chamado quando é pressionado e depois liberado sobre o mesmo colisor.

Sabe aquele controle que é só uma esfera em que conseguimos empurrar tocando e arrastando com o dedo poucos centímetros para um lado ou para o outro? É esse controle que iremos fazer. O nosso sprite recém-criado estará implementado com o script abaixo.

Controle.cs

```
01 public class Controle : MonoBehaviour
02 {
03     float x, y;
04     Vector3 posControle;
05     void Start()
06     {
07         posControle = transform.position;
08         if(SO.getSO()=="Android")
09             gameObject.SetActive(true);
10         else
11             gameObject.SetActive(false);
12     }
13     void OnMouseDrag()
14     {
15             Vector3 pos = Camera.main.ScreenToWorldPoint(Input.mousePosition)-transform.position;
16             x = Mathf.Clamp(pos.x, -0.2f, 0.2f);
17             y = Mathf.Clamp(pos.y, -0.2f, 0.2f);
18             pos.x=x + posControle.x;
19             pos.y=y + posControle.y;
20             pos.z = transform.position.z;
21             transform.position = pos;
22             Jogador.coordenadas(x, y);
23     }
24     void OnMouseUp()
25     {
26             transform.position = posControle;
27             Jogador.coordenadas(0, 0);
28     }
29 }
```

Inicialmente pegamos a posição do nosso objeto, linha 07, a atribuímos ao nosso vetor, que foi criado na linha 04; logo em seguida, verificamos se o sistema operacional é Android, linha 08, caso afirmativo, ativamos este botão, linha 09; do contrário, linha 10, deixamos desativado, linha 11.

Na linha 13 temos o evento que é chamado quando pressionar sobre o círculo e o mesmo continuar sendo pressionado. Pegamos a posição mundial do local em relação à câmera menos a posição atual de nosso objeto. Com isso, obtemos uma coordenada, em que utilizamos mathf.Clamp, para criar uma variação de 0.2 positivo ou negativo com base na coordenada atual obtida.

Ao obtermos estes dados definimos uma nova posição que será a variação, mais a posição atual do controle, linhas 18 e 19. Não havendo alteração na posição em Z, linha 20. E atribuímos essa nova posição ao nosso objeto que possui o script, linha 21. Na linha 22 iremos chamar a classe jogador o método estático que iremos criar de nome coordenadas, em que passamos os valores de X e Y obtidos;

pois precisamos destes valores na classe jogador para fazer com que a nossa nave se desloque pelo cenário.

Quando liberamos o pressionamento, linha 24, deixamos o controle em sua posição original e chamamos novamente o método estático coordenadas da classe jogador com os valores zerados, para deixar a nossa nave parada.

Basicamente, nossa esfera quando pressionada irá variar entre 0.2 positivo ou negativo em X e Y de deslocamento. Se quiser um deslocamento maior do joystick aumente este valor e se você quiser poderá ainda incrementar com uma condição para que só considere deslocar a nave, se o valor de X ou Y variar mais do que 0.1, por exemplo, para tirar a hipersensibilidade do nosso controle, as alterações ou não ficam a seu critério. E através deste valor de deslocamento é que iremos passar ao método presente na classe jogador que fará com que a nave se movimente em cena.

Por causa do método ser estático, as variáveis X e Y que serão utilizadas fora deste método; deverão ser declaradas estáticas, conforme já explicado no início deste livro. Por isso, no script jogador que fizemos no tópico anterior, vai exigir que você remova as variáveis X e Y da lista de variáveis comuns e as crie separadamente em formato estático. Ex:

```
float altCam, largCam, intervaloBala, tempo, vel=10f, tempoEscudo=0, fimEscudo=0;
static float x, y;
```

Além disso, você deverá criar um método estático de nome coordenadas, que irá capturar os dados provindos da classe controle que vimos no exemplo anterior e atribuir as nossas variáveis estáticas globais. Ex:

```
public static void coordenadas(float posX, float posY)
{
    x = posX*4;
    y = posY*4;
}
```

Optei em multiplicar por quatro, pois a variação 0.2 é muito pequena o que deixa a nave mais lenta em relação aos controles do teclado, ficando desta forma um valor equivalente a 0.8 em sua variação.

Por fim, temos o método Update(), em que deveremos saber em que local deveremos capturar os dados de X e Y. Ex:

```
void Update()
{
    if(SO.getSO()!="Android")
    {
        x = Input.GetAxis("Horizontal") * vel * Time.deltaTime;
        y = Input.GetAxis("Vertical") * vel * Time.deltaTime;
    }
    else if(SO.getSO()=="Android")
```

```
09      {
10          x = x * vel * Time.deltaTime;
11          y = y * vel * Time.deltaTime;
12      }
13      posNave = transform.position;
14      ...
```

Se o SO for diferente (!=) de Android, então pegamos os dados como fizemos anteriormente; do contrário, se for Android, linha 08, então já temos os valores de X e Y provindos do script de controle e com isso calculamos a velocidade com base no valor de X ou Y, linhas 10 e 11, multiplicado por Time.deltaTime. E atribuímos esta nova posição à nossa nave, linha 13, como fizemos anteriormente.

Todo o restante do código é a mesma coisa; a única coisa que muda é de onde provêm os valores de X e Y, se é do controle que criamos ou do teclado do usuário.

Testando no Android

Com a tela travada numa direção, o controle e os scripts feitos. Chegou a hora de testar nosso pequeno exemplo.

Vou lhe dar um caminho de exemplo de como poderemos testar esse jogo.

1. Vá ao menu principal da IDE do Unity em File>Build Settings...
2. Na lista de plantaformas, selecione o Android e clique em Switch Platform (mudar de plataforma), caso ainda não tenha feito.
   2.1. Verifique se está tudo em ordem, já que pode haver uma mudança de dimensão de tela e deixar algo fora de vista.

3. Clique em build e salve o arquivo em alguma pasta ou local que deseje no seu computador.
   3.1. Caso apareça a seguinte mensagem durante o processo

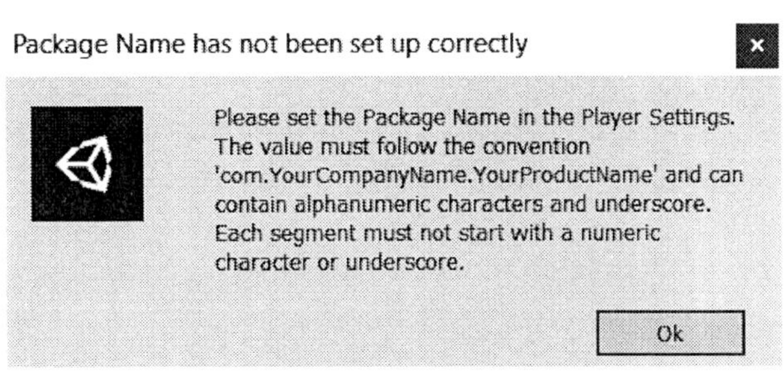

   3.2. Significa que você nomeou o seu projeto com algum caractere que não é permitido. Por isso lhe aconselho a seguir a mesma regra de nomeação de variáveis; o ABC de todo livro de algoritmo e lógica de programação, que todo programador deve estudar antes de mergulhar em qualquer tipo de linguagem.

   3.3. Vá em Player Settings... E renomeei o seu projeto. Ex:

4. Conecte o seu aparelho Android ao seu computador. Coisa fácil, já que todos os cabos dos carregadores têm conexão USB.

5. Jogue o arquivo que você acabou de criar de extensão apk na pasta de downloads do seu Android.

6. Ao abrir a pasta de seus arquivos, haverá a opção APK Arquivos de instalação. Clique no mesmo para visualizar o seu arquivo.

7. Ao clicar para instalar o aplicativo, uma janela como essa será mostrada:

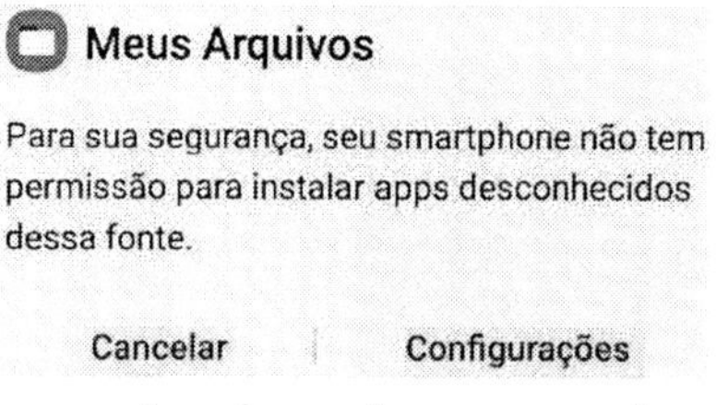

8. Clique em configurações e uma nova janela será apresentada.

9. Clique em permitir desta fonte. Com isso, você poderá instalar o aplicativo.

Lembrando que a instalação de uma nova versão ou um novo aplicativo desconhecido poderá aparecer a mensagem que o play protect não reconhece esse App como um aplicativo seguro e irá perguntar se deseja instalar assim mesmo. Em certas ocasiões o mesmo perguntará se deseja enviar o App para análise/verificação.

Criando um menu principal padrão

Quando falo de menu, remete logo ao menu principal do jogo, onde tem as opções de jogar, configurações, créditos (relacionado aos créditos dos desenvolvedores e demais participantes do projeto) e sair.

Pensando nisso é que será criado o menu principal, onde em configurações terá o básico como legenda, para o jogador alterar o idioma do game, resolução, modo janela, qualidade gráfica, volume da música e dos efeitos de som.

Grandes empresas possuem uma equipe distinta para se trabalhar em cada tipo de plataforma, ou seja, uma para dispositivos Android, outra para PC, uma outra para o PS5 e assim por diante. Porém, quando falamos de desenvolvedores indies, assim como nós, a realidade muda; por falta de recursos não há equipes disponíveis para se trabalhar de forma distinta em cada projeto, eles têm por opção, em muitos dos casos, de juntar as duas ou três coisas em uma coisa só, e não realizar de forma separada, como ocorre com grandes empresas. Pensando nisso, que esta estrutura de exemplo irá lidar tanto com Android como PC.

Mas, o que seria um desenvolvedor indie, que acabei de nos classificar? Indie significa independente. Desenvolvedores indies de games são aquele que desenvolvem, divulgam e distribuem tudo por conta própria, muitos não chegam a ter nem uma empresa física.

Desenvolvedor indie normalmente é composto por amigos, grupo de estudantes, alguns mais desenvolvidos possuem uma micro empresa que põe seu objetivo/sonho em algo sólido na esperança de alavancar e de se tornar uma grande produtora de games algum dia.

Mas, por que criar um menu do zero? O Unity não vem com um predefinido? Na realidade ele vinha, hoje não mais. A remoção ou inclusão deste menu se dava indo ao menu principal em File > Build Settings > Player > Resolution and Presentation > ~~Display resolution dialog~~.

E mesmo quando existia, muitos desenvolvedores optavam em criar um menu próprio dentro do jogo que atendia às suas necessidades, tornando algo mais dinâmico e profissional.

Quando falei no início do livro sobre organização em pastas, peço que se atente principalmente a este exemplo, pois vamos nos reutilizar deste menu no próximo tópico e provavelmente em outros. Por isso o ideal é criar uma pasta de nome menu e colocar tudo dentro dela. Em relação aos scripts, crie uma pasta separada de nome Scripts, para as músicas e os sons de efeito, crie uma pasta de sons, assim como todas as cenas do menu deverão estar presentes na pasta scenes. Ao final, ficará a organização parecida com o exemplo da imagem:

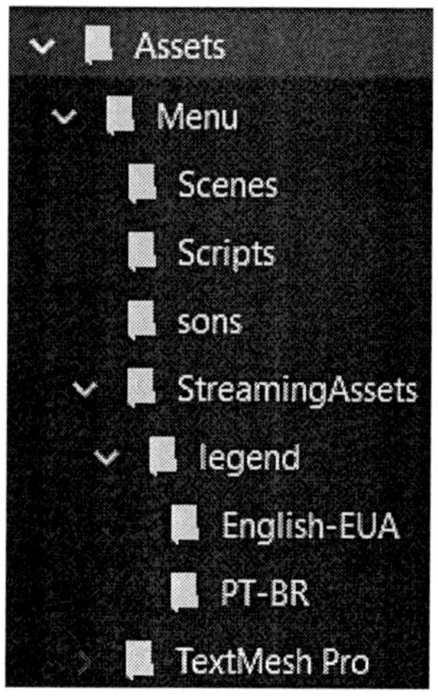

Por ficar reutilizando essa estrutura de menu nos jogos, me sinto obrigado em criar nossas classes um grupo lógico para evitar conflitos; o foco em si não será o jogo; por sinal será algo super simples, um labirinto com dois pontos, um sendo o jogador e o outro a chegada do final do labirinto. Esse minigame foi bastante popular, pois o usuário tomava um belo susto quando alcançava a chegada com o grito da garota do filme exorcista de 1973. Vamos fazer um game desses, mas sem o susto e dividido em três pequenas fases, onde o usuário clica e arrasta com o mouse o pontinho até a chegada. Que ao bater em algum obstáculo será declarado derrota.

E já que estamos falando em menu, porque não fazer o pacote básico completo? Pensando nisso, decidi acrescentar também a tela de carregamento, aquela clássica com a barra de loading, que vai aumentando conforme o carregamento, que quando o progresso alcançar 100% realiza a mudança de uma cena para outra.

Legenda

As opções a princípio serão as legendas em português e inglês. Pensando em facilitar ao invés de dificultar, o sistema de legenda será robusto, seguro e facilitador. Robusto porque uma nova legenda poderá ser inserida por qualquer usuário sem complicações e entendida pelo programa sem demais dificuldades ou bugs. Facilitador, porque os arquivos serão simples blocos de notas, ou seja, qualquer um poderá abrir e manipular o arquivo. Seguro porque haverá um sistema simples e eficiente no tratamento de erro ao se inserir ou remover uma legenda.

Mas como assim? Qualquer um poderá inserir uma nova legenda? Vamos a um exemplo para um melhor entendimento; quando você pega uma pasta com a legenda em inglês do jogo e cria uma cópia desta pasta no mesmo local e a nomeia como espanhol e ao abrir e realizar a tradução do conteúdo de inglês para espanhol, quando você entrar no jogo a opção espanhol já estará disponível. Simples assim.

Isso facilita imensamente o trabalho dos tradutores e até o seu; caso um tradutor amador, por exemplo, deseje inserir uma legenda de um novo idioma por conta própria ao seu game e distribuir gratuitamente para os demais, como fazem os sites como o game vício ou tribo gamer.

Já vi em fóruns de ambos onde comentavam que precisavam de programas para poder abrir os arquivos com as legendas, que eram em formatos incomuns e que alguns até admitiam que realizavam verdadeiras gambiarras para se conseguir manipular esses arquivos ou localizá-los, pois se encontravam às vezes escondidos. E quando finalizavam a tradução, faziam um sistema de instalação da tradução; substituindo os arquivos em inglês do jogo original para o novo arquivo com as legendas em português, por exemplo. Pelo que relatam não era algo tão simples e por isso os valorizo pelo trabalho que era feito para obter uma simples tradução.

Contudo, na minha visão, as empresas de games deveriam facilitar a tradução dos seus jogos, como ocorre com a indie Don›t Starve Together. Ela criou um facilitador, onde o usuário da Steam, que é uma plantaforma de games, poderia criar um mod (modificador) para o game na oficina da Steam, para tradução do jogo. O game original só tem os idiomas em inglês e chinês simplificados. Mas, ao entrar na oficina, no seguinte endereço:

https://steamcommunity.com/sharedfiles/filedetails/?l=brazilian&id=1416705263

E se inscrever, você poderia ativar esse mod e traduzir o game para português. E pensando desta forma é que o nosso game terá uma estrutura que facilite esse trabalho.

Sons

Todos os botões do menu principal terão sons ao passar o mouse sobre o mesmo e um outro tipo de som ao clicar. Com isso, veremos o evento chamado Event Trigger; além de ter também uma música tema que irá perdurar mesmo quando houver uma mudança de cena. Haverá também sons como o personagem se chocar com algo no laritinto ou quando passar de fase.

Os sons você poderá adquirir pelo Assets do Unity: https://assetstore.unity.com/. Ou em outros sites que ofereçam sons possíveis de serem baixados como: https://www.epidemicsound.com ou https://freesound.org. Sempre lembrando que quando desejar lançar algo, verifique o tipo de licença e os critérios que deverão ser atendidos.

Os sons utilizados nestes exemplos foram:

Botão selecionado (btOver)
https://www.epidemicsound.com/track/FQJ3MmwRoc/

Botão clicado (btClick)
https://www.epidemicsound.com/track/5lieDzqBX1/

Efeito de explosão (boom)
https://freesound.org/people/bareform/sounds/218721/

Musica 1 (music1)
https://freesound.org/people/highlife_samples/sounds/346325/

Musica 2 (music2)
https://freesound.org/people/PureDesignGirl/sounds/538828/

Vitória (victory)
https://freesound.org/people/Audeption/sounds/564920/

Importe os mesmos para o seu projeto no Unity como comumente fazemos com imagens. Esse tipo de som não é possível de trabalhar a não ser que seja em formato AudioSource, mas como sempre o Unity veio para facilitar e não complicar. Se você os arrastar simplesmente para a janela de hierarquia, por exemplo, eles automaticamente se tornarão GameObjects com o componente do tipo AudioSource.

O que se encontra em parentes nos sons é o nome que está sendo utilizado em cena. Por exemplo o botão selecionado (btOver) e o botão clicado (btClick); indica que esses sons devem assumir os nomes btOver e btClick, respectivamente, na janela de hierarquia do projeto.

Todo som há uma circunferência, onde nos determina até onde o som é propagado, sendo útil quando precisamos utilizá-lo para ativar o som de uma fogueira, por exemplo, quando o personagem está próximo da mesma e deixa de ouvir o som, quando o personagem estiver mais distante do objeto, o que não é o nosso caso neste momento.

UI e resolução

A IU (Interface Unity) conhecida como Interface do usuário do Unity, possui componentes como: texto (Text), imagens (Image), botões (Button), caixa de marcação ou seleção (Toggle), botão deslizante (Slider), barra de rolagem horizontal (Scrollbar), caixa de listagem (DropDown), caixa de texto (Input Field), Painel (Panel), barra de rolagem horizontal e vertical (Scroll View), etc.

Qualquer elemento destes que você incluir em cena, irá gerar automaticamente um canvas, que é a área responsável em conter todos os elementos da interface do usuário.

Quando você estiver rodando o seu game, verá que é possível definir a resolução que se quer trabalhar. Normalmente a opção inicial selecionada é Free Aspect (Aspecto Livre); você poderá alterar a resolução ou até mesmo adicionar outras resoluções criadas por você mesmo, ao clicar no sinal de mais (+), como demonstrado na imagem:

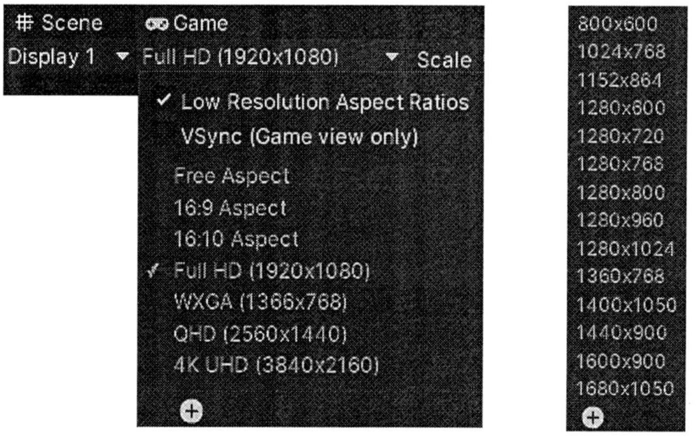

Na imagem à direita foram as resoluções que eu acrescentei para realizar testes ao meu projeto.

Sistema de ancoragem

Todo elemento UI adicionado em cena possui um sistema de âncoras, que são quatro pequenas alças triangulares presentes em cada elemento em cena e as informações da mesma também são mostradas no Inspetor do elemento. Se você não fizer nada com a âncora do compomente o redimensionamento de tela não irá alterar o mesmo, nem na largura e nem na altura, já que por padrão possui valor fixo.

Porém, não se iluda achando que o sistema de âncoras é só responsável em dimensionar ou não um componente. Ele também é responsável pelo seu posicionamento na tela. A mudança do comportamento desta âncora pode ser feito de forma manual, clicando e arrastando cada setinha com o mouse ou simplesmente clicando nas predefinições de âncora, que considero mais rápido e prático, presente na janela inspector:

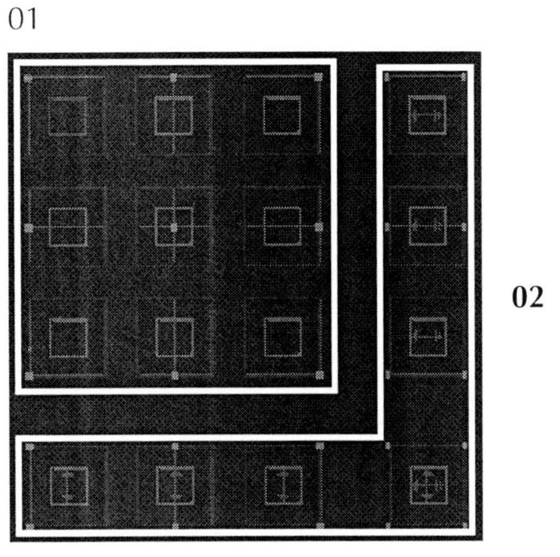

01 – Fixar o tamanho em uma determinada posição.
02 – Tornar expansível em uma determinada posição.

Apesar de intuitivo talvez um iniciante tenha dificultade de entender só com essas simples palavras, então vamos a uma explicação mais detalhada.

Tabela de Ancoragem

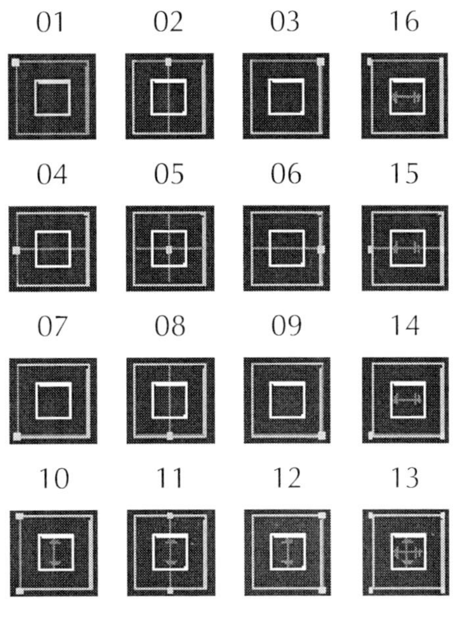

Como sabemos os elementos de 01 a 09 não permitem a expansão do componente, diferente dos elementos 10 a 16. Mas todos determinam a posição que o componente irá ficar ao ser modificada a resolução de tela.

Se você tem um sistema de legendas que deseja que apareça centralizado no canto inferior da tela, você obviamente optaria pela opção 08, mas se deseja que ele se ajuste lateralmente com relação ao tamanho da tela, mas que sempre fique na posição inferior da mesma, você excolheria a opção 14, simples não?

Se eu tenho um menu que desejo que sempre esteja no canto esquerdo e que não sofra nenhum tipo de ajuste ao mudar a resolução de tela, você escolheria a opção 04.

Se eu desejo uma imagem que se expanda tomando toda a tela, independente da resolução, então eu escolheria a opção 13, mas com isso posso deixar a imagem deformada em alguns aspectos, seja por se expandir demais verticalmente ou horizontalmente. Normalmente desenvolvedores criam uma imagem que excede o espaço da câmera para quando houver alguma expansão lateral ou vertical de resoluções diferentes àquela imagem, ela continue oculpando toda a tela. Ex:

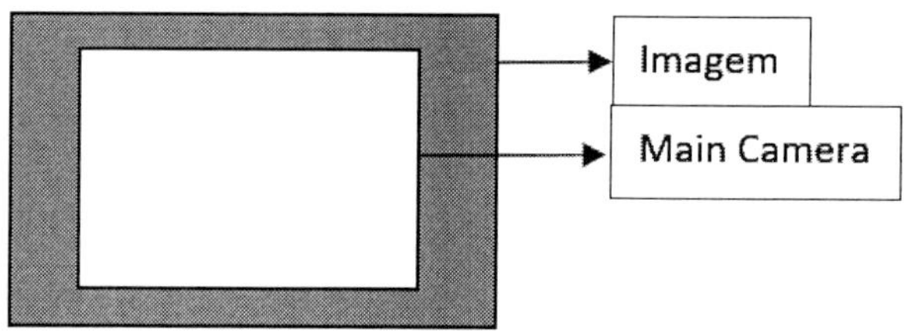

Outros utilizam Screen.width e Screen.height, que informam a largura e altura da tela, respectivamente, para carregar a imagem criada para esse tipo de dimensão; porém, se o usuário alterar as dimensões do game, a imagem deverá ser substutída no processo; o que demanda mais trabalhado, pois serão várias imagens diferentes, uma para cada dimensão, além de linhas de códigos extras para fazer funcionar.

Uma visão dos elementos TextMesh Pro

Os elementos do tipo TextMesh Pro possuem um sistema de texto que usa técnicas de renderização avançada; com isso ele fornece melhorias substanciais na qualidade visual, além de dispor de mais opções para personalização do texto. Ao clicar em algum componente deste tipo como texto, botão, Dropdown ou input field que possua o termo TextMesh Pro, um complemento será requisitado para instalação, conforme a imagem:

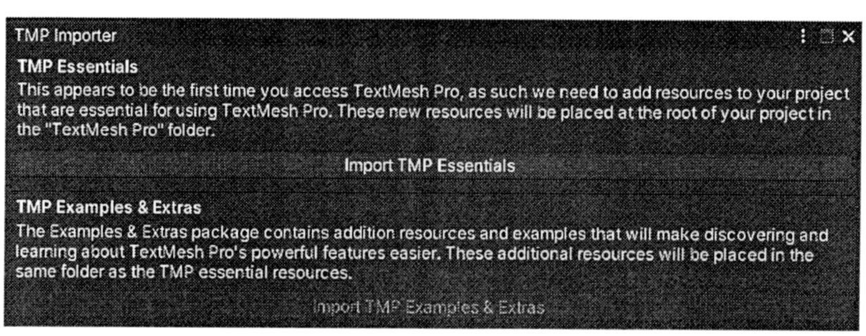

Simplesmente clique em Import TMP Essentials e aguarde a finalização, ao término o botão Import TMP Examples e Extras estará disponível se desejar; para incluir exemplos e alguns extras para este tipo de componente.

Criando as Cenas

Para facilitar, recomendo criar todas as cenas e realizar as configurações necessárias em cada uma, antes de inserir os elementos que a compõem.

1. Lá onde se encontra a pasta Scenes, abra o menu de contexto e escolha Create > Scene.
2. Crie os nomes das seguintes cenas: menuPrincipal, listaFases, gameOver, win, fase1, fase2, fase3.
3. Feito isso, vá ao menu principal em File > Build Settings e arraste todas as cenas conforme o exemplo:

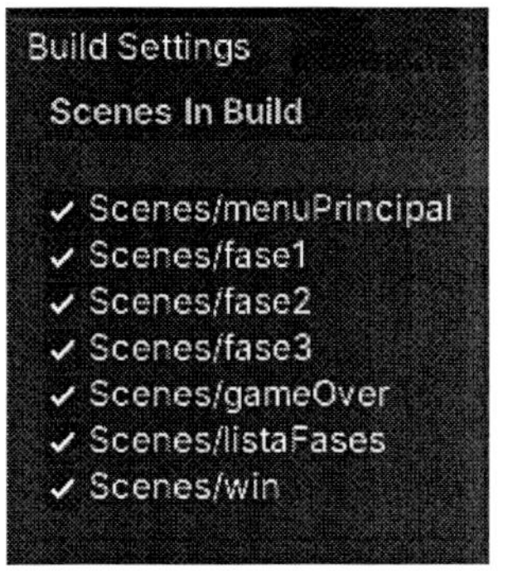

1. Abra cada cena e acrescente um canvas. Indo à janela de hierarquia e no menu de contexto escolha UI > Canvas.
   1.1. Para alternar de uma cena para outra, basta simplesmente dar um duplo clique sobre o objeto de cena e se algo precisar ser salvo o Unity perguntará.

2. Aproveite e importe os sons para o projeto, criando a pasta de sons e no menu de contexto escolha Import New Asset...
   2.1. Nomeie com os nomes aos quais foram sugeridos.

3. Você irá arrastar os seguintes sons para cada cena, conforme a tabela:

Cenas	Sons
menuPrincipal, listaFases	btClick, btOver, music1
gameOver, win	btClick, btOver, music2
fase1, fase2, fase3	victory, boom, music2

Sons relacionados a efeitos, você deverá selecionar o mesmo pela janela de hierarquia e na janela inspector desmarcar a opção Play On Awake, pois com esta opção marcada irá fazer com que o som toque; como sabemos os sons de efeito só queremos que toquem quando houver necessidade e não assim que o game for aberto.

4. Em todas as cenas eu alterei a cor padrão azul de Main Camera para branco, selecionando o componente câmera pela janela de hierarquia e indo à janela inspector e alterando a cor por lá, pela propriedade background.

Ainda falta configurar o Canvas de cada cena. O canvas ou área de tela é mostrada como um retângulo em cena, ela normalmente se mostra de forma estrépita; para fazer com que o canvas se alinhe à camera, você deverá selecioná-lo pela janela de hierarquia, na janela inspector, como sempre, ir em canvas e na opção render mode (modo de renderização) escolher a opção Screen Space – Camera. Que basicamente significa que o seu tamanho de espaço será relativo ao da câmera; com isso irá surgir um campo de nome Render Camera (câmera de renderização) onde pegamos pela janela de hierarquia o Main Camera, que é nossa câmera principal, e arrastamos para este campo, conforme o exemplo:

Com isso ficará de forma organizada o canvas em relação à câmera.

Ainda com relação ao canvas o ideal é alterar o UI Scale Mode de Constant Pixel Size (tamanho constante em pixel) para Scale With Screen Size (escala relativo ao tamanho de tela), indo à janela inspector em Canvas Scaler. A primeira opção torna os tamanhos dos objetos constantes, independente da resolução escolhida pelo usuário; o que pode fazer com que alguns objetos fiquem muito pequenos em relação à resolução ou pior, fiquem fora do campo de visão; já a segunda opção, que é a ideal, faz com que a escala dos elementos mude conforme a resolução de tela, onde tenta deixar praticamente do mesmo tamanho com relação às dimensões de tela selecionadas. Há ainda outros campos em Canvas Scaler, a saber:

- **Reference Resolution**: Referência de resolução por padrão é 800 por 600. Contudo alterei o meu para o tamanho de minha tela 1920x1080, fique livre para mudar as dimensões para o que achar melhor.

- **Screen Match Mode**: Que é o modo de correspondência da tela, indica como o redimensionamento de tela irá se comportar. Este possui as seguintes opções:
  - **Match Width or Height**: Dimensionar a largura ou altura conforme o valor da referência Match e referência de pixels por unidade (Reference Pixels Per Unit).
  - **Expand**: Expandir a tela horizontal ou verticalmente, para que o tamanho nunca seja menor do que a referência pixels por unidade.
  - **Shrink**: Cortar a área horizontal ou vertical da tela, para que o tamanho nunca seja maior do que a referência pixels por unidade.

O Match Width or Height, como vimos, possui um campo extra que é o Match, onde através dele você pode definir a proporção de largura e altura de tela, quando houver um redimensionamento, eu opto em deixar o valor zero(0), porque se for para definir esse valor terá que ser feito de forma dinâmica e não estática, via código. Já que as proporções alternam conforme a dimensão de tela. Alguns desenvolvedores optam em deixar 0.5 para a variação de largura e altura.

Criando o menu principal (menuPrincipal)

Vá ao menu principal em GameObject > UI > Button TextMeshPro. E adicione quatro botões. Ao expandir cada botão verá um GameObject de nome Text, ao selecioná-lo e indo em inspector verá o campo Text que expandido terá uma caixa de texto, por lá você poderá alterar o título do texto de cada botão, sendo assim coloque os botões como: Jogar, Configurações, Créditos e Sair, respectivamente. Na janela de hierarquia do Unity os componentes em questão ficaram com os seguintes nomes:

Nomes dos componentes na hierarquia	
Button	**Text**
start	**S**tart
settings	**S**ettings
credits	**C**redits
quit	**Q**uit

O método público utilizado pelo botões será buttons(), presente no script Menu.cs, que veremos mais à frente como fazer isso.

A diferença do nome de um elemento para o outro está na letra inicial, onde os botões iniciam com a letra minúscula e o texto com a letra maiúscula, que é mais do que suficiente para diferenciar um elemento do outro, já que a linguagem é case sensitive.

Este sistema será aplicado em todos os componentes criados em todas as cenas, que venha acompanhado de algum elemento textual. Por exemplo, se eu tiver um componente de caixa de marcação (toggle) de nome aprovado o componente textual terá o mesmo nome sendo que iniciado com a letra maiúscula: Aprovado.

Entendendo um pouco melhor os botões

Na janela inspector de qualquer botão você poderá selecionar qual tipo de transição (transition) o botão terá. Se não terá nenhum tipo de transição (None), só de cores (Color Tint), um conjunto de imagens (Sprite Swap) ou até mesmo uma animação (Animation).

Em Color Tint, por exemplo, nós temos as seguintes transições:

- **Normal Color**: Cor padrão do botão.
- **Highlighted Color**: Quando o ponteiro do mouse passar ou estacionar no botão.
- **Pressed Color**: Quando o botão for pressionado.
- **Selected Color**: Quando o botão estiver selecionado, ou seja, após o pressionamento do botão.
- **Disabled Color**: Quando o botão estiver desabilitado.

De forma semelhante ocorre com a transição de Sprite Swap, onde você deverá ir para image, na janela inspector do botão e ao expandir o mesmo ir em Source Image e selecionar a imagem inicial para aquele botão.

Já em Animation, você deverá clicar no botão Auto Generate Animation e dá um nome a sua animação. Ao selecionar o botão, pela janela de hierarquia, e ir à janela animator, se não estiver acrescente a mesma pelo menu principal em Window > Animation > Animator; aproveite e acrescente animation também. Você verá as transições para Highlighted, pressed, selected, normal e disabled. Ex:

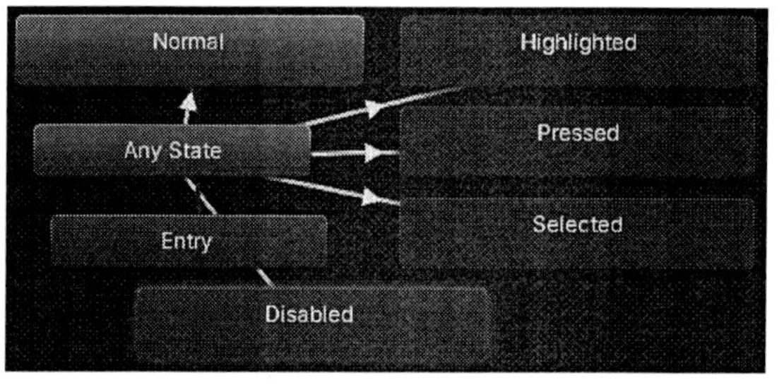

E indo em animation, com o botão selecionado, você deverá selecionar cada estado e incluir uma animação para cada um:

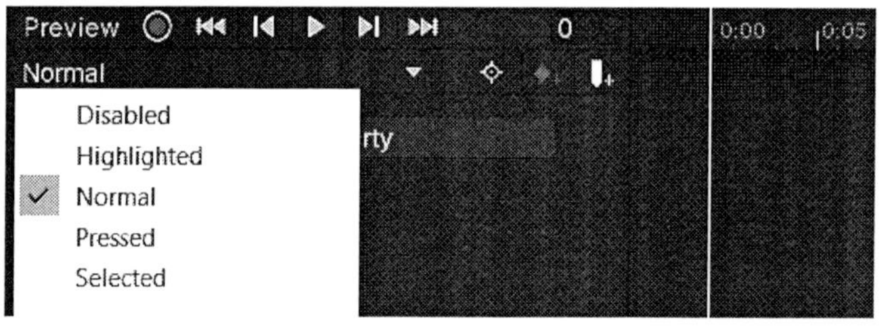

Semelhante à animação de movimento que fizemos, clicando no botão de gravação e alterando alguma característica do botão em cada chave criada (key), como a cor ou dimensão, para dar algum efeito de animação.

Com relação à ancoragem dos elementos da cena «menuPrincipal» será conforme mostrado no exemplo abaixo, seguindo a tabela de ancoragem criada anteriormente.

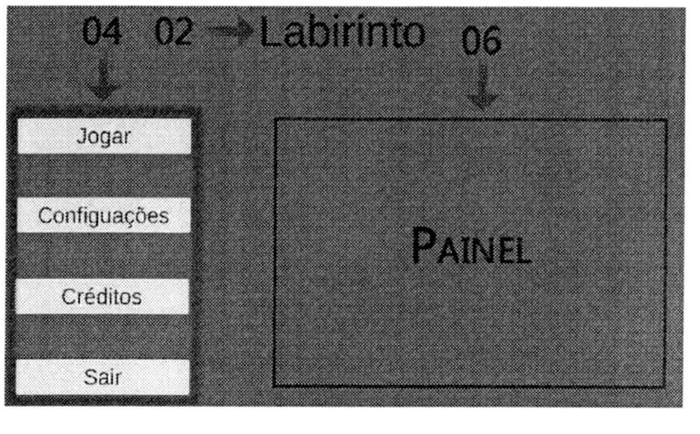

O painel poderá ser tanto o de créditos como de configurações, conforme o que o usuário solicitar, mas a ancoragem será a mesma para ambos.

Gerando sons nos botões

Todo botão possui um evento chamado On Click, presente em sua janela inspector. Digamos que eu deseje que o som btClick seja ativado ao clicar no botão jogar. Você abriria um evento On Click para este botão clicando no sinal de mais (+) e arrastaria o som presente em cena (btClick) para o campo vazio abaixo de Runtime Only, depois iria em function e escolheria AudioSoucer e opção play; ficando desta forma:

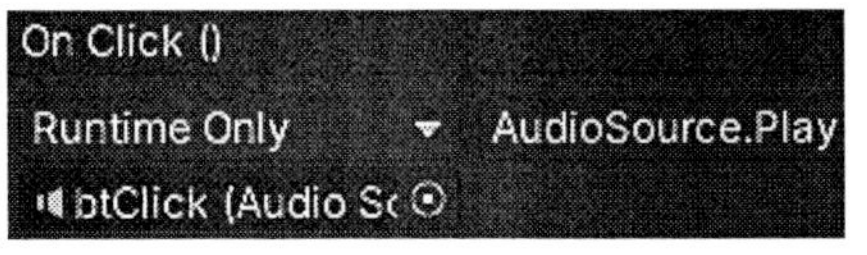

Se for rodar a cena e clicar sobre o botão, o som será produzido. Porém, só há o evento de pressionamento do botão e então como faremos para emitir o som quando o mouse estiver sobre o botão? Neste caso precisaremos da utilização de Event Trigger, que possui uma ampla possibilidade de eventos, não só para botões como para qualquer objeto em cena. E é com ele que iremos trabalhar.

Ao clicar sobre Add Component na janela inspector do botão verá Event, lá poderá incluir o Event Trigger; nele ao clicar em Add New Event Type, verá uma série de eventos, mas vamos nos ater a dois, o Point Enter (quando o mouse estiver sobre o objeto) e Point Click (Quando clicar sobre o objeto), se quiser utilizá-lo ao invés do evento do botão.

No Point Enter faça o procedimento semelhante ao que fizemos com o evento On Click do botão, ou seja, arraste pela janela de hierarquia o btOver para None (Object) e em No Function selecione Audio-Source e nele selecione play. Faça o mesmo para Point Click, sendo que o som será btClick. Faça este mesmo procedimento para os demais botões.

Segue o exemplo de como ficaria:

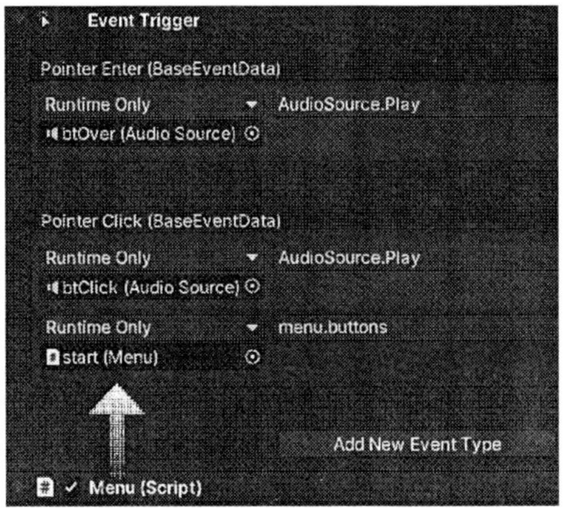

No Event Trigger, que estamos nos utilizando ao invés de On Click presente no botão, há dois chamados para Pointer Click, um deles o som e o outro o método de nome buttons da classe menu.

Para isso, vamos adicionar o script Menu em todos os botões, quando tiver o script em mãos, e arrastar este script presente na janela inspector para o campo none (object), com isso a caixa de listagem com No Function ficará ativa a qual você deverá selecionar a classe e logo em seguida o método, ficando como demonstrado na imagem acima.

Cenário com a lista de fases (listaFases)

Visualização na cena:

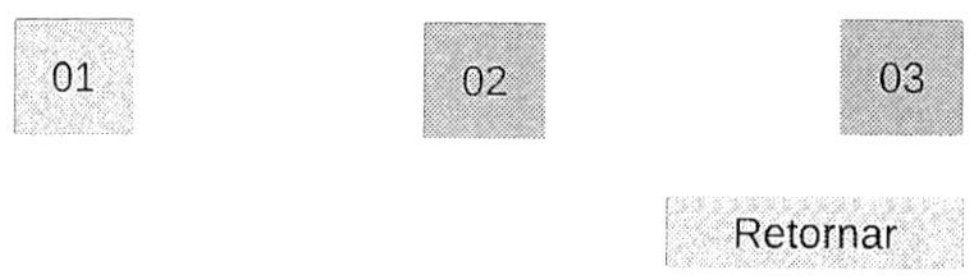

Componentes que compõem a cena:

Nomes dos componentes na hierarquia		Método Público utilizado de SubMenus.cs
Nome	**Componente**	
f1	Button	entraFase()
f2	Button	onOver() e entraFase()
f3	Button	onOver() e entraFase()
return	Button	retornaMenuPrin()
Return	Text Mesh Pro	-

Quando você clicar em jogar ele deverá ir para esse novo cenário que será três simples botões numerados de um a três; já que só terá três pequenas fases.

Na cena de "listaFases", adicione um botão, redimensione o mesmo para algo mais quadrado. Altere o texto para 01 e aumente o tamanho da fonte para 32 e negritado. Para isso, expanda o botão pela janela de hierarquia e no campo filho, selecione e faça essas alterações pela janela inspector do mesmo. Acrescente o som ao botão, necessariamente pelo evento do botão On Click e não o do produzido pelo Event Trigger.

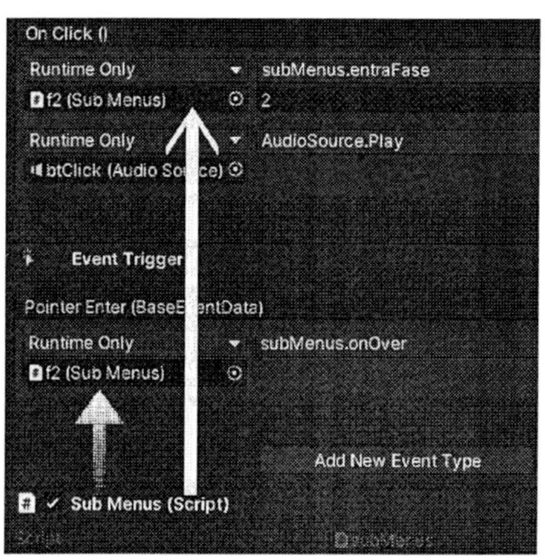

Mas, por que isso? Os botões 02 e 03 estarão desabilitados e só serão liberados se o usuário passar de fase. Ao desabilitar o botão, indo à janela inspector e desmarcando interactable o evento do botão deixará de funcionar, mas o Event Trigger não; então como resolver essa questão?

Será criado um método que verifica se o botão está ativo ou não, caso esteja o som btOver será tocado, do contrário não. O nome do método será onOver. Já em On Click do mouse, além do som haverá outro evento ao qual direciona para a fase respectivamente, dentro do script SubMenus o método entraFase() e o componente de cada botão ficará conforme a imagem ao lado:

O método entraFase() possui um parâmetro do tipo inteiro, e por isso que apareceu um campo logo abaixo do mesmo para informar a fase em que o usuário será direcionado ao clicar neste botão, no exemplo acima será para a fase dois. Lógico que a princípio não haverá como selecionar o script e seu método, que deverá ser público, já que ainda não o criamos. Mas como criarmos o script Submenu.cs. lembre-se de atrelar ao botão, conforme o exemplo acima.

Para não ficar repetindo o processo de configuração para cada botão, simplesmente selecione o botão que criou, pela janela de hierarquia e no menu de contexto escolha duplicate para duplicar este componente ou utilize o atalho Ctrl + D. Lembre-se de mover o elemento com o uso de Move Tool, como vimos lá no início deste livro e não esqueça de configurar a ancoragem para cada um destes botões.

Criando as fases

Quando criarmos uma fase, poderíamos simplesmente copiar a cena e acrescentar um pouco mais de dificuldade ao invés de sempre iniciar do zero. Para isso, nós simplesmente vamos até à pasta onde se encontra o Assets e copiamos a cena e renomeamos como fase2, mas antes temos de excluir a cena fase2 criada anteriormente, se pretender seguir este caminho. Quando terminar a fase2 crie uma cópia subsequente como fase3. Infelizmente, não dá para fazer uma cópia de uma cena diretamente pela Unity.

Todas as fases serão criadas dentro de um canvas, com as configurações que já foram citadas. Ao inserir um sprite pode estar aparentemente invisível, devido às dimensões. No meu caso a resolução em que trabalho (1920x1080), decidi aumentar a escala para 100 em X e Y. Só para começar a trabalhar com o mesmo. Infelizmente, não adianta aumentar o tamanho de um sprite, já que seu tamanho é fixo. Tanto que quando criado fora de um canvas não aparecem as configurações de width e height em suas propriedades.

Todos os obstáculos possuem o nome parede, que será verificado na colisão com o jogador; mas o objeto que decreta vitória terá o nome da cena atual, no caso da cena fase1, o objeto de vitória terá o nome fase1, que também será um pequeno círculo com uma cor diferente; da mesma forma ocorrerá com os demais estágios do jogo, onde a cena fase2 terá um objeto colisor que decreta vitória de nome fase2 e assim por diante.

Fase 1

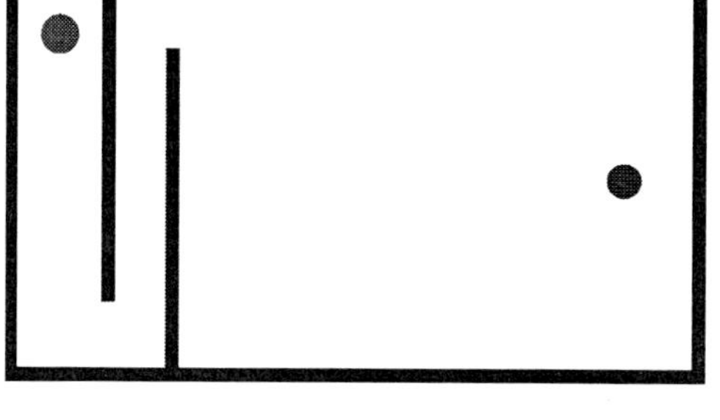

Fase 2

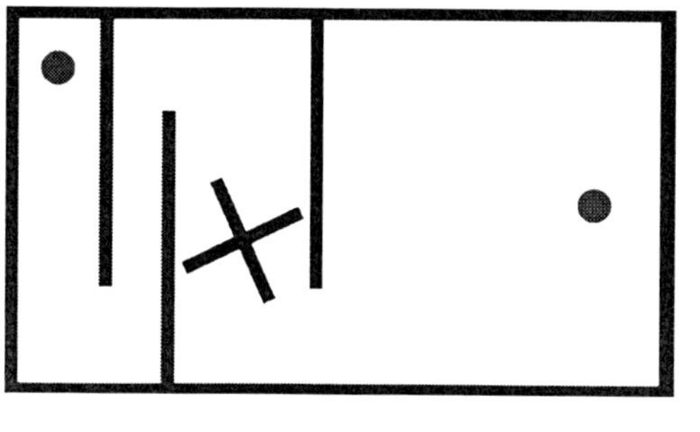

Fase 3

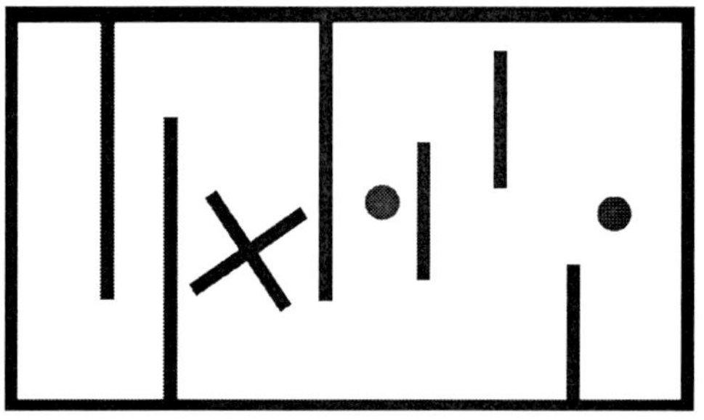

Na fase 2 aparece um sinal de mais (+) enorme, ele gira e para. Simplesmente foi criada uma barra menor na horizontal e uma outra de mesmo tamanho na vertical, utilizando duplicate ou Ctrl + D e modificando a rotação de um para o valor do eixo Z em 90°; a barra com 0° ficou como o elemento pai e a outra como elemento filho; para quando eu criar uma animação faça com que a outra barra acompanhe o movimento. Basicamente fazemos o seguinte:

1. Dentro da cena fase2, faça o sinal de (+) com as barras e vá em animation e clique em create.
2. Dê um nome qualquer à animação e de preferência crie uma pasta só para guardar as animações.
3. Comece a gravar, iniciando no ângulo zero em rotation e selecione um segundo à frente da animação e coloque 360° graus.
4. Feito isso, estenda mais meio segundo com as barras paradas, criando uma nova chave; só para facilitar o usuário de entrar entre as barras e tentar acompanhar o movimento para sair do outro lado.

Na cena da fase3 aquele grande espaço ainda vazio é preenchido por barras verticais que sobem e descem. Para isso foram criadas animações, alternando unicamente o valor de Y. A diferença de tempo de um para outro foi determinada indo em animator e alterando o seu speed. Ex:

Você poderá fazer o mesmo no sinal de mais que fizemos com as barras para diminuir se estiver muito rápido. São estágios muito simples, já que o foco, como havia falado, não é o game em si.

Menu de Configurações

Poderíamos criar uma nova cena só para colocar os controles de nossas configurações, mas por ser pouca coisa, optei em criar um painel e dentro dele acrescentar todos os componentes ao mesmo. Ele poderá ser adicionado em qualquer local, contando que seja fora da área da câmera; já que vamos posicioná-lo corretamente via script.

Lembrando que este menu está na cena de menuPrincipal. Acrescente um painel e dentro deste vá acrescentando nossos componentes, simplesmente clicando com o botão direito do mouse sobre o mesmo e indo em UI e escolhendo os componentes apropriados. Ao final deverá ficar da seguinte forma:

PSettings_Windows

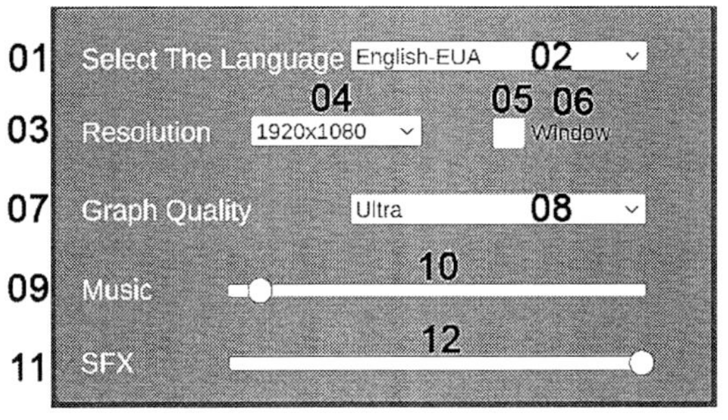

PSettings_Android

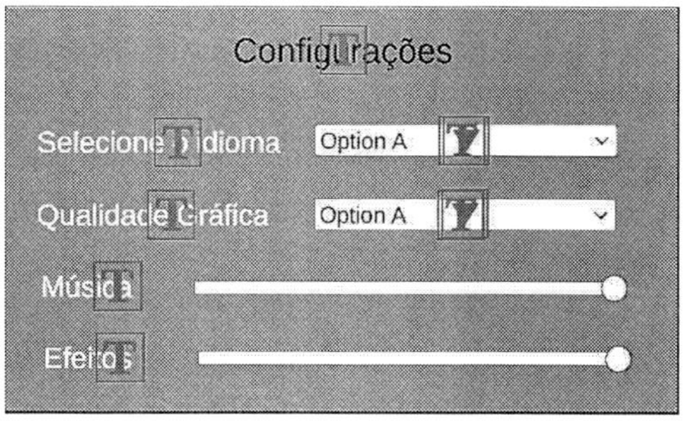

Nomes dos componentes na hierarquia			Método Público utilizado de Menu.cs
Nº	**Nome**	**Componente**	
01	Legend	Text Mesh Pro	-
02	Languages	DropDown	dropDowns()
03	Resolution	Text Mesh Pro	-
04	Dimension	Dropdown	dropDowns()
05	window	Toggle	toggles()
06	Window	Text Mesh Pro	-
07	Graph Quality	Text Mesh Pro	-
08	Quality Options	Dropdown	dropDowns()
09	Music	Text Mesh Pro	-
10	SliderVM	Slider	sliders()
11	SFX	Text Mesh Pro	-
12	SliderVE	Slider	sliders()

Porque dois painéis de configurações? Um será para a plantaforma Windows e o nome deste painel será PSettings_Windows; enquanto o outro painel, de nome PSettings_Android, terá as configurações para aparelhos Android. Resolução e modo janela, não se aplicam ao Android e por isso foi retirado. Um desses painéis será mostrado com base no sistema operacional (S.O) que estiver sendo usado no momento.

Não numerei os componentes presentes no painel do Android, por possuírem os mesmos nomes que o outro, o que muda é o nome do painel que é PSettings_Android. O título configurações, presente no painel do Android, é um componente de texto do tipo Text Mesh Pro que se encontra na janela de hierarquia com o nome de Settings2. Tome nota.

Todo componente presente no painel, sem ser textual, possui em sua janela inspector o evento On Value Changed, que é ativado quando uma mudança é realizada. Nestes componentes você deverá adicionar o script Menu.cs. Para isso pode ser clicando e arrastando o script para o componente presente na janela de hierarquia ou simplesmente selecionando o mesmo, digamos um Dropdown e clicando em Add Component, pela sua janela inspector.

Com isso você irá em On Value Changed, clicar no sinal de mais (+), para poder adicionar um recurso. No campo onde fica o none (object) você deverá selecionar o script Menu, que se encontra na janela inspector deste componente e não fora dela, e arratá-lo para o campo none (object) . Depois na caixa de listagem em No Function, você deverá selecionar a classe menu e o método correspondente; no caso do Dropdown, seria o método dropDowns(), pertencente a classe Menu.cs. Ex:

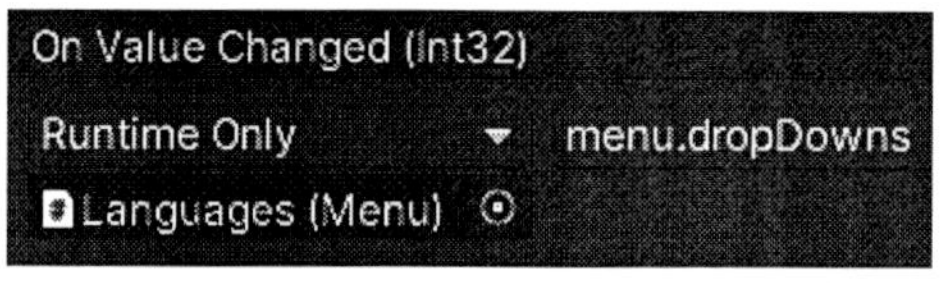

Os botões de Slider estão todos para direita, porque eu alterei o value padrão dos mesmos na janela inspector de zero (0) para um (1). O painel onde tem os componentes, possui uma certa transparência; se quiser remover essa transparência, cor ou até mesmo inserir uma imagem, vá em image, na janela inspector do painel. A transparência pode ser solucionada em color, ao clicar na cor terá um pequeno painel com as intensidades RGB (Red, Green e Blue); além do canal Alfa (A) é nele que você deverá mexer.

Todos os elementos que eu adicionei neste painel são do tipo TextMeshPro; contudo a caixa de marcação (Toggle) não possui o elemento texto do tipo TextMeshPro, na versão a qual estou trabalhando do Unity, mas acredito que seja algo temporário, já que a tendência é haver componente Toggle do tipo TextMeshPro; para que todos os elementos sejam neste formato, optei em remover o elemento de texto padrão do Toggle e adicionar um novo elemento de texto TextMeshPro no mesmo lugar.

Só relembrando a caixa de listagem em resolução é um DropDown TextMeshPro e os controles de som são sliders. As opções de resolução serão preenchidas via script, assim como a qualidade gráfica e a seleção de idiomas.

Redimensionando uma UI

Ao você inserir qualquer UI, pode ser que fique pequeno em relação à resolução em que esteja trabalhando e caso você decida aumentar. Precisará entender um pouco melhor sobre o componente, principalmente se estivermos falando sobre o dropDown, já que possui muitas variáveis. Primeiro não adianta eu expandir e só aumentar a label, do contrário ficará igual à imagem:

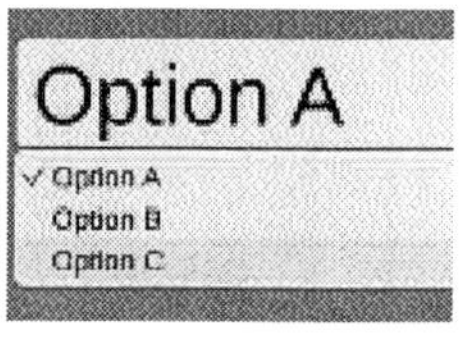

Você precisa alterar alguns itens expandindo o Dropdown e indo à janela de hierarquia:

1. Dropdown > Label – Font size: 40. Para aumentar o primeiro item da lista.
2. Dropdown > Template > Viewport > Content > Item > Item Label – Font size: 40. Para aumentar os demais itens presentes na lista de seleção.
3. Dropdown > Template > Viewport > Content > Item – Height: 45. O espaço entre os elementos da lista.
4. Dropdown > Template > Viewport > Content – Height: 45. O espaço entre o começo e o fim da lista.
5. Dropdown > Template > Scrollbar – Width: 50. O tamanho da barra vertical de rolagem.
6. Dropdown > Arrow – Width: 50 e Height: 50. O tamanho da seta que aparece, ao clicar expande a caixa de listagem.

Decidi numerar para que você consiga associar melhor o que acabei de descrever:

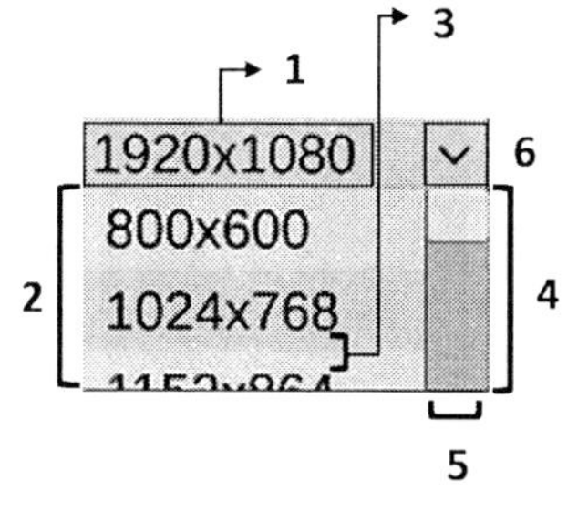

Acredito que ainda vá querer alterar o Scroll Sensitivity que é a sensibilidade do botão de rolagem do mouse para subir e descer pelas opções do dropdown. Ele se encontra em dropdown>Template. Normalmente coloco como 20.

Já o controle deslizante (slider), para não ficar tão pequeno alterei a altura (height) do mesmo para 50 e a largura(width) uns 750. Para a bola do slider não ficar desproporcional fui em Slider > Handle Slide Area > Handle e alterei a largura (witdh) da bola para 50.

Em um toggle o Background é responsável pelo tamanho da caixa, chermark o símbolo de check. Enfim, são componentes mais simples que acredito que você consiga resolver sem demais problemas. E as medidas são só sugestões, fique à vontade para definir seus próprios valores.

Um pequeno aviso

Quando estiver montando o painel tenha muito cuidado para não deixar um componente por cima do outro; isso às vezes ocorre quando colocamos, sem o devido cuidado, um componente do lado do outro, por exemplo; poderá fazer com que o primeiro esteja por cima do segundo e com isso poderá não conseguir interagir com algum deles. Digo isso porque já vi muitos novatos cometendo essa gafe.

Fazendo um Toggle se comportar como um Radio Button do HTML

Se você conhece um pouco sobre HTML, deve ter percebido que o toggle funciona como um checkbox, ou seja, você pode marcar ou desmarcar um ou várias caixas ao mesmo tempo. Caso você precise que este componente em algum momento se comporte como um radio, ou seja, que permita só marcar uma opção por vez em uma lista de Toggle, você precisará do Toggle Group.

Vamos a um exemplo só para entender como isso funciona.

1. Primeiro crie um novo projeto se quiser testar essa funcionalidade.
2. Acrescente alguns toggles, pelo menos dois. Recomendo também que configure para que o canvas ocupe o espaço da câmera como já vimos indo na opção Screen Space – Camera e arrastando o elemento da câmera para render camera.
3. Depois crie um gameObject vazio e nomeie como TogGrup.
4. Dentro de TogGrup adicione um componente (Add Component), realize uma busca por Toggle Group e o adicione.
5. Feito isso, selecione cada Toggle criado e pela janela inspector arraste o objeto TogGrup para o campo Group de cada Toggle.

Ao rodar a cena verá que só uma opção poderá ser marcada por vez; pelo menos os toggles que fazem parte do TopGrup.

Botão Créditos

Será responsável em posicionar corretamente o nosso painel de créditos. Neste painel ele terá um Scroll View, no caso de você desejar inserir muitas informações. Em Scroll View há o Scroll Rect, presente na janela inspector. Nele haverá as opções para habilitar ou desabilitar as barras de rolagem vertical e horizontal, no caso de você não precisar das duas. Ao expandir todo o componente verá o item de nome Content. Nele é que você irá por os componentes que farão parte do Scroll View. Ex:

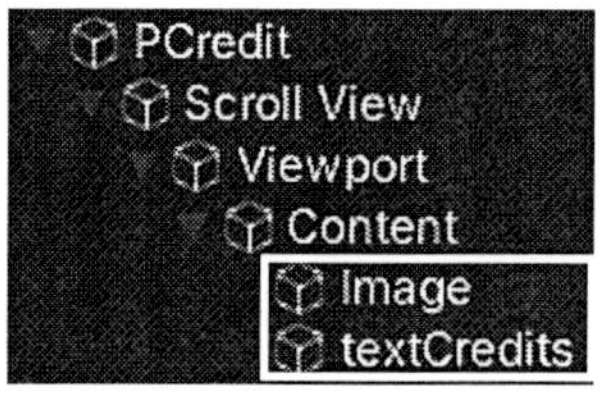

Por sinal em Scroll View há o campo Scroll Sensitivity que é a sensibilidade do botão de rolagem do mouse para subir e descer o seu conteúdo.

No meu caso eu desabilitei a barra horizontal e respeitei os limites horizontais do Scroll View para que a barra horizontal não aparecesse de forma alguma, com base em content. Nele inseri a imagem e o texto. Uma UI de imagem e outra de texto TextMeshPro, a qual escrevi qualquer coisa para se ter conteúdo e expandi a altura do content. No UI de imagem tem o campo Source Image, para você inserir a imagem desejada, como a logo da empresa, por exemplo. Mas lembre-se de importar a imagem primeiro para poder adicioná-la aqui.

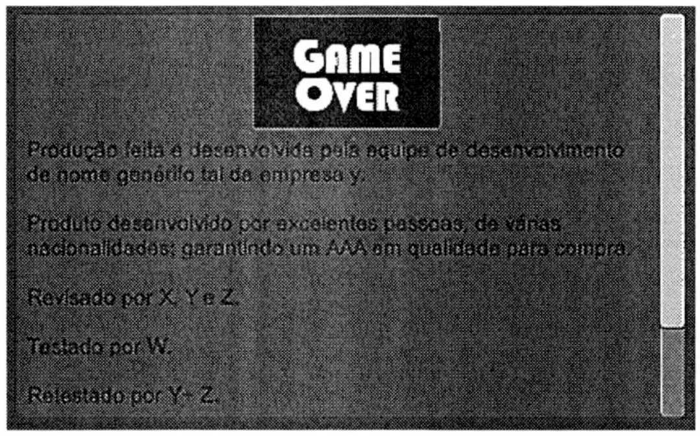

No botão de créditos você deverá arrastar também o script Menu.cs para este botão ou adicioná-lo indo em Add Component. Além de adicionar um evento de On Click, onde você irá arrastar o próprio script que você adicionou ao evento On Click no campo None (Object). E em **no Function** você selecionará a classe que criamos de nome Menu e escolherá o método público apropriado para o botão.

Sobre os scripts

Em relação aos scripts, nós teremos sete. A saber:

- **Idiomas**: Responsável pela tradução do game.
- **Jogo**: Responsável pela funcionalidade do jogador em relação às fases do game.
- **ManterSom**: Para que o som se mantenha entre as cenas e seja também responsável pelo volume de efeitos e da música, determinados pelo usuário.
- **Menu**: Responsável em administrar o menu principal.
- **MudaCena:** Responsável em mudar a cena, pela janela de carregamento e na alteração de escala, dependendo da dimensão de tela.
- **SubMenus**: Responsável em administrar as cenas de listaFases, gameover e win.
- **SO**: Abreviação para sistema operacional; responsável em informar o caminho correto, dependendo do tipo de S.O, além de informar o S.O que está sendo utilizado.

SO.cs

Possuirá dois métodos, um que informa o sistema operacional e outro o caminho que deverá ser utilizado com base no sistema operacional atual. Já que o caminho varia dependendo do SO.

```
using System;
using System.IO;
namespace ConfigGame
{
    public class SO : MonoBehaviour
    {
        public static string getPatch(string arq="", bool padrao=false)
        {
            string pasta;
            if (PlayerPrefs.HasKey("LanguageFolder"))
```

```
11                  pasta = PlayerPrefs.GetString("LanguageFolder");
12              else
13                  pasta = Idiomas.getPadrao();
14              if(padrao && arq!="")
15              {
16                  if(getSO()=="Windows")
17                    return Application.dataPath+"/Menu/StreamingAssets/legend/"+Idiomas.
getPadrao()+"/"+arq+".txt";
18                  else if(getSO()=="Android")
19                      return "jar:file://"+Application.dataPath+"!/assets/Menu/
legend/"+Idiomas.getPadrao()+"/"+arq+".txt";
20              }
21              else if(arq!="")
22              {
23                  if(getSO()=="Windows")
24                      return Application.dataPath+"/Menu/StreamingAssets/
legend/"+pasta+"/"+arq+".txt";
25                  else if(getSO()=="Android")
26                      return "jar:file://"+Application.dataPath+"!/assets/Menu/
legend/"+pasta+"/"+arq+".txt";
27              }
28              else{
29                  if(getSO()=="Windows")
30                      return Application.dataPath+"/Menu/StreamingAssets/legend/";
31                  else if(getSO()=="Android")
32                      return "jar:file://"+Application.dataPath+"!/assets/Menu/legend/";
33              }
34              return null;
35          }
36          public static string getSO()
37          {
38              if(SystemInfo.operatingSystem.IndexOf("Windows")>=0)
39                  return "Windows";
40              else if(SystemInfo.operatingSystem.IndexOf("Android")>=0)
41                  return "Android";
42              else
43                  return null;
44          }
45      }
46 }
```

Todas as classes estarão dentro de um grupo lógico (namespace), fiz desta forma para facilitar a reutilização do mesmo e evitar conflitos, linha 03. Se o PlayerPrefs de LanguageFolder tiver sido criado, linha 10, irá resgatar o idioma que foi selecionado pelo usuário, linha 11; do contrário, se não existir nada salvo no momento então irá pegar a pasta padrão, linha 11. Onde o método getPadrao() retorna o idioma padrão a ser configurado no jogo.

Para evitar o instanciamento desta classe, ambos os métodos são do tipo estático. O método getPatch() possui dois parâmetros opcionais, que se nada for passado ao mesmo as variáveis "arq" e "padrao" assumirão os seus valores predeterminados.

Na linha 14 verifica se o parâmetro da variável booleana "padrao" é verdadeiro e se não foi passado nada para o primeiro parâmetro de nome arq (arquivo), caso afirmativo, há ainda uma nova verificação dentro deste if, se o método getSO() nos retorna Windows, linha 16, ou Android, linha 18. Dependendo do sistema operacional o caminho possuirá alguma diferença. Mas, em ambos será utilizada a pasta padrão (Idiomas.**getPadrao**()), por não ter nenhuma referência de arquivo (arq).

Caso contrário, se a variável "arq" não for vazio, já que o símbolo de exclamação (!) nos serve como negação, linha 21. Desta forma resgatamos com base no conteúdo de «arq» e do conteúdo presente na variável pasta, com base também pelo sistema operacional, linhas 23 a 26.

Se nenhum dos dois for verdadeiro, entrará no else da linha 28; onde irá retornar o caminho de onde estão localizadas as pastas das legendas, com base no S.O, linha 29 a 32.

O método público estático getSO(), linhas 36 a 44 utiliza basicamente o SystemInfo.operatingSystem, junto com IndexOf, para saber se nos retorna um valor positivo, ou seja, maior do que zero, se possuir a palavra Windows, linha 38, fazendo com que retorne a palavra Windows, linha 39; do contrário, verifica se existe a palavra Android, linha 40; se retornar um valor positivo seu retorno será a palavra Android, linha 41; do contrário, será null, linha 43.

Idiomas.cs

Na classe Idiomas, a princípio pensei em criar um método que capturasse o canvas ou criaria um parâmetro em que se passaria o objeto desejado e verificaria se haveria elementos filhos no mesmo; caso afirmativo, entraria num laço por contador (for) com base no número de elementos filhos presentes e examinaria a cada laço se o elemento filho do canvas possui também elementos filhos dentro do mesmo; caso afirmativo, chamaria o próprio método por recursão para repetir o processo dentro do processo aberto para ter certeza que todos os elementos seriam verificados, na questão de que se coincidem ou não com a key do dicionário.

Mas esse emaranhado é desnecessário já que FindObjectsOfTypeAll nos retorna todos os elementos.

```
using System;
using System.IO;
using UnityEngine.UI;
namespace ConfigGame{
    public class Idiomas : MonoBehaviour
    {
        protected const string IDIOMA_PADRAO = "English-EUA";
        private Dictionary<string, string> dic = new Dictionary<string, string>();
        public static string getPadrao()
        {
            return IDIOMA_PADRAO;
```

```
        }
        protected void atualizaLegenda(string arq)
        {
            string texto="";
            alimentaDic(arq);
            foreach (TMPro.TextMeshProUGUI obj in Resources.FindObjectsOfTypeAll(typeof(TMPro.TextMeshProUGUI)) as TMPro.TextMeshProUGUI[])
            {
                if (dic.ContainsKey(obj.name))
                {
                    dic.TryGetValue(obj.name, out texto);
                    obj.text = texto;
                }
            }
            foreach (Text obj in Resources.FindObjectsOfTypeAll(typeof(Text)) as Text[])
            {
                if (dic.ContainsKey(obj.name))
                {
                    dic.TryGetValue(obj.name, out texto);
                    obj.text = texto;
                }
            }
            foreach (TMPro.TMP_Dropdown obj in Resources.FindObjectsOfTypeAll(typeof(TMPro.TMP_Dropdown)) as TMPro.TMP_Dropdown[])
            {
                if (dic.ContainsKey(obj.name))
                {
                    obj.ClearOptions();
                    dic.TryGetValue(obj.name, out texto);
                    string[] textDropDown =  texto.Split(char.Parse(","));
                    List<string> listaOps = new List<string>();
                    foreach(string op in textDropDown)
                        listaOps.Add(op.Trim());
                    obj.AddOptions(listaOps);
                }
            }
        }

        private void alimentaDic(string arq)
        {
            string linha, chave, trad, texto="";
            int pos;
            StreamReader sr;
            dic.Clear();
            try{
                sr = new StreamReader(SO.getPatch(arq));
```

```
56             }catch(Exception e){
57                 Debug.LogException(e, this);
58                 PlayerPrefs.SetString("LanguageFolder", "");
59                 sr = new StreamReader(SO.getPatch(arq, true));
60             }
61 
62             linha = sr.ReadLine();
63             while(linha!=null)
64             {
65                 if(linha.IndexOf("|")>0)
66                 {
67                     pos = linha.IndexOf("|");
68                     chave = linha.Substring(0, pos);
69                     trad = linha.Substring(++pos, linha.Length-pos);
70                     if(trad.IndexOf(".")>0)
71                     {
72                         for(int i=0; i<trad.Length; i++)
73                         {
74                             if(trad[i]=='.')
75                                 texto+=".\n\n";
76                             else
77                                 texto+=trad[i];
78                         }
79                         trad = texto;
80                     }
81                     dic.Add(chave, trad);
82                 }
83                 linha = sr.ReadLine();
84             }
85             sr.Close();
86         }
87     }
88 }
```

Da linha 01 a 03 foram requisitados pois utilizaremos recursos como componentes UI e tratamento de erro, por exemplo. Na linha 04 foi criado um namespace de nome ConfigGame, utilizando-se de um grupo lógico, para reservar as classes a este grupo. A classe Idiomas, linha 05, possui uma string constante e do tipo protegida, onde remete ao nome de uma pasta, que iremos criar para o idioma em inglês, linha 07.

As pastas dos idiomas estarão dentro da pasta legend (legendas) que se encontra dentro da pasta StreamingAssets. StreamingAssets é uma pasta especial (diferencia maiúsculas de minúsculas), que permite que os arquivos contidos na mesma sejam transferidos para o projeto final, no nosso caso as legendas:

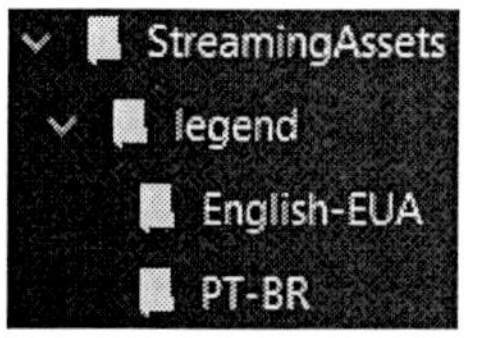

Esta pasta obviamente está dentro da pasta Assets. Se você colocar a pasta de legend fora da pasta StreamingAssets esses arquivos não irão acompanhar o projeto final. Por isso que você deve criar uma pasta de nome StreamingAssets e colocar o que deseja que acompanhe o seu projeto lá, no nosso caso as legendas do nosso jogo.

Na linha 08 foi criado um dicionário do tipo privado. O dicionário possui a chave e o seu valor, ambos do tipo string. Como sabemos, para quem usa um dicionário, o primeiro elemento representa a chave deste dicionário e o segundo o conteúdo pertencente a essa chave. Nessa hora você deve estar pensando, sim e daí?

O bloco de notas que iremos criar tem duas divisões, uma representando a chave do dicionário, que será o nome do GameObject em cena, e o segundo o texto que será atribuído a esse elemento.

Em outras palavras localizamos o nome do elemento em cena com base na chave e inserimos o texto referente a essa chave. Para ser ter uma visão melhor, será algo como:

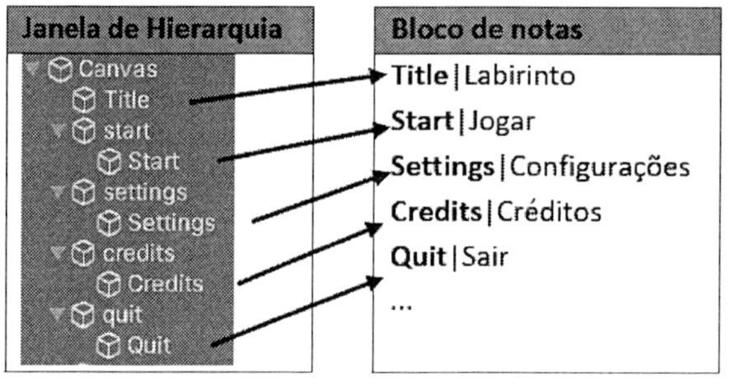

O Start com o «S» maiúsculo é o texto referente ao nosso botão. Então quando localizar este elemento, através de seu nome irá atribuir o texto pertencente a essa chave, que será jogar, como podemos ver no exemplo acima. Isso obviamente ocorrerá quando o usuário selecionar o idioma em português, fará com que abra o documento em português e realizará uma busca pelo nome do elemento em cena e irá inserir o texto referente a este elemento.

A barra que serve de separação no bloco de notas, nos servirá de referência quando formos separar esses dois elementos e atribuir ao nosso dicionário. Lembrando mais uma vez que o primeiro é o nome do elemento em cena (chave do dicionário) e o segundo o texto que será atribuído a este elemento.

Na linha 09 temos o método estático que nos retorna o conteúdo da nossa variável constante IDIOMA_PADRAO; por ser uma constante não precisa ser declarada como estática.

O método protegido atualizaLegenda(), linha 13, possui um parâmetro, este parâmetro é referente ao nome do documento de texto que será aberto para tradução. Com isso criamos uma string, linha 15, para nos servir de suporte e pedidos para alimentar o nosso dicionário (Dictionary), chamando o método alimentaDic, linha 16, passando como argumento o nome do arquivo .txt que será aberto.

Na linha 17 foi criado um laço com foreach onde foi declarada uma variável do tipo TMPro.TextMeshProUGUI de nome «obj», que pega textos do tipo Text Mesh Pro. Através do uso de Resources. FindObjectsOfTypeAll, esse responsável em pegar todos os objetos do jogo, contudo acrescentamos typeof para realizar um tipo de filtragem e determinar que não queremos todos os elementos do jogo e sim os textos do tipo Text Mesh Pro. O as TMPro.TextMeshProUGUI[] executa uma conversão no tipo desejado. Se a conversão não for possível, ele retornará nulo.

Na linha 19 verificamos se o nome do objeto encontrado pertence a alguma chave de nosso dicionário, caso afirmativo ele entra no if e pegamos o seu conteúdo através de TryGetValue, linha 21, onde passamos a chave e atribuímos o conteúdo retornado desta chave à variável texto como referência, através de out. Que por fim, alteramos o conteúdo textual deste elemento pelo conteúdo da variável texto, linha 22.

De forma semelhante, ocorre com a linha 25, sendo que a busca é por elementos de texto comuns, caso você tenha algum que não seja do tipo text mesh pro. Na minha visão é totalmente desnecessário as linhas 25 a 32, mas deixei aqui, no caso de você ainda possuir o toggle com o elemento text ao invés de Text Mesh Pro ou algum outro componente normal de texto.

Já na linha 33 a 45 ele lida exclusivamente de elementos do tipo dropdown; primeiro nós limpamos todo o conteúdo do mesmo, linha 37, e pegamos o texto presente nesta chave e atribuímos a variável texto, linha 38, como já fizemos anteriormente. Na linha seguinte é criado um array, onde atribuímos cada elemento nesta matriz unidimensional com o uso de Split; a cada vírgula («,») encontrada, removendo a vírgula durante o processo. Ou seja, se eu tiver o seguinte conteúdo no bloco de notas para preencher um Dropdown como as qualidades gráficas: Muito Baixa, Baixa, Média, Alta, Muito Alta, Ultra

Ao usar string[] textDropDown = texto.Split(char.Parse(",")); ficará da seguinte forma:
textDropDown[0] = "Muito Baixa";
textDropDown[1] = "Baixa";
textDropDown[2] = "Média";
textDropDown[3] = "Alta";
textDropDown[4] = "Muito Alta";
textDropDown[5] = "Ultra";

Em seguida, criamos uma lista, linha 40, e com uso de foreach, linha 41, adicionamos esse array a uma lista, para podermos adicionar essa lista ao nosso objeto dropdown, linha 43.

A lista com as opções de qualidade gráfica foi feita baseada no que o Unity oferece por padrão. Para entender melhor, vá ao menu principal em Edit > Project Settings > Quality.

Lá mostra uma lista de qualidade gráfica, que vai da posição zero(0) que é Very Low (muito baixo), até à posição cinco (5), que é o ultra, onde engloba sistemas desktops em geral e sistema operacional Android, como podemos ver pela imagem:

Se desejar selecionar a qualidade gráfica mais baixa será QualitySettings.SetQualityLevel(0, true). Mas este comando só iremos utilizar no script de menu, aqui só nos interessa alterar o texto dos elementos.

O método alimentaDic, linha 48, basicamente abre o arquivo e popula o nosso dicionário. Para isso criamos algumas variáveis que nos servirá para auxiliar nesta tarefa, linhas 50 e 51. O StreamReader, linha 52, serve para abertura do arquivo de texto.

Na linha 55 é utilizado o StreamReader para abrir o arquivo, nele nós utilizamos o método que foi criado de nome getPatch() presente na classe SO, por isso que a chamada ao método ficou desta forma, onde passamos como argumento o arquivo que iremos abrir. O método getPatch() nos retorna o caminho com base no sistema operacional atual.

Caso não seja possível abrir o arquivo ele entra na exceção (catch), linha 56, onde é lançado um log de exceção; já que a pasta não existe, zeramos então o PlayerPrefs de LanguageFolder, já que sua referência está corrompida, e puxamos novamente o caminho, desta vez com a pasta padrão, linha 59.

Como havia falado PlayerPrefs serve para salvar dados, então se o usuário escolher algum idioma (pasta), essa informação será salva com o uso de PlayerPrefs de nome LanguageFolder. Mas caso tenha excluído essa pasta ao abrir o jogo ela não poderá ser localizada e por isso que em catch é forçado a abrir a pasta de idiomas padrão, que é o inglês.

O LanguageFolder de PlayerPrefs é zerado, linha 58, fazendo com que o script de menu, que veremos mais à frente, reconfigure para a pasta do idioma padrão.

Na linha 62 lemos uma linha deste arquivo de bloco de notas aberto, verificamos se não é fim de arquivo com o uso de um while, linha 63. Poderia utilizar novamente o Split, mas resolvi utilizar o IndexOf, para saber que é possível fazer a separação de outra forma, que considero um pouco mais complicada, mas adicionei aqui a critério de informação.

Verifico se há a barra na linha, linha 65, que caso afirmativo irá nos retornar um valor positivo ou -1 caso contrário. Na linha 67, pego a posição desta barra, já que IndexOf retorna um valor numérico de quantas casas andou à direita para encontrar esta barra. E com substring extraio o primeiro conteúdo que servirá de chave para nosso dicionário, que vai da posição zero (0) do texto até à posição da variável pos, que é uma posição anterior onde foi encontrada a barra; em outras palavras, a barra não será adicionada à chave, linha 68.

Na linha 69 pego a tradução que vai uma posição após o local da barra encontrada (++pos) até o total de caracteres restantes (length), menos o que já foi andado, ficando linha.Length-pos, respeitando assim o tamanho do texto. Ex:

Title|Labirinto

Encontrará a barra na posição cinco (5); lembrando que ele inicia a contagem como uma matriz, ou seja, começa a contar na posição zero. Quando requisito com Substring ele entende que é para resgatar os cinco primeiros caracteres, pegando desta forma só a palavra Title.

Para não pegar a barra ando uma casa (++pos), fazendo que passe a valer seis (6), ou seja, comece na posição seis (6) pegando este caractere em diante. O total de caracteres são 14, contando com todo o texto; então ele vai pegar os caracteres da posição seis (6) até a posição 14. Totalizando nove caracteres.

Se fosse utilizando Split, ficaria da seguinte forma. Ex:

```
string[] textDic =  linha.Split(char.Parse("|"));
chave = textDic[0];
trad = textDic[1];
```

Mesma quantidade de linhas, contudo não precisa realizar cálculo algum para se obter o resultado.

Na linha 70 verifico que há a presença de ponto. Ao encontrar um ponto, linha 74, insiro no lugar o ponto e mais dois pulos de linha, linha 75, do contrário vou concatenando o texto normalmente a variável texto, linha 77. Ao final do laço substituo o conteúdo da variável "trad" pelo novo conteúdo da variável texto, linha 79. Para finalmente adicionar ao dicionário, linha 81, e indo para próxima linha no final do laço, linha 83. Ao encerrar o laço fecho o arquivo, linha 85.

Mas, por que não colocar \n\n diretamente no bloco de notas? Porque no lugar de pular as duas linhas o \n\n aparece como texto. Poderia também procurar um caractere específico e substituir por um pulo de linha, por exemplo, cada asterisco que eu encontrar, substituir por \n ao invés de considerar o ponto como dois pulos de linha, mas isso fica a seu critério.

Entendendo um pouco mais sobre o sistema de legendas

O método como vimos:

```
protected void atualizaLegenda(string arq)
```

Possui um argumento que é o arquivo base que servirá para traduzir o cenário atual, se for a cena do menu principal, iremos requisitar o arquivo menu.txt para traduzir o seu conteúdo para o idioma que foi selecionado pelo usuário. Mas, quando estivermos nos submenus como a cena que lista das fases (listaFases), a cena do game over (gameOver) ou de vitória (win), precisaremos chamar o método e informar que a legenda requerida agora é de nome submenu.txt.

Se em cada cena de fase eu precisasse traduzir algo criaria arquivos para aquela cena. Ex: fase1.txt, fase2.txt, fase3.txt.

Mas, por ser um simples labirinto, não foi necessário. Mas por que a divisão de arquivos? Não seria melhor colocar tudo junto? Não. Separando além de ficar mais organizado, também economiza processamento, evitando que o programa perca o seu tempo procurando em linhas que não fazem parte daquela cena em que estamos.

A estrutura completa do bloco de notas menu ficou da seguinte forma:

Menu.txt
Title|Labirinto
Start|Jogar
Settings|Configurações
Credits|Créditos
Quit|Sair
Legend|Selecione o Idioma
Resolution|Resolução
Window|Janela
Graph Quality|Qualidade Gráfica
Quality Options|Muito Baixa, Baixa, Média, Alta, Muito Alta, Ultra
Music|Musica
SFX|Efeitos
textCredits|Produção feita e desenvolvida pela equipe de desenvolvimento de nome genérico tal da empresa y. Produto desenvolvido por excelentes pessoas, de várias nacionalidades; garantindo um AAA em qualidade para compra. Revisado por X, Y e Z. Testado por W. Retestado por Y + Z.
Settings2|Configurações

E do arquivo de submenu.txt, ficou da seguinte forma:

submenu.txt
Return|Retornar
Play Again|Jogar Novamente
Quit|Sair
textWin|Parabéns! Você zerou o jogo. Deseja iniciar um novo jogo?
Yes|Sim
No|Não

O de inglês possui os menos nomes de arquivo: menu.txt e submenu.txt, com a diferença que seu conteúdo está em inglês e por isso não vou me ater a colocá-lo. Crie por conta própria, lembrando de não alterar as chaves, ou utilize o tradutor do google, para não perder tempo, só para ter dois idiomas como exemplo, para este exercício.

MudaCena.cs

Esse script, como havia falado é responsável em mudar de uma cena para outra; onde irá aparecer a tela de carregamento. Por isso, vamos criar esta tela na primeira cena, onde anexaremos esse script, que irá perdurar em todo o game com o comando DontDestroyOnLoad.

Criando a tela de carregamento

1. Crie um novo canvas e nomeie como CanvasLoad. Lembre-se de configurá-lo da mesma forma que fizemos com o canvas.

2. Na janela inspector deste elemento, já em Add Component, acrescente um Canvas Group ao mesmo, para que possamos ter um canal alfa, que permita clarear ou escurecer o mesmo.

3. Nele crie uma imagem com a cor preta e na ancoragem permita que se expanda horizontal e verticalmente na mudança de resolução de tela. Com isso teremos uma imagem preta de fundo.

4. Insira uma nova imagem, nomeie como barra1 e dimensione como uma barra (width 1000 e height 50). Não altere sua ancoragem.

5. Duplique esta barra e nomeie como barra2, coloque esta barra como sendo filho de barra1 e altere sua cor para vermelho.

6. Vá na pasta Assets e crie um sprite square, no menu de contexto Create > 2D > Sprites > Square.

7. Altere o nome deste sprite para barra e no menu de contexto clique em Sprite Editor, nomeie como barra e lá altere o pivot para centro esquerda (Left Center).

Pivot, como já expliquei, é responsável pelo comportamento do objeto quando é redimensionado; por padrão o seu pivot é no centro e se eu redimensionar desta forma, ele irá aumentar ou diminuir igualmente na direita e na esquerda, coisa totalmente inviável para uma barra de carregamento. Por isso que alterei o pivot para centro esquerda, que ao expandir essa barra ela irá aumentar da esquerda para direita, como uma barra de carregamento deve se comportar.

1. Com base nisso, selecione a barra2 e em source imagem altere para o sprite barra.

Os demais detalhes serão controlados via código. E lembre-se de atrelar esse script ao CanvasLoad.

MudaCena.cs

```
using UnityEngine.SceneManagement;
using UnityEngine.UI;
namespace ConfigGame{
    public class MudaCena : MonoBehaviour
    {
        private static MudaCena telaLoading;
        void Awake()
        {
            if(telaLoading == null)
            {
                telaLoading=this;
                DontDestroyOnLoad(this);
            }
```

```
    }
    private static IEnumerator canvasLoad(float a, float tempo=1f)
    {
        float alfa=a==0?-1f:1f;
        alfa/=tempo;
        int ordem = a>0f?100:0;
        if(GameObject.Find("Canvas"))
            GameObject.Find("Canvas").GetComponent<Canvas>().sortingOrder=10;
        Canvas canvas = telaLoading.GetComponent<Canvas>();
        CanvasGroup cg = telaLoading.GetComponent<CanvasGroup>();
        if(a==0)
            canvas.worldCamera = Camera.main;
        else
        {
            GameObject barra = telaLoading.gameObject.transform.GetChild(1).GetChild(0). gameObject;
            barra.transform.localScale = new Vector2(0F, 1f);
        }
        if(a==1)
            canvas.sortingOrder=ordem;
        while(cg.alpha!=a)
        {
            cg.alpha +=alfa * Time.deltaTime;
            yield return null;
        }
        if(a==0)
            canvas.sortingOrder=ordem;
    }

    private static IEnumerator barraLoad(AsyncOperation carregamento)
    {
        GameObject barra = telaLoading.gameObject.transform.GetChild(1).GetChild(0).gameObject;
        while (!carregamento.isDone)
        {
            yield return null;
            barra.transform.localScale = new Vector2(carregamento.progress, 1f);
        }
        yield return telaLoading.StartCoroutine(canvasLoad(0f));
    }
    public static IEnumerator abrirCena(string cena, float tempo=1f)
    {
        yield return telaLoading.StartCoroutine(canvasLoad(1f, tempo));
        AsyncOperation carregamento = SceneManager.LoadSceneAsync(cena);
        yield return telaLoading.StartCoroutine(barraLoad(carregamento));
    }
```

```
58          public static void escalaCena()
59          {
60              if(GameObject.Find("Canvas")!=null)
61              {
62                  if(Screen.width==1280 && Screen.height<=720)
63                      GameObject.Find("Canvas").GetComponent<CanvasScaler>(). matchWidthOrHeight=1;
64                  else
65                      GameObject.Find("Canvas").GetComponent<CanvasScaler>(). matchWidthOrHeight=0;
66              }
67          }
68      }
69 }
```

SceneManagement foi solicitado na linha 01, por fazermos o seu uso para carregamento de cena. E UnityEngine.UI por manipularmos componentes UI no código. Utilizamos namespace, linha 03, para poder incluir a classe MudaCena em um grupo lógico de nome ConfigGame. A classe pública MudaCena possui uma variável estática da própria classe, linha 06, para guardar esse elemento, que é o CanvasLoad, que como havia falado, estará com esse script atrelado. Isso serve para manter o CanvasLoad a cada mudança de cena; por isso utilizamos Awake(), linha 07, que é chamado antes dos métodos padrões do Unity.

Na linha 09 verifica-se se o elemento da classe é nulo, caso afirmativo, atrelamos a este objeto o próprio componente, linha 11; e pedimos que não seja destruído, linha 12, quando for de uma cena para outra.

O método estático canvasLoad, linha 15, possui dois parâmetros do tipo ponto flutuante. Um representa o alfa (a) e o outro o tempo de transição. Com o valor de "a" criamos uma variável alfa cujo valor poderá ser -1f ou 1f, dependendo do seu valor. O uso do operador ternário indica que se "a" for zero ele assumirá o valor -1f, ou seja, diminuir no cálculo que veremos, para que o alfa chegue a zero; do contrário, seu valor será 1f, para aumentar o canal alfa até que se chegue em um, linha 17.

O valor de alfa é dividido pelo valor de tempo, que será 1f se nenhum argumento for passado para tempo. Isso determina o tempo de transição, que pode variar com base nos sons. Entenda que precisa desse retardo para ao clicar sobre o botão o som seja emitido ou que não seja cortado durante o processo de mudança de cena.

Na linha 19 é definida a ordem, novamente com o operador ternário. Se "a" for maior do que zero, ou seja, um (1), o valor de ordem será 100; do contrário, será zero (0). Na linha 20 procuro pelo Canvas em cena e altero a ordem dele para dez, linha 21. Pego também o próprio Canvas e o CanvasGroup do componente que possui o script, linhas 22 e 23.

Verifico se o valor de "a" é zero, linha 24. Caso afirmativo, então estamos querendo esconder novamente o CanvasLoad, já que desejamos que o objeto assuma o valor de alfa zero; devido a isso, já ouve a mudança de cena e por isso é que o componente precisa ficar oculto. Quando transportamos o CanvasLoad com DontDestroyOnLoad, acabamos perdendo a referência da câmera do mesmo, por isso associamos novamente a câmera principal, linha 25.

Do contrário, estamos querendo deixar o CanvasLoad visível, linha 26, e por isso pegamos a barra que criamos, linha 28. Perceba que não precisamos realizar uma busca por nome quando sabemos exatamente onde o objeto se encontra. Dentro do objeto há o primeiro elemento filho que é imagem e o segundo elemento filho que é barra1:

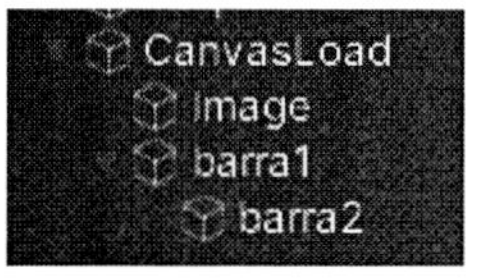

Por isso que foi utilizado GetChild(1) para referenciar o segundo elemento (barra1); lembrando que o primeiro elemento a sua referência é zero (0). E novamente é utilizado GetChild(0), desta vez com o valor zero, para pegar o primeiro e único filho de barra1, que é barra2. E na linha 29 zeramos o valor de X desta barra.

Na linha 31 verificamos o valor de alfa passado ao método, se for um, alteramos logo a ordem. Pois se for um, então temos que trazer o CanvasLoad para frente de todos os demais componentes em cena. Então é criado um laço em que só irá encerrar quando o valor de alfa do componente for igual ao parâmetro de alfa «a» passado ao método, linha 33. Onde vamos aos poucos somando o valor de alfa ao valor de alfa do componente com Time.deltaTime, linha 35, para dar um efeito de suavização de mudança já que yield return null faz com que aguarde o próximo quadro e continue a execução a partir desta linha.

Após a alteração do alfa, na linha 38, verifica se era para que o alfa assumisse o valor zero; caso afirmativo, então agora alteramos a ordem do mesmo. Porque não podemos recuar o CanvasLoad enquanto o alfa do mesmo não tiver sido totalmente zerado; quando zerado fazemos com que fique por trás dos demais componentes, para que se permita a interação do que está presente em cena.

O método barraLoad é um método onde pegamos a barra, linha 44 e verificamos se toda a cena já foi carregada, linha 45, caso não tenha sido, então utilizamos yield return null, ele faz com que aguarde o próximo quadro e continue a execução a partir desta linha. Na linha 48 pegamos a escala da barra e alteramos o seu valor em X com base no valor proporcional do que já foi carregamento em cena; o progress, responsável por isso, varia o seu valor entre zero e um; em outras palavras, quando estiver completamente carregado o progress vai valer um, deixando assim a escala normal da nossa barra de carregamento.

Perceba que neste método chamamos o método canvasLoad com o valor de alfa zero 0f, linha 50, para que o mesmo desapareça da tela aos poucos quando a cena for totalmente carregada.

O método público utilizado para o início disso tudo que é o abrirCena, linha 52, chama o método canvasLoad, linha 54, para torná-lo visível e ao mesmo tempo é chamado SceneManager.LoadSceneAsync, linha 55, que carrega a cena de forma assíncrona em segundo plano onde esse dado é armazenado em carregamento do tipo AsyncOperation, que é uma co-rotina de operação assíncrona. E passado para o método barraLoad, linha 56, onde utilizamos esse dado, como vimos, para alterar o comprimento da barra de zero 0f até 1f, que é o valor que é retornado de carregamento.progress quando totalmente carregado.

Por fim, o método escalaCena, linha 58, é para saber se devo alterar o valor de match que trata de Width e Height em Canvas Scaler presente na janela inspector do elemento. Quando eu estava trabalhando com as dimensões, acabei tendo problemas de escala quando a dimensão era 1280x720 ou 1280x600. Por isso a linha 62 pega a lagura e altura atuais, configuradas para a tela e verifica se são nessas dimensões para deixar como um (1), linha 63; caso contrário, deixa o valor como zero (0), linha 65.

Há programadores que realizam o sistema de escala que realiza cálculos baseados nas dimensões recomendadas de tela em relação à resolução solicitada para saber qual o valor ideal de escala para match; normalmente opto em tratar as dimensões que sejam realmente problemáticas ao projeto.

ManterSom.cs

Em todas as cenas haverá um objeto de música, até porque em todo game que se preze há sempre uma música tocando na cena. E nele haverá esse script responsável em manter o volume das músicas e efeitos nas definições configuradas pelo usuário; além de perpetuar a melodia mesmo quando há a mudança de cena; contudo, se houver uma música diferente na cena, a música anterior deixará de existir e a nova é que irá perdurar. Se não quiser este tipo de continuidade de som, basta excluir todo conteúdo de Awake no código e só deixar chamando do método que verifica as configurações de volume salvas.

ManterSom.cs

```
namespace ConfigGame{
    public class ManterSom : MonoBehaviour
    {
        private static ManterSom music=null;
        GameObject[] musics;
        bool destruir=false;

        static float volMusica, volEfeito;
        static string[] musicas = {"music1", "music2"};
        static string[] efeitos = {"btOver", "btClick", "boom", "victory"};
        static AudioSource som;
        void Awake()
        {
            if (music==null)
            {
                music = this;
                DontDestroyOnLoad(music);
            }
            else if(this.gameObject.name==music.name)
            {
                Destroy(this.gameObject);
            }
            else if(this.gameObject.name!=music.name && music!=null)
```

```
            {
                verificaDuplicatas(true);
                music = this;
            DontDestroyOnLoad(music);
            }
            verificaVolume();
        }

        void verificaDuplicatas(bool destruirTudo=false)
        {
            musics = GameObject.FindGameObjectsWithTag(music.name);
            if(musics.Length>1 || destruirTudo)
            {
                foreach (GameObject musica in musics)
                {
                    if(destruirTudo)
                        Destroy(musica);
                    else
                        destruirTudo=true;
                }
            }
        }

        public static void verificaVolume()
        {
            if(PlayerPrefs.HasKey("volMusica"))
            {
                volMusica = PlayerPrefs.GetFloat("volMusica");
                foreach (string musica in musicas)
                {
                 if (GameObject.Find(musica) != null)
                    {
                        som = GameObject.Find(musica).GetComponent<AudioSource>();
                        som.volume=volMusica;
                    }
                }
            }
            if(PlayerPrefs.HasKey("volEfeitos"))
            {
                volEfeito = PlayerPrefs.GetFloat("volEfeitos");
                foreach (string efeito in efeitos)
                {
                    if (GameObject.Find(efeito) != null)
                    {
                        som = GameObject.Find(efeito).GetComponent<AudioSource>();
                        som.volume=volEfeito;
```

```
70                      }
71                  }
72              }
73          }
74      }
75 }
```

O script ManterSom, também possui o namespace grupo lógico, de nome ConfigGame. A classe possui o conteúdo estático da própria classe com o valor nulo, linha 04. Criou-se uma matriz de nome musics, linha 05 e uma variável booleana com o valor false já atribuído, linha 06. Foram criadas na linha 08 duas variáveis do tipo ponto flutuante, que irão nos auxiliar na configuração do volume do som. As matrizes unidimensionais, linhas 09 e 10, terão os nomes dos objetos em cena que possuem as músicas. Neste script não iremos pegar diretamente os elementos; primeiro, devemos ter a certeza de que o elemento de som existe em cena.

Caso não seja nulo é porque o manipulamos. O método Awake(), pertencente ao Unity, se assemelha ao método start, contudo ele é chamado antes de tudo. Inicialmente verifica-se se o conteúdo de music é nulo, linha 14, atribuímos a variável da classe o seu próprio objeto, linha 16, já que este possui a música e solicitamos que não seja destruído no carregamento de uma nova cena, linha 17.

Se o conteúdo da classe for idêntico ao objeto de cena, linha 19, então peço que remova este objeto, linha 21, para evitar uma duplicidade de sons. Do contrário, se forem diferentes, linha 23, e music for diferente de nulo (null), então solicito o método verificaDuplicatas, linha 25. Este método irá fazer uma varredura atrás das duplicatas existentes e excluir todas elas; inclusive, a própria música que tem perdurado sobre as cenas. Isso se faz necessário, quando há mudança de música e devido a isso reatribuo a classe à nova música, linha 26 e solicito que esta não seja destruída, linha 27.

Isso é útil quando está tocando uma música X que se perdura, mas de repente muda para uma música Y. Teremos que fazer com que X seja destruído e que Y passe a ser a música que perdure entre as cenas. Isso se for o que desejas, aqui coloco como exemplo, no caso do desenvolvedor não ter uma lista extensa de músicas, o que comumente ocorre com desenvolvedores indie. No final de Awake chamo o método que verifica a altura do volume da música e efeitos, linha 29.

O método verificaDuplicatas, linha 32, possui um parâmetro predefinido como false, ou seja, se nada for passado como argumento para este método, assume-se que destruirTudo será false. Fazemos uma busca por todos os objetos de cena que possua a tag equivalente ao da música atual, linha 34.

No desenvolvimento do game foram colocadas duas músicas: music1 e music2. E com isso foram criadas duas tags: music1 e music2 e atribuídas a esses objetos, peço que faça o mesmo. A primeira música foi utilizada para tocar no menu e submenus; já a segunda música serviu para tocar no jogo propriamente dito.

Na linha 35 verifica-se se há mais de uma música, ou seja, se length é maior do que um ou se destruirTudo for true. Caso afirmativo, inicia-se um laço onde pegamos música por música, linha 37.

Em if, na linha 39, se a variável booleana for falsa, então entra no else, linha 41, fazendo com que "destruirTudo" seja verdadeiro, linha 42. Com isso, poupamos de destruir o primeiro objeto de música; mas, ao deixar passar com o argumento true, fazemos com que todos os objetos de música sejam destruídos, que foi o caso na linha 25.

O método verificaVolume(), linha 47, verifica se há algo salvo em PlayerPrefs, na linha 49, o volume das músicas, que caso exista, resgatamos o seu valor, linha 51 e através de um foreach pegamos o nome de cada elemento e realizamos uma busca com find, linha 54; se for diferente de null, então o objeto em questão existe naquela cena e pegamos o AudioSource deste objeto, linha 56 e alteramos o valor do volume que foi salvo, linha 57, com base no que foi resgatado do PlayerPrefs relacionado ao volume da música.

De forma semelhante ocorre entre as linhas 61 a 72, mas com relação ao volume dos sons de efeito.

Menu.cs

Essa é a estrutura mais extensa, pois suas configurações devem ser apresentadas por padrão ou por aquilo que o usuário alterou. E caso altere algo, deverá ser alterado na mesma hora e salvo essa alteração automaticamente. Este script será utilizado em todos os controles, que quando for um componente de botão (Button), utilizaremos o método buttons(), se for uma listagem de seleção (Dropdown), chamaremos o método dropDowns(), se for um controle deslizante (Slider), chamaremos o método sliders() e assim por diante.

Adicionando o script ao elemento UI, ativando o seu ouvinte de evento e pressionando no sinal de (+) e puxando este script presente na UI para o campo none (object), conforme o exemplo:

Lembrando que em no function, você deverá selecionar a classe menu e o método a ser chamado. A imagem acima é a configuração do UI de um controle deslizante (Slider).

```
using UnityEngine.UI;
using System.IO;
using TMPro;
namespace ConfigGame {
    public class menu : Idiomas
    {
        Resolution[] resolutions;
        float painelX=1.731f, painelY=-0.39f;
        void Start()
        {
            resolutions = Screen.resolutions;
```

```
            preencheDropdown();
        }
        private void preencheDropdown()
        {
            //PlayerPrefs.DeleteAll();
            int index=0;
            List<string> listaOps = new List<string>();
            TMPro.TMP_Dropdown dropdownTMP;
            if(SO.getSO()=="Android")
                Destroy(GameObject.Find("PSettings_Windows"));
            else
                Destroy(GameObject.Find("PSettings_Android"));

            if(SO.getSO()!="Android")
            {
                dropdownTMP = GameObject.Find("Dimension").GetComponent<TMPro.TMP_Dropdown>();
                dropdownTMP.ClearOptions();
                foreach (var res in resolutions)
                {
                    if(res.width>=800)
                        listaOps.Add(res.width + "x" + res.height);
                    if(!(PlayerPrefs.HasKey("indexDropTela")))
                    {
                        if(res.width==Screen.width && res.height==Screen.height)
                        {
                            PlayerPrefs.SetInt("larguraTela", Screen.width);
                            PlayerPrefs.SetInt("alturaTela", Screen.height);
                            PlayerPrefs.SetInt("indexDropTela", index);
                            MudaCena.escalaCena();
                        }
                    }
                    ++index;
                }
                dropdownTMP.AddOptions(listaOps);
            }

            //Dropdown linguagens
            string pasta, pastaSalva="";
            string[] diretorios;
            index=0;
            if((PlayerPrefs.HasKey("LanguageFolder")))
                pastaSalva = PlayerPrefs.GetString("LanguageFolder");
              dropdownTMP = GameObject.Find("Languages").GetComponent<TMPro.TMP_Dropdown>();
            dropdownTMP.ClearOptions();
```

```
        listaOps.Clear();
        diretorios = Directory.GetDirectories(SO.getPatch());
        foreach (string dir in diretorios)
        {
            string[] path = dir.Split('/');
            pasta = path[path.Length-1];
            listaOps.Add(pasta);
            if(!PlayerPrefs.HasKey("LanguageFolder") || pastaSalva=="")
            {
                if(pasta==IDIOMA_PADRAO)
                {
                    PlayerPrefs.SetInt("LanguageIndex", index);
                    PlayerPrefs.SetString("LanguageFolder", IDIOMA_PADRAO);
                }
            }
            else if(pastaSalva==pasta)
                PlayerPrefs.SetInt("LanguageIndex", index);
            ++index;
        }
        dropdownTMP.AddOptions(listaOps);
        configSalvas();
    }
    public void buttons()
    {
        string nome = this.gameObject.name;
        if(nome=="start")
            StartCoroutine(MudaCena.abrirCena("listaFases"));
        else if(nome=="settings")
        {
            GameObject.Find("PSettings_"+SO.getSO()).transform.position = new Vector2(painelX, painelY);
            GameObject.Find("PCredit").transform.position = new Vector2(-1000f, -1000f);
        }
        else if(nome=="credits")
        {
            GameObject.Find("PCredit").transform.position = new Vector2(painelX, painelY);
            GameObject.Find("PSettings_"+SO.getSO()).transform.position = new Vector2(-1000f, -1000f);
        }
        else if(nome=="quit")
            Application.Quit();
    }

    public void dropDowns()
```

```
        {
            TMPro.TMP_Dropdown objDrop = this.gameObject.GetComponent<TMPro.TMP_Dropdown>();
            string textoDropDown, larg, alt;
            int index, pos, largTela, altTela;
            if(objDrop.name == "Dimension")
            {
                index = objDrop.value;
                textoDropDown = objDrop.options[index].text;
                pos = textoDropDown.IndexOf("x");
                larg = textoDropDown.Substring(0, pos);
                largTela = int.Parse(larg);
                alt = textoDropDown.Substring(++pos, textoDropDown.Length-pos);
                altTela = int.Parse(alt);
                PlayerPrefs.SetInt("larguraTela", largTela);
                PlayerPrefs.SetInt("alturaTela", altTela);
                PlayerPrefs.SetInt("indexDropTela", index);
                Screen.SetResolution (largTela, altTela, Screen.fullScreen);
                MudaCena.escalaCena();
            }
            else if(objDrop.name  == "Quality Options")
            {
                index = objDrop.value;
                QualitySettings.SetQualityLevel(index, true);
                PlayerPrefs.SetInt("QGraf", index);
            }
            else if(objDrop.name  == "Languages")
            {
                index = objDrop.value;
                textoDropDown = objDrop.options[index].text;
                PlayerPrefs.SetInt("Languages", index);
                PlayerPrefs.SetString("LanguageFolder", textoDropDown);
                atualizaLegenda("menu");
                qualidadeGraf();
            }
        }
        public void toggles()
        {
            Toggle objToggle = this.gameObject.GetComponent<Toggle>();
            if(objToggle.name=="window")
            {
                if(objToggle.isOn)
                {
                    PlayerPrefs.SetString("fullScreen", "false");
                    Screen.fullScreen = false;
                }
```

```
                else
                {
                    PlayerPrefs.SetString("fullScreen", "true");
                    Screen.fullScreen = true;
                }
            }
        }
        public void sliders()
        {
            Slider objSlider = this.gameObject.GetComponent<Slider>();
            if(objSlider.name=="SliderVM")
            {
                PlayerPrefs.SetFloat("volMusica", objSlider.value);
                ManterSom.verificaVolume();
            }
            else if(objSlider.name=="SliderVE")
            {
                PlayerPrefs.SetFloat("volEfeitos", objSlider.value);
                ManterSom.verificaVolume();
            }
        }

        private void configSalvas()
        {
            bool fullscreen=false;
            string fullscreenTF;
            int largura, altura, index=0;
            float volMusica, volEfeito;
            atualizaLegenda("menu");
            ManterSom.verificaVolume();
            Toggle window = GameObject.Find("window").GetComponent<Toggle>();
            if(PlayerPrefs.HasKey("fullScreen") && SO.getSO()!="Android")
            {
                fullscreenTF = PlayerPrefs.GetString("fullScreen");

                if(fullscreenTF=="true")
                {
                    fullscreen=true;
                    window.isOn=false;
                }
                else
                {
                    fullscreen=false;
                    window.isOn=true;
                }
            }
```

```
            else if(SO.getSO()!="Android")
            {
                Screen.fullScreen=true;
                window.isOn=false;
                PlayerPrefs.SetString("fullScreen", "true");
            }
            if(PlayerPrefs.HasKey("LanguageIndex"))
            {
                index = PlayerPrefs.GetInt("LanguageIndex");
                TMPro.TMP_Dropdown dropdownTMP = GameObject.Find("Languages").
GetComponent<TMPro.TMP_Dropdown>();
                dropdownTMP.value = index;
            }
            if(PlayerPrefs.HasKey("indexDropTela"))
            {
                largura = PlayerPrefs.GetInt("larguraTela");
                altura = PlayerPrefs.GetInt("alturaTela");
                index = PlayerPrefs.GetInt("indexDropTela");
                Screen.SetResolution (largura, altura, fullscreen);
                TMPro.TMP_Dropdown Dimension = GameObject.Find("Dimension").
GetComponent<TMPro.TMP_Dropdown>();
                Dimension.value=index;
            }
            qualidadeGraf();
            if(PlayerPrefs.HasKey("volMusica"))
            {
                volMusica = PlayerPrefs.GetFloat("volMusica");
                Slider VM = GameObject.Find("SliderVM").GetComponent<Slider>();
                VM.value=volMusica;
            }
            if(PlayerPrefs.HasKey("volEfeitos"))
            {
                volEfeito = PlayerPrefs.GetFloat("volEfeitos");
                Slider VE = GameObject.Find("SliderVE").GetComponent<Slider>();
                VE.value=volEfeito;
            }
        }
        void qualidadeGraf()
        {
            int index;
            if(PlayerPrefs.HasKey("QGraf"))
                index = PlayerPrefs.GetInt("QGraf");
            else
                index = QualitySettings.GetQualityLevel();
            QualitySettings.SetQualityLevel(index, true);
            TMPro.TMP_Dropdown QGraf = GameObject.Find("Quality Options").
```

```
GetComponent<TMPro.TMP_Dropdown>();
233             QGraf.value=index;
234         }
235     }
236 }
```

Na linha 01 a requisição é necessária por manipular objetos UI, na linha 02 é necessária devido ao uso do dicionário, por exemplo. Já a linha 03 nos serve de manipulação de elementos do tipo Text Mesh Pro; na linha 04 incluímos a classe em um grupo lógico de nome ConfigGame, como fizemos com os demais.

Lembrando que métodos estáticos não precisam que suas classes sejam instanciadas; bastando simplesmente utilizar o nome da classe, junto com o seu método. A exceção se aplica a classe idiomas que por possuir herança, linha 05, não precisa que seu método de atualizaLegenda() seja estático.

A linha 07 nos servirá para definir as opções de resolução de tela. Na linha 08 foram declaradas as posições X e Y que os painéis de configurações (do Android ou do Windows) e créditos assumirão, quando for para mostrar os mesmos. Os valores colocados podem variar, dependendo de como estão configurados sua âncora e Pivot dos painéis. Ex:

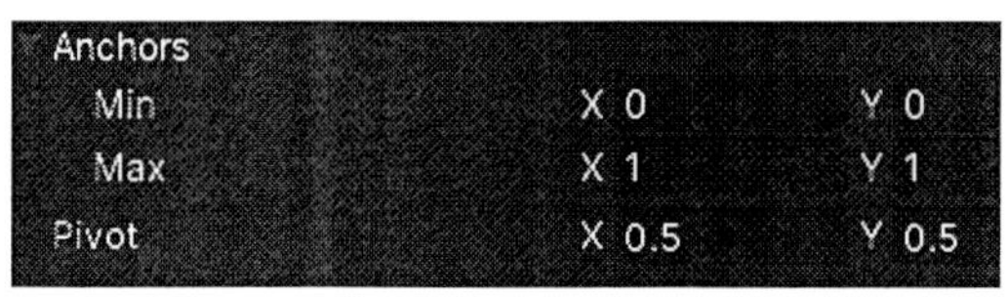

Na linha 11 populamos a nossa matriz unidimensional resolutions, com as opções de dimensões de tela, que Screen.resolutions retorna; logo em seguida, chamamos o método preencheDropdown, linha 12. Para que todos os dropdowns presentes sejam preenchidos corretamente.

Por sinal, esse método, linha 14, possui um comentário na linha 16 que nos serve para apagar todos os PlayerPrefs que foram criados, caso você necessite. Na linha 17 crio uma variável do tipo inteiro, que servirá para nos auxiliar e na linha 18, crio uma lista, que será populada para atribuir a mesma ao nosso dropdown.

Na linha 19 crio um dropdown, para pegar a referência dos dropdowns presentes no painel e assim configurar o seu conteúdo. Mas, antes de qualquer coisa, verifico se o sistema operacional é Android, linha 20; para saber disso, utilizo o método estático getSO(), presente na classe SO.

Caso afirmativo, destruo o painel referente ao Windows, linha 21; do contrário, destruo o painel referente ao Android, linha 23. Faço isso porque o conteúdo presente nos seus painéis possui os mesmos nomes, para evitar pegar um componente de outro painel por engano.

Na linha 25, faço uma nova verificação; se não for o Android então pego o dropdown das dimensões de tela, linha 27, que possui o nome Dimension e apago sua lista padrão, linha 28; logo em seguida, crio uma lista para preencher esse dropdown através dela, linha 29, com base nas resoluções retornadas.

Contudo, só vou adicionar as resoluções na lista que sejam 800 de largura ou maior, linha 31. Se quiser que todas as resoluções possíveis façam parte é só remover esse if. Vou adicionando com um separador, que é o caractere «x», linha 32, com isso aparecerá algo como: 800x600, 1024x768, 1152x864, etc.

Na linha 33 verifico se não há o PlayerPrefs indexDropTela, que é um dos responsáveis em guardar as configurações de tela; caso não exista, então terei que criar os PlayerPrefs, com base na resolução padrão. Apesar de poder requisitar as resoluções atuais diretamente com Screen.width e Screen.height; devo contar a posição de alguma forma para poder salvar esta opção corretamente do dropdown, para resgatá-lo depois.

Por isso que dentro do laço verifico se a resolução atual que será listada possui as mesmas resoluções que batem com as resoluções atuais da tela, linha 35; caso afirmativo, salvo essas resoluções, linhas 37 e 38; e a posição em que foi encontrada, linha 39, que servirá para selecionar o Dropdown, já que a seleção de todo dropdown se baseia em uma posição numérica. Antes de encerrar esse if, chamo o método escalaCena(), linha 40, da classe MudaCena, para fazer a verificação se haverá necessidade de mudar a escala ou não; com base na dimensão atual.

A variável index inicialmente vale zero, mas ao final de cada laço ela é incrementada em um, linha 43. Que por fim, adicionamos as opções da lista ao dropdown de dimensões, linha 45.

No Dropdown com as opções de idiomas precisaremos saber qual é a pasta selecionada e quais são os diretórios presentes. As variáveis 49 e 50 nos servirão de apoio. Verifico se o PlayerPrefs de LanguageFolder existe, linha 52; caso afirmativo, pego o conteúdo do mesmo e atribuo a variável pastaSalva, linha53.

Já na linha 54 pego o dropdown que possui as opções de linguagens, de nome Languages, e limpo a sua lista de opções, linha 55; além de limpar a lista que estávamos utilizando no dropdown anterior, linha 56; pois vamos reutilizar esta lista para popular o dropdown Languages.

Pego todos os diretórios presentes dentro da pasta legendas, linha 57, com base no caminho do sistema operacional atual. Para isso é que foi utilizado o método getPatch(), da classe SO. Já que Directory.GetDirectories nos lista todas as pastas presentes naquele caminho, nos retornando esta lista na forma de um array, por isso que a variável «diretorios» é uma matriz unidimensional.

Na linha seguinte crio um laço para listar os diretórios, linha 58. Desta vez resolvi utilizar um simples Split, linha 60, que divide o caminho dos diretórios em posições de uma matriz unidimensional, com base na presença da barra invertida. O Directory.GetDirectories vai retornar o caminho completo de todas as pastas presentes na pasta Legendas. Ex:

```
diretorios[0] = "C:\jogos\Unity\Labirinto\Legendas\English-EUA"
diretorios[1] = "C:\jogos\Unity\Labirinto\Legendas\PT-BR"
```

Mas eu só quero o último elemento, que é o nome da pasta onde se encontra os arquivos das legendas; por isso é utilizado o path.length, linha 61. O length nos informa a quantidade de elementos presentes no array, se forem cinco diretórios, o valor então será cinco; porém, como sabemos, todo array inicia na posição zero e por isso que para pegar o último elemento é [path.Length-1].

Com isso, se o usuário copiar uma pasta e nomear como Italiano, por exemplo, e quiser criar uma tradução livremente para esta linguagem, esta pasta será captada e também incluída nas opções de linguagem, devido a esta estrutura de código.

Verificamos se não há nenhuma linguagem que foi selecionada anteriormente pelo usuário, linha 63, ou o que foi resgatado em LanguageFolder se encontra vazio, ou seja, é aquele caso em que o usuário criou uma pasta, a selecionou, o que faz com que LanguageFolder e LanguageIndex salvem sua referência. E do nada o usuário excluiu esta pasta, fazendo com que se perca a referência. Como vimos, na classe Idioma o PlayerPrefs de LanguageFolder fica vazio(«»), que caso seja esta situação, reconfiguramos ambos os PlayerPrefs, linha 67 e 68, para o idioma padrão, que optei pelo inglês.

A variável IDIOMA_PADRAO pertence à classe Idioma; mas, como estou usando essa variável aqui? Lembre-se que a classe Idioma foi herdada, linha 05, então a variável IDIOMA_PADRAO poderá ser manipulada por ser uma variável protegida (protected) e não privada (private).

Verifico se ela bate com o mesmo nome da pasta atual em que estamos atualmente no laço, linha 65; caso afirmativo, então salvo a posição, que será referente ao dropdown, linha 67 e salvo o nome da pasta, linha 68, em nossos PlayerPrefs de LanguageFolder e LanguageIndex.

Mas, se o PlayerPrefs de LanguageFolder existe ou o conteúdo de pastaSalva não for vazio; verificamos então se ela bate com o conteúdo da variável pasta, linha 71, que irá variar de nome a cada laço; caso afirmativo, então reconfiguro o LanguageIndex na posição encontrada no laço, linha 72. Isso se faz necessário para reafirmar a posição de onde se encontra a pasta na lista, já que a lista de pastas pode mudar a sua ordem. Devido ao usuário criar ou excluir pastas relacionadas a idiomas. Vamos a um exemplo para entendermos melhor. Ex:

Posição do Dropdown	Nome das Pastas
0	English-EUA
1	**PT-BR**

Estas são as pastas padrão que vêm no jogo e o português (PT-BR) ocupa a posição um (1) nesta lista e digamos que o usuário selecione este idioma para o jogo; LanguageIndex assumirá então o valor um (1), ao usuário reabrir o jogo o programa resgata essa posição e o seleciona no nosso dropdown de idiomas, avisando que o idioma em uso é o português (PT-BR).

Mas e se o usuário criar novas pastas para outros idiomas como alemão ou chinês. Ex:

Posição do Dropdown	Nome das Pastas
0	Chinese
1	Deutsch
2	English-EUA
3	**PT-BR**

Quando o dropdown for realimentado, o que ocorre toda vez que se abre o jogo, a legenda em português não estará mais na posição um (1), mas sim na posição três (3) de nosso dropdown e, por isso, que é importante fazer a verificação novamente para ver em que posição nossa pasta está ocupando atualmente. Da mesma forma, quando o usuário decidir excluir alguma das pastas, por exemplo, o alemão (Deutsch), novamente a posição PT-BR será mudada e por isso é necessário um reforço da verificação de sua posição, sempre que o jogo for aberto. Por fim, adicionamos a lista de idiomas ao nosso dropdown, linha 75 e chamamos o método configSalvas(), linha 76 da própria classe é para que a legenda atual entre em vigor.

O método buttons, linha 78 a 95, é responsável em lidar com o comportamento dos botões, para isso pego o nome do elemento que chamou o método, linha 80, e verifico se o nome deste elemento é start, linha 81; caso afirmativo, chamo o método de corrotina com StartCoroutine de nome abrirCena da classe MudaCena, linha 82; do contrário, se for então de nome settings, linha 83, coloco o painel de configurações na posição correta, linha 85; com base no nome que o método getSO() da classe SO me retorna; enquanto isso, deixo o painel de créditos ocultado, linha 86. Do contrário, se o nome do botão for credits, linhas 88 a 92, faço com que o painel de créditos de nome PCredit fique na posição correta, linha 90; enquanto o outro fique oculto, linha 91.

Finalmente, se não tiver nenhum destes nomes, mas sim o nome quit, linha 93, é solicitado o encerramento do aplicativo, linha 94. Só irá funcionar com o programa rodando fora da Engine do Unity.

O método dropDowns linha 97, trata dos Dropdowns, onde criamos um objeto do tipo TMPro.TMP_Dropdown, linha 99. As linhas 100 e 101 são variáveis que irão nos auxiliar.

Primeiro, verifico se o nome do objeto é relacionado à dimensão (Dimension), já que nomeie todos os elementos presentes em cena em inglês. Caso afirmativo, resgato a posição selecionada deste Dropdown, linha 104, e com este valor resgato o texto, linha 105. Faço o uso de IndexOf para localizar nosso separador, o «x». Onde pegamos o primeiro valor com base na posição de «x» encontrada, linha 107, e convertemos de texto para um número inteiro, linha 108. E pegamos o restante do numeral após o «x», linha 109. E convertemos esse texto em um número inteiro, linha 110. Mais uma vez, poderia ter utilizado o Split().

Com base nesses dados resgatados, configuramos nossos PlayerPrefs de altura, largura e posição selecionada no nosso Dropdown, linha 111 a 113. E utilizamos Screen.SetResolution para reconfigurar as dimensões da tela com base nestes valores, onde o último argumento serve para informar se está ou não em modo janela. Já que não temos esse dado, simplesmente utilizamos o que será retornado de Screen.fullScreen, que informa um valor booleano da situação altual; se é tela cheia (true) ou não (false). Sempre solicitando no final em relação à mudança de dimensão de tela, o método escalaCena, para verficar se há necessidade de mudança de escala, linha 115.

Se for relativo ao Dropdown de qualidade gráfica, então entrará no else/if da linha 117; onde pegamos a posição selecionada do Dropdown, linha 119, e com base nessa posição é que configuramos a qualidade gráfica, linha 120; além de salvar também, como ocorrerá em todos, a seleção escolhida pelo usuário em um PlayerPrefs, linha 121.

Do contrário, se for Dropdown de linguagem, linha 123, se resgata a posição selecionada do Dropdown, linha 125, e pega o texto, linhas 126; que nada mais é do que o nome da pasta onde se encontra a legenda, e com base nisso, salva os dados em PlayerPrefs, linhas 127 e 128, a posição na listagem de seleção e a pasta, respectivamente. Para posteriormente chamar o método atualizaLegenda, linha 129, onde requisitamos o bloco de notas de nome menu, que possui a tradução para esta cena. Lembrando que atualizaLegenda() é um método da classe Idiomas e que pode chamar desta forma devido ao método ser público e devido a herança, linha 05. Na linha 130, chamo o método qualidadeGraf(), para selecionar novamente a qualidade gráfica, pois a mudança de idioma zera a seleção atual deste DropDown, por isso decidi colocar em um método separadamente para chamá-lo.

O método toggles, linha 133, resgata o componente Toggle que houve interação com o método, linha 135 e verifica se o seu nome é window, linha 136. Caso afirmativo, é verificado se ele está marcado, linha 138; onde isOn nos retorna true, quando marcada ou false, caso contrário.

Se estiver selecionado, então foi solicitado o modo janela. E por isso salvamos a preferência do usuário como falso (false), linha 140, e configuramos o modo janela na mesma hora, linha 141, como false. Mas se foi desmarcado, linha 143, então é solicitado o modo tela cheia onde configuramos da mesma forma que o anterior, sendo true, linhas 145 e 146.

O método sliders irá tratar das barras de volume, linha 150. Como em todos os métodos chamados, pegamos o objeto que solicitou o método, linha 152, e verificamos se é o slider de música, linha 153. Já que no painel de configurações está com este nome. Caso afirmativo, salvamos o valor do volume escolhido pelo usuário, linha 155, através de value que retorna um valor entre 0f a 1f. E solicitamos o método verificaVolume(), presente na classe ManterSom. De forma semelhante ocorre com o slider de efeitos, linha 158 a 162.

O método configSalvas serve para configurar tudo aquilo que o usuário alterou; com isso criam-se variáveis auxiliares deste processo, linhas 167 a 170; onde chamamos o método de atualização de legenda, linha 171; passando como argumento o nome do bloco de notas chamado menu, já que é este que precisaremos. Também solicitamos o método de configuração do volume de som, linha 172.

Na linha 173 pegamos o objeto Toggle de nome window e na linha seguinte verifica-se se possui o PlayerPrefs de nome fullscreen, linha 174, e que o sistema operacional não seja do tipo Android; caso afirmativo, resgatamos o seu dado, linha 176. Se tiver a palavra true, linha 178, configuramos a variável fullscreen como true e desmarcamos o toggle, no caso se estiver marcado, linhas 180 e 181. Do contrário, linha 183, fazemos o inverso, linhas 185 e 186.

Do contrário, linha 189, se não existir o PlayerPrefs e não for Android; então criamos um configurando como tela cheia, linha 191; desmarcamos o toggle de nome window, linha 192, e salvamos a referência de PlayerPrefs de fullScreen, como true, linha 193.

Na linha 195 verificamos se PlayerPrefs de LanguageIndex existe; caso afirmativo, resgatamos a posição que foi selecionada no Dropdown, linha 197, para posteriormente resgatar o Dropdown, linha 198, e selecionar a posição deste com base no que foi resgatado do PlayerPrefs, linha 199.

Na linha 201, verificamos a referência de tela se foi salva; caso afirmativo, resgatamos os dados, linhas 203 a 205, e configuramos a resolução, linha 206. Onde resgatamos a posição selecionada do Dropdown, linha 205, para resgatar o componente, linha 207, e assim selecionar a opção escolhida anteriormente pelo usuário, linha 208.

Na linha 210, chamamos o método responsável em configurar a seleção e a qualidade gráfica. O PlayerPrefs de volume de música, linha 211, e de efeitos, linha 217. Serve para configurar as barras de volume, por isso resgatamos o dado do PlayerPrefs, linhas 213 e 219; para resgatar o componente, linhas 214 e 220, para assim atribuir o valor que foi salvo anteriormente linhas 215 e 221.

O método da linha 224 verifica se há um playerPrefs relacionado à qualidade gráfica, linha 227; caso afirmativo, pegamos a posição que foi selecionada no Dropdown, linha 228; do contrário, resgatamos a qualidade gráfica atual, linha 230. Onde, logo em seguida, a configuramos com base neste valor, linha 231. Por fim, resgatamos o Dropdown, linha 232, e selecionamos o mesmo com base na posição resgatada, linha 233.

SubMenus.cs

Estará presente nos elementos UI como a lista de fases ou de cenas que declara vitória ou aquela que declara derrota.

```
using UnityEngine.UI;
using UnityEngine.SceneManagement;
namespace ConfigGame{
    public class SubMenus : Idiomas
    {
        private Button bt;
        private int fase=1;
        private const int TOTAL_FASES=3;
        void Start()
        {
            if(SceneManager.GetActiveScene().name=="listaFases")
            {
                if(PlayerPrefs.HasKey("fasesfinalizadas"))
                {
                    fase = PlayerPrefs.GetInt("fasesfinalizadas");
                    for(int i=2; i<=TOTAL_FASES; i++)
                    {
                        if(i<=fase)
                        {
                            if(GameObject.Find("f"+i)!=null)
                            {
                                bt = GameObject.Find("f"+i).GetComponent<Button>();
                                bt.interactable = true;
                            }
                        }
                    }
```

```
27                  }
28              }
29              atualizaLegenda("subMenus");
30          }
31          public static int getTotalFases()
32          {
33              return TOTAL_FASES;
34          }
35          public void onOver()
36          {
37              AudioSource btOver = GameObject.Find("btOver").
GetComponent<AudioSource>();
38              if(this.gameObject.GetComponent<Button>().interactable)
39                  btOver.Play();
40          }
41          public void entraFase(int fase=0)
42          {
43              if(PlayerPrefs.HasKey("fase") && fase==0)
44                  fase=PlayerPrefs.GetInt("fase");
45              StartCoroutine(MudaCena.abrirCena("fase"+fase));
46          }
47          public void retornaMenuPrin(bool zerarFases=false)
48          {
49              if(zerarFases)
50              {
51                  PlayerPrefs.SetInt("fase", 1);
52                  PlayerPrefs.SetInt("fasesfinalizadas", 1);
53              }
54              StartCoroutine(MudaCena.abrirCena("menuPrincipal"));
55          }
56          public void sair()
57          {
58              Application.Quit();
59          }
60      }
61  }
```

Já que vamos trabalhar com componentes UI, fizemos sua requisição, linha 01; também SceneManagement, linha 02, para mudança de cena e a inclusão da classe em um grupo lógico, linha 03.

Na linha 06 foi criado um objeto do tipo botão e na linha 07 uma variável do tipo inteiro responsável em informar que fase o jogador irá, a princípio seria a primeira fase. Já na linha 08 temos uma variável constante onde contabiliza o total de fases que o jogo possui.

Em Start(), na linha 11, pego o nome da cena, que se for de nome "listaFases", verifico se o PlayerPrefs de nome "fasesfinalizadas" existe, linha 13; caso afirmativo, resgato o seu dado, linha 15, e logo em seguida, crio um laço, linha 16; onde busco os botões com base no número da fase que o jogador chegou a finalizar, linha 18, que estão nomeados por "f" mais o número da fase que o botão representa, ex: f1, f2, f3. Por isso que a busca é "f"+i onde "i" é o contador de nosso laço for, linha 20.

Caso encontrado, resgato o botão, linha 22, e coloco sua interatividade como true, linha 23. Lembra do que falei? Os botões são destivados da fase dois em diante, se o usuário passar de fase, então o mesmo ficará ativo; verificamos isso resgatando o PlayerPrefs de fases finalizadas, linha 13. E por fim, em start() chamo o sistema de atualização de legenda, com base no bloco de notas de nome subMenus.txt, linha 29.

O método público estático da linha 31 retorna nossa variável privada constante que possui o número total de fases, ela não precisa ser estática por ser uma variável constante, linha 33.

Os botões quando desativados, o seu evento On Click não pode ser chamado; com exceção de eventos como Event Trigger que é chamado mesmo com a interatividade do botão desativada.

Por isso que os botões de fase dois e três utilizam obrigatoriamente o evento do botão On Click ao invés do evento Pointer Click de Event Trigger. Mas, ao passar o mouse para emitir o som, terá que ser o evento Point Enter de Event Trigger, já que o botão não possui esse tipo de evento. Então como fazer para que só emita o som, se o botão estiver ativo?

É aí que entra o método onOver(), linha 35; onde se verifica a interatividade do botão, linha 38. Onde interactable nos retorna true, quando ativo ou false quando desativado. Se o botão estiver ativo, então será true e entrará no if, fazendo com que o efeito de som btOver, toque, linha 39.

O método público entraFase, linha 41, é para saber em que fase o usuário terá que entrar ao passar de fase ou morrer. Por isso, verifica-se se nenhum argumento foi passado para este método, ou seja, se fase é valor zero e se há o PlayerPrefs de nome fase, linha 43; caso afirmativo, resgatamos esse valor, linha 44. E mudamos para a cena correspondente com base no número da fase, linha 45. Lembrando que as cenas de fase estão como: fase1, fase2 e fase3. Por isso, que o argumento passado é «fase»+fase.

O método público retornaMenuPrin(), linha 47, possui um parâmetro para verificar se teremos que zerar o jogo, caso afirmativo, linha 49, alteramos tanto o PlayerPrefs de fase e «fasesfinalizadas» para o valor um, linha 51 e 52. E é solicitada a mudança para a cena de nome «menuPrincipal», linha 54. Por fim, temos o método sair, linha 56, que encerra o programa quando chamado, linha 58.

Os submenus terão uma cena para cada um. Ex:

gameOver

win

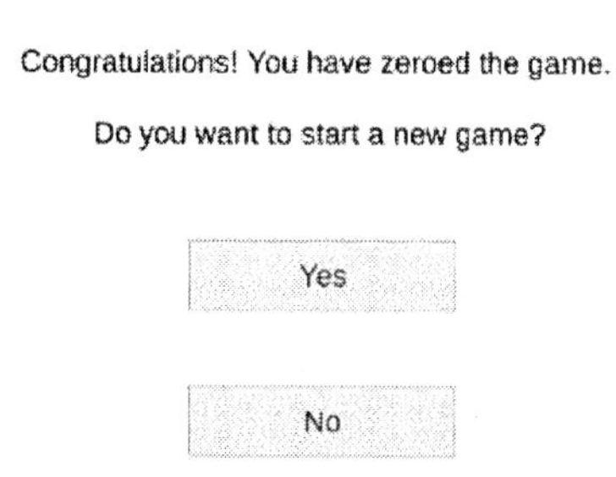

Cena	Botões	Método do SubMenus.cs	Argumento
gameOver	Play Again	entraFase()	-
	Quit	sair()	-
Win	Yes	retornaMenuPrin()	true
	No	sair()	-

O argumento true passado para o método pode ser feito simplesmente marcando uma caixinha de seleção. Ex:

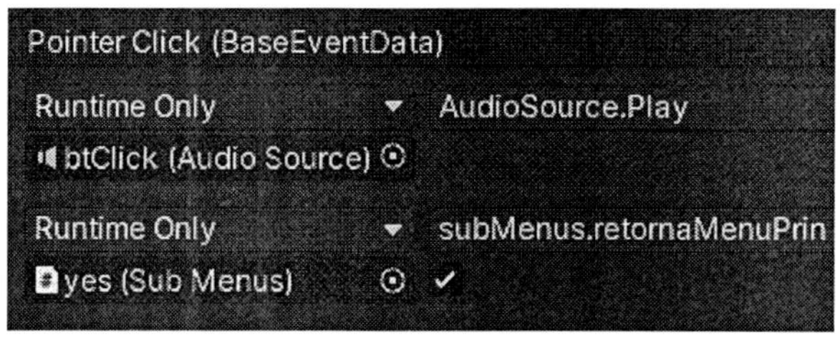

Jogo2.cs

Esse script fica atrelado ao objeto jogador da fase e possui o seguinte conteúdo:

```
using ConfigGame;
using UnityEngine.SceneManagement;
public class Jogo2 : MonoBehaviour
{
    private bool drag, permitido=true;
    private int fase, totalFases;
    public void OnMouseDown()
    {
        drag=true;
    }
    public void OnMouseUp()
    {
        drag=false;
    }
    void Start()
    {
        totalFases = SubMenus.getTotalFases();
        MudaCena.escalaCena();
        string nomeFase = SceneManager.GetActiveScene().name;
        int faseAtual = int.Parse(nomeFase.Replace("fase", ""));
        PlayerPrefs.SetInt("fase", faseAtual);
    }
    void Update()
    {
        if(drag && permitido)
        {
```

```
27            Vector2 posMouse = Camera.main.ScreenToWorldPoint(Input.mousePosition) - transform.position;
28            transform.Translate(posMouse);
29        }
30    }
31    void OnCollisionEnter2D(Collision2D collision)
32    {
33        AudioSource objSom;
34        string nome = collision.gameObject.name;
35        fase=1;
36        if(nome.Contains("parede"))
37        {
38            objSom = GameObject.Find("boom").GetComponent<AudioSource>();
39            objSom.Play();
40            permitido=false;
41            StartCoroutine(MudaCena.abrirCena("gameOver"));
42        }
43        else
44        {
45            objSom = GameObject.Find("victory").GetComponent<AudioSource>();
46            objSom.Play();
47            permitido=false;
48            if(nome!="fase"+totalFases)
49            {
50                fase = PlayerPrefs.GetInt("fase");
51                ++fase;
52                PlayerPrefs.SetInt("fasesfinalizadas", fase);
53                StartCoroutine(MudaCena.abrirCena("fase"+fase, 2f));
54            }
55            else
56                StartCoroutine(MudaCena.abrirCena("win", 3.5f));
57        }
58    }
59 }
```

Há métodos ouvintes que são OnMouseDown e OnMouseUp, linhas 07 e 11, que derivam de MonoBehaviour. E para que estes eventos funcionem, o objeto em questão precisará ter um objeto colisor. No nosso caso, foi incluso um Circle Collider 2D. Para que o sistema de colisão funcione, como foi explicado, precisa que um dos objetos em questão tenha um Rigidbody 2D, adicione também ao jogador e remova o valor de Gravity Scale do Rigidbody 2D. E as paredes, ou qualquer tipo de obstáculo presente em cena, se ainda não cheguei a mencionar, terá um corpo colisor, de preferência um Box Collider 2D e todos terão o nome de parede. Quando for duplicar o objeto não se preocupe com a numeração que aparece na cópia, simplesmente ignore; você saberá a razão em breve.

Com relação aos ouvintes de evento, um deles funciona com o pressionamento do botão (OnMouseDown) e o outro é ativo quando o botão do mouse é liberado (OnMouseUp). Fazendo com que a variável booleana drag se torne true (verdadeiro) quando houver o pressionamento do mouse e false (falso), quando o botão do mouse for liberado sobre o objeto que possui esse tipo de evento, no nosso caso o jogador.

Em start (linha 15), pegamos o total de fases do jogo, linha 17; onde utilizamos a classe "SubMenus" e seu método getTotalFases() para isso. Também chamamos o método de escalaCena(), da classe "MudaCena", para saber se seu valor de escala precisa ser alterado ou não, linha 18. E na linha 19 pegamos o nome da cena, que se nomeou conforme o recomendado poderá ser fase1, fase2 ou fase3, dependendo da cena em questão. Na linha 21 extraímos o número, removendo o nome fase, com o uso de replace e por se tratar de uma string, realizamos a conversão para um número inteiro com o uso de int.Parse(); feito isso salvamos o número da fase com um PlayerPrefs, linha 21. Isso é útil quando o personagem se choca com uma parede e pede para tentar novamente, com esse dado podemos voltar exatamente para a fase em que ele estava antes.

O método Update, linha 23, pega a posição do mouse menos a posição do objeto, se drag e permitido forem verdadeiros, linha 25. A subtração de dois vetores é utilizada para determinar um vetor de distância entre dois outros vetores ou coordenadas vetoriais dentre dois objetos; que nos resulta em um vetor direção, que só ocorrerá quando o objeto em questão for clicado, linha 27. Essa direção se dará ao arrastar o objeto com o ponteiro do mouse sobre o mesmo, sem soltar o botão, passando esta movimentação ao objeto jogador, linha 28.

Verificamos quando há algum contato do objeto jogador com um outro objeto em cena, linha 31; pegamos o nome do objeto colisor, linha 34, e verificamos se foi em algum objeto de nome parede, linha 36. Contains realiza uma busca pela palavra parede e retorna verdadeiro quando encontrado, independente do que vim acompanhando ou não de outro conteúdo. Por isso não se preocupe em renomear item por item, se sua estrutura estiver desta forma:

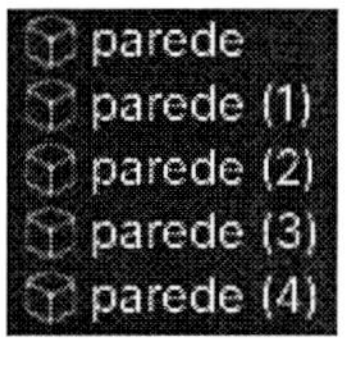

Poderia também ter utilizado uma tag, onde o seu conteúdo é imutável, mas aqui me utilizei de nome, para demonstração de Contains.

Caso seja verdadeiro, resgatamos o objeto de som boom, linha 38, e fazemos que o som toque, linha 39. O valor booleano permitido passa a ser falso; fazendo com que não possa arrastar mais o objeto jogador, linha 40; já que drag e permitido tem que ser ambos verdadeiros, linha 25. Por isso, não adianta ficar clicando e tentando arrastar o objeto; já que permitido agora é falso. Por fim, mudamos a cena para a de nome gameOver, linha 41.

Do contrário, linha 43, resgatamos o objeto som de vitória, linha 45, o tocamos, linha 46 e tornamos permitido false, linha 47; para que o jogador não possa mais se movimentar. Na linha 48, verificamos se não é a fase final do jogo, por isso pegamos o nome e verificamos se é diferente de fase + o número total de fases.

Lembra que o objeto colisor que muda a fase possui o nome da fase? Ou seja, se você estiver na fase1, o objeto que muda para a próxima fase será fase1, se estiver na fase2 o objeto que muda para a próxima fase será fase2 e assim por diante.

Se não for a última fase, então resgatamos o número da fase atual, linha 50, e incrementamos em um, linha 51. Com isso atualizamos o PlayerPrefs de «fasesFinalizadas», linha 52. E solicitamos que se abra para a cena da próxima fase, linha 53, com um retardo maior de tempo, já que passamos 2f, no segundo argumento. O som de declaração de vitória demora um pouco mais o seu som.

Do contrário, linha 55, já estamos na última fase, então vamos para a cena que declara vitória ao jogador, linha 54, com um certo atraso (3.5f), para que o som de vitória toque até o fim.

Testando os recursos do jogo para PC

Para testar devidamente o jogo, o ideal seria gerar um executável do mesmo; todo executável gerado terá a logo do Unity. Acredito que você, em algum momento, vai querer alterar este ícone para um ícone personalizado por você. Além disso, você irá desejar em algum momento incluir a logo da empresa na apresentação do game. Pensando nisso, vamos ao menu principal em Edit>Project Settings e selecionar Player. Lá haverá:

- **Icon**: Que altera o ícone executável de seu projeto

- **Splash Imagem**: Lá há o campo de nome Draw Mode, que possui duas opções:
  - **Unity Logo Below**: Para aparecer a sua logo no topo e a logo do Unity abaixo; determinando a sua logo e o tempo, indo na opção logo abaixo de nome Logos.
  - **All Sequential**: Para aparecer a Logo do Unity e, logo em seguida, a logo de sua empresa; determinando o tempo para cada logo, tanto do Unity como a logo da sua empresa, em Logos.

Depois de alterado o que deseja, vá ao menu principal em File > Bluid and Run. Ele vai pedir que crie uma pasta para criar o projeto final na mesma.

Reaproveitando o menu em um jogo de Puzzle

Neste tópico vamos aprender como reaproveitar os componentes de um projeto e nada melhor para isso do que o tópico anterior onde foi criado um sistema de menu. Para isso, vamos criar um pacote de exportação do nosso projeto de menu, para depois importar esse pacote para este novo projeto.

Criando um pacote de exportação

1. Abra o projeto do labirinto e vá ao menu principal em Assets > Export Package...
2. Na janela que aparece, desmarque a opção include dependencies.
3. Com isso irá aparecer uma lista com todos os itens:

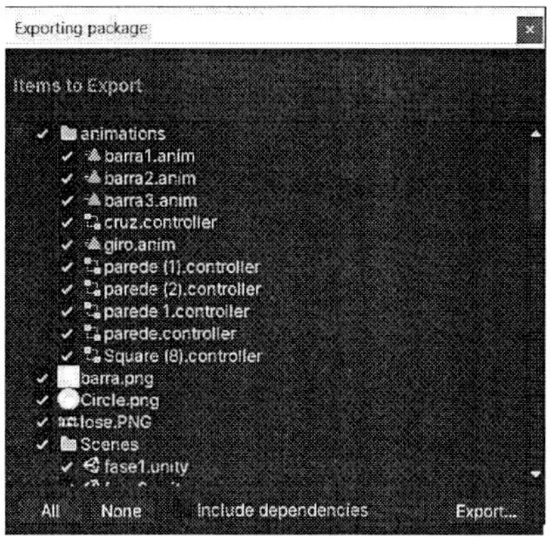

4. Desmarque a pasta de animations, que faz parte do jogo anterior, o Circle.png, as cenas de fase1, fase2, fase3 e Jogo.cs. Talvez você encontre algo a mais que não precise, mas estes são os principais.

5. Agora clique em Export... E nomeie como menu ao salvar.

Muito simples de criar um pacote, certo? Agora vamos criar um novo projeto e ver como importar esse pacote que já possui o menu pronto.

Importando o pacote

1. Crie um novo projeto 2D de nome **Puzzle**.
2. Ao abrir o projeto, vá ao menu principal em Assets > Import Packege > Custom Package...
3. Procure pelo pacote que você acabou de criar de nome menu.
4. Ao selecionar para abrir, vai aparecer uma janela de importação; simplesmente não desmarque

nada e clique em importar.

5. Com isso exclua a cena padrão que acompanha o projeto de nome SampleScene.
6. Selecione a cena do menuPrincipal, se o Unity solicitar para salvar SampleScene, simplesmente clique em não.
7. Vá ao menu principal clique em File > Build Settings... e acrescente as cenas.

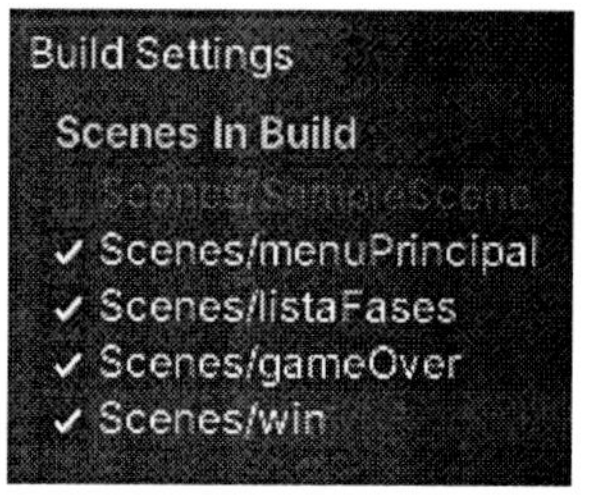

8. Teste seu projeto.

Você verá que toda a estrutura que criamos já está pronta e funcionando para este novo projeto. Mas, tem um pequeno porém, o nome do jogo agora é quebra-cabeça ou puzzle e não mais labirinto ou maze. Por isso, você terá que ir no arquivo de menu.txt de ambos os idiomas e alterar. Ex:

PT-BR/menu.txt
Title|Quebra-Cabeça

English-EUA/menu.txt
Title|Puzzle

Lembrando que irá aparecer puzzle ou quebra-cabeça, dependendo do idioma escolhido pelo usuário. Alguns desenvolvedores optam em não traduzir o título, se esse for o seu caso, exclua essa linha em ambos os blocos de notas e só altere o texto presente na cena do menu principal.

Detalhando o jogo Puzzle

O nosso jogo de quebra-cabeça possuirá três fases, como exemplo. A primeira fase começará com três peças, a segunda com seis e a terceira com nove peças; se eu continuasse a próxima fase seria composta por 12 peças e assim por diante.

Toda fase possuirá alguma dificuldade, até porque todo jogo requer do usuário algum desafio para ficar um pouco mais interessante. No nosso caso será um cronômetro que ao zerar e o usuário não tiver posto todas as peças no lugar certo, será dado game over para o mesmo. E por isso, iremos precisar criar um novo bloco de notas de nome fases, porque em toda fase haverá um pequeno texto alertando ao jogador o tempo restante para completar a tarefa, seguido do nosso contador regressivo. O bloco de notas fases estará junto com os demais e possuirá um pequeno texto:

PT-BR/fases.txt
Temp|Tempo Restante

English-EUA/frases.txt

Temp|Time Left

Onde Temp será o nome do elemento do tipo text mesh pro que possuirá esse texto. As imagens utilizadas são pequenos quadros pintados que meus filhos fizeram durante o período da pandemia. Vamos a uma imagem como exemplo, para se ter ideia de como ficou:

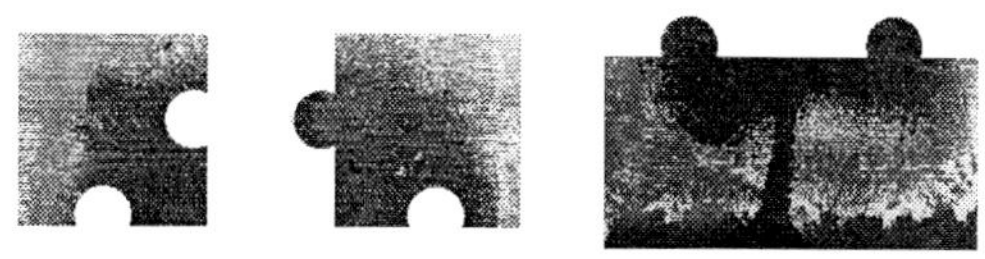

Os eventos de mouse como OnMouseUp e OnMouseDown derivam de MonoBehaviour. E para funcionarem precisarão ter um objeto colisor, como já foi dito. Então nada mais natural do que colocar um colisor do tipo Box Collider 2D nas peças. E criar um script que faça com que seja possível arrastar essas peças. Mas todo colisor cria "corpo" ao objeto, como sabemos; e falando em peças de encaixe, isso pode ser um problema, por isso que todos colisores terão a opção de gatilho marcada (is Trigger), para evitar qualquer tipo de problema.

O ideal é quando o usuário largar a peça no local certo e a mesma se encaixe exatamente onde deveria ficar e que não seja mais possível movê-la. Para isso precisaremos de um outro colisor menor, que ative quando estiver no local certo e faça a mágica acontecer. Não optei em utilizar o colisor que envolve toda a peça por ser uma área muito grande; do contrário, o jogador poderá colocar a peça distante do ponto correto e mesmo assim será detectada a colisão, fazendo com que a peça assuma sua posição correta no tabuleiro. Ex:

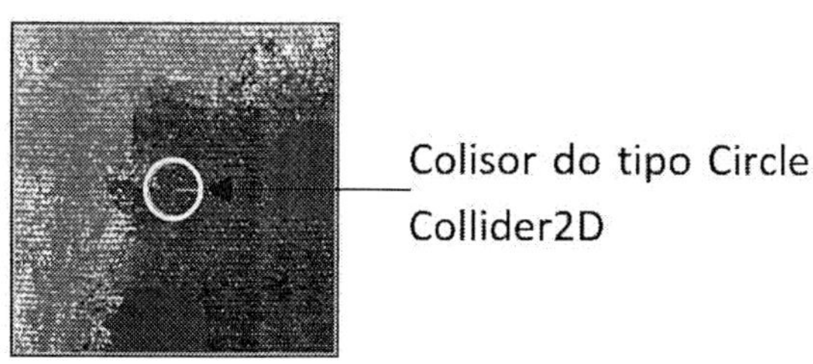

Em outras palavras, cada peça terá dois colisores. Uma grande que envolva a peça para que OnMouseUp e OnMouseDown possam funcionar, e um menor, só para verificar se a peça está sendo deixada no local correto. Vamos às etapas de preparo da cena:

1. Crie um novo projeto 2D, se ainda não o fez.
2. Importe o pacote de menu.
3. Crie cenas de nome fase1, fase2 e fase3.
4. **Music2, boom e victory**, serão as músicas utilizadas nas fases. Adicione as mesmas.
5. Adicione todas as cenas em Scenes in Bluid, indo ao menu principal em File > Build Settings...
6. Selecione a cena fase1.
7. Em assets crie uma pasta de nome PCs. E dentro desta crie as pastas fase1, fase2 e fase3.
   7.1. É dentro dessas pastas que você colocará as imagens que farão parte de cada fase.
   7.2. Importe as peças referentes de cada fase e coloque em suas respectivas pastas.

8. Adicione duas UI de texto do tipo text mesh pro.
   8.1. Uma delas terá o nome Temp, com a frase: Tempo restante.
   8.2. A outra de nome Time, nos servirá para contar o tempo. Ficando algo como:

Nome do componente	Temp	Time
Texto	Tempo Restante	000

9. Adicione as imagens das três peças, referente à fase1.
10. Cada peça terá o nome PC1, PC2 e PC3.
11. Altere o valor de Order in Layer de todas para 10. Isso fará com que fique à frente da base que iremos criar, onde ficarão as peças.
12. Adicione um Box collider 2D em todas, além de um Circle Collider 2D; ambos os colisores terão a opção is trigger marcado em suas opções, indo à janela inspector para isso.
    12.1. Ainda relacionado a estas peças, deixe o raio do Circle Collider 2D, algo em torno de 0.2. Com isso a verificação só será válida quando o usuário tiver posto praticamente a peça no local certo.

13. Puxe novamente as mesmas peças, mas desta vez vá à janela inspector e altere a cor para preto. Estas nos servirão de base para por as peças.
    13.1 Em cada peça terá um Circle Collider 2D, com 0.2 de raio e com a opção is trigger marcado, algo pequeno, pois a verificação só é válida quando o usuário estiver posto praticamente a peça no local certo.
    13.2 Nomeie as mesmas como base1, base2 e base3.
    13.3 Acrescente também em todas um Rigidboy 2D. Até porque a verificação de colisão só é válida se um dos objetos envolvidos possuir um rigidboy.
    13.4 Coloque o Gravity Scale dos Rigidboys 2D como zero (0). Indo à janela inspector do objeto para isso
    13.5 Encaixe essas peças no cenário, para ficar da seguinte forma:

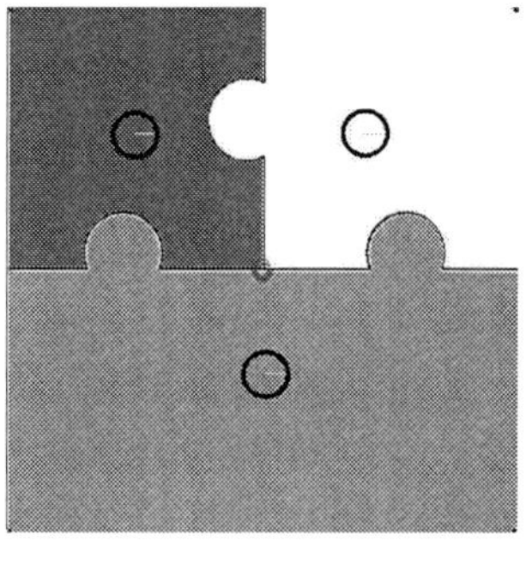

Todas as peças devem estar pretas, aqui são de tonalidades diferentes, só para se ter uma ideia melhor de como ficou.

Essa estrutura será semelhante às fases um e dois, por isso não repetirei o processo para as mesmas. Neste exemplo terão dois scripts, um pelo movimento e verificação de encaixe das peças e outro que servirá de marcador de tempo. Ambos optei em criar uma pasta de nome ScriptGames, para separar da pasta scripts que possui os scripts do menu, uma forma de evitar mexer por acidente algo referente ao menu.

Tempo.cs

```
using UnityEngine.UI;
using ConfigGame;
public class Tempo : Idiomas
{
    public int tempoGame;
    private AudioSource objSom;
    static bool parar;
    private IEnumerator corrotina;
    void Start()
    {
        this.GetComponent<TMPro.TextMeshProUGUI>().text = tempoGame.ToString();
        parar=false;
        corrotina = conta();
        StartCoroutine(corrotina);
        atualizaLegenda("fases");
    }
    private IEnumerator conta()
    {
        for(; tempoGame>0; tempoGame--)
        {
            if(!parar)
            {
                this.GetComponent<TMPro.TextMeshProUGUI>().text = tempoGame.ToString();
                 yield return new WaitForSeconds(1f);
            }
            else
                StopCoroutine(corrotina);
        }
        if(!parar)
        {
            objSom = GameObject.Find("boom").GetComponent<AudioSource>();
            objSom.Play();
            StartCoroutine(MudaCena.abrirCena("gameOver"));
        }
    }
    public static void setParar(bool pare=true)
    {
        parar=pare;
    }
```

```
40 }
```

Na primeira linha foi utilizado o UnityEngine.UI, por se trabalhar com componente do tipo canvas no script. Na linha 02 o ConfigGame, no caso de eu precisar de algum método de suas classes.

A variável pública inteira de nome tempoGame, linha 05, servirá para você alterar o seu valor pela janela inspector do componente que possuir este script. Desta forma, você determina o tempo que a fase atual terá para o jogador montar, sem abrir o script para isso.

Ainda foi criada uma variável de áudio para tocar algum objeto de som quando necessário, linha 06. A variável estática parar, linha 07, servirá para parar o tempo. E por fim, um IEnumerator de nome corrotina, para guardar a corrotina e poder desta forma interromper sua operação quando necessário, linha 08.

Em Start(), linha 09, pegamos o conteúdo do texto, do componente do tipo text mesh pro e atribuímos o valor de «tempoGame», que por ser do tipo inteiro fazemos uma conversão explícita para texto.

Definimos parar como falso, linha 12, atribuímos o método conta(), linha 13, a nossa corrotina. E pedimos que a corrotina seja inicializada, linha 14; ao mesmo tempo pedimos a legenda apropriada com base no arquivo de bloco de notas de nome fases, linha 15.

A nossa corrotina conta tem um laço for, linha 19, que fará o valor de tempoGame decrescer a cada laço. Se parar for falso, linha 21, então pegamos o novo valor de tempoGame e atribuímos ao UI do tipo text mesh pro; logo em seguida, é solicitado uma espera de um segundo para que o laço prossiga, linha 24.

Do contrário, se parar não for falso, então devemos parar a corrotina, linha 27. Fora do laço temos um outro if, que verifica ao término deste, se parar ainda é falso; caso afirmativo, pegamos o som de bomba, linha 31, e tocamos, linha 32; ao mesmo tempo solicitamos a mudança para a cena de nome gameOver, linha 33. Isso só ocorre se o laço da corrotina acabar, ou seja, o tempo, e parar continuar como falso. Isso só ocorre quando o usuário não colocar todas as peças no tempo hábil.

O método estático parar, simplesmente muda o valor booleano de parar para verdadeiro. Isso será chamado pelo script Jogo. Quando o usuário completa o tabuleiro a tempo, então a contagem deve ser interrompida. Este script deverá estar atrelado ao componente de texto UI de nome time, que conta o tempo.

Jogo.cs

```
using ConfigGame;
using UnityEngine.SceneManagement;
public class Jogo : MonoBehaviour
{
    private bool drag=false, localCorreto=false;
    private static int PCC=0;
    private int totalFases, fase, PCTotal;
    private AudioSource objSom;
```

```
    private string nomeFase;
    void Start()
    {
        totalFases = SubMenus.getTotalFases();
        nomeFase = SceneManager.GetActiveScene().name;
        fase = int.Parse(nomeFase.Replace("fase", ""));
        PlayerPrefs.SetInt("fase", fase);
        PCTotal = fase*3;
    }
    public void OnMouseDown()
    {
        drag=true;
    }
    public void OnMouseUp()
    {
        drag=false;
    }
    void Update()
    {
        if(drag)
        {
            Vector2 posMouse = Camera.main.ScreenToWorldPoint(Input.mousePosition) - transform.position;
            transform.Translate(posMouse);
        }
    }
    void OnTriggerStay2D(Collider2D obj)
    {
        string local = obj.gameObject.name;
        string pc = this.gameObject.name;
        if (pc[pc.Length-1]==local[local.Length-1] && !drag && (obj is CircleCollider2D))
        {
            if(!localCorreto)
            {
                PCC++;
                localCorreto=true;
            }
            transform.position = obj.gameObject.transform.position;
            this.GetComponentInParent<BoxCollider2D>().enabled = false;
            this.GetComponentInParent<CircleCollider2D>().enabled = false;
            obj.GetComponent<CircleCollider2D>().enabled = false;
        }
        if(PCTotal==PCC)
        {
            Tempo.setParar();
```

```
53              objSom = GameObject.Find("victory").GetComponent<AudioSource>();
54              objSom.Play();
55              if(fase!=totalFases)
56              {
57                  ++fase;
58                  PCC=0;
59                  PlayerPrefs.SetInt("fasesfinalizadas", fase);
60                  StartCoroutine(MudaCena.abrirCena("fase"+fase, 2f));
61              }
62              else
63                  StartCoroutine(MudaCena.abrirCena("win", 3.5f));
64          }
65      }
66 }
```

Utilizamos o requerimento de ConfigGame, linha01, caso venhamos a precisar do mesmo. Já que ocorrerá mudança de cena dentro do script, o SceneManagement, linha 02, também é requisitado.

Como utilizamos no labirinto, haverá também aqui um sistema de arrastar por isso a variável boolenada drag, linha 05; além de ter uma outra variável booleana na mesma linha para verificar se a peça foi posta no local certo. Foi criada uma variável estática, linha 06, que como sabemos, o valor será o mesmo para toda a peça que possuir este script. O valor é único para todos por ser estático.

Há ainda variáveis para guardar o total de fases, a fase atual e o total de peças desta fase, respectivamente, linha 07. Um objeto de áudio para nos auxiliar, linha 08, assim como pegar o nome da cena atual, linha 09.

Em Start(), pegamos o total de fases a atribuímos a uma variável, linha 12; provinda da classe SubMenus e seu método getTotalFases(). Na linha seguinte pegamos o nome da cena, linha 13, e utilizamos replace, para remover a palavra fase e só ficar com o número; onde convertemos para um numeral do tipo inteiro com int.Parse(), linha 14.

Guardamos o número da fase atual em um PlayerPrefs, linha 15, e multiplicamos por três o valor da fase atual e armazenamos em PCTotal, que será referente ao total de peças que conterá esta fase.

Quando clicado sobre o objeto o OnMouseDown() é chamado, linha 18, fazendo com que a variável drag (arrastar) se torne verdadeiro, linha 20. E quando soltar o objeto o OnMouseUp() é chamado, linha 22; com isso a variável drag (arrastar) se tornará falso. Em Update(), verifica se esta variável booleana é verdadeira, linha 28; pegamos a posição do mouse, menos a posição atual do objeto a ser arrastado e obtemos com isso um novo vetor, linha 30, que utilizamos para movimentar o mesmo com translate, linha 31.

Já a colisão é verificada por um gatilho (trigger), linha 34. Pegamos o nome do objeto atual que se chocou com a peça, linha 36, e o nome da peça em si, linha 37. Com isso pegamos o último caractere, que seria a numeração, já que Length é o total de caracteres e menos um (-1); desta forma pegamos o último caractere que será o nosso número. Se o número possuísse três casas, por exemplo, PC003, pegaríamos então como pc[pc.Length-3].

Ainda na linha 38, verifica que o usuário soltou a peça, ou seja, se drag é falso e como a exclamação tornar o inverso, drag é verdadeiro, neste caso, quando o usuário não estiver mais arrastando a peça. Ainda se verifica se a colisão foi através de um CircleCollider 2D. Se todos os critérios forem atendidos, irá então entrar no if.

Onde verifica se localCorreto, linha 40, é ainda falso; caso afirmativo, contabilizamos esta peça e alteramos o valor de localCorreto como verdadeiro, linha 43.

Na linha 45 pegamos a posição exata da base e atribuímos à peça. Estando devidamente encaixado, desabilitamos os colisores, linhas 46 a 48. Para ter certeza que esta peça não possa ser mais mexida e nem a base mais verificada em um evento de colisão.

Se PCTotal for igual a quantidade de peças colocadas no lugar certo, linha 50, então está na hora de parar a contagem regressiva, linha 52, pegar o som de vitória, linha 53. E pedir que a toque, linha 54.

Se a fase atual não for a última fase, linha 55, então incrementamos a variável fase, já que o jogador passou de fase, linha 57. Zeramos a contagem de peças no local certo, linha 58. Atualizamos a quantidade de fases finalizadas, linha 59. E com isso requisitamos a mudança de cena, linha 60.

Do contrário, linha 62, se o número da fase for igual ao total de fases, então o jogador encerrou a última fase e zerou o jogo; indo para a cena de nome win, linha 63.

Este script deve ser adicionado em todas as peças.

Testando no Android

Devido não ser um App seguro, os seus arquivos não ficam no local habitual como os demais. Tanto que você poderá comprovar isso abrindo a pasta de files do mesmo, pelo seguinte caminho: ...\Android\data\com.DefaultCompany.Puzzle\files

E por isso as opções de idioma ou de qualidade não estarão disponíveis, já que os arquivos de bloco de notas, que deveriam estar no local habitual e não estarão por motivos de segurança.

Efeitos com física 3D e 2D

Física3D

Todas as juntas apresentadas possuem algum comportamento físico semelhante ao mundo real. Por isso, ao apresentar uma junta sempre terá alguma referência relativa a um objeto como uma mola, um imã, uma corda ou outro que se assemelhe ao seu comportamento. Praticamente todas elas permitem se conectar a outro objeto em cena, 2D ou 3D, que possua um corpo rígido (Rigidboy) ou na ausência de um objeto, a referência passa a ser o espaço global da cena.

Ainda veremos efeitos de área, relativos à física 2D; recomendo criar uma cena separada para cada um e nomeando-a conforme o nome da junta ou efeito que deseja testar.

Hinge Joint

Tem o comportamento de correntes, cordas ou até mesmo dobradiça de portas. Ela possui as seguintes propriedades:

- **Connected Body:** Conecta este objeto a outro que possua um corpo rígido. Se nada for conectado, ficará relacionado ao espaço global.
- **Anchor:** A posição do eixo em torno do qual o corpo gira.
- **Axis**: A direção do eixo em torno do qual o corpo gira.
- **Auto Configure Connected Anchor**: Com ele habilitado, faz com que a junta se ajuste automaticamente. Se estiver desabilitado terá de ser feita manualmente.
- **Connected Anchor**: Configuração manual da posição da âncora conectada.
- **Use Spring**: A mola faz com que o corpo rígido alcance um ângulo específico em comparação com seu corpo conectado.
- **Spring**: Se estiver habilitado, haverá três opções de configuração.
  - **Spring**: A força que o objeto afirma para se mover para a posição.
  - **Damper**: Quanto mais alto for esse valor, mais o objeto ficará lento.
  - **Target Position:** Ângulo alvo da mola. A mola é puxada em direção a esse ângulo medido em graus.
- **Use Motor**: Quando habilitado age com uma força sobre o objeto; dependendo dos seguintes critérios:
  - **Target Velocity:** A velocidade que o objeto tenta atingir.
  - **Force**: A força aplicada para atingir a velocidade.
  - **Free Spin:** Se habilitado, o motor nunca é utilizado para frear o giro, apenas acelerá-lo.
- **Use Limits**: Quando ativo o ângulo da junta será restrito aos valores Min e Max .
  - **Min**: O menor ângulo que a rotação pode atingir.
  - **Max**: O ângulo mais alto que a rotação pode atingir.
  - **Bounciness**: Salto do objeto quando atinge o limite mínimo ou máximo de parada.
  - **Contact Distance:** Determina a distância de contato do limite.
- **Break Force**: A força para se quebrar a junta.

- **Break Torque**: O giro que precisa para a junta se quebrar.
- **Enable Collision**: Quando marcado, habilita colisões entre corpos conectados à junta.
- **Enable Preprocessing**: Desativar o pré-processamento ajuda a estabilizar configurações impossíveis de cumprir.

Para adicionar um Hinge Joint, siga as seguintes etapas:

1. Adicione um plano, indo à janela de hierarquia e no menu de contexto escolhendo 3D Object > Plane.
    1.1. Deixe o plano na posição (0, 0, 0).
2. Insira agora duas esferas, indo à janela de hierarquia e no menu de contexto escolhendo 3D Object > Sphere.
3. Nomeie uma como hinge e a outra como esfera. E adicione um Rigidboy em ambas; elas ficaram 0.5f em Y e uma delas 1.2f em X.
4. A que possui o nome hinge adicione o hinge joint e no campo Connected Body arraste a outra esfera para este campo.

Nas propriedades de hinge ative o motor (Use Motor) e coloque 100 de velocidade (Target Velocity) e de força (Force); verá que elas ficaram como uma orbitando na outra, como se estivessem conectados por uma corda; como havia falado, a junta poderá se quebrar por toque ou por limite de ângulo, como teste coloque o Break Force com um valor 10 e aumente a velocidade para 300; verá que a junta irá se desfazer automaticamente. Realize outros testes com as demais propriedades, se desejar.

Fixed Joint

Ótimo para criar trampolins e física de pontes. Já que as juntas fixas fazem com que os objetos conectados fiquem com o movimento restringido. Esta junta possui as seguintes propriedades:

- **Connected Body**: Conecta este objeto a outro que possua um corpo rígido. Se nada for conectado, ficará relacionado ao espaço global.
- **Break Force:** A força para se quebrar a junta.
- **Break Torque**: O giro que precisa para a junta se quebrar.
- **Enable Collision**: Quando marcado, habilita colisões entre corpos conectados à junta.
- **Enable Preprocessing**: Desativar o pré-processamento ajuda a estabilizar configurações impossíveis de cumprir.

Para adicionar um Fixed Joint, siga as seguintes etapas.

1. Adicione um plano.
2. Feito isso, adicione um cubo com colisor e corpo rígido e o nomeie como suporte.
    2.1. Deixe a massa desse cubo algo como 1e+09.
    2.2. Altere sua escala em Y para cinco.
    2.3. Crie uma cópia do mesmo (CTRL + D).
    2.4. Deixe essa cópia a -8.2 em X.
3. Crie um cubo com 0.1 de escala em Y.
4. Adicione um corpo rígido e um Fixed Joint ao mesmo e nomeie como escada.

5. Vá criando cópias do mesmo e numerando: escada1, escada2, escada3... Vá criando até chegar ao outro suporte, sempre com uma brecha entre eles.
6. Depois disso pegue a primeira peça (escada1) e arraste para o Connected Body do seu fixed joint o suporte; depois pegue escada2 e arraste a escada1 para o Connected Body do seu fixed join; depois pegue a escada3 e arraste a escada2 para seu Connected Body do seu fixed join e assim por diante.
7. Faça com que o último suporte tenha um fixed joint para se conectar à última peça da escada.

O resultado será uma ponte com todos os elementos conectados. Você poderá testar a flexibilidade desta ponte colocando algum objeto que tenha um Rigidboy de massa dez e um colisor. Ex:

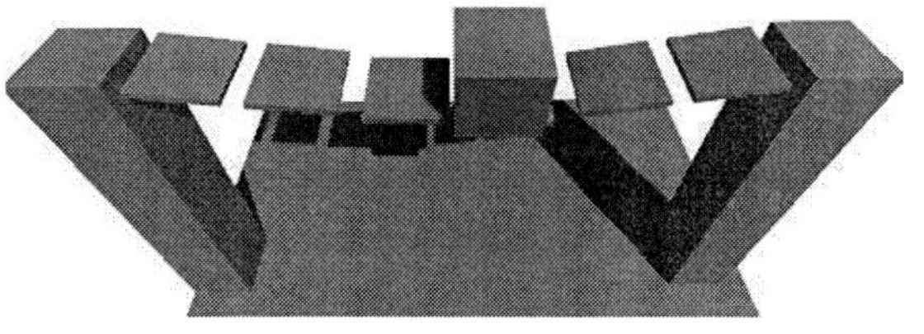

A câmera deixei nas coordenadas (-4, 11, -4) e com 45 de rotação em X.

Spring Joint

Funciona como uma mola, como se fosse um mobile de berço, que quando o bebê puxa, ele vem e volta, demonstrando uma certa elasticidade.

- **Connected Body**: Conecta este objeto a outro que possua um corpo rígido. Se nada for conectado, ficará relacionado ao espaço global.
- **Anchor**: O ponto no espaço ao qual a junta é fixada.
- **Auto Configure Connected Anchor**: Se deve ou não conectar o ponto de ancoragem automaticamente.
- **Connected Anchor**: O ponto no espaço local do objeto conectado no qual a junta é fixada.
- **Spring**: A força da mola.
- **Damper**: Quantidade que a mola é reduzida quando ativa.
- **Min Distance**: Mínima distância na qual a mola não aplicará nenhuma força.
- **Max Distance:** Máxima distância na qual a mola não aplicará nenhuma força.
- **Tolerance**: Permite que a mola tenha um comprimento de descanso diferente.
- **Break Force:** A força para se quebrar a junta.
- **Break Torque**: O giro que precisa para a junta se quebrar.
- **Enable Collision**: Quando marcado, habilita colisões entre corpos conectados à junta.
- **Enable Preprocessing:** Desativar o pré-processamento ajuda a estabilizar configurações impossíveis de cumprir.

Para adicionar um Spring Joint, siga as seguintes etapas.

1. Crie um cubo em cena, indo à janela de hierarquia e no menu de contexto escolhendo object 3D> Cube.

2. Adicione um corpo rígido ao mesmo e o Spring Joint.
3. Execute a cena.

Verá que o ponto de ancoragem do Spring Joint se conecta ao mundo. Com a cena em execução você poderá ir à janela de edição e puxar este cubo, verá que ele se comporta como uma mola, onde tende a se estabilizar no seu ponto de origem. Faça o teste e aumente a força da mola para 100, exija uma distância mínima do objeto em relação ao seu ponto de ancoragem, alterando Min Distance para 0.5f.

Física 2D

Antes de iniciarmos, vamos criar um quadrado que tenha peso, movimento e pulo, mesmo que rústico. Só para testes, quando for necessário; e o chamaremos de player ou jogador.

1. Adicione um quadrado em cena. Indo ao menu de contexto da janela de hierarquia, por exemplo, em 2D Object>Sprites>Square.
2. Adicione o Box Collider 2D e um Rigidboy 2D a este objeto, indo em Add Component em sua janela inspector.
3. Altere o valor de sua massa (mass) para dez (10) do seu Rigidboy 2D, pela janela inspector.
4. Crie um Script de nome Move:

```
public class Move: MonoBehaviour
{
    void Update()
    {
        float x = Input.GetAxis("Horizontal")*Time.deltaTime*5f;
        transform.position = transform.position + new Vector3(x, 0, 0);
        if(Input.GetKeyDown(KeyCode.Space))
        {
          GetComponent<Rigidbody2D>().AddForce(Vector3.up * 100f, ForceMode2D.Impulse);
        }
    }
}
```

Deve ter percebido que não há restrição da quantidade de pulos, não se incomode com isso, já que o script é só para testes.

1. Adicione o script ao objeto jogador que criamos.
2. Crie um prefab, selecionando o mesmo pela janela de hierarquia e arrastando até a pasta Assets.
3. Utilize esta base quando houver necessidade de testar o comportamento das juntas em que necessite de interação.

Distante Joint 2D

Se assemelha a um pêndulo. Ela possui as seguintes propriedades:

- **Enable Collision:** Habilitar a colisão entre os dois objetos conectados.

- **Connected Rigid Body**: Conecta este objeto a outro que possua um corpo rígido. Se nada for conectado, ficará relacionado ao espaço global.
- **Auto Configure Connected Anchor:** Define automaticamente a localização da âncora de outro objeto ao qual Distance Joint 2D se conecta. Não sendo necessário preencher os campos de Âncoras (Anchor).
- **Anchor**: Define em coordenadas se a junta se conecta a este objeto.
- **Connected Anchor**: Define em coordenadas se a junta se conecta ao outro objeto.
- **Auto Configure Distance**: Detectar automaticamente a distância atual entre os dois objetos. Se ativar isso, não será necessário preencher o campo Distância.
- **Distance**: A distância que a junta se mantém entre os dois objetos.
- **Max Distance Only**: Quando habilitado impõe uma distância máxima, entre os objetos conectados. Se não estiver habilitado, a distância entre os objetos é fixa.
- **Break Force** : A força necessária para quebrar esta junta. Um valor infinito a torna inquebrável.

Para adicionar um Distante Joint 2D, siga as seguintes etapas.

1. Adicione um círculo em Assets; indo ao menu de contexto, Create>2D>Sprites>Circle.
2. Arraste o círculo para a cena e na janela inspector clique em Add Component.
3. Lá digite o termo Distante, acredito que aparecerá o componente.
4. Adicione-o e o organize para ficar da seguinte forma:

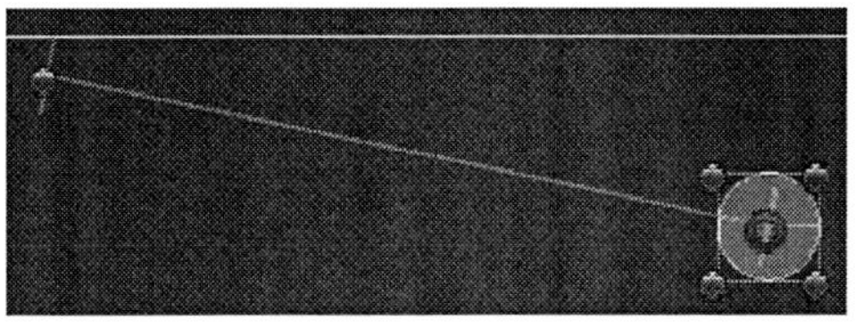

5. Ao rodar a cena verá que ele balança de um lado para o outro.

Essa conexão pode ser rompida se o break force deste componente não for infinito; tente fazer um teste colocando 25 como valor.

Fixed Joint 2D

Ótimo para criar trampolins e física de pontes. Já que as juntas fixas fazem com que os objetos conectados fiquem com o movimento restringido. Esta junta possui as seguintes propriedades:

- **Enable Collision**: Para habilitar a colisão entre os dois objetos conectados.
- **Connected Rigid Body**: Conecta este objeto a outro que possua um corpo rígido. Se nada for conectado, ficará relacionado ao espaço global.
- **Auto Configure Connected Ancho:** Define automaticamente a localização da âncora para o outro objeto ao qual o Fixed Joint 2D se conecta. Neste caso não precisa preencher os campos relacionados à. Âncora.
- **Anchor**: Define em coordenadas a junta se conecta a este objeto.
- **Connected Anchor**: Define em coordenadas a junta se conecta ao outro objeto.
- **Damping Ratio**: Para suprimir a oscilação da mola, entre 0 e 1, quanto maior o valor, menor o movimento.

- **Frequency**: A frequência em que a mola oscila, varia entre 1 a 1.000.000. Entenda como uma força aplicada pode esticar ou afrouxar as conexões entre os objetos. Uma tensão grande fará com que a oscilação seja maior, funcionando como uma cama elástica.
- **Break Force**: A força necessária para quebrar esta junta. Um valor infinito a torna inquebrável.
- **Break Torque**: Especifique o nível de torque necessário para quebrar e, portanto, excluir a junta. Infinito significa que é inquebrável.

Para adicionar um Fixed Joint 2D, siga as seguintes etapas:

1. Crie uma nova cena.
2. Adicione alguns Squares, indo ao menu de contexto de Assets, indo em Create>2D>Sprites>Square.
3. Faça algo conforme o exemplo.

4. Utilize CTRL+D, para criar cópias dos objetos com mais facilidade. Ao final selecione todos e adicione um Box Collider 2D, Rigid Body 2D e um Fixed Joint.
   4.1. Só a primeira base à esquerda é que não terá um Fixed Joint.

5. Nas bases da nossa ponte, você vai alterar a propriedade Body Type de Rigid Body 2D como static, para que o efeito gravitacional não as influencie.

6. Em cada item de nossa ponte você irá conectar o Fixed Joint ao próximo objeto; para isso, você irá selecionar o primeiro item de nossa ponte, e arrastar o próximo objeto à frente para o campo Connected Rigid Body de nosso objeto, presente na janela inspector.
   6.1. Faça isso com todos os elementos, conectando um atrás do outro.

7. Se você adicionar o prefab de jogador logo acima da ponte e pular, verá que toda estrutura se move com o choque do objeto, conforme o exemplo:

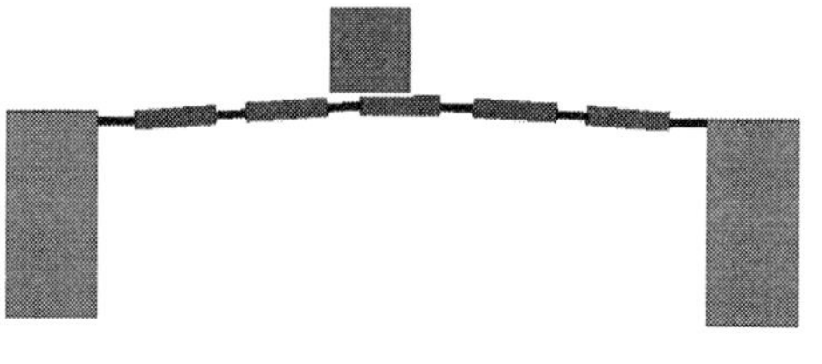

Para tornar algo como um trampolim você deverá aumentar a frequência (Frequency), selecionando todos os que possui Fixed Joint e alterar o seu valor para 50, por exemplo.

Friction Joint 2D

Junta de fricção permite que o objeto que possui este componente se mova ou rotacione com base na resistência de sua força e torque máximo, respectivamente.

- **Enable Collision**: Para habilitar a colisão entre os dois objetos conectados.
- **Connected Rigid Body**: Conecta este objeto a outro que possua um corpo rígido. Se nada for conectado, ficará relacionado ao espaço global.
- **Auto Configure Connected Ancho:** Define automaticamente a localização da âncora para o outro objeto ao qual o Friction Joint 2D se conecta. Neste caso não precisa preencher os campos relacionados à Âncora.
- **Anchor**: Define em coordenadas a junta que se conecta a este objeto.
- **Connected Anchor**: Define em coordenadas a junta que se conecta ao outro objeto.
- **Max Force:** Define o movimento linear entre os objetos unidos. Um valor alto resiste ao movimento.
- **Max Torque:** Define o movimento angular entre os objetos unidos. Um valor alto resiste ao movimento.
- **Break Force**: A força necessária para quebrar esta junta. Um valor infinito a torna inquebrável.
- **Break Torque**: Especifique o nível de torque necessário para quebrar e, portanto, excluir a junta. Infinito significa que é inquebrável.

Para adicionar um Friction Joint 2D, siga as seguintes etapas:

1. Crie uma nova cena.
2. Adicione um square em cena e o estique para ficar como uma plataforma.
3. Adicione um Friction Joint 2D ao mesmo.
4. Acrescente também um Box Collider 2D.
5. Adicione o prefab do jogador em cena, acima desta plataforma.

Se você colocar Max Force como 100 na propriedade de Friction Joint, verá a plataforma caindo lentamente, se não desejar este efeito aumente para mil, o que a torna praticamente parada. Se desejar que a plataforma não gire abruptamente quando o jogador estiver em uma de suas extremidades, altere o Max Torque para 300, por exemplo. Faça os testes com valores alternados e veja o resultado.

Hing Joint 2D

Se assemelha bastante com o Distante Joint 2D, útil para comportamento de correntes, cordas ou até mesmo dobradiça de portas.

- **Enable Collision:** Para habilitar a colisão entre os dois objetos conectados.
- **Connected Rigid Body**: Conecta este objeto a outro que possua um corpo rígido. Se nada for conectado, ficará relacionado ao espaço global.
- **Auto Configure Connected Anchor**: Define automaticamente a localização da âncora para o outro objeto ao qual o Hing Joint 2D se conecta. Neste caso não precisa preencher os campos relacionados à Âncora.
- **Anchor**: Define em coordenadas se a junta se conecta a este objeto.
- **Connected Anchor**: Define em coordenadas se a junta se conecta ao outro objeto.
- **Motor:** Use para alterar as configurações do motor.
- **Use Motor:** Habilita o motor.
- **Motor Speed:** Define a velocidade do motor, em graus por segundo.
- **Maximum Motor Force:** Define a rotação máxima que o motor pode aplicar.

- **Use Limits:** Se desejar limitar o ângulo de rotação
- **Angle Limits**: Limite de ângulo só é válido se Use Limits estiver habilitado.
- **Lower Angle**: Define a extremidade inferior do arco de rotação permitido pelo limite.
- **Upper Angle**: Define a extremidade superior do arco de rotação permitido pelo limite.
- **Break Force**: A força necessária para quebrar esta junta. Um valor infinito a torna inquebrável.
- **Break Torque**: Especifique o nível de rotação necessário para quebrar e, portanto, excluir a junta. Infinito significa que é inquebrável.

Talvez você esteja se lembrando nesta hora de um jogo que ficou bem conhecido que é o Cut the Rope que utiliza esse tipo de física. Para adicionar um Hing Joint 2D, siga as seguintes etapas:

1. Crie uma nova cena.
2. Vá ao menu de contexto de Assets, em Create>2D>Sprites>Circle.
3. Faça algo conforme o exemplo.

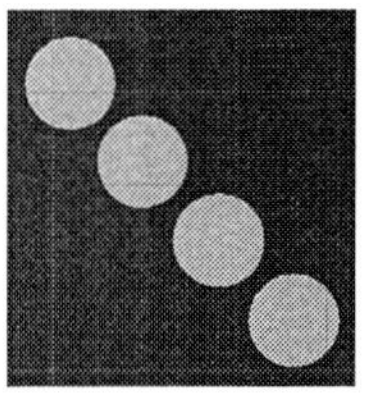

4. Em todos acrescente Hing Joint.
5. Pegue o segundo círculo e no campo Connected Rigid Body deste, arraste o primeiro círculo.
6. Pegue o terceiro círculo e no campo Connected Rigid Body deste, arraste o segundo círculo e assim por diante.
7. Ao executar verá balançando todos em conjunto.

Relative Joint 2D

O objetivo desta junta é manter uma distância linear e angular entre objetos ou uma posição fixa no mundo. O efeito é similar à de uma mola.

- **Enable Collision:** Para habilitar a colisão entre os dois objetos conectados.
- **Connected Rigid Body**: Conecta este objeto a outro que possua um corpo rígido. Se nada for conectado, ficará relacionado ao espaço global.
- **Max Force**: Define o deslocamento linear. Quanto maior o valor, mais rígido é.
- **Max Torque:** Define o movimento angular. Quanto maior o valor, mais rígido é.
- **Correction Scale:** Ajustes de escala para force e torque. A configuração padrão é a recomendada, mas pode variar entre 0.0 e 1.0.
- **Auto Configure Offset**: Configura automaticamente a posição da junta, não sendo necessário mexer em Linear ou Angula Offset, quando marcado.
- **Linear Offset:** Distância linear.
- **Angular Offset**: Especificar o ângulo dos objetos conectados
- **Break Force**: A força necessária para quebrar esta junta. Um valor infinito a torna inquebrável.
- **Break Torque**: Especifique o nível de rotação necessário para quebrar e, portanto, excluir a junta. Infinito significa que é inquebrável.

Para adicionar um Relative Joint 2D, siga as seguintes etapas:

1. Crie uma nova cena.
2. Vá ao menu de contexto de Assets, em Create>2D>Sprites>Square. E adicione dois.
3. Estique ambos para ficarem parecidos, como uma plataforma.
4. Coloque um abaixo do outro, com uma certa distância.
5. Em ambos adicione um Box Collider 2D e um Rigidboy 2D.
6. Na plataforma de cima adicione o Relative Joint 2D e no campo Connected Rigid Body, presente na janela inspector deste componente, arraste a segunda plataforma para este campo.
7. Ainda nas propriedades de Relative Joint 2D, deixe Mar force com o valor 200 e Mar Torque com 300.
8. Selecione a plataforma de baixo e na janela inspector altere o Body Type do Rigidbody 2D deste objeto, para static.
9. Coloque um prefab do jogador em cena.
10. Faça o teste, verá um comportamento similar ao da mola.

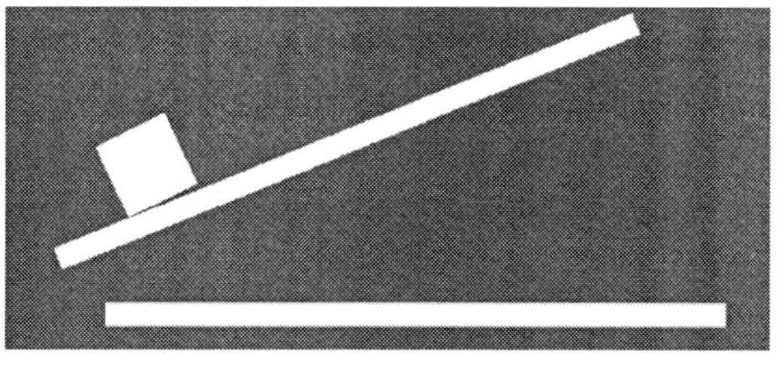

Slider Joint 2D

Permite o objeto deslizar em alguma direção.

- **Enable Collision:** Para habilitar a colisão entre os dois objetos conectados.
- **Connected Rigid Body**: Conecta este objeto a outro que possua um corpo rígido. Se nada for conectado, ficará relacionado ao espaço global.
- **Auto Configure Connected Anchor**: Define automaticamente a localização da âncora para o outro objeto ao qual o Slider Joint 2D se conecta. Neste caso, não precisa preencher os campos relacionados à Âncora.
- **Anchor**: Define em coordenadas se a junta se conecta a este objeto.
- **Connected Anchor**: Define em coordenadas se a junta se conecta a outro objeto.
- **Auto Configure Angle**: Detecta automaticamente o ângulo entre os dois objetos. Ao marcar não é necessário mexer em Angle.
- **Angle:** Defina o ângulo que a junta mantém entre os dois objetos.
- **Use Motor**: Para utilizar o motor
- **Motor Speed**: Velocidade do motor.
- **Maximum Motor Force**: Força máxima que o motor pode aplicar.
- **Use Limits:** Ao marcar, você afirma que deve haver limites para a força linear.
- **Lower Translation:** A distância mínima que o objeto pode estar no ponto de ancoragem.
- **Upper Translation**: A distância máxima que o objeto pode estar do ponto de ancoragem.
- **Break Force**: A força necessária para quebrar esta junta. Um valor infinito a torna inquebrável.
- **Break Torque**: Especifique o nível de rotação necessário para quebrar e, portanto, excluir a junta.

Infinito significa que é inquebrável.

Para adicionar um Slider Joint 2D, siga as seguintes etapas:

1. Crie uma nova cena.
2. Vá ao menu de contexto de Assets, em Create>2D>Sprites>Square.
3. Estique para ficar parecido, como uma plataforma.
4. Deixe o objeto nas coordenadas (0, 0, 0) na cena.
5. Adicione o componente Slider Joint 2D ao sprite e nas propriedades:
    5.1. Ative o motor (Use Motor)
    5.2. Altere a velocidade do motor (Motor Speed) para cinco (5).
    5.3. Marque os limites (Use Limits).
    5.4. Altere Upper Translation para sete (7).

Ao testar, verá a plataforma se deslocando linearmente e depois parando. O ideal seria que a plataforma fosse e voltasse, como ocorre comumente com os games de plataforma. Por isso vamos criar um script simples, que será depois anexado a este objeto.

```
01 public class SliderJoin : MonoBehaviour
02 {
03     private JointMotor2D motor;
04     void Start()
05     {
06         motor.maxMotorTorque = 10000;
07     }
08     void Update()
09     {
10         if(GetComponent<SliderJoint2D>().limitState==JointLimitState2D.UpperLimit)
11         {
12             motor.motorSpeed = -5;
13             GetComponent<SliderJoint2D>().motor = motor;
14         }
15        else if(GetComponent<SliderJoint2D>().limitState==JointLimitState2D.LowerLimit)
16         {
17             motor.motorSpeed = 5;
18             GetComponent<SliderJoint2D>().motor = motor;
19         }
20     }
21 }
```

Para ficar indo e voltando teremos que alternar o motor para um valor positivo e negativo. Por isso, criaremos um motor, linha 03, onde configuramos a sua potência, linha 06. Em Update, pegamos o componente SliderJoint2D e verificamos o limitState do mesmo. Ele nos retorna um objeto de JoinLimitState2D, que pode ser UpperLimit, LowerLimit ou Inactive, por exemplo.

Por estar na posição inicial, o objeto retornado de limitState será um JointLimitState2D.LowerLimit, linha 15; neste caso, deixo a velocidade do motor criado com um valor positivo e atribuo este motor ao motor de nosso objeto que possui o SliderJoint2D.

Porém, em algum momento limitState de SliderJoint2D vai me retornar um objeto UpperLimit de JointLimitState2D, quando ele alcançar a outra ponta; fazendo com que a condição da linha 10 se torne verdadeira; invertendo o valor da velocidade para negativo, linha 12, e atribuída ao motor, linha 13. Para que desta forma volte, pois quando chegar ao início, o retorno de limitState será novamente um LowerLimit; entrando outra vez na condição da linha 15, fazendo com que o motor volte a ter uma velocidade positiva, linha 17.

E com isso fica alternando a velocidade do motor para uma velocidade positiva e negativa. Fazendo a plataforma ir e voltar.

Spring Joint 2D

Funciona como uma mola, bem parecido com Relative Joint 2D. Sendo que no sentido contrário, como se fosse um mobile de berço, quando o bebê puxa ele vem e volta, demonstrando uma certa elasticidade.

- **Enable Collision:** Para habilitar a colisão entre os dois objetos conectados.
- **Connected Rigid Body** : Conecta este objeto a outro que possua um corpo rígido. Se nada for conectado, ficará relacionado ao espaço global.
- **Auto Configure Connected Anchor**: Define automaticamente a localização da âncora para o outro objeto ao qual o Slider Joint 2D se conecta. Neste caso não precisa preencher os campos relacionados à Âncora.
- **Anchor**: Define em coordenadas se a junta se conecta a este objeto.
- **Connected Anchor**: Define em coordenadas se a junta se conecta a outro objeto.
- **Auto Configure Distance**: Detecta automaticamente a distância entre os dois objetos e tenta manter esta distância.
- **Distance**: A distância que tenta manter entre dois objetos.
- **Damping Ratio**: Para suprimir a oscilação da mola, entre 0 e 1, quanto maior o valor, menor o movimento.
- **Frequency**: A frequência em que a mola oscila, varia entre 1 a 1.000.000, quanto menor o valor, mais flexível é a mola.
- **Break Force**: A força necessária para quebrar esta junta. Um valor infinito a torna inquebrável.

Para adicionar um Spring Joint 2D, siga as seguintes etapas:

1. Crie uma nova cena.
2. Vá ao menu de contexto da janela de hierarquia em 2D Object>Sprites>Square.
3. Estique para ficar parecido como uma plataforma.
4. Adicione um outro sprite, como um círculo (circle), por exemplo.
5. Selecione os dois e acrescente um Rigidbody e um collider, ambos 2D, respectivo a sua forma.
6. Na plataforma, vá à janela inspector e altere o Body Type do Rigidbody 2D deste objeto, para static.
7. No círculo adicione o Spring Joint 2D,

7.1. Indo em suas propriedades arraste a plataforma para o Connected Rigid Body.
7.2. Desmarque Auto Configure Distance e determine em Distance que seu valor máximo é cinco (5).
8. Teste a aplicação.

Para presenciar o efeito melhor, deixe a aplicação rolando e vá à aba da cena e puxe a esfera para baixo, verá que irá esticar e tentar voltar a sua posição original, como uma mola.

Target Joint 2D

Outra junta que se comporta como uma mola; mas, esta não permite se conectar a nenhum outro objeto. Ao ser puxada, ela fica oscilando até se estabilizar em seu ponto de origem.

- **Anchor:** As coordenadas da junta que se conectam a este objeto.
- **Target**: As coordenadas da outra extremidade da junta.
- **Auto Configure Target:** Define a posição alvo inicial como a posição atual. É aconselhado estar desmarcado para obter o efeito desejado.
- **Max Force**: Define a força que a junta pode aplicar sobre o objeto. Um valor alto faz com que o objeto seja puxado sem haver oscilação e um valor muito baixo irá fazer com que o objeto caia sem ter força para puxá-lo.
- **Damping Ratio:** Para suprimir a oscilação da mola, entre 0 a 1, quanto mais alto o valor, menor será o movimento.
- **Frequency**: Quanto maior o valor, maior é a rigidez da mola.
- **Break Force**: A força necessária para quebrar esta junta. Um valor infinito a torna inquebrável.

Para adicionar um Target Joint 2D, siga as seguintes etapas:

1. Crie uma nova cena.
2. Vá ao menu de contexto da janela de hierarquia em 2D Object>Sprites>Circle.
3. Na janela inspector do objeto acrescente um Target Joint 2D.
   3.1. Ainda na janela inspector altere as propriedades Max Force para 100, Frequency para 30 e desmarque o Auto Configure Target.
4. Teste a cena e vá para a janela de edição de cena e tente puxar o objeto. Verá que o mesmo vai e volta até se estabilizar em sua posição original.

Wheel Joint 2D

O famoso motor de veículo. Dá o efeito de suspender e girar, fazendo o veículo se movimentar.

- **Enable Collision:** Permite que os dois objetos conectados possam se colidir um com o outro.
- **Connected Rigid Body**: Conecta este objeto a outro que possua um corpo rígido. Se nada for conectado, ficará relacionado ao espaço global.
- **Auto Configure Connected Anchor**: Define automaticamente a localização da âncora para o outro objeto ao qual o Slider Joint 2D se conecta. Neste caso, não precisa preencher os campos relacionados à Âncora.
- **Anchor**: Define em coordenadas se a junta se conecta a este objeto.

- **Connected Anchor**: Define em coordenadas se a junta se conecta ao outro objeto.
- **Auto Configure Distance**: Detecta automaticamente a distância entre os dois objetos e tenta manter esta distância.
- **Distance**: A distância que tenta manter entre dois objetos.
- **Damping Ratio**: Para suprimir a oscilação da mola, entre 0 e 1, quanto maior o valor, menor o movimento.
- **Frequency**: A frequência em que a mola oscila, varia entre 1 a 1.000.000, quanto menor o valor, mais flexível é a mola.
- **Angle:** O ângulo de movimento para a suspensão.
- **Use Motor**: Ativa o motor.
- **Motor Speed:** Velocidade do motor graus por segundo.
- **Maximum Motor Force**: Força máxima aplicada ao objeto.
- **Break Force**: A força necessária para quebrar esta junta. Um valor infinito a torna inquebrável
- **Break Torque**: Especifique o nível de rotação necessário para quebrar e, portanto, excluir a junta. Infinito significa que é inquebrável.

Para adicionar um Wheel Joint 2D, siga as seguintes etapas:

1. Crie uma nova cena.
2. Vá ao assets da Unity e baixe algum modelo de carro 2D. Eis um exemplo: https://assetstore.unity.com/packages/tools/physics/2d-car-73763
3. Clique em Add To My Assets. Se não estiver logado, logue a sua conta.
4. Entre as duas opções que aparecem no todo, escolha open with Unity e aguarde, pois ele abre direto.
5. Clique em Download e ao terminar clique em import.
6. No meu caso só importei o car.png.
7. Ao clicar sobre o mesmo, na janela de projetos da pasta assets, verá uma seta que ao clicar, aparecerão as duas imagens em separado. Puxe a carroceria e uma roda.
8. Ajuste a roda para o tamanho adequado.
   8.1. Ainda na roda acrescente um Rigidboy 2D e um circle collider 2D.
   8.2. Ajuste a roda de forma que encubra perfeitamente as limitações do circle collider 2D, do contrário poderá deformar a roda ao movê-la.
9. Copie a roda (CTRL + D) e posicione as rodas em seus respectivos lugares.
10. Torne as rodas objetos filhos da carcaça do carro.
11. No carro acrescente dois Wheel Joint 2D, um para cada roda.
12. Posicione as âncoras do Wheel Joint 2D em cada roda, conforme o exemplo:
13. Ative o motor de ambos Wheel Joint 2D e no Speed Motor coloque como -200.
14. Teste a aplicação.
15. Durante o teste, vá na edição da cena e levante e solte o carro, verá o efeito de suspensão agindo.

Area Effector 2D

Aplica força sobre uma área.

- **Use Collider Mask:** Habilita a propriedade Collider Mask. Se não estiver habilitado, todos os objetos com Collider farão parte da interação.

- **Collider Mask:** Especifica a Layer que pode interagir com o Area Effector 2D.
- **Use Global Angle:** Marque para definir o ângulo da Força.
- **Force Angle**: O ângulo da força a ser aplicado.
- **Force Magnitude**: A força de magnitude a ser aplicada.
- **Force Variation**: A variação da magnitude de força a ser aplicada. Uma boa variação simula o aumento de velocidade.
- **Drag**: O arrasto linear para aplicar a um Rigidbody 2D.
- **Angular Drag**: O arrasto angular a ser aplicado a um Rigidbody 2D.
- **Force Target**: O ponto em um alvo do objeto onde a Area Effector aplica a força.
- **Collider**: A aplicação de força será no collider, que acaba gerando rotação.
- **Rigidbody**: Aplicar força aqui, nunca gerará torque (rotação).

Para adicionar um Area Effector 2D, siga as seguintes etapas:

1. Crie uma nova cena.
2. Adicione dois squares. Indo ao menu de contexto na janela de hierarquia, por exemplo, em 2D Object > Sprites> Square.
   2.1. Alongue os dois, sendo que um terá um ângulo de 40° graus, para ficar algo parecido com uma rampa.
3. Adicione um círculo (circle) também, indo pelo mesmo caminho já sugerido.
   3.1. No círculo você irá adicionar um sprite square, pequeno e de uma tonalidade de cor diferente; em outras palavras, torne este square como componente filho do círculo.
   3.2. Não adicione colisor a este square, e diminua sua largura para parecer uma linha.
4. Todos eles precisam de colisores, com exceção do que está dentro do círculo; acrescente box collider 2D para os retângulos e um circle collider 2D para o círculo, selecionando cada um e indo à janela inspector do componente e clicando em Add Component. Lá realize a busca aos colisores sugeridos.
5. No retângulo que não há alteração de ângulo, marque em seu colisor Used By Effector, para que o efeito de área que iremos adicionar a este funcione.
   5.1. Aproveite e acrescente o Area Effector 2D a este elemento.
6. Com todos ajustados, o exemplo deverá ficar algo como:

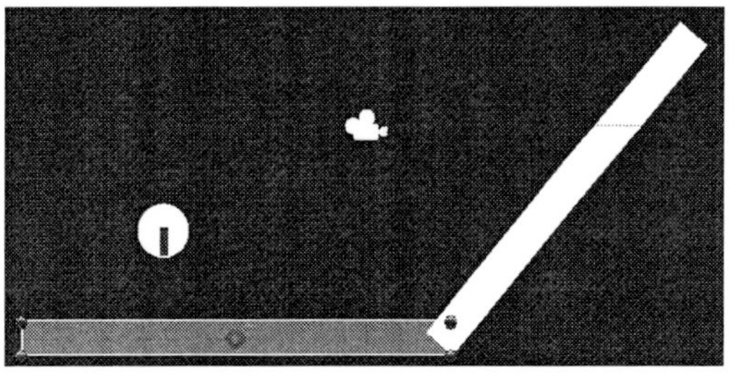

7. Altere o Force Target para Collider, para ver o objeto rolando.

Ao testar, verá que a força inicial (Force Magnitude) é insuficiente para subir totalmente a rampa, com a cena rodando. Ao alterar este valor para mais, verá que uma hora será possível subir a rampa toda.

Se você deseja que o objeto suba ao invés de ir para direita é só mudar o ângulo (Force Angle) para 90° graus e colocar alguma força (Force Magnitude) mais significativa, como 200, por exemplo. Você poderá criar setas no jogo e ampliar o seu colisor para atuar sobre uma área maior, se desejar. Para que o personagem possa entrar nesta área, você deverá marcar is trigger em seu colisor. E o efeito de Area Effector 2D atuará da mesma forma. Ex:

Onde a linha retangular que envolve as setas é nada mais do que um box collider 2D, com a opção is trigger marcada, com Used By Effector marcado também, além de ter o componente Area Effector e Force Magnitude equivalente a 200.

Buoyancy Effector 2D

Simula resistência física de um fluido simples, como um rio ou semelhante a objetos de gelatina.

- **Use Collider Mask:** Habilita a propriedade Collider Mask. Se não estiver habilitado, todos os objetos com Collider farão parte da interação.
- **Collider Mask:** Especifica a Layer que pode interagir com o Area Effector 2D.
- **Surface Level**: Define a localização da superfície do fluido.
- **Density:** A densidade do fluido.
- **Linear Drag:** Coeficiente de arrasto que afeta o movimento quando dentro do fluido.
- **Angular Drag**: Coeficiente de arrasto que afeta o movimento rotacional quando dentro do fluido.
- **Flow Angle:** O fluxo que o fluido aplica forças no ângulo especificado.
- **Flow Magnitude**: A força do fluido em si. Especifica o nível de força de empuxo aplicado a objetos dentro do fluido.
- **Flow Variation**: Para variar aleatoriamente as forças do fluido. Que pode ser um valor positivo ou negativo.

Para adicionar um Buoyancy Effector 2D, siga as seguintes etapas:

1. Crie uma nova cena.
2. Adicione dois squares. Indo ao menu de contexto na janela de hierarquia, por exemplo, em 2D Object > Sprites> Square.
3. Alongue um deles e o coloque na cor azul. Este será o nosso rio.
4. Pegue o outro e coloque acima do rio. Este será o nosso objeto que irá cair no rio.
5. No rio adicione Buoyancy Effector 2D.
   5.1. Ainda no rio, adicione um Box Collider 2D e marque Used By Effector, para que o efeito funcione, e is Trigger para que o objeto possa entrar no nosso rio. Ele atravessar ou não direto, vai depender da densidade (Density) do mesmo.
6. Já o objeto que irá cair no rio, precisará de um Box Collider 2D e um Rigidboy 2D. Altere o Order in Layer do mesmo, para que fique à frente do nosso rio ou altere o teor de transparência deste rio, para ver melhor o efeito.

O sufarce level determina até quando o objeto mergulha sobre o nosso suposto rio e se colocar algum valor para Flow Magnitude verá que o mesmo terá uma fluidez, empurrando o nosso objeto para alguma direção determinada pelo valor positivo ou negativo do Flow Magnitude.

Point Effector 2D

Simulação de explosão ou efeito de imã.

- **Use Collider Mask**: Habilita a propriedade Collider Mask. Se não estiver habilitado, todos os objetos com Collider farão parte da interação.
- **Collider Mask:** Especifica a Layer que pode interagir com o Point Effector 2D.
- **Force Magnitude**: A magnitude da força a ser aplicada.
- **Force Variation**: A variação da magnitude da força a ser aplicada.
- **Distance Scale**: A escala aplicada à distância entre a origem e o destino.
- **Drag**: O arrasto linear para aplicar a corpos rígidos.
- **Angular Drag**: O arrasto angular a ser aplicado a corpos rígidos.
- **Force Source**: A fonte de força é o ponto que atrai ou repele objetos alvo.
  - **Collider:** O ponto de origem é definido pelo colisor.
  - **Rigidbody** O ponto de origem é definido pelo corpo rígido.
- **Force Target**: O alvo de força que pode ser:
  - **Collider**: Pode fazer com que o alvo gire, se o colisor não estiver posicionado no centro de massa.
  - **Rigidbody**: Aqui nunca será gerado torque (rotação).
- **Force Mode** : Como a força é calculada.
  - **Constant:** A força é aplicada ignorando a distância entre a origem e o destino.
  - **Inverse Linear:** A força é aplicada em função da distância linear inversa em relação ao alvo.
  - **Inverse Squared**: A força é aplicada em função da distância quadrada inversa em relação ao alvo.

Para adicionar um Point Effector 2D, siga as seguintes etapas:

1. Crie uma nova cena.
2. Adicione alguns sprites quadrados e um círculo. Indo ao menu de contexto, na janela de hierarquia, por exemplo, em 2D Object > Sprites> Square e depois escolhendo Circle.
3. Um dos quadrados alongue para servir como plantaforma.
4. Em todos os sprites quadrados, assim como a plataforma, coloque um Box Collider 2D.
5. Em todos, menos na plataforma, coloque um Rigidboy 2D.
6. No sprite em forma de círculo coloque um Circle Collider 2D, marque a opção Is trigger e Used by Effector; aumente seu raio colisor para três (3.0).
7. Ainda no círculo coloque um Point Effector 2D e altere sua magnitude para 100.
8. Deixe os objetos da seguinte forma no cenário:

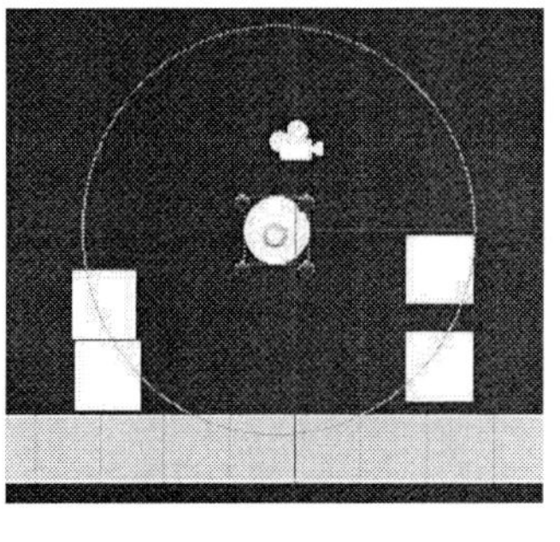

Ao executar, verá os objetos voando em direção oposta ao nosso sprite; se você alterar a magnitude para -100, verá os objetos sendo atraídos pelo nosso sprite.

Plataform Effector 2D

Permite subir pulando por baixo de uma plantaforma, sem colidir com a mesma, como habitualmente ocorre.

- **Use Collider Mask**: Habilita a propriedade Collider Mask. Se não estiver habilitado, todos os objetos com Collider farão parte da interação.
- **Collider Mask:** Especifica a Layer que pode interagir com o Area Effector 2D.
- **Use One Way**: Determina se o comportamento de colisão unilateral deve ser usado ou não.
- **Use One Way Grouping**: Desabilita todos os coletores em conjunto.
- **Surface Arc**: Define o ângulo de superfície que não permite a passagem dos coletores.
- **Use Side Friction**: Define se o atrito deve ser usado ou não nas laterais da plataforma.
- **Use Side Bounce:** Define se o salto deve ser usado ou não nas laterais da plataforma.
- **Side Arc:** Define o arco lateral dos lados da plataforma centrado no local 'esquerdo' e 'direito' do objeto.

Para adicionar um Plataform Effector 2D, siga as seguintes etapas:

1. Crie uma nova cena.
2. Adicione dois sprites quadrados. Indo ao menu de contexto, na janela de hierarquia, por exemplo, em 2D Object > Sprites> Square.
3. Alongue ambos para serem como uma plataforma; sendo uma menor.
4. Neles adicione um Box Collider 2D.
5. Na plataforma menor, marque a opção Used by Effector em seu colisor e adicione o componente Plataform Effector 2D.
6. Puxe o prefab jogador que havíamos feito.
7. O Exemplo ficará algo como:

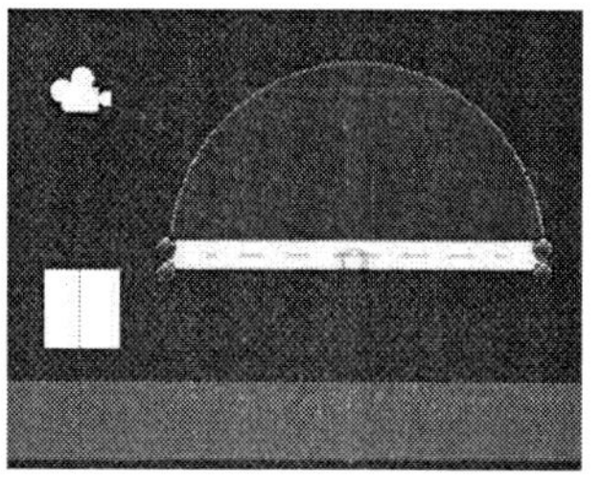

Ao testar, verá que será possível pular por baixo da plataforma, sem a existência de bloqueio e ficar em cima da mesma ao cair. Se quiser, faça o teste criando outra plataforma sem o Plataform Effector 2D; para se ter uma noção real de diferença.

Surface Effector 2D

Permite criar uma força na superfície, semelhante à Area Effector.

- **Use Collider Mask**: Habilita a propriedade Collider Mask. Se não estiver habilitado, todos os objetos com Collider farão parte da interação.
- **Collider Mask:** Especifica a Layer que pode interagir com o Surface Effector 2D.
- **Speed**: A velocidade a ser mantida ao longo da superfície.
- **Speed Variation**: O valor de variação da velocidade.
- **Force Scale**: Velocidade progressiva da velocidade de escala, que varia entre 0 e 1.0.
- **Use Contact Force**: Uma força de contato que fará com que o objeto gire.
- **Use Friction**: Gera um atrito com a superfície de contato.
- **Use Bounce**: Salto ao entrar em contato com a superfície.

Para adicionar um Surface Effector 2D, siga as seguintes etapas:

1. Crie uma nova cena.
2. Adicione um sprite square e o alongue para se assemelhar a uma plataforma. Indo ao menu de contexto, na janela de hierarquia, por exemplo, em 2D Object > Sprites> Square.
3. Adicione a este um Box Collider 2D e marque a opção Used By Effector.
4. Ainda na plataforma, adicione o Surface Effector 2D e altere sua velocidade para 5.0.
5. Adicione um prefab do nosso player e realize o teste.

Constant Force 2D

Cria uma força constante sobre um objeto, fazendo com que o mesmo se movimente.

- **Force**: A força linear aplicada ao Rigidbody 2D.
- **Relative Force**: A força linear, relativa ao sistema de coordenadas Rigidbody 2D.
- **Torque**: Ou rotação aplicada ao Rigidbody 2D.

Para adicionar um Surface Effector 2D, siga as seguintes etapas:

1. Crie uma nova cena.
2. Adicione um sprite square e o alongue para se assemelhar a uma plataforma. Indo ao menu de contexto, na janela de hierarquia, por exemplo, em 2D Object > Sprites> Square.
3. Adicione a este um Box Collider 2D.
4. Adicione outro sprite, sendo que um círculo em cena com Circle Collider 2D e marque a opção Used By Effector.
    - 4.1. Adicione ainda o Constant Force 2D e altere seu torque para -70.
    - 4.2. Adicione também um Rigidboy 2D a este elemento.
5. Faça o teste.

Criando jogo de Plataforma e arquivos binários

Lembra do tópico que criamos a raposinha com todos os movimentos? Vamos precisar dela. E já que o jogo terá mais itens do que só o jogador, você terá que importar outros itens do pacote Sunny Land. Por isso, vá ao menu principal em Windows > Package Manager. Em Packages escolha My Assets e lá pegue as pastas Enemies, Fx e Items do Sunny Land.

PlayerPrefs é ótimo? Sim, mas quando vão se acumulando muitas informações a serem salvas ele fica a desejar; por isso neste tópico realizaremos o salvamento das informações em arquivo binário.

Neste jogo possuirá vários slots, (precisamente três, mas você pode aumentar) que possuem vários dados armazenados em cada um deles, como a quantidade de vida do usuário, em que fase ele está, qual é a sua pontuação, ter uma base desta pontuação para quando conceder uma vida a mais ao jogador e o nome do salvamento daquele slot, por exemplo. Todas essas informações pertencentes de forma separada em cada slot; quando o desenvolvedor precisar de algo similar ao armazenamento de um banco de dados, um arquivo binário é mais do que suficiente.

Vamos importar o nosso pacote de menu que criamos no tópico de criação de menu e realizaremos algumas alterações nele, com isso você poderá salvar como um outro tipo de pacote, para utilizá-lo também como base no desenvolvimento de seus jogos.

Vá ao menu principal em Assets > Import Package > Custom Package... e importe o pacote do menu que fizemos. Iremos alterar o mesmo para no lugar de ir para uma lista de fases, terá uma cena com alguns slots de memória, por assim dizer. Que o usuário deverá escolher algum vazio para iniciar um novo jogo ou algum já salvo para continuar de onde parou, semelhante ao que ocorre no jogo de Zelda.

Neste jogo terá uma barrinha de corações e uma pontuação, além de outra que mostra a quantidade de vidas que o usuário possui. Haverá itens no cenário para recuperar um coração, se o jogador tiver perdido algum outro item que gera pontuação; pegando frutas, diamantes ou abatendo inimigos. Dependendo da pontuação adquirida o jogador ganha uma nova vida.

O sistema dos inimigos é muito simples, se chocar de frente ou pelas costas o personagem perde um coração; e só vai poder destruí-los pulando em cima do inimigo, como ocorre com jogos clássicos como Mario. Já que a fase não se limita ao que a câmera mostra, faremos um script em que a câmera segue o jogador pelo cenário.

Você poderá utilizar itens que vimos anteriormente como Plataform Effector, Slider Joint, Fixed Joint, etc. Fique a vontade para criar o cenário como deseja; não vou impor como deverá ser feito, mas alguns itens básicos deverão constar em seu cenário: Inimigos, ponto de salvamento, item que recupera a vida e alguns itens que pontuam.

O ponto de salvamento, o famoso check point. Pensei em um objeto simples, para ativar o ponto de salvamento como uma bandeirola que sobe e marca aquela coordenada, para caso o jogador morra, volte para aquele ponto e não no início da fase. Ex:

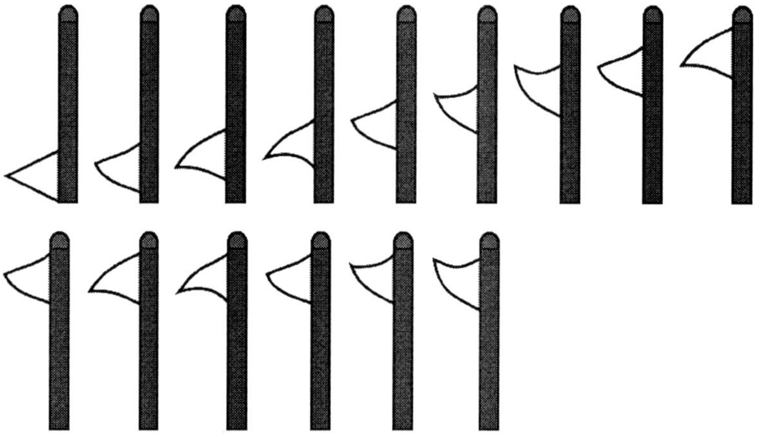

Todas as imagens estão em uma única imagem PNG de fundo transparente, a qual vamos nos utilizar do sprite editor e da alteração de algumas propriedades da janela inspector para separá-las. Obviamente, isso é só um exemplo, você pode optar por outro tipo de objeto, se desejar.

Pequena mudança no script Menu.cs

O nosso botão start, remete à cena «listaFases», contudo haverá uma outra cena substituindo esta de nome slots. Por isso altere no método buttons() da classe Menu a seguinte linha:

```
StartCoroutine(MudaCena.abrirCena("listaFases"));
```

Para

```
StartCoroutine(MudaCena.abrirCena("slots"));
```

Lista de sons

Pulo (jump)
https://freesound.org/people/LloydEvans09/sounds/187024/

Ferido (ouch)
https://freesound.org/people/Augdog/sounds/210213/

Pisando sobre o inimigo (boom)
https://freesound.org/people/ReadeOnly/sounds/186958/

Quando o jogador morre (dead)
https://freesound.org/people/Leszek_Szary/sounds/133283/

Quando o jogador come uma fruta (eating)
https://freesound.org/people/orginaljun/sounds/152313/

Quando o jogador pega uma moeda (coin)
https://freesound.org/people/ProjectsU012/sounds/341695/

O Som do sapo (frog)
https://freesound.org/people/katzlbt/sounds/361117/

Já que outros sons serão acrescentados, você deve lembrar que o array efeitos, presente no script ManterSom.cs, deverá ser alterado acrescentando os sons que forem novos.

Mudar disso:

```
static string[] efeitos = {"btOver", "btClick", "boom", "victory"};
```

Para isso:

```
static string[] efeitos = {"btOver", "btClick", "boom", "victory", "jump", "ouch", "dead",
"eating", "coin", "frog"};
```

Lembrando que os objetos de som deverão ser adicionados na cena da fase e desmarcada a opção Play On Awake pela janela inspector, para não tocar assim que a cena for carregada. Além disso, quando você estiver criando a cena relativa à fase, você deve criar um objeto de game vazio à cena e adicionar a ele o script ManterSom.cs, para tornar este script ativo. Já que o mesmo é o responsável em calibrar os sons da cena, conforme o que foi configurado pelo usuário.

Criando a cena slots (slots)

A cena de slots terá três botões de salvamento e cada botão de salvamento terá um botão de excluir; que só estará habilitado se houver algo para ser excluído daquele slot. Além do botão de retornar, para voltar ao menu principal do jogo.

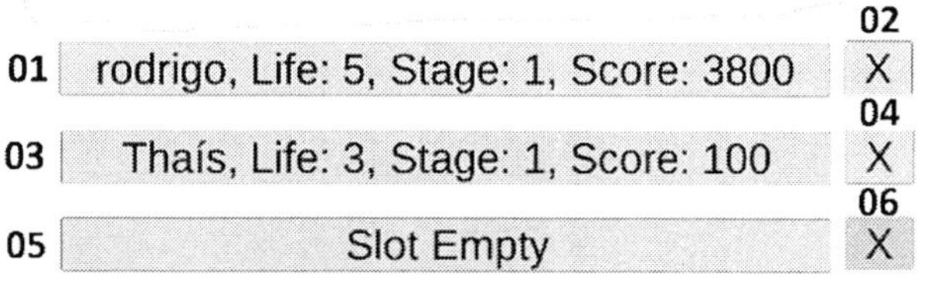

Nº	Button	Text	Método
01	slot1	Slot	avaliaSlot()
02	slotDelete1	text	abrePainel()
03	slot2	Slot	avaliaSlot()
04	slotDelete2	text	abrePainel()
05	slot3	Slot	avaliaSlot()
06	slotDelete3	text	abrePainel()

Obs: Lembre-se de configurar o canvas alterando Render Mode para Screen Space - Camera e arrastar o elemento câmera para o campo Render Camera; além de alterar o UI Scale Mode para Scale With Screen Size, pela janela inspector.

Todo botão terá o nome slot seguido de um número, por isso o primeiro botão, será o slot1, o segundo o slot2 e assim por diante. O componente de texto presente em cada botão terá o mesmo nome em todos, que será Slot, sem a presença de número; já que a tradução do seu conteúdo é o mesmo para todos e por isso não há necessidade de distinção. E os métodos serão adicionados no evento onclick do botão pela janela inspector. Lembre-se de atrelar o script ao botão e arrastar este para o evento onclick, selecionando logo em seguida o método necessário, conforme demonstrado na tabela acima.

Já o botão de exclusão seguirá um critério parecido com o anterior, mas com o nome slotDelete e o número do slot a que ele pertence. Depois que alinhei este botão com o maior, optei em colocá-lo como elemento filho; pois desta forma, ao arrastar o elemento pai, o botão maior, o elemento filho, botão de exclusão, acompanhará o movimento deste; evitando que desalinhe com o mesmo, conforme o exemplo:

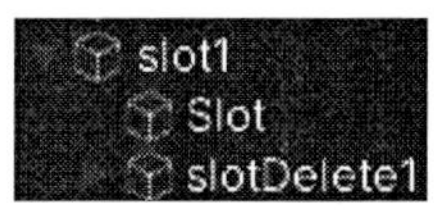

Com relação ao elemento texto de cada botão de exclusão não haverá tradução, e por isso não alterei nenhum deles; até porque o único caractere que eles apresentam é um "X".

Todos os botões são do tipo text mesh pro e todos os elementos de texto, presentes em cada botão, optei em marcar a opção Auto Size, pela janela inspector, para se ajustar o seu tamanho, conforme a necessidade.

Aquelas informações que aparecem no salvamento são traduzidas conforme a linguagem selecionada; para isso foi criado um novo método no script de Idiomas.cs que se utiliza da variável texto, por isso coloquei esta variável fora do método atualizaLegenda. Ex:

```
private Dictionary<string, string> dic = new Dictionary<string, string>();
private string texto="";
protected void atualizaLegenda(string arq)
{
       alimentaDic(arq);
       ...
```

O método adicionado foi este:

```
protected string getLegenda(string arq, string traduzir)
{
     alimentaDic(arq);
     if (dic.ContainsKey(traduzir))
     {
            dic.TryGetValue(traduzir, out texto);
            return texto;
     }
```

```
09     else
10             return null;
11 }
```

Ele é útil na utilização de requisitar unicamente o texto traduzido, ótimo para ser utilizado em diálogos, por exemplo. O método vem precedido de get, por ser de retorno; contudo você não é obrigado a utilizar o prefixo get, quando o método retornar algo ou set, quando o método for para atribuir algum dado a uma variável. Lembrando que estes prefixos são considerados como boa prática de programação, para aqueles que analisarem o seu código. Contudo, nem todos os métodos seguem o padrão set, por exemplo, isso depende dos critérios adotados pela equipe de desenvolvimento, conforme já explicado.

O método possui dois parâmetros: um é o arquivo e o outro é a chave de busca; onde na linha 03, alimentamos o dicionário com base no arquivo solicitado e na linha 04, verificamos se há uma referência na chave passada; caso afirmativo, ele entra no if e atribui o conteúdo, com base na chave passada, a variável texto; onde na linha 07, retorna este conteúdo. Do contrário, linha 09, o retorno será nulo, linha 10.

Vamos abrir o arquivo subMenus.txt, tanto de inglês como de português e incluir mais algumas chaves e legendas. Ex:

subMenus.txt
Return|Retornar
Play Again|Jogar Novamente
Quit|Sair
textWin|Parabéns! Você zerou o jogo. Deseja iniciar um novo jogo?
Yes|Sim
No|Não
Ok | Ok
Slot | Slot Vazio
Life | Vida
Stage | Fase
Score | Pontuação
InfoData | Entre com um nome
InfoDelete | Deseja excluir este save?

Quando o usuário clicar em um slot vazio será aberta uma janela para ele dar um nome àquele salvamento. Ex:

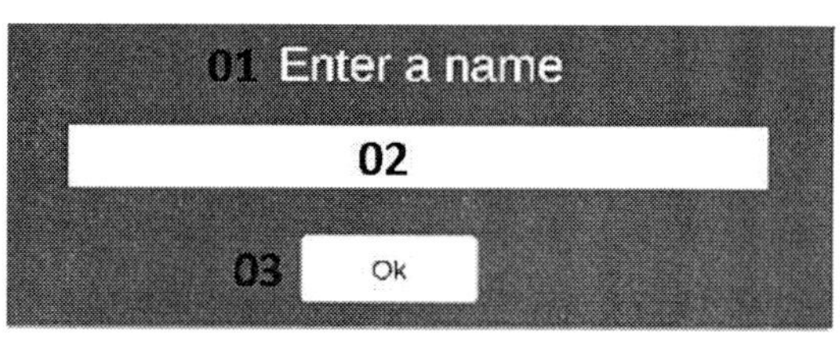

Esta janela é nada mais do que um painel de nome PanelData; já os elementos que compõem este painel são:

N°	Componente	Nome	Método
01	Text Mesh Pro	InfoData	-
02	Input Field TMP	introData	-
03	Button TMP	ok	primeiroSave()

TMP – Text Mesh Pro

O elemento texto do botão terá o nome Ok, seguindo o mesmo critério já de sempre. O campo Input Field terá uma limitação de até dez caracteres inseridos, para isso, selecione o mesmo e na janela inspector altere Character Limit para 10.

Se tiver algo salvo entre os botões de slots, o botão de exclusão será ativado e ao clicar no mesmo, uma janela como esta será exibida:

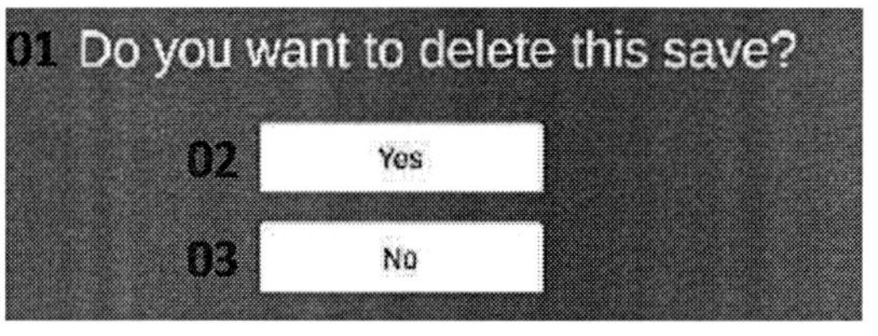

Assim como o anterior é um painel de nome PanelDelete, ambos os painéis estão fora do alcance de câmera, só se tornando visível quando requisitado.

N°	Componente	Nome	Método SubMenus.cs
01	Text Mesh Pro	InfoDelete	-
02	Button TMP	yes	excluindo()
03	Button TMP	no	ocultarPainel()

TMP – Text Mesh Pro

Ambos os botões possuem seus elementos de texto de mesmo nome: Yes e No, no caso dos botões 02 e 03, respectivamente, seguindo o mesmo critério que foi adotado na criação do menu.

O nosso personagem tinha limitações para a transição de morto, neste caso resolvi alterar e criar novas pontes de transições, conforme o exemplo:

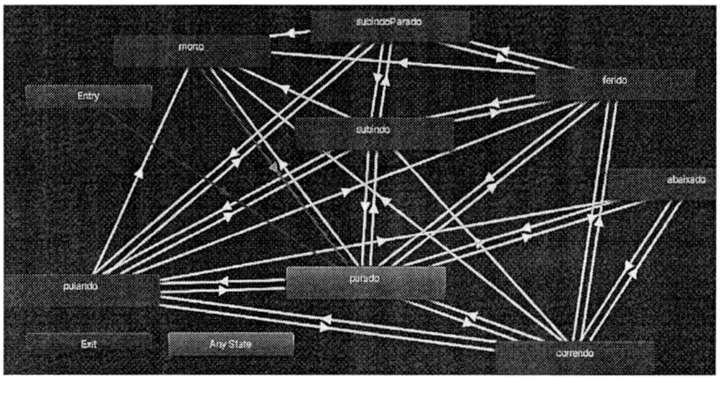

Em todas as ações, com exceção de abaixado, apontam para morto. Lembre-se, todas as setas ou pontes de transição precisam ser inseridas duas condições booleanas, onde a condição morto será verdadeiro e a condição que aponta para morto será falso. No caso de uma transição de correndo para morto, a configuração será esta:

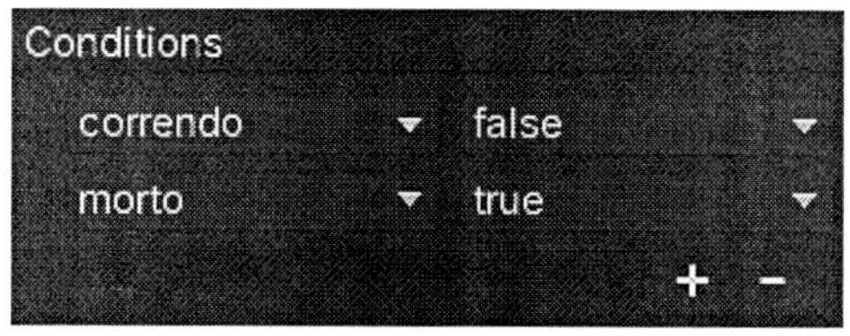

Lembre-se também de limpar as opções de cada seta:

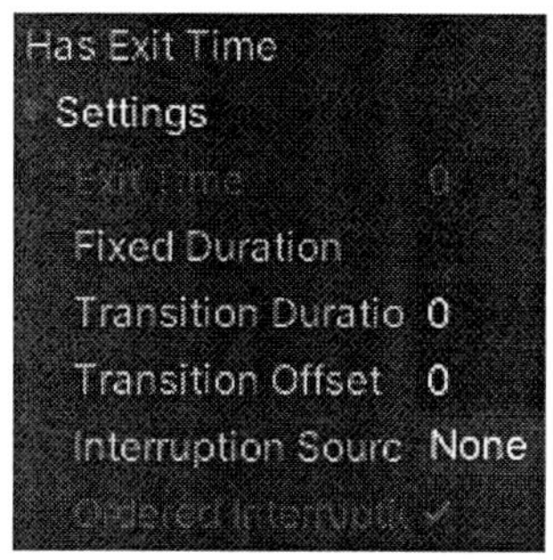

A única seta que foge a regra é a seta direcionada de morto para parado, que está em destaque na imagem que foi apresentada acima. Ela não terá condições booleanas e seus campos serão limpos da mesma forma que a imagem acima, porém Has Exit Time continuará marcado. Com isso, ao término da animação de morto, ele automaticamente irá mudar para animação parado.

Agora selecione o retângulo do estado de nome morto e na janela inspector clique em Add Behavior e crie um script, de nome CheckPoint. Abra o script e remova os comentários de OnStateExit, acrescentando ainda as seguintes linhas de código:

```
01 override public void OnStateExit(Animator animator, AnimatorStateInfo stateInfo, int layerIndex)
02     {
03         GameObject.Find("jogador").transform.position = Jogador.getCheckPoint();
04         Jogador.setEstatus();
05     }
```

OnStateExit é chamado no último quadro da animação; neste caso, depois da animação de morte do jogador, nós o reposicionamos o personagem no mapa através das coordenadas obtidas do método público e estático getCheckPoint da classe jogador; além de revalidar o seu status, linha 04, que faz com que o valor booleano de vivo volte a ser verdadeiro.

O script SO.cs será responsável em administrar os dados binários salvos, por isso outros recursos foram acrescentados ao mesmo, fora o que já tinha e por já termos visto, não será recolocado aqui, mas só o que foi acrescentado ao mesmo:

```
using System;
using System.IO;
using System.Runtime.Serialization.Formatters.Binary;
namespace ConfigGame
{
    [System.Serializable]
    public class GameData
    {
        //slot[0], vida[1], fase[2], score[3], scoreVida[4], nome[5]
        public string[] dados = new string[6];
    }

    public class SO : Idiomas
    {
        private static BinaryFormatter bf = new BinaryFormatter();
        private static GameData data = new GameData();
        private static FileStream file;
        private static string caminho;
        public static string getPatchSalvar(string arq)
        {
            if(getSO()=="Windows")
                return Application.dataPath+"/Menu/StreamingAssets/saves/"+arq+".dat";
            else if(getSO()=="Android")
                return "jar:file://"+Application.dataPath+"!/assets/Menu/saves/"+arq+".dat";
            else
                return null;
        }
        public static string[] getDados(int slot=0)
        {
            string arq;
            if(slot!=0)
                arq = "slot"+slot;
            else
                arq = "slot"+PlayerPrefs.GetInt("slot");
            caminho = getPatchSalvar(arq);
            if(File.Exists(caminho))
            {
                file = File.Open(caminho, FileMode.Open);
                GameData data = (GameData)bf.Deserialize(file);
                file.Close();
                return data.dados;
            }
            else
                return null;
        }
```

```
46
47          public static void setSalvar(string[] dados)
48          {
49              file = File.Create(getPatchSalvar("slot"+dados[0]));
50              int tamArray = dados.Length;
51              Array.Copy(dados, data.dados, tamArray);
52              bf.Serialize(file, data);
53              PlayerPrefs.SetInt("slot", int.Parse(dados[0]));
54              file.Close();
55          }
56
57          public static void setAtualizaDado(string dado, int pos)
58          {
59              data.dados = getDados();
60              data.dados[pos]=dado;
61              setSalvar(data.dados);
62          }
...
```

já que vamos trabalhar com binários, precisamos da linha 03; System.Serializable, linha 06, é uma serialização, uma conversão dos dados em um formato que o Unity pode armazenar e reconstruir posteriormente. A serialização significa salvar o estado atual dos objetos em arquivos de formato binário para o seu computador, sendo assim esse estado poderá ser recuperado posteriormente recriando o objeto em memória assim como ele estava no momento da sua serialização. Optei em agrupar todos os dados é um único array, linha 10. A linha de comentário, linha 09, é como será destinado cada espaço desta matriz unidimensional.

Já que manipulo dados binários declaro um objeto do tipo BinaryFormatter, linha 15 e já que irei manipular arquivos, preciso de um objeto do tipo FileStream, linha 17.

O método getPatchSalvar, linha 19, só nos retorna o caminho de onde se encontra o arquivo, com base no sistema operacional, algo similar que já vimos. Baseado no argumento que é passado para o método, mais a extensão (.dat).

Já o método getDados, linha 28, ele retorna um array de dados, com base no slot requisitado. O seu parâmetro possui um valor padrão que é zero, se o argumento passado for diferente de zero, linha 31, ele concatena a palavra slot mais o número; ou seja, se for o valor três (3), ele irá procurar os dados no slot3; contudo, se nada for passado ao ser chamado o método, então ele restaga o slot atual pelo PlayerPrefs de nome slot, linha 34, fazendo algo similar à linha 32.

Na linha 35 o método getPatchSalvar irá nos retornar o caminho completo, com base no slot solicitado. Verificamos na linha 36 se o arquivo existe. Caso afirmativo, abrimos o arquivo, linha 38, e desserializamos os dados, atrelando ao objeto data da classe GameData, linha 39. Por fim, fechamos o arquivo aberto, linha 40, e retornamos o array do objeto data da classe GameData, que foi criado na linha 07. Do contrário, retornamos um valor nulo, linha 44.

No método setSalvar pegamos o array de dados passados como argumento ao método e criamos um arquivo de salvamento, linha 49; este arquivo será criado no caminho retornado pelo método getPatchSalvar, onde solicitamos o número do slot, com base ao que foi passado na posição zero (0) e atrelamos isso tudo a file.

Na linha 50, pegamos o tamanho deste array e atrelamos a variável tamArray; logo em seguida, linha 51, pegamos e copiamos esse array para o array presente no objeto dados da classe GameData, com base no tamanho do array. Serializamos na linha 52, criamos um PlayerPrefs do slot atual, que dados por ser um array do tipo string, precisamos realizar uma conversão para inteiro com int.Parse. E finalmente, fechamos o arquivo.

Lembrando que criamos o arquivo, linha 49, copiamos array para outro de mesmo tamanho, linha 51; serializamos este arquivo, linha 52, salvamos um PlayerPrefs da posição deste slot que estamos manipulando, linha 53, e finalmente, fechamos este arquivo, linha 54.

O método da linha 57 nos serve para atualizar um único dado, caso precise, no primeiro parâmetro recebemos o dado e no segundo a posição de onde se encontra este dado no array. Pegamos os dados atuais, linha 59, atualizamos o dado passado ao método, linha 60, e depois solicitamos o salvamento novamente destes dados, linha 61. As demais linhas do código são aquelas que já vimos e por isso não foram acrescentadas.

Vamos agora olhar as linhas de código que foram adicionadas ao script SubMenu.cs

```
using UnityEngine.UI;
using TMPro;
using System.IO;
using UnityEngine.SceneManagement;
using ConfigGame;

public class subMenus : Idiomas
{
    private string[] dPly = new string[6];
    private const int TOTAL_SLOTS=3, SCORE_VIDA=400, VIDA=3;
    void Start()
    {
        verificaSlots();
    }
    private void verificaSlots()
    {
        atualizaLegenda("subMenus");
        string info;
        for(int i=1; i<=TOTAL_SLOTS; i++)
        {
            if(SO.getDados(i)!=null)
            {
                GameObject.Find("slotDelete"+i).GetComponent<Button>().
```

```
interactable=true;
                dPly = SO.getDados(i);
                //slot[0], vida[1], fase[2], score[3], scoreVida[4], nome[5]
                info = dPly[5]+", "+ getLegenda("subMenus", "Life")+": "+dPly[1];
                info +=", "+ getLegenda("subMenus", "Stage")+": "+dPly[2];
                info +=", "+ getLegenda("subMenus", "Score")+": "+dPly[3];
                GameObject.Find("slot"+i).GetComponentInChildren<TMPro.TextMeshProUGUI>().text = info;
            }
        }
    }
    public void abrePainel(string info="")
    {
        string nome = info;
        if(nome=="")
        {
            nome = this.gameObject.name;
            int idSlot = int.Parse(nome[nome.Length-1].ToString());
            PlayerPrefs.SetInt("slot", idSlot);
        }
        if(nome=="salvar")
            GameObject.Find("PanelData").transform.position = new Vector3(0,0,0);
        else if(nome.Contains("slotDelete"))
            GameObject.Find("PanelDelete").transform.position = new Vector3(0,0,0);
    }
    public void ocultarPainel()
    {
        GameObject.Find("PanelData").transform.position = new Vector3(-10000,0,0);
        GameObject.Find("PanelDelete").transform.position = new Vector3(-10000,0,0);
    }
    public void avaliaSlot()
    {
        //slot[0], vida[1], fase[2], score[3], scoreVida[4], nome[5]
        int tamTexto = this.gameObject.name.Length;
        string idInfo = this.gameObject.name[tamTexto-1].ToString();
        int idSlot = int.Parse(idInfo);
        PlayerPrefs.SetInt("slot", idSlot);
        if(SO.getDados()!=null)
        {
            dPly = SO.getDados();
            if(dPly!=null)
                StartCoroutine(MudaCena.abrirCena("fase"+dPly[2]));
        }
        else
            abrePainel("salvar");
    }
```

```
68
69      public void primeiroSave()
70      {
71          int idSlot = PlayerPrefs.GetInt("slot");
72          dPly[0] = ""+idSlot;
73          dPly[1] = ""+VIDA;
74          dPly[2] = "1"; //fase
75          dPly[3] = "0"; //pontuação
76          dPly[4] = ""+SCORE_VIDA;
77          dPly[5] = GameObject.Find("introData").GetComponent<TMP_InputField>().text;
78          SO.setSalvar(dPly);
79          ocultarPainel();
80          StartCoroutine(MudaCena.abrirCena("fase1"));
81      }
82      public void excluindo()
83      {
84          int idSlot  = PlayerPrefs.GetInt("slot");;
85          string slot = "slot"+ idSlot;
86          if(SO.getDados(idSlot)!=null)
87          {
88              File.Delete(SO.getPatchSalvar(slot));
89              verificaSlots();
90          }
91          ocultarPainel();
92      }
```

As linhas 01 a 05 foram adicionadas para atender a determinados recursos requisitados pelo código, como já sabemos. A classe SubMenus continua herdando de idiomas, linha 07; onde na linha 09 criamos um array de suporte e na linha 10, constantes do tipo inteiro, atendendo a boa prática da programação. Constantes devem vir todas em maiúsculas e nomes compostos devem vir separados por sublinhado ou traço baixo.

No método start, linha 11, peço que o método verificaSlots() seja chamado; dentro deste, peço que configure a legenda, linha 17, lembrando que é um método da classe Idiomas, mas por SubMenu estar herdando a classe Idiomas, não há necessidade de incluir o nome de sua classe com o método, como é de costume; onde o arquivo requisitado é o subMenus.txt.

Na linha 19 foi criado um laço por contador, onde a variável inteira "i" começa com o valor um (1) e vai até o valor da constante TOTAL_SLOTS. Sempre incrementando a variável "i" em um a cada final de laço.

Na linha 21 requisito os dados com base no valor de "i", se ele for diferente de nulo é porque o arquivo existe; com isso entramos no if e ativamos o botão de delete deste slot, linha 23, com base no valor de "i".

Na linha seguinte, linha 24, pegamos os dados a atrelamos ao array dPly; com base no comentário da linha 25, sabemos que a posição zero (0) é referente ao número do slot, na posição um (1) a quantidade de vida que o jogador tem, na posição três (3) a pontuação do jogador, na posição quatro (4) a pontuação que o jogador precisa alcançar para ganhar mais uma vida e a última posição (5) o nome dado a este arquivo de salvamento. Com todos esses dados em mãos eu monto a legenda do slot.

Primeiro passo, o nome dPly[5], linha 26, pego a legenda no arquivo subMenus.txt de chave life e adiciono a informação de vida do jogador dPly[1]. Da mesma forma vou fazendo com os demais; pego a legenda no arquivo subMenus.txt de chave Stage e adiciono logo em seguida a fase atual que o jogador se encontra dPly[2], linha 27; por fim, a sua pontuação, puxando primeiro a legenda e depois o seu dado dPly[3], linha 28. No final atribuo este texto presente na variável info ao botão slot mais a posição de "i".

O elemento de texto do botão é um elemento filho, por isso o termo GetComponentInChildren e por ser do tipo text mesh pro a referência passa de Text para TMPro.TextMeshProUGUI; onde text nos serve para atribuir o texto de info ao mesmo. Essa alteração será feita em todo botão que possuir algum arquivo salvo; do contrário, a mensagem padrão será exibida no mesmo como slot vazio ou slot empty, dependendo da linguagem que foi selecionada pelo usuário.

O método de abertura de painel, linha 33, serve para salvar em um PlayerPrefs qual o slot que está sendo manuseado no momento, com base no valor que foi passado para info, que é atribuído à variável nome, linha 35; se nada foi passado, linha 36, então pegamos o nome do objeto que solicitou este método, linha 38, que pode ser um botão e capturamos o seu número, linha 39.

nome[nome.Length-1] vai retornar o último elemento, que é o número; já que os objetos em cena são slot+número ou slotDelete+número; como sabemos Length nos retorna um número do total de caracteres que possui em uma variável do tipo texto, se precisamos do último então colocamos nome[nome.Length-1].

Porém o Unity interpreta aquele dado retornado como um char e não uma string, por isso foi colocado uma conversão no final para string. Ex: nome[nome.Length-1].ToString()

Mas estamos tentando atribuir um dado do tipo texto a uma variável do tipo numérica, por isso precisamos da conversão para inteiro e por isso tudo está dentro de int.Parse; ficando:

```
int.Parse(nome[nome.Length-1].ToString());
```

E através deste número resgatado, pegamos e salvamos o número do slot sendo utilizado no momento em um PlayerPrefs de nome slot, linha 40.

Se o conteúdo passado for salvar, linha 42, então posicionamos na posição (0,0,0) o PanelData; do contrário, se conter o termo slotDelete, linha 44, então posicionamos de forma centralizada o panelDelete, linha 45.

O método ocultarPainel(), linhas 47 a 51, quando chamado, oculta ambos os painéis. Já o método avaliaSlot, linha 52, ele pega o tamanho do texto presente no objeto que solicitou o método, linha 55 e através dele extrai o último elemento deste objeto, linha 56, e o converte para inteiro, linha 57; similar ao que vimos anteriormente. Salvando este número em um PlayerPrefs de nome slot, linha 58.

Requisitamos os dados e verificamos se o seu retorno não é nulo, linha 59; caso afirmativo, pegamos este dado e atribuímos ao nosso array dPly, linha 61; aqui reforço se o conteúdo não é nulo, linha 62, antes de chamar a fase correspondente ao dado resgatado, linha 63. Do contrário é um slot vazio e por isso solicito a abertura do painel de salvar, linha 66.

O método primeiroSave, linha 69, é chamado quando é clicado em um slot vazio, pegamos o número do slot que foi manejado, linha 71, e colocamos este número na primeira posição de nosso array dPly, linha 72; e vamos preenchendo os demais dados com base nas variáveis constantes e nomes que o usuário deu a este salvamento, linha 77, que pode ser um valor nulo, já que não obrigamos a preenchê-lo. Salvamos estes dados, linha 78, ocultamos o painel, linha 79, e abrimos a fase, linha 80.

O método de exclusão, linha 82, nós resgatamos o número do slot manejado, linha 84, e acionamos o texto slot ao mesmo, linha 85. Com isso verificamos se este arquivo existe, linha 86; caso afirmativo, excluímos este arquivo com base no caminho retornado de getPatchSalvar; por fim, requisitamos a verificação novamente dos slots, linha 89 e ocultamos o painel, linha 91.

Criando objetos da fase

No material importado há um item em forma de cereja, que é o cherry, você deverá selecionar todos eles e na janela inspector alterar o valor de Pixels per Unit para 32 e aplicar (Apply). Faça o mesmo com a gema (gem).

Como já fizemos inúmeras vezes, crie uma animação cada um deles, puxando a primeira imagem para a cena e com a mesma selecionada ir em Animation e clicar em create, salvando a animação com o nome de cereja ou gema, dependendo do item de animação que estiver criando e arrastar todas as imagens para a animação. Lembre-se de ir depois em animator e alterar a velocidade desta animação, selecionando-a e indo à janela inspector e alterando o valor de speed. Ambos os objetos deverão ter um colisor e com a opção Is Trigger Marcado.

Em cena a fruta terá o nome de recuperaPV e a gema de pontos. Faça prefabs dos mesmos quando concluído.

Criando Checkpoints

Também conhecidos como postos de controle, em que marca a localização do jogador que quando morre retorna ao último posto de controle ao invés do início da fase. A bandeirola do save será da mesma forma, você puxará o primeiro item, com a bandeira no chão; verifique se precisa alterar o Pixels Per Unit das imagens, nela você também deverá adicionar algum colisor com a opção Is Trigger marcado. Com a imagem selecionada você irá em Animation e criará a animação; uma outra onde você irá puxar todas as imagens da animação da bandeirola subindo e a última animação com a bandeirola tremulando em cima do mastro. Quando você for em Animator, algo parecido deverá ser mostrado. Ex:

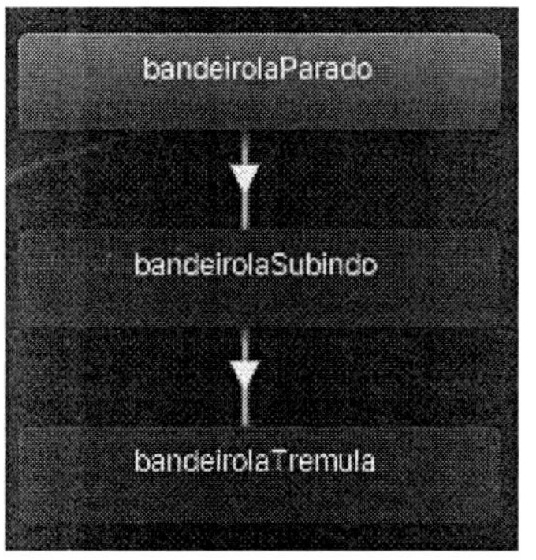

A transição da bandeirola parada para a animação com a bandeirola subindo, será através de uma condição booleana, por isso em Animator você deverá criar um parâmetro, nomeie como checkpoint. E não esqueça de colocar esta condição na primeira seta de transição. Ex:

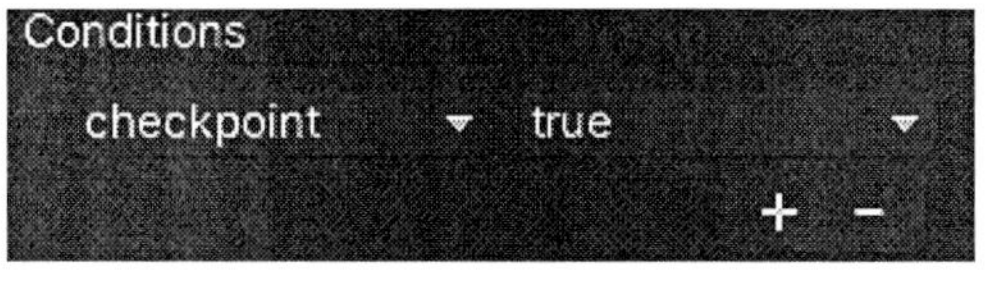

Além de esvaziar tudo relacionado a criar algum tipo de atraso na ativação desta animação:

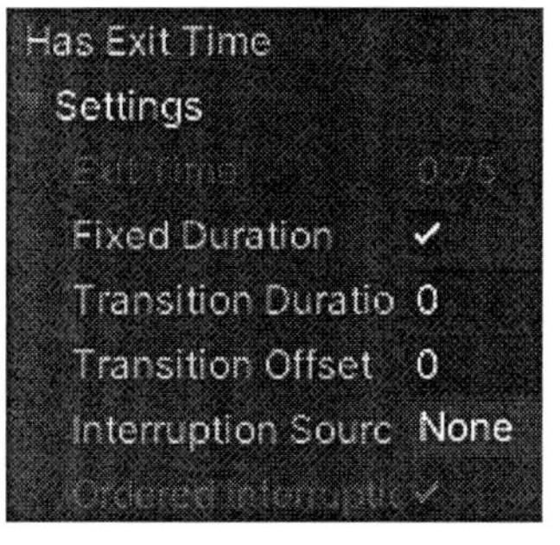

A segunda seta de transição que vai da bandeira subindo para ela parada no topo do mastro e tremulando. Você fará tudo como o anterior; porém a opção Has Exit Time deverá ficar marcada e esta seta de transição não possuirá nenhuma condição booleana. Ela será ativa assim que a animação anterior for concluída, devido a Has Exit Time estar marcado.

Para concluir crie um script de nome Bandeirola e atrele o mesmo a este objeto, ele será responsável em monitorar quando o jogador colidir com o mesmo, guardando as suas coordenadas no processo. Ex:

```
public class Bandeirola : MonoBehaviour
{
    private Animator amin;
    void Start()
    {
        amin = GetComponent<Animator>();
    }

```

```
09      private void OnTriggerEnter2D(Collider2D obj)
10      {
11          string nome = obj.gameObject.name;
12          if(nome=="jogador")
13          {
14              amin.SetBool("checkpoint", true);
15              Jogador.setCheckPoint(transform.position);
16          }
17      }
18 }
```

Na linha 03 crio um objeto de Animator e o utilizo na linha 06, para pegar o componente Animator do objeto atrelado a este script, que no caso é a nossa bandeirola.

Verifico na linha 09 a colisão por gatilho, ao qual pego no nome do objeto que colidiu, linha 11, e verifico se é de nome jogador, linha 12. Caso afirmativo, ativo o parâmetro booleano de nome checkpoint de Animator, linha 14. Fazendo com que a animação da bandeira subindo seja ativo, que ao chegar ao final irá mudar automaticamente para a próxima animação, conforme foi configurado. Com isso, passo para a classe jogador, junto com o seu método estático público de nome setCheckPoint() as coordenadas do objeto.

Obs: Quando ficar puxando esses objetos em cena não se preocupe com as numerações. Ex: pontos, pontos (1), pontos (2), pontos (3), etc. O próprio script atrelado do jogador se encarrega de localizar, devido ao uso de Contains, como já vimos.

Criando o inimigo

Vamos criar dois tipos de inimigos, um super simples com os sprites do opossum, do pacote Sunnyland, que se assemelha mais com um rato e um inimigo um pouco mais complicado com os sprites do frog.

Trabalhando com Opossum

1. As imagens se encontram em Sunnyland > artwork > Sprites > Enemies > opossum
2. Há outras imagens que serão utilizadas em Sunnyland > artwork > Sprites > FX > enemy-death.
3. Tanto a primeira, como a segunda você deverá selecionar as imagens e alterar o Pixels Per Unit para 32, indo à janela inspector e clicando em Apply.
4. Puxe a primeira imagem para a cena e nomeie como inimigoRato.
5. Ainda com a imagem selecionada, vá à janela Animation e clique em create.
6. Nomeie como ratoAndando.
7. Puxe todos os sprites para a janela Animation.
8. Depois crie uma nova animação clicando na lista de seleção onde possui o nome da animação atual, ratoAndando, e escolhendo a opção Create New Clip...
9. Nomeie esta nova animação como ratoMorto e puxe todas as imagens presentes em enemy-death.
10. Na janela Animator vá à aba de parâmetro e crie um booleano de nome morto.
11. Crie uma transição de uma animação para outra, com condição morto sendo true. Ex:

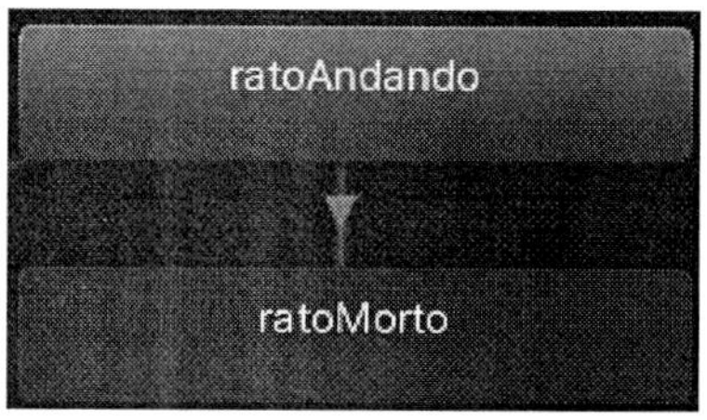

Lembre-se de remover na seta de transição todos os elementos que possam ocasionar algum delay de uma animação para outra, como já vimos diversas vezes.

12. Lembre-se de alterar o speed, velocidade das animações; selecionando cada uma pela janela Animator e indo à janela inspector para isso.

13. Insira os componentes do nosso objeto em cena (inimigoRato), como um colisor 2D e um Rigidbody2D, provavelmente, você vai querer marcar constraints (restrição) a movimentação no eixo Z; presente nas configurações do Rigidbody2D, ex:

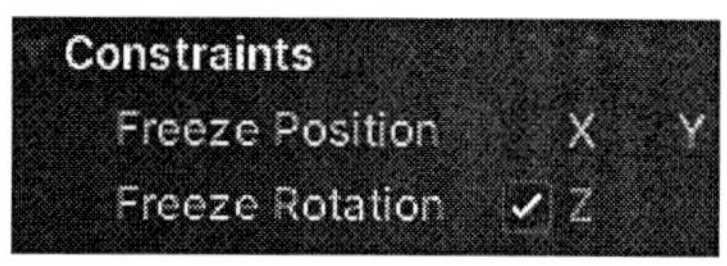

14. Não é o ideal que animação de morto fique se repetindo, por isso selecione o componente e desmarque a opção loop, presente no mesmo. Ex:

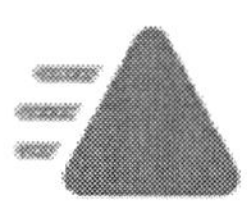

15. Com tudo ajustado, vamos criar um script InimigoRato.cs e atrelar depois ao objeto rato. Devo lembrá-lo, apesar de óbvio, criar um prefab depois deste inimigo.

InimigoRato.cs

```
public class InimigoRato : Inimigo
{
    private float vel=-2f;
    void Update()
    {
        transform.position += new Vector3(vel*Time.deltaTime, 0, 0);
    }
    private void OnTriggerEnter2D(Collider2D obj)
    {
        mudaDir(this.gameObject, ref vel);
    }
    private void OnCollisionEnter2D (Collision2D obj)
    {
```

```
14         if(obj.transform.name!="solo")
15             mudaDir(this.gameObject, ref vel);
16     }
17 }
```

Na linha 03 temos uma variável de ponto flutuante que servirá como base do deslocamento do rato, na linha 06. Onde pegamos a posição atual deste objeto a acrescentamos um deslocamento em X, com base na variável «vel» multiplicado por Time.deltaTime.

As verificações de colisões serão por gatilho, linha 08 a 11, ou por colisão, linhas 12 a 16, que só servem para mudar a direção do inimigo, através do método mudaDir() da classe herdada Inimigo, linha 01.

Por ser uma característica comum aos dois inimigos que iremos criar, decidi tornar a classe Inimigo como uma classe pai e herdá-la. E quando precisar de seu método basta apenas declarar, como foi feito nas linhas 10 e 15. Já que mudaDir() é um método da classe pai Inimigo, onde passamos o próprio objeto de game e sua variável utilizada como locomoção como referência (ref); com isso alteramos diretamente o valor desta variável «vel», como já vimos quando foi explicado a passagem por valor e por referência.

A questão do if, na linha 14, é para que a mudança não ocorra quando colidir com o solo, já que o nosso objeto vai ficar sempre tocando o solo, evitando desta forma que ele fique em um loop eterno de mudança de direção.

Mas, por que um gatilho e um colisor como mudanças de direção? Podemos criar gatilhos para determinar até quando o inimigo pode ir em um determinado percurso. Ex:

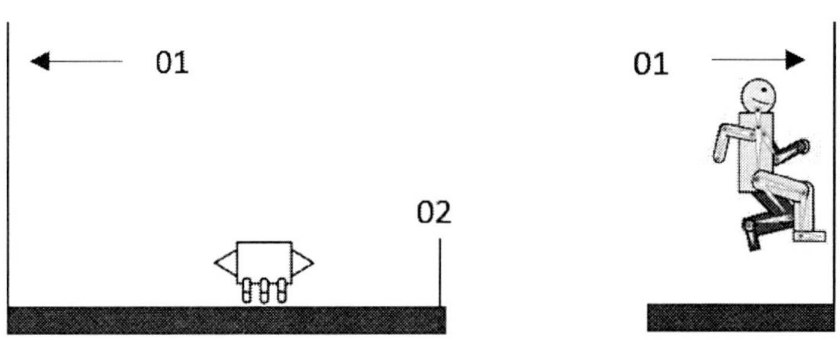

Todas as linhas numeradas são objetos de games vazios, criados com um colisor do tipo Edge Collider 2D; cuja rotação dos mesmos são de 90° no eixo Z, por isso que as linhas estão em pé.

As linhas de número 01 são do tipo colisores e a linha de número 02 é um colisor do tipo gatilho, ou seja, o Edge Collider com a opção Is Trigger marcado; com isso o inimigo não irá cair no buraco à frente, graças à linha 02, que ao entrar em contato, fará com que o inimigo vire e mude de direção; enquanto para o jogador, este gatilho será ignorado.

Lembrando que estas linhas só são visíveis na edição da cena. Mas, por que as linhas 01? São os chamados limitadores da fase, um recurso muito utilizado no desenvolvimento de games de plataforma. Quando o jogador chegar ao final da fase ou estiver no início dela, ele não poderá cair no infinito devido à barreira que foi criada; contanto que esta barreira seja maior do que o pulo do personagem.

Quanto ao nome destes objetos pode dar como barreiraBlock, quando for um colisor, e barreiraTrigger, quando for um gatilho. E criar prefabs dos mesmos para utilizar quando houver necessidade, sem se importar muito com a numeração de suas cópias, já que basicamente no script do inimigo não verifica nomes com relação a esta questão.

Vamos agora ver como a classe pai inimigo foi feita:

Inimigo.cs

```
01 public class Inimigo : MonoBehaviour
02 {
03     public static void mudaDir(GameObject obj, ref float vel)
04     {
05         vel *=-1;
06         if(vel<=0)
07             obj.GetComponent<SpriteRenderer>().flipX = false;
08         else
09             obj.GetComponent<SpriteRenderer>().flipX = true;
10     }
11
12     public static AudioSource getSom(GameObject obj, string nome)
13     {
14         AudioSource[] sons = obj.GetComponents<AudioSource>();
15         string nomeSom;
16         int local;
17         foreach (AudioSource som in sons)
18         {
19             nomeSom = som.clip.ToString();
20             local = nomeSom.IndexOf(" ");
21             nomeSom = nomeSom.Substring(0, local);
22             if(nomeSom.Contains(nome))
23                 return som;
24         }
25         return null;
26     }
27 }
```

O método de mudança de direção, linha 03, possui dois parâmetros que é o objeto e o valor de velocidade de deslocamento deste objeto. Onde na linha 05 é multiplicado por -1, para mudar a direção e verificamos se devemos mudar o eixo X do objeto ou não; conforme o valor do deslocamento, linhas 06 a 09.

Já o método getSom(), linha 12, nos retorna um componente de som com base no objeto passado e no nome do som ao qual procura neste objeto. Este método será útil para nosso sapo. Onde na linha 14 declaro um array de sons e pego todos os componentes de som presentes neste objeto e inicio um laço, linha 17. Com foreach eu pego cada elemento do array de sons e atribuo ao objeto som do tipo AudioSource e através dele é que adquiro no nome do clip de áudio.

O termo som.clip pega o objeto de áudio atual, mas como quero a referência textual, adiciono a conversão ToString(). Todo objeto de áudio adquirido nos retorna algo como jump (UnityEngine.AudioClip), ou seja, depois do nome do objeto vem o espaço seguido a informação deste objeto, que para mim é desnecessária.

Por isso, utilizo o IndexOf, linha 20, para saber a posição que esse espaço em branco se inicia e com isso só pego da posição inicial zero (0), até o local onde foi descoberto o espaço em branco, linha 21. Com isso eu fico só com o nome do clip, descartando o resto.

Esse procedimento é opcional, já que estamos utilizando Contains, onde procura um determinado texto dentro da string, independente do que tiver mais contido no mesmo. Caso bata com o nome solicitado, retorna o objeto som atual, linha 23. E caso nada seja encontrado, então o retorno será nulo, linha 25.

Criando o inimigo sapo

Digamos que eu coloque o sapo no jogo, ele pula e emite um coaxar; precisaremos, neste caso, de dois sons. Porém, se não fizermos nada para controlar este som, vamos ouvir os dois sons em todo o cenário; a situação piora se tiver mais de um sapo no game, digamos quatro; então será a reprodução quatro vezes de cada som tocado ao mesmo tempo em todo o cenário. Um verdadeiro inferno. Por isso, vamos configurar como fizemos no tópico sobre partículas e som:

- **Play on Awake**: Ativo (se for o coaxar)
- **Loop**: Ativo (se for o coaxar)
- **Spatial Blend**: 1
- **Spread**: 360
- **Volume Rolloff**: Linear Rolloff
- **Min Distance**: 1.5
- **Max Distance**: 4

Play on Awake ativo para que o som toque e o loop para que se repita; estas duas características devem estar presentes com o som de coaxar; do pulo, ambos devem estar desativados. O Spatial Blend é a mudança do som 2D, que não há limitação para o 3D, que como sabemos tem as propriedades Min Distance e Max Distance.

Min Distance ou distância minima é a distância necessária para ouvir 100% do som, enquanto Max Distance ou distância máxima é a distância que ainda pode-se ouvir algum som. A atenuação deste tom depende de volume Rolloff, que optei por Linear Rolloff. Configure desta forma o primeiro som; não precisa repetir o processo no segundo, já que você poderá copiar as características deste componente ou até mesmo o componente, clicando nas reticências. Ex:

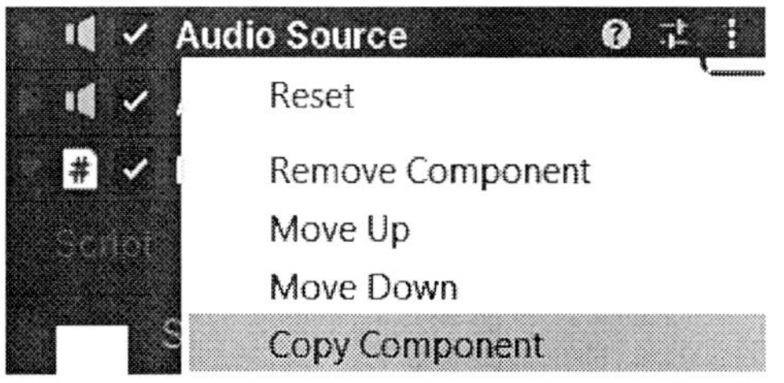

Ao inserir um novo componente de áudio, você clica novamente nas reticências e cola os valores do componente:

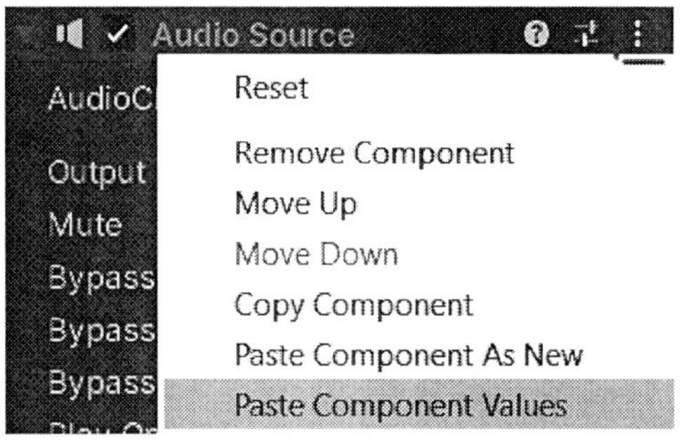

Para que o som funcione quando o jogador estiver perto do sapo ele precisa de um ouvinte de som o Audio Listener; porém, a câmera já vem com um, por isso você irá em main câmera e remover este componente e adicionar o Audio Listener ao jogador, caso tenha criado um prefab do mesmo, abra o seu prefab para inserir o ouvinte de música, clicando na setinha. Ex:

Criando o sapo. Etapas:

1. As imagens se encontram em Sunnyland > artwork > Sprites > Enemies > frog
2. Lembrar de ir em cada pasta idle e jump e selecionar todas as imagens e colocar Pixels Per Unit em 32 e clicar em Apply.
3. Arrastar a primeira imagem do sapo parado (idle) e adicionar um colisor 2D, um Rigidboy 2D com constraints (restrição) a movimentação no eixo Z.
4. Arrastar os sons de pulo e coaxo e realizar as configurações citadas acima, incluindo o ouvinte de som no jogador e retirando da câmera, conforme já explicado anteriormente.
5. Depois disso, criar uma animação de parado, pulando e morto; indo em Animation, clicando em create e nomeando a animação e arrastando logo em seguida as imagens correspondentes, como já fizemos inúmeras vezes; com os nomes: frogParado, frogPulando e frogMorto.
   5.1. Depois disso você irá em Animator, com o objeto sapo selecionado e criar as pontes de transição, conforme o exemplo:

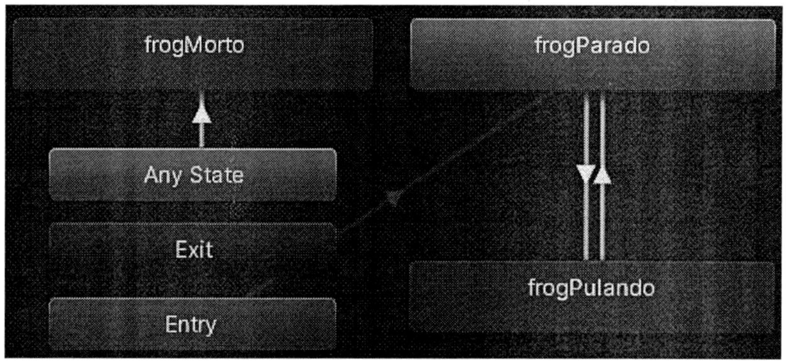

1. Crie dois parâmetros booleanos, pular e morto.

A transição de parado para pulando será dada, quando pular for verdadeiro e para retornar para parado, quando a condição de pular for falso, essas condições devem ser inclusas nas setas de transições, lembrando de esvaziar suas definições.

Da mesma forma ocorre com a seta de transição de morto que sai de qualquer estado (Any State) para morto, se a condição de morto for verdadeira, lembrando também que na seta de transição você deverá esvaziar suas definições, como já fizemos inúmeras vezes. Lembrando que as animações pulo e morto devem ficar sem repetir; indo em Asset e procurando pelo objeto de animação e desmarcando a opção loop do mesmo. Verifique também a velocidade das animações, selecionando cada uma pela janela de animator.

Lembra da nossa raposa em que praticamente todas as ações remetem para morto? Poderáamos ter feito como este exemplo; só deixando a seta de morto para parado.

Voltando ao nosso sapo, a esta hora você deve estar se perguntando: ótimo e agora como controlar o volume destes dois sons? Devo lembrá-lo que um objeto de game deverá ser criado para inserir o script ManterSom.cs, que é responsável em controlar o volume da música e dos sons de efeito. Porém, no caso de controlar o volume especificamente de determinados objetos, como nosso sapo, um novo método público estático deverá ser adicionado à classe «ManterSom», conforme o exemplo:

ManterSom.cs

```
public static void somObjetos(GameObject obj)
{
      AudioSource[] sons = obj.GetComponents<AudioSource>();
      if(PlayerPrefs.HasKey("volEfeitos"))
      {
            volEfeito = PlayerPrefs.GetFloat("volEfeitos");
            foreach (AudioSource som in sons)
            som.volume=volEfeito;
      }
}
```

Na linha 03 peço que pegue todos os objetos de sons, presentes no GameObject que foi passado ao método e guardado em um array no nome sons. Depois disso, verifico se há o PlayerPrefs que guarda o valor do volume para efeitos, linha 04; caso afirmativo, recupero este valor, linha 06, e com um laço, linha 07, pego cada objeto de som e atribuo ao AudioSource de nome som; onde configuro o seu novo volume, linha 08, pela propriedade volume do objeto.

Agora, vamos ver como ficou o script responsável pela movimentação do sapo.

InimigoSapo.cs

```
using ConfigGame;
public class InimigoSapo : Inimigo
{
    private float dir=-5f, impulso=5f;
    private Animator amin;
    private IEnumerator corrotina;
    private AudioSource pulo;
    void Start()
    {
        corrotina = pula();
        amin = GetComponent<Animator>();
        pulo = getSom(this.gameObject, "jump");
        ManterSom.somObjetos(this.gameObject);
        StartCoroutine(corrotina);
    }
    IEnumerator pula()
    {
        while(true)
        {
            amin.SetBool("pular", true);
            pulo.Play();
            GetComponent<Rigidbody2D>().AddForce(new Vector2(dir, impulso), ForceMode2D.Impulse);
            yield return new WaitForSeconds(3);
        }
    }
    private void OnTriggerEnter2D(Collider2D obj)
    {
        mudaDir(this.gameObject, ref dir);
    }
    private void OnCollisionEnter2D (Collision2D obj)
    {
        amin.SetBool("pular", false);
        if(obj.transform.name!="solo")
            mudaDir(this.gameObject, ref dir);
    }
}
```

Na linha 01 faço a requisição de ConfigGame, que possui as classes responsáveis pela configuração do jogo, que fizemos durante o tópico de criação do menu.

Das linhas 04 a 07 são variáveis ou objetos que irão nos auxiliar; onde em Start(), linha 08, atribuo a corrotina ao método pula, linha 10. E na linha 11, pego o objeto Animator e atribuo a "amin", e na linha 12, pego o objeto de som de nome "jump", através do método getSom() da classe herdada Inimigo, linha 02.

Enquanto na linha 13 utilizo o método somObjetos() da classe "ManterSom", para configurar os sons do sapo e na linha seguinte, 14, inicio a corrotina.

A corrotina pula possui um laço infinito, linha 18, onde ativa animação de pulo, linha 20, toca o som de pulo, linha 21; além de impulsionar o objeto sapo para uma direção (dir) e impulso determinadados pelas variáveis que foram anteriormente criadas, linha 22. Que por fim, ele irá aguardar três segundos, linha 23, para repetir o processo.

O método de gatilho, linhas 26 a 29, ou de colisão, linhas 30 a 35, basicamente servem para mudar a direção do nosso sapo, quando se chocar com algo. Contudo, na colisão desativamos a animação de pulo, quando ocorre qualquer tipo de colisão, inclusive no solo. Mas ele só irá mudar a direção, diferente do gatilho, quando o objeto colisor não possuir o nome solo, linha 33 e 34.

Fazendo a câmera seguir o jogador

Praticamente todo cenário criado em jogos de plataforma é amplo ao ponto de não caber tudo no que a câmera mostra, deveremos então fazer com que a câmera siga o jogador até os limites da fase. Mas, como saber quais são os limites? Devemos criar estes limites em cena e nos basear nos mesmos para saber até que ponto a câmera deverá seguir o deslocamento do jogador pelo cenário.

Anteriormente eu falei sobre criar colisores nas extremidades de uma cena para o jogador não cair no espaço infinito no final ou início da fase. Vamos utilizá-los como referência, como também criar game objects vazios para servir de base até onde a câmera poderá acompanhar o jogador numa subida ou descida na fase. Por sinal, recomendo que seja adicionado algum ícone, para que os objetos de game vazios fiquem visíveis na edição da cena. Lembrando que deve selecionar o objeto de game e ir à janela inspector, onde há um ícone em forma de um quadrado 3D, é nele que você deverá clicar:

Os limitadores e seus nomes ficarão da seguinte forma:

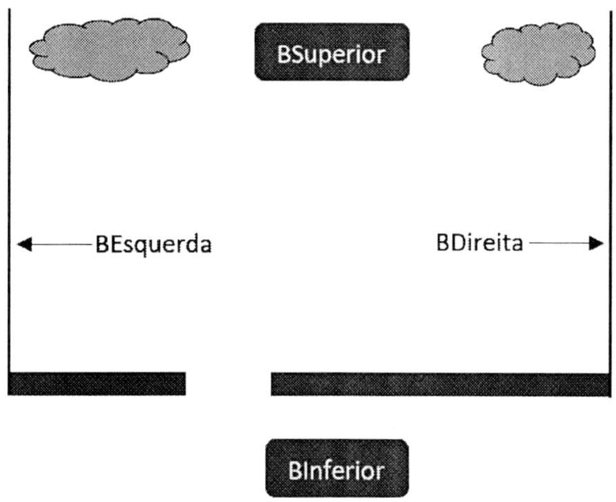

Lembrando que os limitadores laterais são do tipo Edge Collider 2D com Z em 90º e o X do colisor foi alterado, conforme o exemplo:

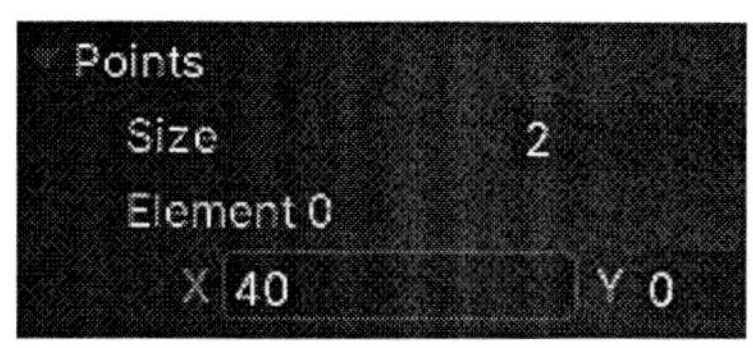

Você poderá aumentar ainda mais este valor, se houver necessidade. Mesmo sabendo os limites, devemos saber também quanto de altura e largura a câmera possui, já que as dimensões da mesma variam, dependendo das configurações de tela do usuário. Por isso, utilizaremos o orthographicSize que retorna a metade do tamanho da visualização vertical. Além disso, utilizarei o aspect, que retorna a largura dividida pela altura. Se quisermos a largura e altura total ocupada pela câmera, então faríamos da seguinte forma:

```
float altCam = 2*Camera.main.orthographicSize;
float largCam = altCam*Camera.main.aspect;
```

É um assunto que foi apresentado em Paralexe, mas aqui relembro. Aproveitando o ensejo, poderia adicionar um colisor na câmera e editar este colisor para que ocupe todo o espaço da mesma, com base nos dados acima. Ex:

```
01 gameObject.AddComponent(typeof(BoxCollider2D));
02 gameObject.GetComponent<BoxCollider2D>().isTrigger = true;
03 gameObject.GetComponent<BoxCollider2D>().size = new Vector2(largCam, altCam);
```

Na primeira linha estou adicionando um Box Collider 2D, obviamente se a câmera possuir um script com essas linhas de código, na linha seguinte torno o colisor um gatilho, para não empurrar os objetos em cena por ser um colisor sólido e configuro a largura e altura deste colisor, na linha 03, com base na altura e largura atuais da câmera.

Confesso que não utilizarei estas últimas linhas apresentadas, é mais uma informação de como adicionar um componente a um objeto, no caso de eu precisar em algum momento. Se já passei esta informação, considere como um lembrete.

Sabendo da largura e altura da câmera e colocando os objetos em cena, com os nomes acima citados, poderemos então criar um script que irá mover em qualquer padrão até os limites estabelecidos.

CamSegue.cs

```
public class CamSegue : MonoBehaviour
{
    private GameObject jogador;
    private float altCam, largCam, x, y;
    private float[] limitB = new float[4];
    void Start()
    {
        jogador = GameObject.Find("jogador");
        altCam = 2*Camera.main.orthographicSize;
        largCam = altCam*Camera.main.aspect;
        verificaBarreiras();
    }
    private void verificaBarreiras()
    {
        Vector3[] v = new Vector3[4];
        string[] barreiras = {"BEsquerda", "BDireita", "BInferior", "BSuperior"};
        for(int i=0; i<barreiras.Length; i++)
        {
            if(GameObject.Find(barreiras[i])!=null)
                v[i] = GameObject.Find(barreiras[i]).GetComponent<Transform>().position;
            if(i==0)
                limitB[i] = v[i].x + largCam/2;
            else if(i==1)
                limitB[i] = v[i].x - largCam/2;
            else if(i>=2)
                limitB[i] = v[i].y;
        }
    }
    void Update()
    {
        if(jogador!=null)
        {
            x = jogador.transform.position.x;
            y = jogador.transform.position.y;
            if(x<limitB[0])
                x = limitB[0];
            else if (x>limitB[1])
                x = limitB[1];
            if(y<limitB[2])
                y = limitB[2];
            else if (y>limitB[3])
```

```
42                 y = limitB[3];
43             transform.position = new Vector3(x, y, -10);
44         }
45     }
46 }
```

Na linha 08 eu pego o objeto jogador e nas linhas 09 e 10 a altura e largura da câmera e ainda chamo o método verificaBarreiras(), linha 11.

Este método possui um array unidimensional, linha 15, do tipo vetor; onde iremos guardar a posição de cada limitador em cena, além de um array do tipo string, linha 16, com os nomes dos objetos que iremos pesquisar. No laço iniciando o contador "i" como zero (0) e vou incrementando o valor de "i" a cada laço, respeitando o limite do tamanho o array, linha 17.

Em cada laço verifico se há um objeto de jogo com o mesmo nome guardado no array barreiras, linha 19; caso afirmativo, pego as coordenadas do mesmo e atribuo a um array de vetores, com base no valor de "i", linha 20.

Se o "i" vale zero (0), linha 21, pego e atribuo a outro array de nome "limitB" o valor da coordenada de X do objeto capturado, mais a metade da largura da câmera, linha 22. Caso contrário, se for um (1), linha 23, então pego o valor da coordenada de X do objeto capturado e subtraio a metade da largura da câmera. E se for igual ou maior do que dois (2), linha 25, pega a coordenada de Y do objeto encontrado que é responsável em limitar até quanto a câmera pode andar pelo cenário e atribuo ao array "limitB".

No método Update(), linha 29, verifica se jogador não é nulo, linha 31; caso afirmativo, pega as coordenadas do mesmo em X e Y, linhas 33 e 34. E com base nesses valores fazemos a comparação com o valor guardado no Array "limitB", se o valor de X for menor que estabelecido pelo array, linha 35, ele irá assumir o valor limite armazenado no array "limitB". De forma semelhante ocorre com as demais verificações; comparamos se o X extrapola o que está armazenado em "limitB" na posição um (1), linha 37; caso afirmativo, ele pega o valor deste limite, linha 38, assim como ocorre com Y, linhas 39 a 42, para finalmente dar as coordenadas finais da nova posição da câmera, linha 43, com isso se respeita os limites impostos na cena. Lembre-se de adicionar este script à câmera.

Script do jogador

Reaproveitando o script que fizemos no tópico relacionado à animação, com todos os comportamentos do jogador; contudo, muitos métodos novos foram adicionados e alguns alterados. Vamos a eles.

Jogador.cs

```
using ConfigGame;
public class Jogador : MonoBehaviour
{
    private Animator amin;
    private float h, v, vel=5f, impulso=7f;
    private bool solo=true, escada=false, puloescada=false;
    private int pv;
```

```
private const int PV=3;
private static bool vivo=true;
private static Vector3 checkpoint;
private string[] dados;
void Start()
{
    pv=PV;
    checkpoint = transform.position;
    amin = GetComponent<Animator>();
    carregaPainel();
}
void Update()
{...}
private void estados(string estado="morto")
{
    amin.SetBool("parado", false);
    amin.SetBool("correndo", false);
    amin.SetBool("pulando", false);
    amin.SetBool("ferido", false);
    amin.SetBool("subindo", false);
    amin.SetBool("abaixado", false);
    amin.SetBool("subindoParado", false);
    amin.SetBool("morto", false); //Adicionado
    amin.SetBool(estado, true);
    if(estado=="ferido")
        GameObject.Find("ouch").GetComponent<AudioSource>().Play();
    else if(estado=="morto")
    {
        GameObject.Find("dead").GetComponent<AudioSource>().Play();
        morto();
    }
}
private float regulaY(Collision2D obj)
{
    float yVaria=0f;
    string nome = obj.gameObject.name;
    if(nome.Contains("inimigoRato") || nome.Contains("inimigoSapo"))
        yVaria=+0.2f;

    return yVaria + obj.transform.position.y;
}

public static void setCheckPoint(Vector3 v)
{
    checkpoint = v;
}
```

```

    public static Vector3 getCheckPoint()
    {
        return checkpoint;
    }

    public static void setEstatus(bool status=true)
    {
        vivo=status;
    }
    private void carregaPainel()
    {
        //slot[0], vida[1], fase[2], score[3], scoreVida[4], nome[5]
        dados = SO.getDados();
        setCanvasTexto("LifeQuant", dados[1]);
        setCanvasTexto("ScoreQuant", dados[3]);
    }

    private void OnTriggerEnter2D(Collider2D obj)
    {
        string nome = obj.gameObject.name;
        if(nome.Contains("recuperaPV"))
        {
            if(pv<PV)
            {
                pv++;
                GameObject.Find("heart"+pv).GetComponent<Renderer>().enabled=true;
            }
            GameObject.Find("eating").GetComponent<AudioSource>().Play();
            atualizaPontos(100);
            Destroy(obj.gameObject);
        }
        else if(nome.Contains("pontos"))
        {
            GameObject.Find("coin").GetComponent<AudioSource>().Play();
            atualizaPontos(200);
            Destroy(obj.gameObject);
        }
        else if(nome.Contains("fase"))
        {
            int novaFase = int.Parse(nome[nome.Length-1].ToString());
            SO.setAtualizaDado(""+novaFase, 2);
            StartCoroutine(MudaCena.abrirCena(nome));
        }
    }

```

```
    private void atualizaPontos(int ponto)
    {
        int scoreI = int.Parse(getCanvasTexto("ScoreQuant")) + ponto;
        SO.setAtualizaDado(""+scoreI, 3);
        ganhaVida(scoreI);
        carregaPainel();
    }

    private void OnCollisionEnter2D (Collision2D obj)
    {
        string nome = obj.gameObject.name;
        float yJogador = transform.position.y;;
        float yInimigo = regulaY(obj);
        if(nome=="morto")
            estados();
        else if(nome.Contains("inimigo"))
        {
            if(yInimigo<yJogador)
            {
                pula();
                string scoreText = getCanvasTexto("ScoreQuant");
                int scoreNum = int.Parse(scoreText) + 100;
                SO.setAtualizaDado(""+scoreNum, 3);
                ganhaVida(scoreNum);
                setCanvasTexto("ScoreQuant", ""+scoreNum);
                GameObject.Find("boom").GetComponent<AudioSource>().Play();
                obj.gameObject.GetComponent<Animator>().SetBool("morto", true);
                obj.gameObject.GetComponent<Collider2D>().isTrigger = true;
                Destroy(obj.gameObject, 2);
            }
            else{
                GameObject.Find("heart"+pv).GetComponent<Renderer>().enabled=false;
                --pv;
                if(pv>0)
                {
                    estados("ferido");
                    solo=false;
                    if(obj.transform.position.x > transform.position.x)
                        GetComponent<Rigidbody2D>().velocity = new Vector2(-5f, 5f);
                    else
                        GetComponent<Rigidbody2D>().velocity = new Vector2(5f, 5f);
                }
                else
                    estados();
            }
        }
```

```
        else if(nome=="solo")
        {
            solo=true;
            escada=false;
            estados("parado");
        }
    }
    private string getCanvasTexto(string nome)
    {
        return GameObject.Find(nome).GetComponent<TMPro.TextMeshProUGUI>().text;
    }
    private void setCanvasTexto(string nome, string dado)
    {
        GameObject.Find(nome).GetComponent<TMPro.TextMeshProUGUI>().text=dado;
    }
    private void morto()
    {
        vivo=false;
        string vidasInfo;
        int vidasInt;
        vidasInfo = getCanvasTexto("LifeQuant");
        vidasInt = int.Parse(vidasInfo);
        --vidasInt;
        setCanvasTexto("LifeQuant", ""+vidasInt);
        if(vidasInt>0)
        {
            SO.setAtualizaDado(""+vidasInt, 1);
            for(int i=1; i<=PV; i++)
                GameObject.Find("heart"+i).GetComponent<Renderer>().enabled=true;
            pv = PV;
        }
        else{
            StartCoroutine(MudaCena.abrirCena("gameOver"));
        }
    }

    private void ganhaVida(int num)
    {
        string vidaText;
        int vidaNum;
        dados = SO.getDados();
        int scoreVida = int.Parse(dados[4]);
        if(num>=scoreVida)
        {
            vidaText = getCanvasTexto("LifeQuant");
            vidaNum = int.Parse(vidaText) + 1;
```

```
192                 setCanvasTexto("LifeQuant", ""+vidaNum);
193                 scoreVida*=2;
194                 SO.setAtualizaDado(""+scoreVida, 4);
195                 SO.setAtualizaDado(""+vidaNum, 1);
196             }
197         }
198 
199         void OnCollisionExit2D (Collision2D obj)
200         {...}
201 
202         void OnTriggerStay2D(Collider2D obj)
203         {...}
204 
205         void OnTriggerExit2D(Collider2D obj)
206         {...}
207 
208         void pula()
209         {
210             //acrescentar
211             GameObject.Find("jump").GetComponent<AudioSource>().Play();
212         }
213 }
```

Criamos uma variável constante para PV (pontos de vida) do jogador e atribuímos este valor a uma variável comum, linha 14. O local inicial, quando o personagem morrer e retornar ao jogo será sua própria posição inicial do jogo, linha 15. Pegamos também o componente de animação, linha 16, e solicitamos o carregamento das informações pelo método carregaPainel(), linha 17.

O método Update está com reticências, pois não teve nada de novo a se acrescentar. Já o método de estados foi acrescentado à desativação do estado de animação morto, linha 30, além de produzir som quando o estado for de ferido, linhas 32 e 33; ou quando o personagem morrer, linhas 34 a 38. Sendo que esta última chama ométodo morto(), linha 37.

O método regulaY, linha 40, é referente à diferença da altura do nosso personagem em relação à altura de nosso inimigo. O personagem tem uma leve vantagem em sua altura, com relação aos inimigos de rato ou sapo e isso é corrigido na linha 45; onde retornamos esta diferença na linha 47, junto com a altura base do inimigo. Mas, por que isso?

A colisão é verificada se o jogador está acima do inimigo, ou seja, pulando em suas costas; mas, se o jogador já inicia com uma vantagem de altura em relação ao adversário, quando andar em sua direção e se chocar de frente ao invés de sofrer dano, estará destruindo o inimigo. Mas, como você retira esta diferença? Graças ao método regulaY(). Quando o jogador se choca de frente com o inimigo, ele sofre dano ao invés de destruir o mesmo. Só podendo destruir quando pula por cima, fazendo com que o valor de Y do jogador seja superior ao do inimigo, subentendendo que pulou em suas costas e assim destruindo o adversário.

O método da linha 50, simplesmente alimenta o valor de checkpoint; este é chamado pelo script da bandeirola quando o jogador se chocar com a mesma; enquanto o método posterior, linha 55 a 58, nos retorna esta coordenada.

O método 60 nos serve para mudar o status do valor booleano de vivo, linha 62. Enquanto o método carregaPainel, linha 64, pega os dados salvos, linha 67. E chama o método setCanvasTexto, linhas 68 e 69, para atualizar as informações relacionadas à quantidade de vida e à pontuação do jogador na tela.

A verificação de colisão por gatilho verifica se foi um objeto de recuperação de pontos de vida (recuperaPV), linha 75; caso afirmativo, verificamos primeiramente se o valor de pv é menor que a nossa constante de mesmo nome, linha 77; caso afirmativo, incrementamos pv em um, linha 79, e mostramos novamente o coração que foi ocultado, com base na própria numeração de pv, linha 80.

Os corações, presentes em cena, terão os nomes heart1, heart2 e heart3; da esquerda para a direita. Enquanto os outros objetos presentes em Canvas são UI do tipo text mesh pro. Os componentes se resumem a estes:

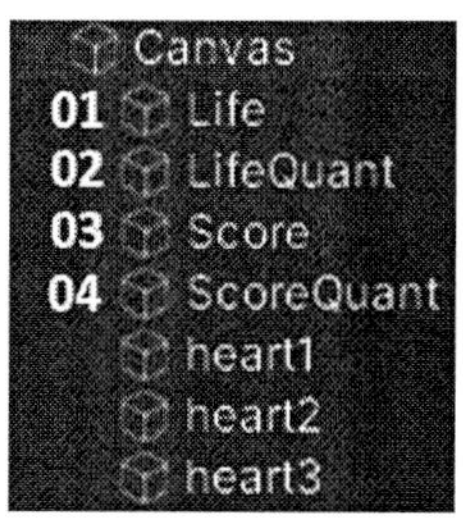

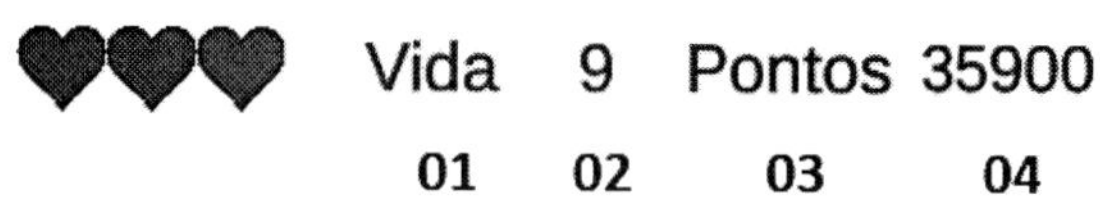

Mas, independente de ter perdido vida ou não, o som de comer é ativo, linha 82, 100 pontos são contabilizados, linha 83, e o objeto em questão destruído, linha 84.

Do contrário, se o objeto tiver o nome pontos, emite o som, linha 88, atualiza em 200 pontos o score, linha 89, e se destrói o objeto, linha 90. Mas se for de nome fase, pegamos o número da fase, linha 94, pedimos que esta nova fase que o jogador irá seja atualizada em seus dados binários, linha 95; que por fim fazemos a mudança de cena, linha 96.

O método de atualizar pontos, linha 100, pega a pontuação atual e soma ao que foi passado ao método, linha 102, atualizamos os dados atuais salvos, linha 103, que por ser um método que só aceita texto é que foi concatenado junto com o valor as aspas, mais a posição relativa onde as informações score ocupam em nosso array. A cada nova pontuação, verifica-se também se o jogador tem direito de ganhar uma nova vida, linha 104, além de atualizar novamente os dados presentes na tela, linha 105.

Já no método de colisão, ele pega o nome do objeto que colidiu, linha 110, a altura do jogador, linha 111, e a altura do objeto que colidiu; se for um inimigo, linha 112, o método irá somar a diferença para que esteja no mesmo patamar do jogador, linha 112, através do método regulaY().

Se chocar com algum objeto de nome morto, chamamos o estados() sem passar nada, linha 114; onde assumirá o valor padrão que é morto, como já vimos. Do contrário, se conter a palavra inimigo, então verifica se o jogador se chocou por cima dele, para isso o Y do jogador tem que ser maior do que o inimigo, linha 117. Chamando o método pula, linha 119, pegando o score atual, linha 120, e atribuindo

100 pontos, linha 121; onde atualizamos os dados do score, linha 122; verificando se ganha uma vida com o score atual, linha 123, e colocando o novo score na linha, linha 124. Poderíamos também dar uma pontuação diferente para cada tipo de inimigo, com base no nome do objeto que o jogador colidiu, por exemplo, se fosse o sapo poderia dar 120 pontos e o ratinho 100 pontos, por considerar mais fácil de ser derrotado; mas, aqui deixei 100 pontos sem aplicar qualquer tipo de distinção por nome.

Na linha 125, tocamos a música de explosão, e na linha seguinte ativamos a animação de morto do inimigo, tornando a colisão do mesmo como gatilho, linha 127, para ser destruído após dois segundos, linha 128.

Do contrário, linha 130, se o jogador não estiver por cima do inimigo, ou seja, sua altura não é superior, então o jogador é que recebeu dano; apagamos desta forma um dos corações, com base no valor de pv, linha 131, decrementando esta variável, linha 132, e verificando se a vida ainda não foi zerada, linha 133. Caso afirmativo, ativamos a animação de ferido do personagem, linha 135, que dá o famoso pulinho para trás, por isso o valor booleano do solo fica falso, linha 136. E vemos para que direção o pulo irá, se o valor de X do jogador for menor do que o inimigo, linha 137; então o pulo será para cima e para esquerda; do contrário, será para cima e para a direita. Contudo, se a condição de vivo for falso, então o else da linha 142 será executado o método estados(), linha 143. Que como sabemos, quando nada for passado assumirá o estado da animação de morto.

Se a colisão for simplesmente o chão, linha 146, afirmamos que solo é verdadeiro, escada é falso e o estado da animação é parado, linhas 148 a 150.

Os métodos get, linha 153, e set, linha 157, basicamente procuram por um objeto de texto em cena, com base no nome passado. Sendo que em get ele retorna o texto deste objeto e em set ele altera o texto deste objeto com base no segundo argumento deste método.

O método morto torna vivo com falso, linha 163; onde pegamos a quantidade de vidas, demonstrado na tela, linha 166, convertemos para um número inteiro, linha 167, e subtraímos em um, linha 168. Atualizando logo em seguida este número na tela.

Se vidas for maior do que zero, atualizamos o seu novo valor chamando o método setAtualizaDado() da classe SO, linha 172, onde passamos a posição deste dado presente no array. Já que o jogador morreu, todos os corações estão ocultados e por isso cria-se um laço, linha 173, para torná-los visíveis novamente, linha 174; e atualizamos o valor de pv, com base no valor da variável constante de mesmo nome, linha 175.

O método de ganhar vida, linha 182, pega os dados salvos, linha 186, converte a posição quatro do array, para um valor inteiro, linha 187, referente à posição que armazena a pontuação que se permite conceder uma vida de brinde. E verifica na linha 188, se o jogador já alcançou esta pontuação; caso afirmativo, pegamos o elemento texto que possui o número de vidas, linha 190, convertemos em um valor inteiro e somamos um, linha 191. Depois atualizamos a informação na tela, linha 192.

Dobramos o valor do score para conseguir ganhar uma nova vida, linha 193. E atualizamos os dados do novo score a ser alcançado para ganhar uma nova vida, linha 194, e o novo valor de vidas, linha 195, que o jogador possui.

Os métodos das linhas 199 a 206, nada foi acrescentado, mas permanecem no código. Já o pula, linha 208, as linhas de código presentes no mesmo permanecem, só acrescentando o som de pulo, linha 211

Lembre-se de adicionar as cenas, indo ao menu principal em File > Build Settings

Criando um jogo estilo Angry Birds

A estrutura do jogo é simples: basicamente, são obstáculos em sprites que você colocará em cena com corpo rígido (Rigidboy2D) e um box collider 2D; a dificuldade de o tiro mover ou derrubar um obstáculo depende da superfície de contato com o chão e a massa do objeto.

Os inimigos que você terá que derrubar serão os políticos corruptos, colocarei também os políticos honestos, que caso derrube todos dará game over; da mesma forma, se acabarem as bolas e ainda houver políticos corruptos em pé. Isso é só para aumentar um pouco mais a dificuldade do jogo. As imagens, mais uma vez, serão simples só para termos algo para se trabalhar.

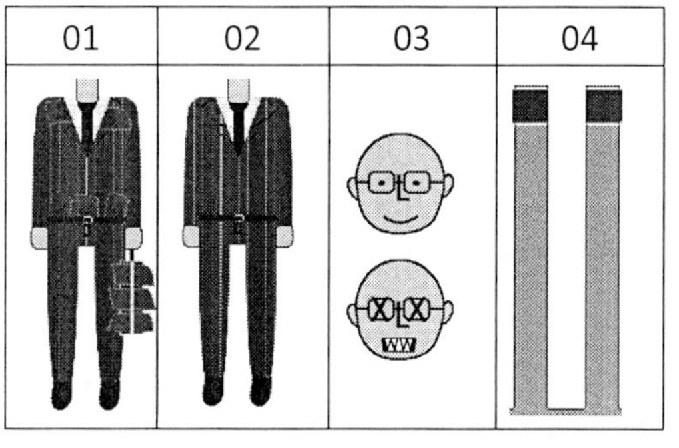

01 representa o corpo do político corrupto com várias cédulas de dinheiro, além da mala e o 02 o corpo do político honesto. Ambos terão como objetos filhos as duas cabeças, sendo a primeira com o renderer ativado e a segunda com o renderer desativado, sendo ativado via script quando for acertado pela bola ou o boneco inclinar uma certa medida para declarar que o mesmo foi abatido. A estrutura ficará da seguinte forma:

Normal e morto é em relação às cabeças dos políticos. O 04 é a estrutura do estilingue. Obviamente, os políticos terão um corpo rígido 2D e um box de colisão 2D ou um colisor que não tenha tanta aderência ao solo, para facilitar mais a inclinação ao ser efetuado o choque com alguma coluna, por exemplo; neste caso fica a seu critério.

Nota: O colisor presente no corpo precisa ser editado para pegar a cabeça e deixar um pouco os pés de fora deste colisor, para não dar a impressão de que o boneco está flutuando ao invés de estar tocando o chão.

No desenho do estilingue haverá ainda quatro estruturas. Um local para servir de base (02), que será um objeto vazio, onde ficará a bola; quando o estilingue for puxado. Além de sprites (01 e 03) que serão esticados quando o usuário clicar na liga do estilingue (04). Conforme demonstrado na janela de hierarquia e a distribuição da estrutura conforme o exemplo abaixo:

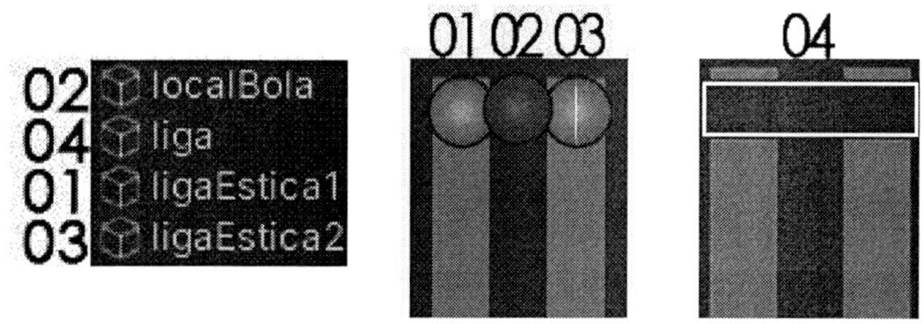

Tanto 01 como 03 terão a mesma cor da liga do estilingue 04. Sendo que 01 e 03 ficarão centralizados em cada coluna do estilingue, com as escalas (0, 0.25, 1) em X, Y e Z, respectivamente. Já que o tamanho da escala em X irá alterar conforme o usuário clicar na liga 04 e for esticando o estilingue; por sinal a liga 04 além de possuir a mesma cor, possui também as mesmas escalas para Y e Z.

Contudo para esticar estes sprites quadrados de forma correta, devemos alterar o pivot deste quadrado. Por isso, vá para assets e no menu de contexto escolha Create > 2D > Sprites > Square. Depois selecione este sprite quadrado e o nomeie para ligaEstica e na janela inspector clique no botão Sprite Editor e por lá altere o pivot para left center na caixa de listagem. Com isso, o pivot ficará à esquerda do quadrado e centralizado conforme o exemplo:

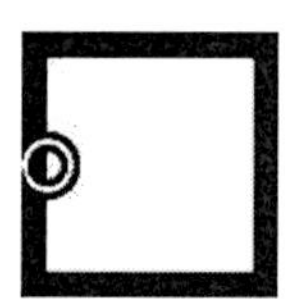

Depois disso, arraste o sprite para a cena, nomeie conforme foi demonstrado na imagem acima e altere suas escalas (0, 0.25, 1), além de sua cor para a mesma da liga. Lembrando de centralizar cada um destes sprites nos pilares de nosso estilingue.

O 04 que representa esta liga terá um box collider 2D com a opção is trigger marcado, é nele que haverá o script responsável em posicionar a bola com base no objeto vazio 02 e de esticar os sprites 01 e 03, além de verificar o ângulo de inclinação.

Começando a trabalhar

Crie algumas tags: honesto, corrupto e bola. Atrele a tag honesto ao político honesto, corrupto ao político corrupto. Já a bola será um sprite de círculo, que tenha um circle collider 2D e um rigidboy 2D; além da tag bola. Feito isso, crie um prefab da bola.

Os scripts serão: Boneco, Jogo, TotalBonecos. O script Boneco estará atrelado aos políticos honesto e corrupto. Depois disso, crie prefabs dos mesmos. Já o script jogo será atrelado à liga item 04. E por fim, o script TotalBonecos será um script ativo, criando-se um objeto vazio em cena e atrelando este script ao mesmo.

O cenário de exemplo será algo como:

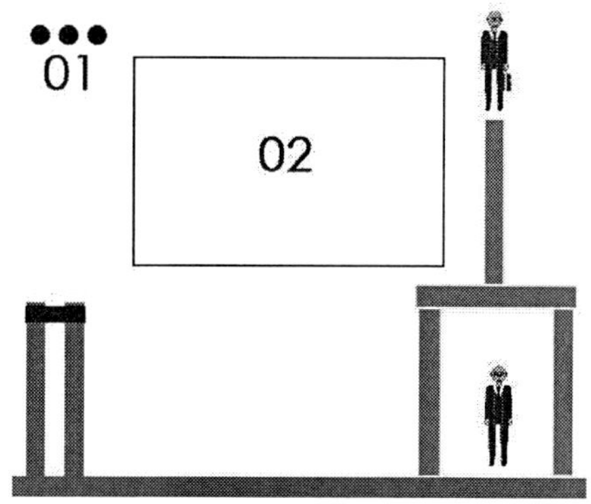

Onde 01 serão sprites de círculos com os nomes: bola1, bola2 e bola3; da esquerda para a direita. Alertando ao jogador quantas bolas o mesmo possui. O 02 serão duas imagens que você colocará de nomes win e lose. Ambos com os renderes desativados, já que a imagem só irá aparecer se o jogador vencer ou perder no jogo, respectivamente. Como havia falado, os bonecos estão em simples sprites quadrados, que foram esticados para ficarem retângulos; os mesmos, que representam a estrutura de uma casinha, possuem colisores e corpos rígidos; fique livre para montar a estrutura de outra maneira, se desejar.

Boneco.cs

```
public class Boneco : MonoBehaviour
{
    string nome;
    float z;
    bool vivo=true;
    void Start()
    {
        nome = gameObject.tag;
    }
    void Update()
    {
        z = transform.localRotation.z;
        if(Mathf.Abs(z)>0.20f)
            verificaPolitico();
    }

    void OnCollisionEnter2D(Collision2D obj)
    {
        if(obj.gameObject.tag=="bola")
        {
            verificaPolitico();
        }
    }

```

```
25      void verificaPolitico()
26      {
27          if(nome=="honesto" && vivo)
28          {
29              vivo=false;
30              TotalBonecos.setAliado();
31          }
32          else if(nome=="corrupto" && vivo)
33          {
34              vivo=false;
35              TotalBonecos.setInimigo();
36          }
37          transform.GetChild(0).GetComponent<Renderer>().enabled=false;
38          transform.GetChild(1).GetComponent<Renderer>().enabled=true;
39      }
40 }
```

No início, pegamos o nome da tag do boneco, linha 08; depois pegamos o valor de Z, linha 12 e verificamos se há uma variação positiva ou negativa maior que 0.2, linha 13; já que Mathf.Abs() torna o valor de Z absoluto. Caso afirmativo, chama o método da linha 14.

A variação de transform.localRotation.z, chega em até 0.7 quando o boneco fica deitado no chão, por isso que considero uma variação em 0.2 em Z boa para considerar o mesmo como derrotado. Eu Poderia utilizar transform.localRotation.eulerAngles.z para me fornecer o valor em ângulos, porém, o boneco sempre informa algum valor angular, por isso achei mais conveniente utilizar a primeira opção.

No sistema de colisão, linha 17, verifico pelo nome da tag se foi a bola, linha 19; caso afirmativo, chamo o método da linha 21. Este método presente na linha 25 verifica se o boneco é o honesto e se está vivo, linha 27; caso afirmativo, altero o valor booleano de vivo para falso, linha 29 e chamo da classe "TotalBonecos" o método setAliado(), que contabiliza a quantidade de políticos honestos derrubados; do contrário, linha 32, se for corrupto o procedimento é o mesmo, mas contabiliza pelo método setInimigo() da classe "TotalBonecos" a quantidade de bonecos corruptos abatidos.

E independente de ser um honesto ou corrupto troco a cabeça, que é o primeiro filho de nosso boneco, linha 37, pela cabeça com a expressão de morto, linha 38, que é o segundo elemento filho do boneco. Simplesmente ativando ou desativando o renderer das imagens. E como falado, este script estará atrelado aos bonecos.

TotalBonecos.cs

```
public class TotalBonecos : MonoBehaviour
{
    static int ti, ta;
    static bool fim=false;
    GameObject[] aliados, inimigos;
    GameObject win, lose;
    void Start()
```

```
08     {
09         inimigos = GameObject.FindGameObjectsWithTag("corrupto");
10         aliados = GameObject.FindGameObjectsWithTag("honesto");
11         ti = inimigos.Length;
12         ta = aliados.Length;
13         win = GameObject.Find("win");
14         lose = GameObject.Find("lose");
15     }
16     public static void setAliado()
17     {
18         --ta;
19     }
20     public static void setInimigo()
21     {
22         --ti;
23     }
24     public static bool getFimJogo()
25     {
26         return fim;
27     }
28     public static void setFimJogo()
29     {
30         fim=true;
31     }
32     void Update()
33     {
34         if((ta==0 || (fim && ti>0)))
35         {
36             lose.GetComponent<Renderer>().enabled=true;
37             setFimJogo();
38         }
39         else if(ti==0)
40         {
41             win.GetComponent<Renderer>().enabled=true;
42             setFimJogo();
43         }
44     }
45 }
```

Este script estará presente em um objeto de game em cena, para se tornar um script ativo. O mesmo pega o total de bonecos corruptos, linha 09, e o total de honestos, linha 10. Já que FindGameObjectsWithTag nos retorna um array com todos os objetos que possuam a tag e que estejam presentes em cena. Deste total pegamos o número de elementos presentes no array unidimensional, linha 11 e 12. Onde ti (total inimigos) e ta (total aliados) guardarão estes números. Além disso, pegamos as imagens, através de seus nomes, o que representam a vitória e a derrota, linhas 13 e 14.

Os métodos públicos estáticos são utilizados para diminuir em um o valor de "ta", linha 18, ou "ti", linha 22. Dependendo do método chamado, há ainda métodos públicos estáticos que informam se é fim de jogo, linhas 24 a 27, ou se é para decretar fim de jogo, linhas 28 a 31. Estes métodos serão utilizados no script que move a liga.

Em Update(), linha 32, verificamos se "ta" é zero ou se o fim do jogo foi decretado, mas ainda há políticos corruptos em pé, linha 34. Caso afirmativo, ativamos o renderer de lose, linha 36, decretamos fim do jogo, linha 37.

Já na linha 39 verifica se "ti" é zero; caso afirmativo, colocamos a imagem de vitória, linha 41, colocando o seu renderer ativo. Declaramos fim de jogo, linha 42.

```
Jogo.cs
public class Jogo : MonoBehaviour
{
    float x, y, z, xBola, yBola, forca=3.5f, xAbs, yAbs, estica;
    public GameObject bola;
    Vector3 dif, localBola;
    GameObject  objBola, liga1, liga2;
    public int bolas = 3;
    void Start()
    {
        localBola = GameObject.Find("localBola").transform.position;
        liga1 = GameObject.Find("ligaEstica1");
        liga2 = GameObject.Find("ligaEstica2");
    }
    void OnMouseDown()
    {
        if(bolas>0 && !TotalBonecos.getFimJogo())
        {
            objBola = Instantiate(bola, localBola, Quaternion.identity);
            objBola.GetComponent<Rigidbody2D>().isKinematic=true;
        }
    }
    void OnMouseDrag()
    {
        if(bolas>0 && !TotalBonecos.getFimJogo())
        {
            GetComponent<Renderer>().enabled=false;
            Vector3 pos = Camera.main.ScreenToWorldPoint(Input.mousePosition)-localBola;
            x = Mathf.Clamp(pos.x, -3f, 0f);
            y = Mathf.Clamp(pos.y, -2f, 2f);
            xBola = localBola.x + x;
            yBola = localBola.y + y;
            objBola.transform.position = new Vector3(xBola, yBola, objBola.transform.
```

```
position.z);
            esticaLiga(liga1);
            esticaLiga(liga2);
        }
    }


    void esticaLiga(GameObject obj)
    {
        Vector3 dir = objBola.transform.position - obj.transform.position;
        z = Mathf.Atan2(dir.x, dir.y) * Mathf.Rad2Deg;
        obj.transform.rotation = Quaternion.Euler(0, 0, -(z-90));

        dif = localBola - objBola.transform.position;

        xAbs = Mathf.Abs(dir.x);
        yAbs = Mathf.Abs(dir.y);
        if(xAbs>=yAbs)
            estica=xAbs + yAbs*0.3f;
        else
            estica=yAbs + xAbs*0.3f;;
        obj.transform.localScale = new Vector3(estica, 0.25f, 1);
    }
    void OnMouseUp()
    {
        if(bolas>0 && !TotalBonecos.getFimJogo())
        {
            GameObject.Find("bola"+bolas).GetComponent<Renderer>().enabled=false;
            --bolas;
            if(bolas==0)
                TotalBonecos.setFimJogo();
            GetComponent<Renderer>().enabled=true;
            Destroy(objBola, 5);
            normalizaLiga(liga1);
            normalizaLiga(liga2);
            objBola.GetComponent<Rigidbody2D>().isKinematic=false;
            objBola.GetComponent<Rigidbody2D>().velocity = dif*forca;
        }
    }

    void normalizaLiga(GameObject liga)
    {
        liga.transform.rotation = Quaternion.identity;
        liga.transform.localScale = new Vector3(0f, 0.25f, 1);
    }
}
```

No método Start() pego a referência de onde será o local da bola, linha 10, além dos sprites que servirão para esticar a liga, linhas 11 e 12.

Ao pressionar o mouse, linha 14, verifico através da variável bolas se é maior do que zero e se ainda não foi decretado fim de jogo; informação esta, adquirida pelo método presente da classe "TotalBonecos". Na linha 18 cria-se uma instância da bola, no local referente a localBola; esta instância criada tornamos o seu corpo rígido como Kinematic verdadeiro, linha 19, para que a gravidade não interfira enquanto o jogador estiver com a bola no estilingue.

No método de arrastar, linha 22, assim como o anterior, verifica se o jogo ainda está válido, linha 24; caso afirmativo, a liga horizontal que possui este script iremos torná-la invisível, linha 26; isso ocorre quando o jogador clica na liga e arrasta com o mouse; com isso pegamos a posição onde se encontra o ponteiro do mouse no espaço global, menos o local de onde foi criada a bola.

Esta posição adquirida, permite-se uma variação entre 0f e -3f em X, linha 28, e -2f e 2f em Y, linha 29. É o quanto pode-se esticar a liga, por assim dizer. Com isso, pegamos a diferença do local original da bola, mais a variação nas coordenadas X e Y, linhas 30 e 31. Com isso, posicionamos a bola até onde o usuário esticou esta liga, linha 32. E, por fim, passamos os objetos que servirão para serem "esticados" ao método esticaLiga(), linhas 33 e 34.

Este método faz uma subtração da posição dele em relação à posição da bola, linha 41. Desta posição adquirida pegamos o ângulo obtido, linha 42, como já vimos anteriormente. E aplicamos esta rotação, linha 43; onde foi necessário realizar uma correção do ângulo.

Depois pegamos a diferença da origem de onde surgiu a bola, menos o local atual de sua instância atual. Por ter valores negativos, utilizei Mathf.Abs() para tornar este valor absoluto. Precisamos "esticar" em X com base em um valor positivo, contudo precisamos do maior valor, linha 49; com o valor maior, a liga alcança a bola perfeitamente horizontal e verticalmente, mas quando há um angulo de inclinação, a liga não chega a tocar na bola. Devido a isso é que foram adicionados 30% do valor da coordenada menor, linhas 50 e 52; para suprir esta distância causada pelo ângulo projetado. Já que é um ângulo que varia, nada mais eficiente do que pegar a variação de valores em X ou Y, dependendo do valor da coordenada superior. Com isso, alteramos a escala em X, linha 53, deixando as demais escalas Y e Z constantes.

Quando o usuário soltar a bola, linha 55, faz-se uma nova verificação de jogo, linha 57; ao soltar a bola, pegamos uma das imagens das três bolas e tornamos a mesma invisível, linha 59, e removemos uma bola, linha 60. Se não houver mais bolas, linha 61, é decretado fim de jogo, linha 62.

Quando soltamos a liga tornamos novamente a nossa liga horizontal visível, linha 63, que possui este script. Pedimos que a bola seja destruída após cinco segundos, linha 64; além de colocar as ligas em sua dimensão e ângulo originais, antes de serem puxadas, linhas 65 e 66. Mas, para a gravidade ocorrer, devemos tornar agora Kinematic falso, linha 67; e aplicar uma força, com base no vetor projetado que é do ponto original de onde apareceu a bola, até onde a bola se deslocou ao "esticar" a linha, vezes a força, linha 68.

No método de normalização da liga, linhas 72 a 76, deixamos a sua rotação como sem rotação, linha 74, removendo qualquer rotação que foi aplicada; além de deixar sua escala original (0f, 0.25f, 1).

Criando jogo estilo Tower Defense

Um game de Tower Defense é um jogo de estratégia em que você posiciona torres de defesas em determinados locais permitidos pelo jogo, para proteger a sua base de possíveis invasores. E em qualquer jogo deste estilo, você poderá realizar upgrades nas torres para ficar cada vez maior o seu poder de fogo, além de possuir as famosas waves (ondas). E é exatamente isso que iremos criar da forma mais simples e prática de você entender o seu funcionamento.

Nota: Lembre-se de focar nos nomes apresentados dos objetos, quando citados, pois, são importantes para localizar os mesmos em cena.

Para isso você deverá ciar um projeto 3D de nome Tower Defense e adicionar elementos que formem a seguinte estrutura de exemplo:

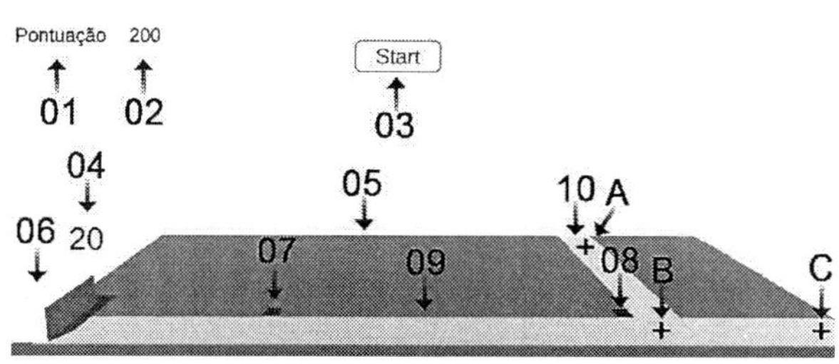

Os textos e o botão são estruturas UI, que quando criados é gerado um canvas, como sabemos. E, por isso, você deverá selecionar o canvas e ir à janela inspector do mesmo e alterar Render Mode para Screen Space - Camera, puxar o objeto Main Camera para o campo presente em Render Camera, além de alterar o UI Scale Mode para Scale With Screen Size.

Componentes UI		
Nº	Nome do Componente	Texto Padrão
01	score	Pontuação
02	Score	200
03	start	Start
04	pvBase	20

O 05 é um plano nas seguintes coordenadas (27.2, -11.4, 26) e sua escala de (2.6, 1, 1.4). O 06 é um cubo mais alongado de nome base e com escala três (3) em Z; ele representa a nossa base, que além de possuir o colisor padrão possui também um Rigidboy; onde se encontra nas seguintes coordenadas (39, -11, 30).

Os 07 e 08 são cubos no plano, de nome e tag "localTorre"; com escalas (0.5, 0.01, 0.5). O 07 possui coordenadas (32,-11.39,28.6) e o 08 com coordenadas (21,-11.39,28.6). Já que o plano está em -11.40 em Y, colocamos os nossos cubos um pouco acima -11.39. Da mesma forma serão os caminhos 09 e 10. Que são planos, onde 09 possui as coordenadas (26.7, -11.39, 29.9) e com escala (0.15, 1, 1); já o plano 10, possui as coordenadas (26.7, -11.39, 29.9) e a escala (2.5, 1, 0.2).

Os elementos A, B e C são objetos de jogos vazios. A e C possuem o nome e a tag, que você deverá criar e selecionar, criaInimigos. Já o B, possui a tag de nome dir, relacionada à direção. Ele terá um colisor de gatilho e o nome de x+, este nome servirá de base para alterar a coordenada dos inimigos que entrarem em contato com o mesmo. Suas coordenadas são (19.61, -11.2 ,29.8) e a escala (0.5, 0.5, 0.01). Em outras palavras, o seu colisor de gatilho é fino como uma folha.

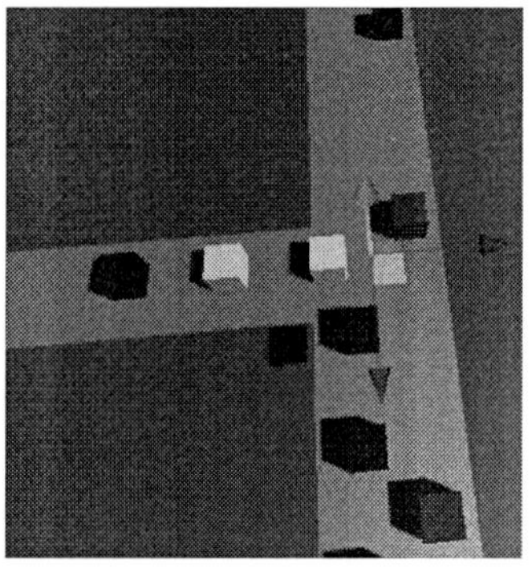

Eu não sei se reparou pelos dados demonstrados, mas o caminho 09 é um pouco mais largo do que o caminho 10. Isso porque o elemento "A" iniciará a wave produzindo inimigos de nível 01 a 02; depois de um dado momento, o objeto "C" ativará a segunda wave com inimigos de nível 02 a 03; optei que estes inimigos se desloquem um pouco mais rápido; o que pode deixar os inimigos criados em "A", lado a lado com os inimigos criados em "C"; e por isso que precisei alargar um pouco mais o caminho 10.

O intervalo de nível, de uma wave para outra, tempo de espera para se iniciar, quantidade de inimigos, etc., você poderá configurar manualmente, como veremos no código. Os inimigos, como percebeu, são simples blocos que mudam a quantidade de vida e a cor; com base no seu nível sorteado, via código.

A diferença de cores no exemplo foi através do uso de materiais, que indo para Assets e no menu de contexto ir em Create > Material. E configurando alguma cor:

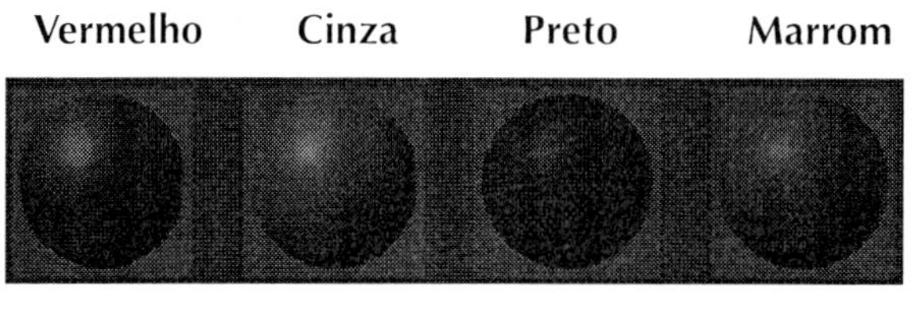

Vermelho serviu para os canhões da torre, cinza para as ruas, preto para as bases de onde serão criadas as torres e marrom o plano. É só arrastar o material para os objetos correspondentes.

Definindo a câmera e a luz do game

Quando eu sempre estou em um projeto 3D, a estrutura que eu crio sai espelhada no game, por isso decidir virar a câmera em 180° graus para ficar na mesma visão de construção do game. No meu exemplo, a câmera se encontra na posição (28.5,-3.5,48) e os ângulos de rotação são (170, 0, 180). A luz está na posição (34,0,27) e na rotação (45,-180,0). Todas as medidas são simples sugestões, fique livre para realizar mudanças.

Definindo um script geral de controle

Haverá um script responsável de gerenciar determinados aspectos do jogo. Segue abaixo sua estrutura.

```
using UnityEngine.UI;
using TMPro;
public class ADMGame : MonoBehaviour
{
    static Vector3 posLocalTorre;
    static GameObject torreSelecionada;
    static int totalInimigos=0, valorTorre=100, valorUpTorre=50;
    static bool jogoIniciado=false;
    GameObject panelCompra, panelUpgrade, btUp;
    GameObject[] criaInimigos;
    int custo;
    private void Start() {
        panelCompra = GameObject.Find("PanelCompra");
        panelUpgrade = GameObject.Find("PanelUpgrade");
        btUp = GameObject.Find("btUpgrade");
        criaInimigos = GameObject.FindGameObjectsWithTag("criaInimigos");
    }
    private void OnMouseDown()
    {
        escondePaineis();
        if(gameObject.tag=="localTorre")
        {
            panelCompra.transform.localScale = new Vector3(1, 1, 1);
            posLocalTorre = transform.position;
        }
        else if(gameObject.tag=="torre")
        {
            panelUpgrade.transform.localScale = new Vector3(1, 1, 1);
            torreSelecionada = gameObject;
            atualizaValorUpgrade();
        }
    }
    void escondePaineis()
    {
```

```
        panelCompra.transform.localScale = new Vector3(0, 0, 0);
        panelUpgrade.transform.localScale = new Vector3(0, 0, 0);
    }
    void atualizaValorUpgrade()
    {
        Torre scriptTorre = torreSelecionada.GetComponent<Torre>();
        int nivel = scriptTorre.getNivel();
        if(nivel<scriptTorre.limiteNivel())
        {
            int valorUp = valorTorre+((nivel-1)*valorUpTorre);
            btUp.GetComponentInChildren<TMPro.TextMeshProUGUI>().text=""+valorUp;
        }
    }
    public void upgradeTorre()
    {
        Torre scriptTorre = torreSelecionada.GetComponent<Torre>();
        int nivel = scriptTorre.getNivel();
        int creditos = getPontos();
        if(nivel<scriptTorre.limiteNivel())
        {
              int valorUp = int.Parse(GetComponentInChildren<TMPro.TextMeshProUGUI>().
text);
            if(creditos>=valorUp)
            {
                creditos-=valorUp;
                setPontos(creditos);
                scriptTorre.canoVisivel(nivel);
                scriptTorre.setNivel();
                valorUp = valorUp + valorUpTorre;
                if(scriptTorre.getNivel()<scriptTorre.limiteNivel())
                    GetComponentInChildren<TMPro.TextMeshProUGUI>().text=""+valorUp;
                else
                    GetComponentInChildren<TMPro.TextMeshProUGUI>().text="Máximo";
            }
        }
    }
    public void fechaPainel()
    {
        escondePaineis();
    }
    public static Vector3 getPosTorre()
    {
        return posLocalTorre;
    }
    public static int getPontos() {
      return int.Parse(GameObject.Find("Score").GetComponent<TMPro.TextMeshProUGUI>().
```

```
text);
80      }
81      public static void setPontos(int valor) {
82          GameObject.Find("Score").GetComponent<TMPro.TextMeshProUGUI>().text=""+valor;
83      }
84      public void iniciarJogo()
85      {
86          escondePaineis();
87          foreach (GameObject obj in criaInimigos)
88          {
89              obj.GetComponent<CriaInimigos>().iniciarJogo();
90              totalInimigos += obj.GetComponent<CriaInimigos>().getTotalInimigos();
91          }
92          jogoIniciado=true;
93          gameObject.SetActive(false);
94      }
95      public static bool getJogoIniciado()
96      {
97          return jogoIniciado;
98      }
99      public static int getTotalGeral()
100      {
101          return totalInimigos;
102      }
103      public static void setTotalGeral()
104      {
105          --totalInimigos;
106      }
107 }
```

Dentro das variáveis criadas, temos uma que guarda a posição do quadradinho selecionado para se colocar a torre, linha 05; a torre que foi selecionada, linha 06; além de obter o total de inimigos desta fase, o valor de compra da torre, o valor adicional de cada upgrade da torre, respectivamente, linha 07.

Também há uma verificação booleana se o jogo foi iniciado, linha 08; além dos painéis e do nosso botão de upgrade, linha 09, respectivamente. Por fim na linha 10, temos um array para armazenar todos os objetos de criação de inimigos, linha 10.

Em Start() pegamos todos os elementos pelo seu nome, linhas 13 a 15; com excessão da linha 16 onde pegamos todos os objetos pela tag criaInimigos.

O ouvinte de evento de clique, linha 18, servirá para interagir com os objetos em cena, inicialmente chamamos o método escondePaineis(), linha 20, para ocultar todos os painéis abertos. Na linha 21 verifica se a tag do objeto clicado é localTorre; caso afirmativo, alteramos a escala do painel de compra, linha 23; além de guardar a posição de onde a torre deverá surgir, se ela for comprada, linha 24.

Do contrário, verifica se a tag possui o nome torre, linha 26; onde deixamos o painel de upgrade visível, linha 28, além de pegar o objeto torre, linha 29, e chamamos o método atualizaValorUpgrade(), linha 30.

O método de esconder os painéis, linhas 33 a 37, é só para deixar a escala de ambos zerados, linhas 35 e 36. Já o método de atualizaValorUpgrade(), linha 38, é para saber qual o custo de upgrade atual daquela torre selecionada. Para isso, resgatamos o script de nome Torre, presente no objeto torre, que veremos mais à frente, linha 40. E pegamos o nível atual da torre. Verificamos se o nível atual é inferior ao seu limite de nível, linha 42; caso afirmativo, então pegamos o valor padrão da torre e somamos o nível vezes o valor de upgrade. O -1 deixará o primeiro nível de upgrade no valor de 100. Com o valor calculado, atribuímos este valor ao texto do nosso botão de upgrade, linha 45, onde fazemos uma conversão implícita de inteiro para texto com a concatenação das aspas "". Isso tudo para demonstrar o valor atual de upgrade daquela torre selecionada, já que este valor varia de torre para torre dependendo das atualizações de cada uma.

Já o método upgradeTorre(), linha 48, pega também o script do objeto torre, linha 50; também pegamos o nível atual desta torre, linha 51, e os pontos, linha 52. Esses pontos são o score do jogador, onde poderão ser convertidos em atualizações de suas torres; por isso que no jogo o usuário inicia com 200 pontos.

Respeitando também os limites de nível da torre, linha 53, se for inferior entra no if e resgata o valor de upgrade convertendo o texto em um número inteiro, linha 55. Com isso, verificamos se os créditos são suficientes, linha 56. Caso seja, subtraímos o valor da atualização de nossos créditos, linha 58.

Com isso, atualizamos nosso score, linha 59, e tornamos um dos canos visíveis da nossa torre, linha 60; além de incrementar o nível de nossa torre, linha 61, também atualizamos o novo valor de upgrade, linha 62. Contudo, verifica-se se ainda está abaixo do nível limite, linha 63; caso afirmativo, atribuímos o novo valor ao texto do botão de upgrade, linha 64; do contrário, linha 65, atribuímos a palavra máximo, linha 66, informando que a torre alcançou seu ápice de evolução.

O método das linhas 70 a 73 servirá para os botões de fechar, presentes nos painéis, que simplesmente chamam o método para escondê-los, linha 72. Enquanto o nosso método estático informa o local em que foi clicado para gerar uma torre, no caso de compra, linhas 74 a 77.

O método getPontos retorna o valor do texto referente ao score do jogador, linha 79. Enquanto o método estático setPontos, linha 81, nos serve para definir um novo valor apresentado no score do jogador, linha 82.

O método iniciarJogo(), linha 84, será atrelado ao nosso botão de start, que irá esconder os painéis, se estiver algum visível, além de pegar os objetos de criação de inimigos e através do seu script CriaInimigos, linha 89, iniciar os mesmos através do método iniciarJogo(). Além de pegar em todos também o total de inimigos em que aquele objeto irá gerar, linha 90. Com isso validamos nosso jogo, linha 92, e desativamos o nosso botão de start, linha 93.

Os demais métodos estáticos são só informações para saber se o jogo já foi iniciado ou não, linhas 95 a 98, o total de inimigos desta fase, linhas 99 a 102; além de métodos que retornam o total de inimigos, linhas 99 a 102 ou que decrementa o número total de inimigos em -1, linhas 103 a 107.

Definindo a torre e seu script

A torre será uma esfera, com escala 0.5 em X, Y e Z; você poderá adicionar indo à janela de hierarquia e no menu de contexto escolhendo 3D Object > Sphere. Já o cano responsável em sair a bala será um cilindro, que você poderá adicionar indo pelo mesmo local e escolhendo a forma 3D cilíndrica e cada forma cilíndrica terá um objeto de game vazio em sua ponta e através deste objeto é que projetaremos a bala.

Na realidade, a nossa torre não terá só um cano, mas quatro, todos com colisores do tipo Capsule Collider. Sendo que a princípio, só o primeiro cano estará visível e o restante com a opção Mesh Renderer desmarcado. Abaixo está o nosso exemplo:

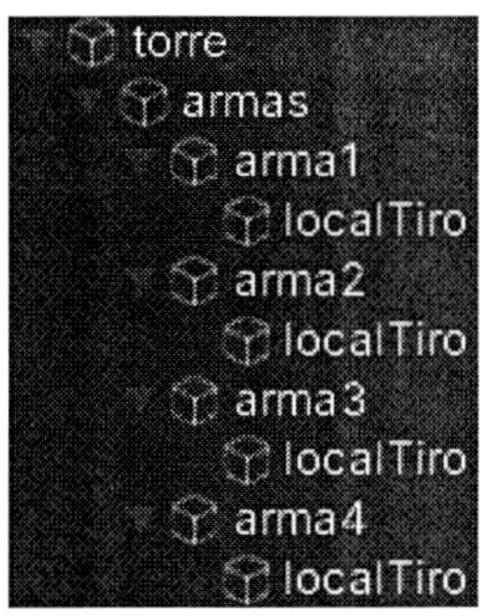

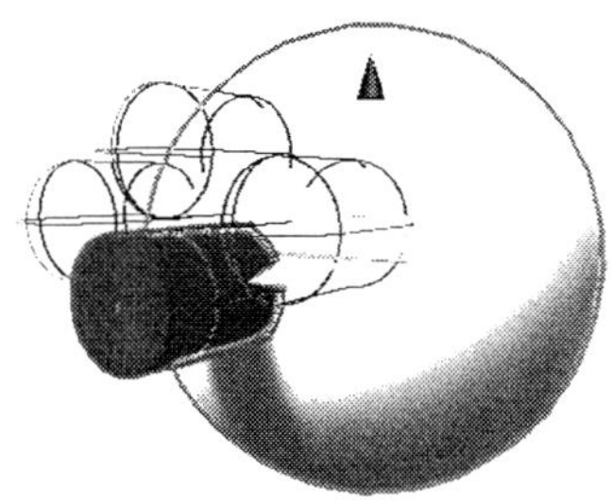

O objeto armas é um objeto de jogo vazio em que coloquei todas as armas criadas. Todo cilindro possui a escala 0.2 para X, Y e Z, além da rotação de 90 em X e as seguintes coordenadas: arma1 (0, 0, 0.55), arma2 (0.005,0.22,0.55), arma3 (-0.211,0.11,0.55) e arma4 (0.211,0.11,0.55).

Quando atualizar a torre pela primeira vez, a arma2 ficará visível e começará a atirar também, no próximo upgrade será a arma três que fará o mesmo, e assim por diante. Toda arma ao atirar terá um recuo e depois voltará a sua posição original, este pequeno efeito de animação será gerado via código. Mas, antes de continuarmos, precisamos criar a nossa bala.

Nossa bala é uma esfera com 0.1 em escala X, Y e Z; onde seu colisor deverá ter opção is Trigger marcado. O eixo horizontal da torre sobre o plano é em Z e por isso a bala será direcionada com base no eixo Z.

Tiro.cs

```
public class Tiro : MonoBehaviour
{
    float vel=20f;
    void Update()
    {
        transform.Translate(new Vector3 (0, 0, vel*Time.deltaTime));
    }
}
```

Anexe o script a nossa bala, crie uma tag de nome bala e atrele esta tag a este objeto; depois disso, crie um prefab e só assim poderá excluir a mesma de cena.

A torre possui dois spheres colliders, um normal e outro com raio de valor cinco (5). Este segundo possui a opção is trigger marcado. E é este segundo colisor que será responsável em detectar os objetos inimigos; contudo, só detectar a colisão por gatilho não é suficiente.

Quando o primeiro inimigo entrar no raio deste colisor, a torre começa a atacar o inimigo, porém, os demais que vão entrando neste raio não são contabilizados, então, ao destruir o primeiro inimigo ou se este sair do raio, a torre passa a atacar o último que entrou no seu raio de colisão, ignorando os demais inimigos que estiverem dentro do raio. Ex:

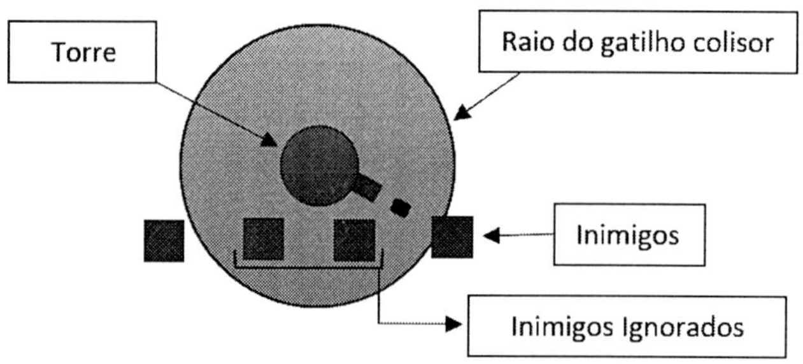

O ideal é iniciar atacando o primeiro inimigo, quando este sai do raio, a torre imediatamente ataca o segundo inimigo e, assim por diante, e não dá prioridade em atacar o último que entrou, conforme demonstrado na imagem acima. Por isso, vamos colocar os inimigos numa lista e desta forma contabilizá-los para dar sempre prioridade e de forma ordenada aos que entram no raio do gatilho de colisão. Este script a seguir deverá ser adicionado a nossa torre.

Torre.cs

```
public class Torre : MonoBehaviour
{
    List<GameObject> inimigos = new List<GameObject>();
    public GameObject bala;
    int totalArmas=4, nivel=1, localBala=0;
    float intervaloTiro, tempo, intervalo=0.3f;
    Transform[] localTiro;
    GameObject[] canos;
    Vector3[] posOrigCanos;
    bool atirou=false;
    void Start()
    {
        localTiro = new Transform[totalArmas];
        canos = new GameObject[totalArmas];
        posOrigCanos = new Vector3[totalArmas];
        intervaloTiro = intervalo;
        for(int i=0; i<totalArmas; i++)
        {
```

```
                localTiro[i] = gameObject.transform.GetChild(0).GetChild(i).GetChild(0);
                canos[i] = gameObject.transform.GetChild(0).GetChild(i).gameObject;
                posOrigCanos[i] = canos[i].transform.localPosition;
            }
        }
        void FixedUpdate()
        {
            for(int i=0; i<inimigos.Count; i++)
            {
                if(inimigos[i]!=null)
                {
                    tempo+=Time.deltaTime;
                    transform.LookAt(inimigos[i].transform);
                    if(tempo>=intervaloTiro)
                    {
                        if(localBala>=nivel)
                            localBala=0;
                        if(!atirou)
                        {
                            atirou=true;
                            Destroy(Instantiate(bala, localTiro[localBala].position, transform.rotation), 2);
                            canos[localBala].transform.localPosition = new Vector3(posOrigCanos[localBala].x, posOrigCanos[localBala].y, 0.35f);
                        }
                        else{
                            atirou=false;
                            canos[localBala].transform.localPosition = posOrigCanos[localBala];
                            ++localBala;
                        }
                        intervaloTiro += intervalo/nivel;
                    }
                    break;
                }
                else
                    inimigos.Remove(inimigos[i]);
            }
        }
        void OnTriggerEnter(Collider obj)
        {
            if(obj.gameObject.tag=="inimigo")
                inimigos.Add(obj.gameObject);
        }
        void OnTriggerExit(Collider obj)
        {
```

```
62          inimigos.Remove(obj.gameObject);
63      }
64      public int getNivel()
65      {
66          return nivel;
67      }
68      public void setNivel()
69      {
70          ++nivel;
71      }
72      public void canoVisivel(int local)
73      {
74          canos[local].GetComponent<MeshRenderer>().enabled=true;
75      }
76      public int limiteNivel()
77      {
78          return totalArmas;
79      }
80  }
```

A lista foi criada na linha 03, além de um objeto de game público, linha 04, para aparecer um campo, ao anexar o script à torre; para puxarmos o prefab da bala a atrelarmos a este campo, como já fizemos algumas vezes.

Definimos na linha 05, o total de armas que a torre possui, o nível inicial e o local de qual cano sairá a bala, respectivamente. Já na linha 06 teremos variáveis de ponto flutuante para determinar os intervalos do tiro, sendo o intervalo padrão como 0.3f. Você poderia colocar "totalArmas" (linha 05) e "intervalo" (linha 06), como variáveis constantes, se desejar.

Temos arrays nas linhas 07 a 09, onde o primeiro, pega a posição de onde deverá ser criada uma instância da bala, o segundo para resgatar todos os canos e tornar visível algum, quando sofrer upgrade e o último para pegar a posição original de cada cano. E, por fim, uma variável booleana que irá controlar nossa pequena animação, linha 10.

Em Start() eu defino a quantidade de elementos em cada array unidimensional, com base no valor de "totalArmas", linhas 13 a 15, além de atribuir o valor de "intervalo" à variável "intervaloTiro", linha 16.

O laço irá da posição inicial zero (0), já que o primeiro elemento de todo array se inicia na posição zero e a variável "i" vai sendo incrementada a cada laço, respeitando o limite relativo à variável "totalArmas".

Para pegar o local do tiro, linha 19, de cada cilindro, devemos nos lembrar que temos um objeto vazio de nome armas GetChild(0), e dentro dele temos os filhos que são as armas ou os cilindros GetChild(i). Dentro de cada cilindro haverá um outro filho onde a bala deverá surgir GetChild(0).

Já os canos ou cilindros, linha 20, temos o nosso objeto vazio de nome armas GetChild(0), e dentro dele temos os filhos que são as armas ou os cilindros GetChild(i). Que ao pegar um cano, na linha seguinte pegamos a posição local deste cano, linha 21.

No nosso Update() eu criei um laço, linha 26, que por ser uma lista, não utilizamos Length e sim Count para saber o total de elementos que estão contidos nesta lista; onde verificamos o primeiro objeto inimigo contido nesta lista se é diferente de nulo, linha 28. Caso afirmativo, pegamos nossa variável tempo e vamos somando ao Time.deltaTime, linha 30. Pegamos nossa torre e fazemos com que vire para o lado do inimigo com LookAt, linha 31.

Se o tempo, que é somado na linha 30, a cada chamada, for maior ou igual ao valor do "intervaloTiro", linha 32, entra na condição e verifica se "localBala" é maior ou igual à variável nível, linha34; caso afirmativo, zeramos o "localBala", linha 35.

Verifico se a variável booleana atirou ainda é falso, linha 36, se for, ela entra nesta condição, altera o valor da variável para true, linha 38; instancia uma bala pegando o array que possui os locais de onde deverão sair a bala, com base no valor da variável "localBala", linha 39. E esta mesma bala será destruída após dois segundos, já que isso tudo está dentro de Destroy.

Na linha seguinte, linha 40, pegamos o cano e deixamos tudo em sua posição original, só alterando o valor em Z para 0.35f. Todos os canos possuem valor em Z de 0.55f, este pequeno recuo é para o cano dar uma recuada quando a bala sair. Na próxima chamada, a variável booleana atirou será true e então entrará no else da linha 42, fazendo com que a variável volte a assumir o valor false, linha 43. E retornamos o nosso cilindro à posição original, linha 44; que por fim, pré-incrementamos nossa variável localBala, linha 45.

Isso se deve ao fato de atirar agora em outro cano, se houver, obedecendo ao nível atual na torre, é checado nas linhas 34 e 35 que vimos anteriormente. E na linha 47, somamos ao intervaloTiro um valor equivalente de intervalo, dividido pelo nível ou quantidade de canos ativos, se você preferir. A linha 49 encerra o laço para que o tiro da torre esteja focado em um único inimigo, evitando que o mesmo distribua os seus tiros em mais de um ao mesmo tempo.

Mas, se o elemento na lista for nulo, ele não irá entrar no if da linha 28 e irá pro else da linha 51; fazendo com que este inimigo seja removido da lista. Isso pode ocorrer quando o inimigo é destruído pela torre e conste ainda na lista, por isso o removemos.

No gatilho de quando entra algo, verificamos se é o inimigo com base em sua tag, linha 57, adicionamos o mesmo à lista. Quando ele sai do gatilho de colisão, linha 60, removemos o objeto da lista, linha 62.

Há métodos públicos que irão nos auxiliar, para sabermos o nível atual da torre, linhas 64 a 67; a incrementar o nível da torre, linhas 68 a 71; a habilitar a visibilidade de algum dos cilindros, linhas 72 a 75; ou simplesmente verificar o limite de nível que a torre pode alcançar, com base no total de armas, linhas 76 a 79.

A torre possui uma tag de nome torre, crie e atrele ao mesmo, assim como este script. Com a torre selecionada, vá à janela inspector e puxe o prefab da bala no campo que aparece.

Depois disso, vá em Rigidboy e deixe constante as posições X e Z, para quando a torre surgir não sair rolando pelo plano.

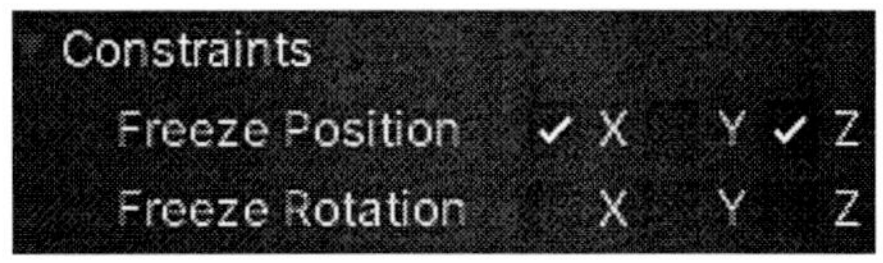

Por fim, crie um prefab de nossa torre e a remova de cena.

Definindo o local de criação das torres

Como havia falado, é um cubo com a escala (0.5, 0.01, 05) em X, Y e Z um pouco acima da coordenada do plano, que é -11.39 em Y. Ele possuirá a tag e nome localTorre, como já foi falado. Além do colisor e do script ADMGame.cs. É recomendado que se crie um prefab do mesmo, para colocar pontos de criação de torres aonde desejar com o prefab.

Criando o Inimigo e seu script

O inimigo será simplesmente um cubo com escala 0.5 em X, Y e Z, de nome e tag inimigo. A coordenada velocidade e os pontos ganhos ao destruir o inimigo serão definidos pelo objeto que cria os inimigos.

```
Inimigo.cs
public class Inimigo : MonoBehaviour
{
    float vel=1.5f;
    int vida, pontos;
    bool contabilizaPontos=false;
    Vector3 vet;
    string dir;
    void Update()
    {
        transform.Translate(vet*Time.deltaTime);
    }
    public void dirVet(string coordenada)
    {
        dir=coordenada;
        if(dir.Contains("z+") || dir.Contains("+z"))
            vet = new Vector3(0, 0, vel);
        else if(dir.Contains("z-") || dir.Contains("-z"))
            vet = new Vector3(0, 0, -vel);
        else if(dir.Contains("x+") || dir.Contains("+x"))
            vet = new Vector3(vel, 0 , 0);
```

```
21          else if(dir.Contains("x-") || dir.Contains("-x"))
22              vet = new Vector3(-vel, 0, 0);
23      }
24      public void setVelocidade(float v){
25          vel=v;
26          dirVet(dir);
27      }
28      public void setVida(int pv){
29          vida=pv;
30      }
31      public int getVida()
32      {
33          return vida;
34      }
35      void OnTriggerEnter(Collider obj)
36      {
37          if(!contabilizaPontos)
38          {
39              pontos = vida*10;
40              contabilizaPontos=true;
41          }
42          if(obj.gameObject.tag=="dir")
43              dirVet(obj.gameObject.name);
44          else if(obj.gameObject.tag=="bala" && vida>0)
45          {
46              Destroy(obj.gameObject);
47              --vida;
48              if(vida==0)
49              {
50                  pontos = pontos + ADMGame.getPontos();
51                  ADMGame.setPontos(pontos);
52                  ADMGame.setTotalGeral();
53                  Destroy(gameObject);
54              }
55          }
56      }
57  }
```

O método Update() é um simples deslocamento com base no nosso vetor. Há um método público que define a direção, linha 12; que se baseia na coordenada Z ou X e no sinal que a acompanha, se é de + ou de -, independente de vir antes ou depois da letra. E como vemos, o vetor é construído com base nessa informação, linhas 15 a 22.

O método público da linha 24 servirá para alterar o valor da velocidade e por alterar, chamamos novamente o método dirVet() para atualizar o novo valor do vetor ao "vet". Já o método da linha 28, servirá para alterar a vida deste objeto; enquanto o método da linha 31, servirá só para resgatar a quantidade de vida que o objeto ainda possui.

O gatilho irá nos informar se já foi contabilizada a pontuação deste objeto, linha 37, caso ainda não tenha sido, ele entra nesta condição, contabiliza com base na quantidade de vida vezes dez e torna a variável booleana como true, para afirmar que foi contabilizada a pontuação deste inimigo.

Caso ele se choque com a direção, linha 42, pegamos o objeto que se chocou e passamos o meu nome ao método que muda a direção do vetor, já que estas barreiras terão nomes como x+, x-, z+ ou z-. Mas se for a bala, verificamos se ainda há vida, linha 44; caso afirmativo, destruímos a bala, linha 46, removemos um ponto de vida, linha 47. E verificamos na mesma hora se vida é igual a zero, linha 48.

Se for o caso, pegamos os pontos atuais do score do usuário e somamos aos pontos deste objeto, linha 50, depois atualizamos o score, linha 51, e pedimos que seja retirado um do total da lista de inimigos abatidos, linha 52; onde finalmente destruímos este objeto, linha 53.

Eu fiz de uma forma que a pontuação só será feita se este objeto for destruído pelos tiros da torre e não ao se chocar com a base. O inimigo terá tanto com colisor, como um corpo rígido; além deste script, lembre-se de criar um prefab.

Definindo o script responsável em gerar os inimigos

O objeto de game vazio terá o nome e a tag "criaInimigos", o mesmo possuirá o script "CriaInimigos" que terá diversos campos públicos, inclusive você deverá arrastar o prefab do inimigo para um de seus campos:

Configurações do A

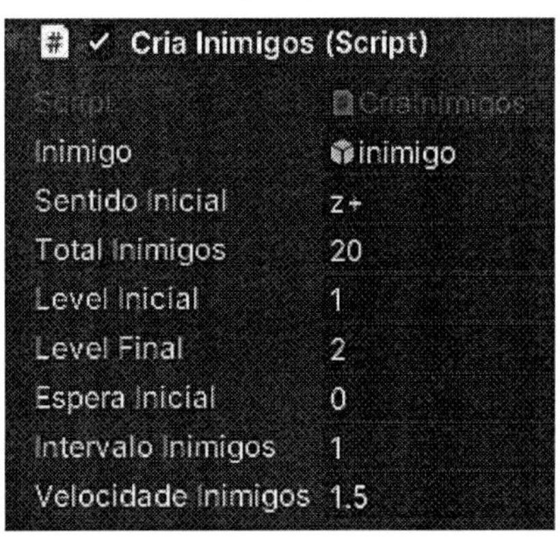

Configurações do C

Lembra de "A" e "C" que citei naquela demonstração da criação da fase, inclusive com as suas coordenadas A(19.92, -11.15, 19.78) e C(14.75, -11.15, 30.42)? Bem, as suas configurações são estas acima.

Apesar de os identificadores das variáveis serem bem intuitivos, vou reforçar aqui o que cada um faz:

1. **Sentido Inicial**: É a posição inicial que o inimigo irá se deslocar.
2. **Total Inimigos**: Total de inimigos que serão criados.
3. **Level inicial**: Nível inicial que o inimigo poderá ter.
4. **Level Final**: Nível máximo que o inimigo poderá ter; podendo assumir até o valor quatro (4); pois

foi o máximo que criei via código.

5. **Espera inicial**: Se haverá ou não alguma espera para começar a criar as cópias dos inimigos.
6. **Intervalo Inimigos**: O intervalo de criação de um inimigo para outro.
7. **Velocidade Inimigos**: A velocidade que os inimigos terão.

CriaInimigos.cs

```
public class CriaInimigos : MonoBehaviour
{
    public GameObject inimigo;
    public string sentidoInicial="z+";
    public int totalInimigos=20, levelInicial=1, levelFinal=2;
    public float esperaInicial=0f, intervaloInimigos=1f, velocidadeInimigos=1.5f;
    const int VIDA=3;
    int level, vida;
    float espera;
    Color[] cores = new Color[] {Color.yellow, Color.blue, Color.red, Color.black};
    void Start()
    {
        if(levelFinal>cores.Length)
            levelFinal=cores.Length;
    }
    public void iniciarJogo()
    {
        StartCoroutine(adicionarInimigo());
    }

    public int getTotalInimigos()
    {
        return totalInimigos;
    }

    IEnumerator adicionarInimigo()
    {
        for(int i=1; i<=totalInimigos; ++i)
        {
            if(esperaInicial>0)
            {
                espera=esperaInicial;
                esperaInicial=0f;
            }
            else
                espera = intervaloInimigos;
            yield return new WaitForSeconds(espera);
            GameObject ini = Instantiate(inimigo, transform.position, Quaternion.identity);
            ini.GetComponent<Inimigo>().dirVet(sentidoInicial);
```

```
40             level = Random.Range(levelInicial, levelFinal+1);
41             vida = VIDA*level;
42             ini.GetComponent<Inimigo>().setVida(vida);
43             ini.GetComponent<Inimigo>().setVelocidade(velocidadeInimigos);
44             ini.GetComponent<MeshRenderer>().material.color = cores[level-1];
45         }
46     }
47 }
```

Eu defini que a vida inicial de um inimigo de nível um é de três pontos de vida, linha 07. A variável levelFinal é propícia à mudança pelo campo como vimos, porém, o limite de nível que poderá ser criado depende do leque de cores, linha 10 e linha 13. Caso ultrapasse este valor redefinimos esta variável, linha 14; por isso que o limite do inimigo até o nível quatro por possuir só quatro cores.

O iniciarJogo() é um método que será chamado pelo botão start, presente em cena; já o método da linha 21, só nos retorna a quantidade de inimigos que este objeto irá produzir.

O método de adicionar inimigos, terá um laço que irá criar inimigos com base no valor limite de "totalInimigos", linha 28. Se houver uma espera inicial, ou seja, maior do que zero, linha 30, a variável espera assumirá o valor de "esperaInicial", linha 32, e depois irá zerar esta variável, linha 33. Do contrário, espera assumirá o valor relativo à variável "intervaloInimigos", linha 36.

Na linha 37 jogamos a espera e depois disso criamos o objeto inimigo, com base na posição de nosso objeto responsável em criar as cópias, linha 38. Na linha 39 pegamos o componente script Inimigo e chamamos o método de direcionamento de vetor, linha 39, passando a direção inicial que deverá assumir.

Na linha 40, determinamos o level com base em um valor randômico inteiro. O Random.Range() não lidava só com valores de ponto flutuante; na realidade ele lida com ambos, se você colocar o "f", ele entenderá como ponto flutuante, do contrário, ele assumirá que se trata de um número inteiro. Se levelFinal for dois, ele não irá até o dois, ele não vai até o limite, por isso, somamos mais um para ficar o intervalo entre um e dois.

A vida será baseada na vida padrão vezes o level; onde passamos a vida para o objeto inimigo criado, através do script e seu método, linha 42; assim como sua velocidade, linha 43. E definimos uma cor com base no level, linha 44. E Lembre-se de criar um prefab deste objeto.

Definindo a base

A base que os inimigos irão atacar é um cubo com escala três em Z e as coordenadas (39, -11, 30). Ele possuirá além do colisor um corpo rígido. Além de um texto acima dele de nome pvBase com as coordenadas (-117.9, -23.4, -118.5).

Ainda foi colocado dois Ui de imagens em cena com os nomes win e lose, com as imagens de vitória ou derrota; dependendo se a base do jogador foi destruída ou se ele destruiu todos os inimigos. O script que ficará atrelado à base será este:

Base.cs

```
01 public class Base : MonoBehaviour
02 {
03     int pvBase=20;
04     GameObject win, lose;
05     TMPro.TextMeshProUGUI pvText;
06     void Start()
07     {
08         win = GameObject.Find("win");
09         lose = GameObject.Find("lose");
10         pvText = GameObject.Find("pvBase").GetComponent<TMPro.TextMeshProUGUI>();
11         pvText.text=""+pvBase;
12     }
13     void Update()
14     {
15         if((ADMGame.getTotalGeral()==0 && pvBase>0) && ADMGame.getJogoIniciado())
16             win.GetComponent<MeshRenderer>().enabled=true;
17     }
18     void OnCollisionEnter(Collision obj)
19     {
20         if(obj.gameObject.tag=="inimigo")
21         {
22             pvBase-=obj.gameObject.GetComponent<Inimigo>().getVida();
23             Destroy(obj.gameObject);
24             ADMGame.setTotalGeral();
25             if(pvBase<=0)
26             {
27                 pvBase=0;
28                 Destroy(gameObject);
29                 lose.GetComponent<MeshRenderer>().enabled=true;
30             }
31             pvText.text=""+pvBase;
32         }
33     }
34 }
```

A base possui pontos de vida inicial equivalente a 20, linha 03; também foi criado GameObjects, linha 04, para guardar as imagens de vitória e derrota que deverão estar em cena, mas com o mesh renderer desmarcado. Em Start() resgato os objetos, linhas 08 e 09. Na linha 10 pego o objeto de texto que está representando os pontos de vida da base, presente em cena, e atrelo ao objeto "pvText", linha 10; nele adiciono o valor da variável inteira pvBase em forma de texto; através de uma conversão implícita, com o uso da concatenação de aspas (""). Ex:

```
pvText.text=""+pvBase;
```

Em Update(), verifica-se se não há mais inimigos para serem derrotados, se a base está em pé e se o jogo foi iniciado, linha 15. Caso tudo isso seja verdadeiro, então fazemos com que a imagem de vitória em cena, torne-se visível, linha 16.

Já no método de colisão, linha 18, verificamos se o objeto que colidiu possui a tag de nome inimigo, linha 20; caso afirmativo, pegamos a vida deste inimigo e subtraímos da vida da base, linha 22. Para depois destruir o objeto e contabilizar menos um no total de inimigos que precisam ser abatidos, linha 24.

Se a base possuir um valor igual ou inferior a zero, linha 25, deixamos o pv da base como zero, linha 27. Destruímos a base, linha 28, e declaramos derrota, ativando a imagem lose, linha 29. Ao final, atualizamos o texto com base no valor dos pontos de vida da base, linha 31.

Definindo os painéis

Quando o usuário clicar na base deverá aparecer um painel para comprar uma torre de defesa. E quando se clica na torre de defesa deverá aparecer outro painel para dar um upgrade na torre de defesa. Os painéis de exemplo criados foram:

PanelCompra

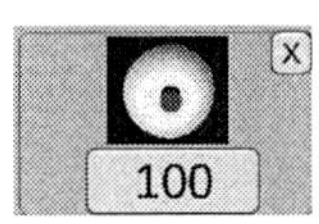

PanelUpgrade

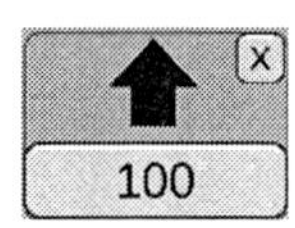

São dois painéis. Cada painel possui o nome acima citado. O "PainelCompra" possui uma UI de imagem da torrezinha que será colocada no lugar e dois botões de nomes comprar e fechar. Já no "PanelUpgrade" é composto da imagem de uma seta, um botão fechar e outro de nome "btUpgrade". Ambos com painéis reduzidos e centralizados na tela. E com a escala em X no valor zero (0); com isso torna o painel invisível, só se tornando visível por via código.

Nota 1: Se estiver com a imagem da torre e da seta na pasta Assets e não estiver encontrando no campo Source Image, na janela inspector da sua UI de image. Selecione a imagem e verifique na janela inspector se Texture Type não está como Sprite (2d and UI). Se não estiver, selecione e aplique (Apply).

Nota 2: Possa ser que seja necessário virar determinados painéis, UI de imagem ou outro objeto em cena, em 180°, se não estiver visível, pois sua frente poderá estar do outro lado. Já que virei a câmera principal no início deste exemplo.

Detalhes dos botões dos painéis

- **Botão de fechar:** Este botão terá o script ADMGame.cs e chamará o método fechaPainel() deste. Ex:

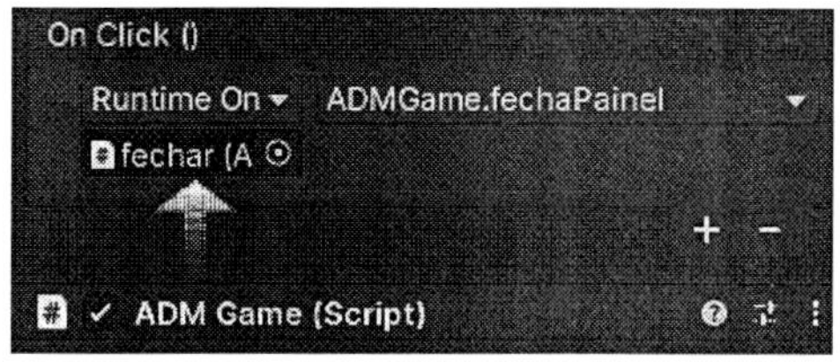

É aquilo que fizemos milhares de vezes, adicionamos um evento On Click no botão, adicionamos o script e selecionamos o mesmo; arrastando-o até o evento onClick do botão, selecionando a classe e seu método na lista de seleção. Este exemplo servirá de base para os demais botões.

- **Botão Upgrade**: Presente no painel de upgrade ele terá o script ADMGame.cs, que chamará o método upgradeTorre().

- **Botão Comprar**: Presente no painel de compra ele terá o script CriaTorre.cs, que chamará o método adicionaTorre().

Vamos agora dar uma olhada no script CriaTorre.cs.

CriaTorre.cs

```
01 public class CriaTorre : MonoBehaviour
02 {
03     public GameObject torre;
04     Vector3 posTorre;
05     public void adicionaTorre()
06     {
07         int custo = int.Parse(GetComponentInChildren<TMPro.TextMeshProUGUI>().text);
08         int valor = ADMGame.getPontos();
09         if(valor>=custo)
10         {
11             posTorre = ADMGame.getPosTorre();
12             posTorre.y = posTorre.y + 0.5f;
13             valor = valor - custo;
14             ADMGame.setPontos(valor);
15             Instantiate(torre, posTorre, Quaternion.identity);
16            GameObject.Find("PanelCompra").transform.localScale = new Vector3(0, 0, 0);
17         }
18     }
19 }
```

Na linha 03, como sabemos, será gerado um campo na janela inspector do botão ao qual você irá arrastar o prefab da torre. O método de adicionar torre, linha 05, pega o custo, que é o texto presente no próprio botão, linha 07, e o converte para um número inteiro.

Pegamos também o valor de créditos que o jogador possui, linha 08. Se o valor for maior ou igual ao custo da torre, linha 09; então pegamos a posição que será colocada a torre, linha 11, com base no armazenamento do local da base que foi selecionado inicialmente, onde colocamos a torre 0.5f acima da posição padrão em Y, linha 12.

Subtraímos do valor o custo desta torre, linha 13; atualizamos o score, linha 14, e. instanciamos um objeto torre, com base na posição que foi resgatada e configurada um pouco acima em Y, linha 15. Depois disso, ocultamos o painel de compra, linha 16.

Criando um jogo multiplayer

Um pequeno aviso

Vou criar um exemplo simples, um multiplayer de dois jogadores. Isso se deve a uma razão óbvia e simples, que você pode até achar um exagero de minha parte. Eu não possuo um laboratório de informática e muito menos uma equipe para criar algo mais amplo para depurar e testar com vários jogadores interagindo, todos ao mesmo tempo no jogo, por isso que o exemplo só se limita a dois jogadores, porque é possível, como vamos ver, em testar dois players simultâneos em uma única máquina sem grandes problemas.

Contudo, meu exemplo foi desenvolvido de uma forma que possa comportar mais jogadores, sendo necessários pequenos ajustes, aos quais explicarei. Não afirmo com toda exatidão que ampliar o exemplo para mais jogadores irá funcionar sem ocasionar algum bug, porque simplesmente é algo que não foi testado. Como sabem, tudo que é criado, por mais simples que seja, precisa ser testado e depurado e, mesmo assim, ainda corre o risco de vir acompanhado com algum bug que não foi percebido nos testes. Bem vindo à vida de programador!

Definindo um servidor

Todo jogo multiplayer precisa de um servidor, como ocorre com CS, Dota, LOL ou Fallout 76. Por isso o nosso primeiro objetivo é termos um servidor; mas não se preocupe quanto a isso, já que há uma maneira fácil e gratuita de se conseguir, utilizando o photon.

Photon é um site que fornece uma camada base para jogos multijogador e soluções de rede de nível superior.

Utilizando Photon

1. Crie uma conta acessando: https://id.photonengine.com/en-US/Account/SignUp
2. Digite um e-mail válido.
3. Depois disso, acesse o seu e-mail e verifique a caixa de entrada, spam ou lixeira para localizar o e-mail.
4. Ao abrir o link do e-mail você será obrigado a criar uma senha, depois de criada, você terá acesso aos recursos do site.
5. Clique em Dashboard e depois em Create a New APP.
6. Em Photon Type selecione Photon PUN, pois ele possui integração com Unity.
7. Coloque o nome e a descrição que desejar e clique em criar.
8. Depois disso, acesse o Assets Store e realize a busca por Pun 2 Free, ou simplesmente utilize o link: https://assetstore.unity.com/packages/tools/network/pun-2-free-119922

9. Clique em Add to my Assets e depois Open in Unity, crie um projeto 3D de nome Multiplayer.
    9.1. Se por acaso o Package Manager não estiver presente, vá ao menu principal em Window > Package Manager.
    9.2. Lembre-se que em Packages tem que estar selecionado My Assets.

10. Com a janela Package Manager aberta selecione Pun 2, baixe e importe o mesmo.

11. Após a importação, ele vai solicitar um ID ou e-mail.

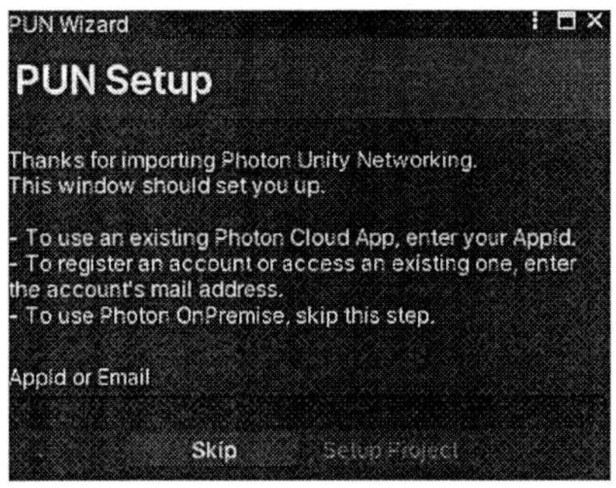

    11.1. Caso não tenha sido aberta essa janela, vá ao menu principal Window > Photon Unity Networking > Highlight Server Settings
    11.2. Dentro de Server/Cloud Settings há o campo App Id Pun; é lá que você deverá colocar o ID.
    11.3. Aproveite e altere o campo Dev Region para «sa», sem as aspas, referente a São Paulo.
    11.4. A lista completa de regiões poderá ser vista na documentação do photon em: https://doc.photonengine.com/en-us/pun/v2/connection-and-authentication/regions

12. Vá até o servidor que criamos no Photon e clique na ID. O mesmo fornecerá a ID completa.

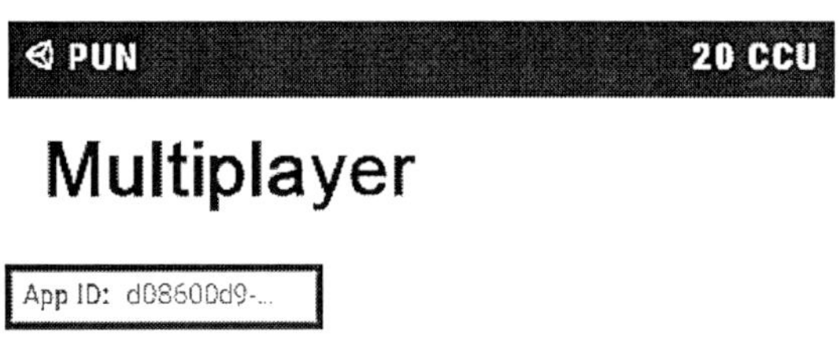

13. Simplesmente copie e cole esta ID no Setup, no PUN e depois clique em Setup Project; que logo em seguida, aparecerá um botão close para você fechar o setup.

Definindo o jogo

O jogo será em ambiente 3D e terá três cenas: principal, salas e jogo. A primeira, responsável em se conectar ao servidor, a segunda para o usuário criar ou entrar numa sala, além de definir seu nome de usuário e a terceira será o jogo em si. Quando o jogador vencer, vamos resgatar o nome que se deu no jogo para poder anunciar a sua vitória.

O anuncio da vitória será responsável na cena jogo, além de criar as instâncias dos jogadores, definir a jogabilidade e as regras do jogo.

O jogo em si será jogadores que atiram uns nos outros e que terá uma barrinha de vida, quando zerada, o jogador será desativado do mapa e declarado vitória.

Criando o ambiente de conexão (cena principal)
Será um canvas com uma UI de texto, com a seguinte informação:
Conectando ao servidor.
Por favor, aguarde...

Recomendo que configure o seu canvas (Render Mode e Scale Mode) e deixe uma cor sólida para a câmera; para isso, selecione a câmera e em Clear Flags escolha a opção Solid Color, em Background escolha uma cor diferente da cor de sua fonte, obviamente. O script abaixo tem que se tornar ativo, por isso crie um GameObject vazio em cena e adicione este script.

ConectaServidor.cs

```
01 using Photon.Pun;
02 using UnityEngine.SceneManagement;
03
04 public class ConectaServidor: MonoBehaviourPunCallbacks
05 {
06     private void Start()
07     {
08            PhotonNetwork.ConnectUsingSettings();
09     }
10     public override void OnConnectedToMaster()
11     {
12            PhotonNetwork.JoinLobby();
13     }
14     public override void OnJoinedLobby()
15     {
16            SceneManager.LoadScene("salas");
17     }
18 }
```

Por utilizarmos o photon, vamos precisar da linha 01 e já que iremos mudar de cena, precisaremos da linha 02. Nossa classe herda a classe MonoBehaviourPunCallbacks, linha 04. Esta classe fornece todos os retornos de chamadas e eventos que o PUN pode chamar.

Na linha 08 utilizamos o ConnectUsingSettings, pois é o comando necessário para se conectar ao servidor. Quando tudo estiver pronto, o método sobreescrito OnConnectedToMaster() é chamado; onde utilizo JoinLobby, linha 12, que se junta ao lobby padrão e lista as salas atualmente em uso. Quando os dados atuais das salas são carregados, o método OnJoinedLobby() é chamado, linha 14; já que estamos devidamente conectados e carregadas as informações das salas atualmente presentes; faço então a requisição da mudança de cena, linha 16. Aonde iremos para a cena responsável em logar ou criar uma sala.

Criando a cena responsável pela administração das salas (salas)

Vamos agora criar uma cena que seja possível o usuário buscar por uma sala ou criar uma; além de permitir que o usuário dê um nome a si próprio no jogo. A cena criada terá o nome salas e o canvas presente no mesmo deverá ser configurado como no anterior. E apresentará a seguinte tela:

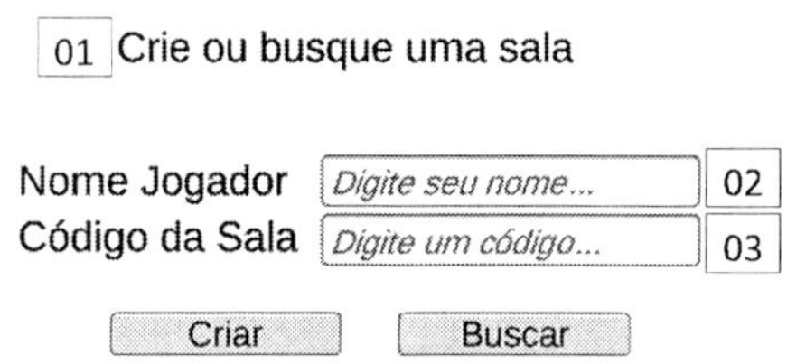

Nome dos elementos na hierarquia:

1. avisoText
2. nome
3. codigo (sem acento)

Já os botões possuem o mesmo nome de seus títulos, com a diferença de criar e buscar, iniciam com letra minúscula. Ambos os botões estarão com o script ADMSalas.cs; por isso você adicionará um ouvinte de evento OnClick e irá arrastar este script para o campo vazio e selecionar a classe ADMSalas e o seu método ADMSala(), conforme o exemplo:

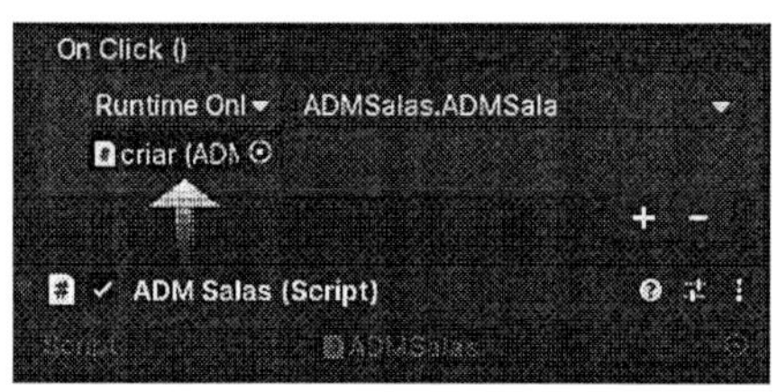

Mas, para isso, precisaremos primeiramente criar o script, então vamos a ele:

```
using Photon.Pun;
using Photon.Realtime;
using UnityEngine.UI;
using UnityEngine.SceneManagement;
public class ADMSalas : MonoBehaviourPunCallbacks
{
    GameObject btCria, btBusca;
    TMPro.TextMeshProUGUI codigo, nome, aviso;
    void Start() {
        btCria = GameObject.Find("criar");
        btBusca = GameObject.Find("buscar");
        codigo = GameObject.Find("codigoText").GetComponent<TMPro.TextMeshProUGUI>();
        nome = GameObject.Find("nomeText").GetComponent<TMPro.TextMeshProUGUI>();
        aviso = GameObject.Find("avisoText").GetComponent<TMPro.TextMeshProUGUI>();
```

```
15      }
16      public void ADMSala()
17      {
18              PhotonNetwork.LocalPlayer.NickName = nome.text;
19              if(gameObject.name=="criar")
20              {
21                      RoomOptions opSalas = new RoomOptions {MaxPlayers = 2};
22                      opSalas.PublishUserId=true;
23                      PhotonNetwork.CreateRoom(codigo.text, opSalas);
24              }
25              else if(gameObject.name=="buscar")
26                  PhotonNetwork.JoinRoom(codigo.text);
27      }
28      public override void OnJoinedRoom()
29      {
30              PhotonNetwork.LoadLevel("jogo");
31      }
32      public override void OnJoinRoomFailed(short returnCode, string message)
33      {
34              if(returnCode==ErrorCode.GameDoesNotExist)
35                      aviso.text = "Sala não localizada!";
36              else if(returnCode==ErrorCode.GameFull)
37                      aviso.text = "Sala está lotada!";
38              else if(returnCode==ErrorCode.ServerFull)
39                      aviso.text = "AVISO.\nOs servidores estão ocupados.";
40              else
41                      Debug.Log(returnCode+" - "+message);
42      }
43 }
```

Já que há vários recursos do Photon será utilizado o ADMSalas que irá herdar o MonoBehaviourPunCallbacks, linha 05. Na linha 07 criamos objetos de jogo para os botões e, na linha 08, objetos de texto para o código, o nome do jogador e nosso texto de aviso que a princípio aparece aquela frase que vimos inicialmente: Crie ou busque uma sala.

Em Start(), como sempre, buscamos nossos objetos de jogo por seus nomes na hierarquia, e atrelamos a nossas variáveis; sendo que as linhas 12 a 14, pegamos diretamente o elemento texto do tipo Text Mesh Pro.

O método ADMSala(), linha 16, pega o nome do jogador e o atribui ao NickName, com base no que foi preenchido no campo nome jogador, linha 18. Depois disso, verificamos se o botão que chamou o método possui o nome criar, linha 19; caso afirmativo, entramos no if e definimos uma sala para no máximo dois jogadores, linha 21.

Ativamos também a criação automática do ID do usuário, linha 22, com base no nosso objeto opSalas que criamos na linha 21; por fim, criamos a sala, com base no nome dado e as opções que foram configuradas, linha 23.

Contudo, se o nome do botão for buscar, então pegamos o nome da sala que o usuário busca e atribuímos ao comando de entrada de uma sala, linha 26. Caso esteja tudo ok, o método 28 é chamado automaticamente levando a última cena de nome jogo, linha 30.

Contudo, alguns erros podem ocorrer ao tentar manusear uma sala; caso ocorra, o método da linha 32 é automaticamente chamado. Fiz questão de informar os erros mais básicos que podem vir a ocorrer.

Linha 34 - Quando a sala não é localizada.
Linha 36 - Quando a sala está cheia.
Linha 38 - Quando o servidor estiver ocupado

E se ocorrer algum outro erro que não corresponda à lista, simplesmente dou um debug para exibir o número do erro e a mensagem padrão em inglês que aparece, linha 41.

Criando a cena do jogo (jogo)

Vamos criar um script que será responsável em colocar nossos jogadores em cena, este script deverá ser ativo; por isso, crie um objeto em cena e atrele este script a ele.

```
01 using Photon.Pun;
02 using Photon.Realtime;
03 public class CriaJogadores : MonoBehaviour
04 {
05     GameObject jogador;
06     Vector3[] pos = new []{new Vector3(10f, 1f, 7f), new Vector3(-10f, 1f, -7f)};
07     int jogadores;
08     void Start()
09     {
10         if(Jogador.instanciaJogador==null)
11         {
12             jogadores = PhotonNetwork.PlayerListOthers.Length;
13             jogador = Resources.Load("jogador"+jogadores) as GameObject;
14             PhotonNetwork.Instantiate(jogador.name, pos[jogadores], Quaternion.iden-
tity);
15         }
16     }
17 }
```

Na linha 06, crio um array, para atribuir posições fixadas para cada jogador; neste caso, só tem duas, já que estou me limitando a dois jogadores neste exemplo. Poderia criar posições randômicas, mas o problema é que os jogadores poderão nascer um bem próximo ao outro, por isso escolhi esta opção.

Verifico a variável pública estática de nome instanciaJogador, pertencente à classe jogador se ainda está vazia; caso afirmativo, pego a lista de jogadores conectados, não me incluindo, já que utilizei o termo Others ao invés de All, linha 12. E com base no valor numérico adquirido, eu puxo o prefab correspondente, linha 13, e realizo uma instância deste jogador para todos os presentes com o uso de PhotonNetwork.Instantiate; determinando a posição que este jogador nascerá pelo nosso array "pos".

Em outras palavras, se eu estou sozinho na sala, o valor de nossa variável será zero; já que não haverá outros jogadores além de mim. Com isso, ele puxa o prefab jogador0 e o coloca na posição "0" de nosso vetor de posição. Quando entrar outro jogador, então teremos o valor "1"; puxando o prefab jogador1 e o colocando na posição "1" de nosso array de posição.

Lembrando que cada prefab possui uma cor exclusiva, se desejar mais jogadores, terá que criar outros prefabs com cor ou caracterísiticas exclusivas, como uma forma de poder diferenciar um jogador do outro. Veremos isso em breve.

Definindo a bala

A bala será uma esfera com a opção marcada is trigger em seu colisor; além disso, haverá um rigidboy no mesmo, mas com a opção Use Gravity desmarcado. O mesmo possuirá um script de nome bala, com a seguinte estrutura.

```
public class Bala : MonoBehaviour
{
    void OnTriggerEnter(Collider obj)
    {
        if(obj.gameObject.name=="inimigo")
            Destroy(gameObject);
    }
}
```

Ou seja, tudo que a bala tiver contato se for de nome inimigo, irá fazer com que a se destrua. Isso é importante para a bala não continuar a sua trajetória, mas, simplesmente ser destruída ao se colidir com um adversário.

Definindo o jogador

O jogador, apesar de simples, possui uma certa complexidade. Ele possuíra a tag Player, além da seguinte estrutura:

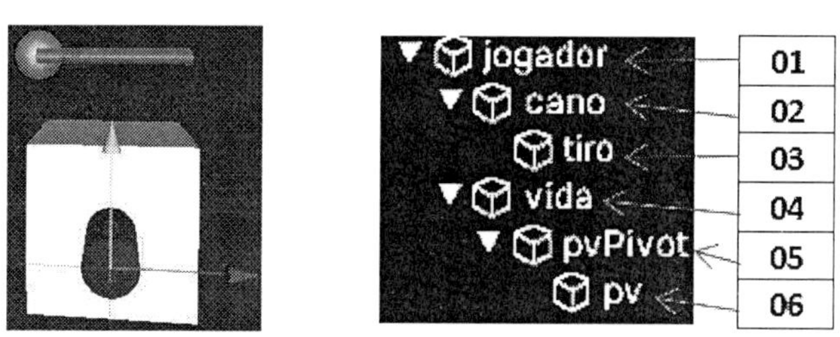

Os números referenciam os nomes de cada objeto pertencente à janela de hierarquia do jogador e é com eles que irei utilizar.

O cubo (01) possui um cilindro (02), como objeto filho de inclinação 90° em X. Este cilindro (02) possui um objeto filho vazio (03) e é dele onde partirá o tiro. Nossa barra de vida (04), objeto filho do nosso cubo (01) é nada mais do que um cilindro com 90° em Z na cor vermelha, para isso crie um material de cor vermelha e atrele ao nosso objeto, como já fizemos inúmeras vezes; mas, a geração de um pivot para objetos 3D, precisa de uma explicação a parte.

Pivot em um objeto 3D

Todo objeto 2D ou 3D tem seu pivot inicial no centro, então como expando ou diminuo este objeto ele tende a diminuir pelas laterais, o que não é algo muito comum de ser utilizado como nos referimos à barra de vida. Abaixo, vemos um exemplo simples que como um objeto sendo diminuído com o pivot no centro se comporta e como uma barra de vida deveria se comportar.

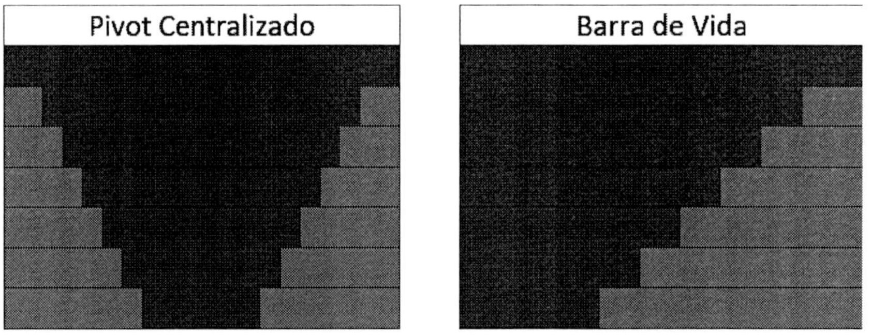

Por isso você criará um cilindro inicialmente na cor vermelha, copiará este cilindro (CTRL + D) e colocará outro na cor verde (lembre-se de usar materiais para isso). Ele será o objeto filho do cilindro vermelho e ficará na posição (0, 0, 0), para ficar um por cima do outro; com a diferença que o verde será um pouquinho maior, para sobrepujar a cor do cilindro vermelho, em escala (1.01, 1.01, 1.01). Para não gerar problema, remova os colisores de ambos os cilindros.

No cilindro vermelho você irá criar um outro objeto de jogo, sendo que vazio, de nome «pvPivot». Ficando a hierarquia apresentada do seguinte modo:

vida

    pvPivot

    pv

Arraste este objeto vazio "pvPivot" para a extremidade da nossa outra barra de vida de nome "pv". Ex:

Depois disso torne a nossa barra «pv», que é o cilindro de cor verde, filha de «pvPivot». Ex:

vida
    pvPivot
        pv

Com isso, ao diminuir o "pvPivot" de tamanho, estará diminuindo a barra de vida "pv" da direita para esquerda, como habitualmente ocorre com as barras de vida.

O nosso cubo terá um colisor e um corpo rígido; já que precisa desses dois critérios para detectar uma colisão. Este cubo terá o script de nome Jogador.cs, que iremos construir; além dos seguintes componentes: Photon Transform View e Photon View; onde você irá à janela inspector e clicar em Add Component e realizar a busca por estes dois; que deverão ser inseridos nesta ordem para o preenchimento automático do campo de Photon View; que caso não tenha ocorrido, arraste o Photon Transform View para este campo. Exemplo:

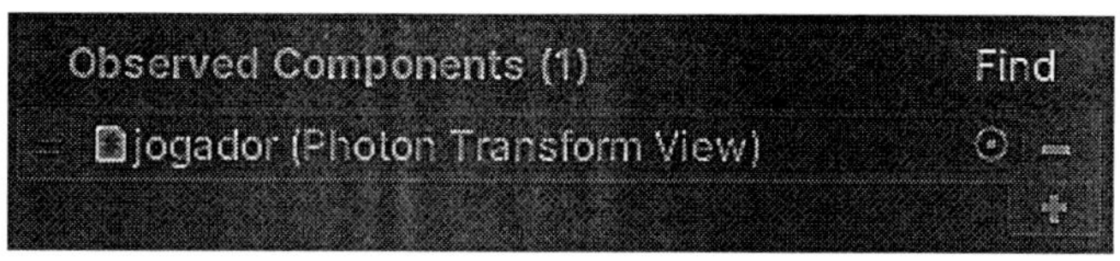

Se o nosso jogador possuísse alguma animação, então teríamos que inserir outro componente que é o Photon Animator View, para sincronizar a animação do jogador nas demais telas dos jogadores e com a opção discrete marcado, que não é o nosso caso.

Há outro detalhe, você deverá criar dois prefabs deste objeto jogador com cores distintas. Já que irei puxar um prefab de cor diferente para cada jogador. Se você criar dois prefabs deste objeto nas cores laranja e o outro azul. Então os jogadores que surgirão nesta sala serão ou na cor laranja ou azul, dependendo da ordem de entrada. Se desejar mais jogadores na sala, então terá que criar outros prefabs com cores diferentes, para justamente haver uma diferenciação de um jogador para o outro, pelo menos pela cor. Ex:

O prefab jogador é o original, jogador0 deixei na cor verde e jogador1 na cor vermelha. Todos os prefabs deverão estar presentes numa pasta que você deverá criar de nome Resources, com o «R» em maiúsculo; pois o Photon irá lidar diretamente com esta pasta no script.

Jogador.cs

```
using Photon.Pun;
using Photon.Realtime;
using System;
```

```
public class Jogador : MonoBehaviour
{
    const int VIDA_INICIAL=5;
    PhotonView view;
    public static GameObject instanciaJogador;
    float vel=7f, vira=900, vida, diminuiBarra=0;
    Vector3 move, angulo;
    GameObject localTiro, cano, bala;
    bool verifica=false;
    TMPro.TextMeshProUGUI avisoText;
    private void Awake() {
        vida = VIDA_INICIAL;
        view = GetComponent<PhotonView>();
        localTiro = transform.GetChild(0).GetChild(0).gameObject;
        cano = transform.GetChild(0).gameObject;
        bala = Resources.Load("bala") as GameObject;
        if(view.IsMine)
        {
            this.gameObject.name=PhotonNetwork.LocalPlayer.UserId;
            Jogador.instanciaJogador = this.gameObject;
            cano.name=this.gameObject.name;
        }
        else
            this.gameObject.name="inimigo";
        DontDestroyOnLoad(this.gameObject);
    }
    void Update()
    {
        if(!verifica)
        {
            if(GameObject.FindGameObjectsWithTag("Player").Length>=2)
            {
                verifica=true;
                view.RPC("alerta", RpcTarget.All, "Começou!");
            }
            else
                view.RPC("alerta", RpcTarget.All, "Aguardando jogadores...");
        }
        if(view.IsMine && verifica)
        {
            float x = Input.GetAxis("Horizontal") * vel * Time.deltaTime;
            float z = Input.GetAxis("Vertical") * vel * Time.deltaTime;
            move = new Vector3(x, 0, z);
            angulo = new Vector3(-x, 0, -z);
            if(move != Vector3.zero)
            {
```

```
                    Quaternion giro;
                    if(Input.GetKey(KeyCode.Mouse1))
                        giro = Quaternion.LookRotation(move, Vector3.up);
                    else
                        giro = Quaternion.LookRotation(angulo, Vector3.up);
                   transform.rotation = Quaternion.RotateTowards(transform.rotation, giro, vira*Time.deltaTime);
                }
                transform.position = transform.position + move;
                if(Input.GetKeyDown(KeyCode.Mouse0))
                    view.RPC("atira", RpcTarget.All, PhotonNetwork.LocalPlayer.UserId);
                if(GameObject.FindGameObjectsWithTag("Player").Length==1)
                   view.RPC("alerta", RpcTarget.All, "Ganhador da disputa "+PhotonNetwork.LocalPlayer.NickName);
            }
            verificaVida();
        }
        [PunRPC]
        void atira(string user, PhotonMessageInfo info)
        {
            float lag = (float)(PhotonNetwork.Time - info.SentServerTime);
            GameObject destruir = Instantiate(bala, localTiro.transform.position, localTiro.transform.rotation);
            destruir.name=user;
            destruir.GetComponent<Rigidbody>().AddForce(-(transform.forward*(vel+lag)), ForceMode.VelocityChange);
            Destroy(destruir, 2);
        }
        [PunRPC]
        void alerta(string aviso)
        {
            TMPro.TextMeshProUGUI avisoText = GameObject.Find("avisoText").GetComponent<TMPro.TextMeshProUGUI>();
            avisoText.text=aviso;
        }
        [PunRPC]
        void atualizaVida()
        {
            --vida;
            GameObject pv = transform.GetChild(1).GetChild(0).gameObject;
            diminuiBarra = pv.transform.localScale.x/(VIDA_INICIAL);
            Vector3 barraVida = new Vector3(diminuiBarra*vida, pv.transform.localScale.y, pv.transform.localScale.z);
            pv.transform.localScale = barraVida;
        }
        void OnTriggerEnter(Collider obj)
```

```
90      {
91          if(view.IsMine)
92          {
93              if(obj.gameObject.name!=gameObject.name)
94              {
95                  view.RPC("atualizaVida", RpcTarget.All);
96                  Destroy(obj.gameObject);
97              }
98          }
99      }
100     void verificaVida()
101     {
102         if(vida==0)
103             gameObject.SetActive(false);
104     }
105 }
```

Na linha 06 crio uma constante para a quantidade de vida que o jogador terá, na linha 07 declaro o view que deriva de PhotonView, que irá nos auxiliar nas configurações do multiplayer. Crio um objeto público e estático que irá armazenar o próprio objeto de nossa classe, linha 08; além de demais variáveis e objetos que irão nos auxiliar, linhas 09 a 13.

Em Awake() pego o valor de nossa constante e atribuo a variável de nome vida, pois é dela que iremos subtrair, quando o jogador sofrer algum dano, linha 15; pego o componente PhotoView de nosso jogador, linha 16; além do objeto de onde partirá o tiro, linha 17; como também o cano do jogador, que seria nosso cilindro, linha 18. E na linha 19 resgato o prefab de nossa bala que se encontra na pasta Resources.

Na linha 20 eu afirmo que o que for meu faça. Neste caso pego tudo que pertence ao jogador e atribuo como nome o seu id exclusivo de usuário, linha 22. Depois disso que atribuo nosso próprio objeto a nossa instância criada, linha 23. Como também pego nosso cilindro e atribuo o id exclusivo do nosso jogador, linha 24. Isso servirá para identificá-lo de forma exclusiva. Do contrário, se for a referência dos outros adversários, linha 26, deixe como nome inimigo, linha 27. Independentemente de ser seu próprio objeto ou de outros jogadores que estão na sala, peço que não sejam destruídos, linha 28.

Em Update() verifico se nossa variável booleana verifica, linha 32, é ainda falsa; caso afirmativo, puxo todos os objetos que possui a tag de nome Player e verifico se há dois jogadores ou mais, linha 34; caso afirmativo, valido nossa variável booleana, linha 36, e mando um RPC com o uso da nossa variável view.

Um RPC, também conhecido como Remote Procedure Calls ou chamadas de procedimento remoto, faz normalmente, com que todas as janelas de todos os usuários recebam algum tipo de atualização. No caso da linha 37, foi chamado o método de nome alerta para todos os usuários, devido ao uso de RpcTarget.All, se fosse uma atualização que envolvesse os outros e menos você; então o termo seria RpcTarget.Others. E um argumento, que é um simples texto. Caso contrário, linha 39, se não tiver dois jogadores ou mais, faço a mesma coisa, linha 40, mas com outro tipo de mensagem.

Em outras palavras, se tiver dois jogadores ou mais aviso que o jogo começou, do contrário, aviso ao usuário que está aguardando a entrada de jogadores na sala.

Para movermos nosso jogador, deveremos verificar se o objeto jogador é nosso com o uso de isMine e se verifica possui valor verdadeiro, linha 42. Caso afirmativo, pego os dados de movimento horizontal, linha 44 e vertical, linha 45, e transfomo em dois vetores, um normal e outro com valores invertidos, linhas 46 e 47. Se o jogador não estiver parado, ou seja, o vetor não é igual a zero, linha 48.

Na linha 50 crio um quaternion para nos auxiliar no giro do nosso jogador. Basicamente nosso canhão vai estar sempre apontado na direção que o usuário andar; se ele for para a esquerda o canhão vai estar apontado para a esquerda, se ele for para cima, o canhão vai estar apontado para cima e assim por diante. A linha 51 é quando você pressiona a tecla direita do mouse fazendo com que o movimento de girar seja para o lado contrário que o jogador está indo. Em outras palavras, se eu estiver indo para direita e quiser olhar para a esquerda ou para trás, eu devo pressionar o botão direito do mouse; do contrário, linha 53, o giro será acompanhando a direção em que o usuário se mover, linha 54.

A aplicação do giro se dá na linha 55, onde utilizamos o RotateTowards; onde o vetor é tratado como uma direção em vez de uma posição; onde passamos a rotação atual de nosso jogador, o giro que desejamos realizar (dado este adquirido com Quaternion.LookRotation, das linhas 52 e 54), e o valor de velocidade de giro, multiplicado por Time.deltaTime. Coloquei um valor alto para não atrapalhar tanto o jogador quando estiver se virando para um ângulo específico. Essa linha servirá para atenuar a rotação do nosso jogador, para que não seja tão abrupto.

Na linha 57 é o comando habitual de movimentação de personagem. Já a linha 58, trata quando o botão esquerdo do mouse for pressionado; assim como ocorre com a mensagem de aviso, para todos verem as balas precisamos chamar nosso método do tipo RPC, que será de nome atira, para todos os jogadores presentes e ainda passando o id do usuário que efetuou o disparo.

Na linha 60 é uma verificação super simples de confirmar se há somente você na sala, após o início do jogo; caso afirmativo, declaramos o nosso vencedor chamando em RPC o método alerta, para todos os usuários e com um texto, onde passamos, além da frase, o nickname do jogador sobrevivente; por fim, chamamos independente de que usuário seja o método verificaVida(), linha 63, para saber se o jogador ainda está vivo ou não.

Toda chamada de procedimento remoto (RPC), deve vir precedida do termo [PunRPC]; então todos os métodos que são RPC serão precedidos por ele. O parâmetro PhotonMessageInfo é opcional, por isso pode estar presente ou não em um método do tipo RPC, linha 66. Com ele eu posso pegar, por exemplo, a hora que este método foi ativado aos demais jogadores e com o uso de PhotonNetwork.Time, posso pegar a hora em que eu chamei o método. A diferença da minha hora em relação à hora que foi executado pelos demais jogadores; nos resulta no valor do lag, que seria o tempo de atraso de comunicação entre os computadores, linha 68. Por ser um valor do tipo double, eu realizo uma conversão explícita para float; crio uma instância da nossa bala, linha 69; atribuo o nome da bala ao id exclusivo do usuário, linha 70, que nos foi passado como argumento ao método. E aplico uma força de modificação de velocidade, que terá uma direção normalizada transform.forward, e será multiplicada vela velocidade da bala mais o lag, linha 71. E por fim, peço que esta bala seja destruída após dois segundos.

A mensagem RPC de alerta, linha 75, simplesmente pega o objeto de texto de cada jogador, linha 77, e atribui a mensagem que foi enviada ao método, linha 78. Já o método RPC de atualizar a vida, linha 81, faz com que o que foi atingido perca uma vida, linha 83, onde pegamos o objeto pivotPV, linha 84, e realizamos um cálculo simples do valor da escala de X dividido pela vida total, só para saber a quantidade de escala que cada vida perdida representa, linha 85.

Após isso, criamos um novo vetor, linha 86, onde X terá o tamanho com base na quantidade de vida que o jogador possui, deixando as demais escalas com valores padrões. Para atribuir no final a nossa nova escala, linha 87.

Na verificação de colisão, linha 89, verifico se a bala me atingiu, linha 91, se me atingiu, verifico o id desta bala se não bate com o nosso id, linha 93, já que tudo do jogador, cubo e cilindro, possui a id do usuário; inclusive a bala que o mesmo gera. Se for diferente, então a bala atingiu um adversário; pedimos para atualizar a vida, linha 95, além de destruir a bala, linha 96.

Por fim, o verifica a vida, linha 100, desativará todos os jogadores, que tiverem zero de vida.

Testando o jogo

Lembre-se sempre de adicionar as cenas, indo ao menu principal em File > Build Settings.

Vá para o menu principal em Edit > Project Settings. Em Player, vá para Resolution and Presentation; escolha FullScreen Mode como Windowed, com as resoluções width e height em 800 e 600, respectivamente. Depois disso, vá novamente ao menu principal em File > Build and Run; onde ele pedirá para salvar o seu projeto.

Feito isso, teremos uma tela de jogo, que agora configurada, poderá ser aberta facilmente com o atalho CTRL + B. Para ter uma segunda tela de teste, simplesmente clique no play da cena, para rodar mais uma tela e realize os testes. Contudo, a cena selecionada para realizar o teste deverá ser a de nome principal, para estabelecer a conexão com o servidor.

Apêndice A - Instalação do Unity

1. Primeiramente, vá ao site da Unity e selecione a versão pessoal: https://store.unity.com/pt/#plans-individual

2. Ao clicar, ele irá direcionar para uma tela com duas opções: usuários de primeira vez ou usuários recorrentes. Opte por usuários recorrentes, clicando na opção: acesse aqui.

3. Ao clicar, você deverá marcar que confirma que não possui nenhuma versão do Unity empresário e que não obteve mais de US 100.000 $ em receitas brutas anuais.

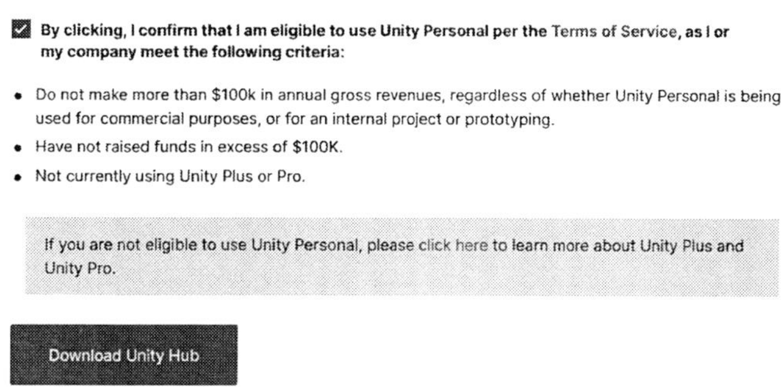

4. Clique em download e ao final do download, execute o aplicativo de instalação. Siga os procedimentos padrões de instalação. É provável que o firewall queira sua confirmação de permissão de acesso ao Unity, clique simplesmente em permitir sempre que alguma janela do firewall aparecer.

5. Logue em sua conta do Unity, clicando no ícone do canto superior esquerdo:

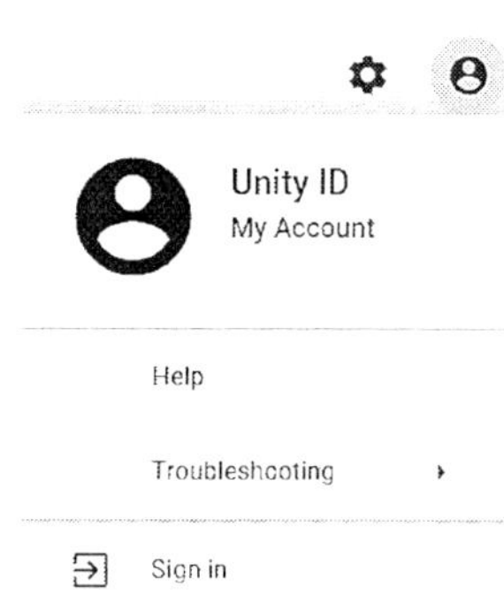

5.1. Lá você deverá optar por Sign in. Se não tiver uma conta, você poderá também optar em criar uma selecionando create one. Que normalmente fica destacado em azul.

6. Vá em preferências clicando no ícone da engrenagem. Lá você deverá selecionar a licença:

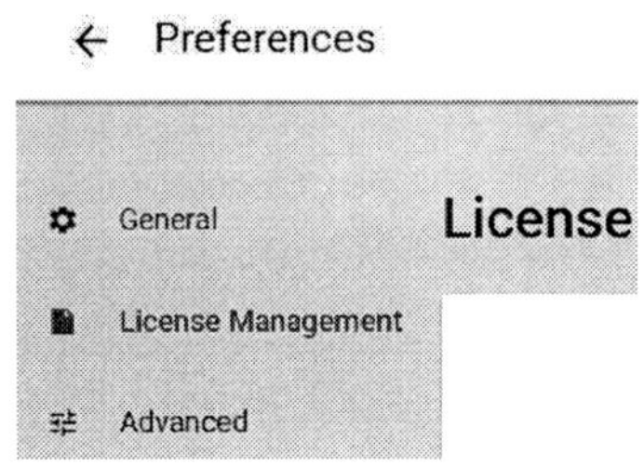

7. Clique em Activate new license e escolha o unity personal e a segunda opção dentro deste, conforme o exemplo da imagem:

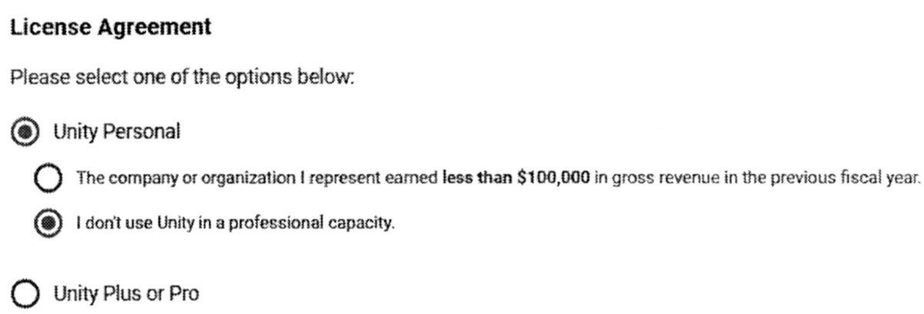

Quando tiver uma empresa você poderá marcar a segunda opção em que concorda que a mesma ganha menos de $ 100.000 em receita bruta no ano fiscal anterior. E caso ultrapasse deste valor, você deverá migrar para o Unity Plus ou Pro.

8. Clique na seta de retorno que fica ao lado da palavra preferences para se dirigir à janela principal que possui as seguintes opções:

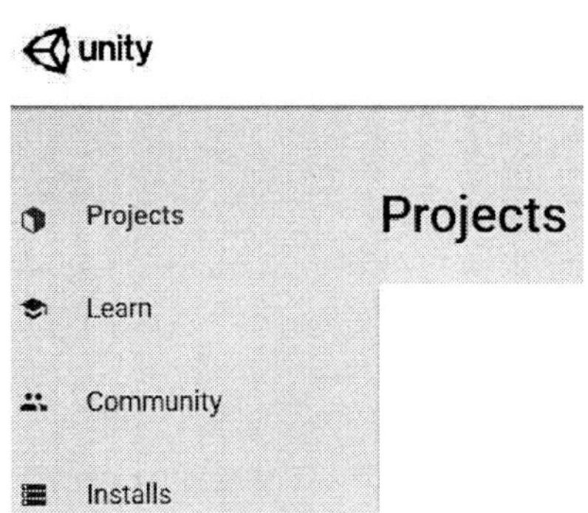

9. Quando o programa abrir pela primeira vez vá em installs, se não estiver nele.

10. Clique no botão add na janela de installs. E selecione a versão mais atual do Unity para ser instalada, sem ser uma versão que seja beta ou alpha. Que no meu caso foi o Unity 2021.2.7f1.

11. Ao clicar em next, ele irá sugerir que você instale junto com a ferramenta o Microsoft Visual Studio Community 2019; você poderá deixar marcado ou optar por outra alternativa que irei sugerir e clique em Next.

12. Deste ponto em diante, vá marcando os termos e clicando em next. Uma pequena barra azul clara aos poucos vai sendo preenchida acima do componente adicionado, aguarde até que esteja concluído.

Buscando uma alternativa para o Microsoft Visual Studio

Mesmo eu utilizando um notebook de 16Gb de RAM, processador i5 de nona geração e uma GTX 1650 de 8Gb considero o Unity uma ferramenta pesada, por isso opto em não utilizar o Microsoft Visual Studio 2019 (MVS 2019) para piorar ainda mais o desempenho. Claro se sua máquina tiver além de um bom desempenho, um SSD; adotar ou não esta sugestão será um mero capricho de sua parte.

A alternativa que eu proponho é o Code Visual Studio.

1. Baixe o Code Visual Studio, através do site: https://code.visualstudio.com/download

2. Instale-lo normalmente, depois abra-o. Vá para o ícone do lado esquerdo que se parece com um quadrado se desfragmentando, que é o extension ou Ctrl + Shift + X.

3. Na barra de busca escreva c# e instale:

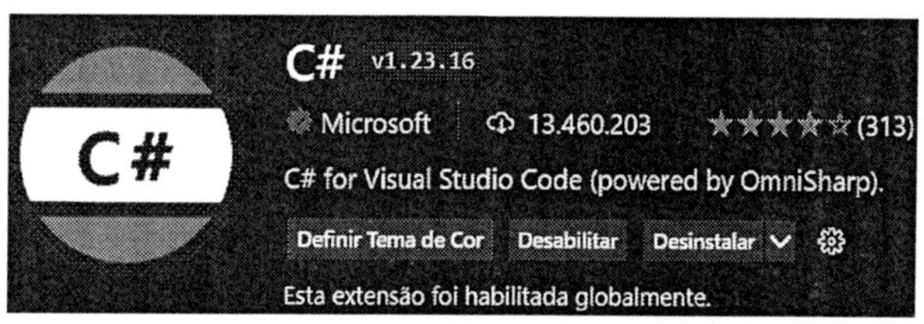

4. Na barra de busca escreva Unity e instale os seguintes complementos:

5. Nas opções na lateral clique na setinha que tem um inseto ou Ctrl + Shift + D

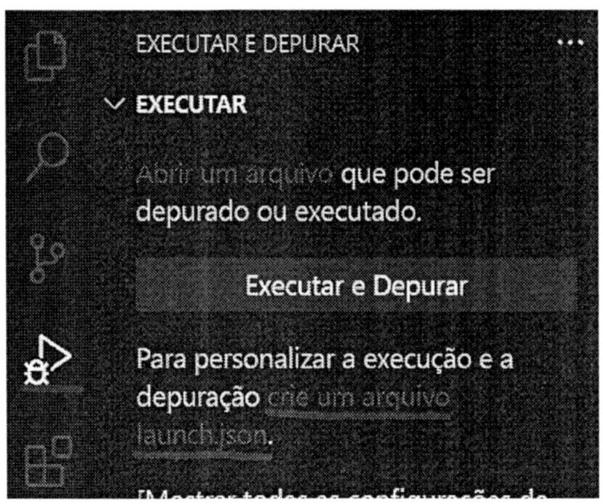

6. Clique em: Crie um arquivo launch.json. E das opções que aparecem escolha Unity Debugger.

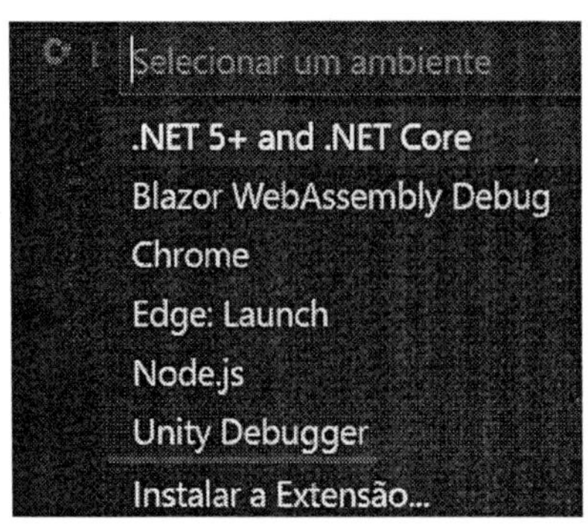

7. Agora pode iniciar o processo pelo Unity Editor

8. Agora abra o Unity e vamos atrelar a ferramenta ao mesmo. Lá na barra do menu principal vá em Edit > Preferences... > External Tools; em External Script Editor:

    8.1. Se por acaso, já aparecer Visual Studio Code, selecione-o; do contrário, selecione browser... E siga para a próxima etapa.

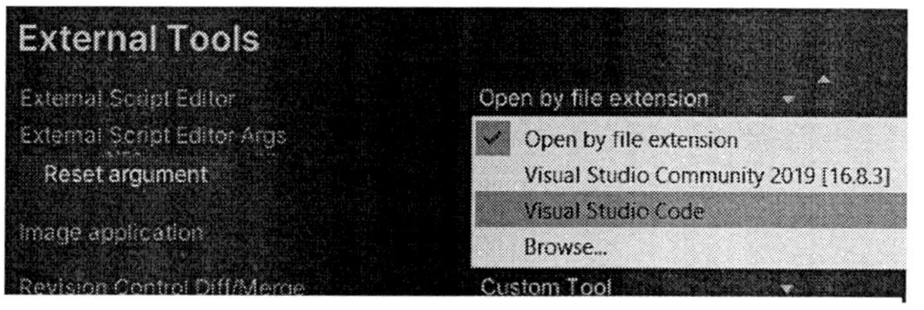

9. Vá até o caminho onde se encontra instalada a ferramenta; no meu caso, o caminho foi: C:\Users\Rodrigo\AppData\Local\Programs\Microsoft VS Code
   Já que o meu nome de usuário é rodrigo.

10. Feito isso, selecione o Code.exe e pronto.

Referências

https://docs.unity3d.com/2019.3/Documentation/Manual/UnderstandingVectorArithmetic.html, acessado 15/01/2021

https://docs.unity3d.com/Manual/class-Transform.html, acessado 15/01/2021

https://docs.unity3d.com/ScriptReference/Transform.Translate.html, acessado 15/01/2021

https://docs.unity3d.com/ScriptReference/Transform-position.html, acessado 15/01/2021

https://docs.unity3d.com/ScriptReference/Time-deltaTime.html, acessado 15/01/2021

https://docs.unity3d.com/ScriptReference/MonoBehaviour.Awake.html, acessado 18/01/2021

https://docs.unity3d.com/ScriptReference/MonoBehaviour.Start.html, acessado 18/01/2021

https://docs.unity3d.com/ScriptReference/MonoBehaviour.LateUpdate.html, acessado 18/01/2021

https://docs.unity3d.com/Manual/ExecutionOrder.html, acessado 21/01/2021

https://docs.unity3d.com/ScriptReference/Vector3.Distance.html, acessado 24/01/2021

https://docs.unity3d.com/Manual/Built-inShaderGuide.html, acessado 27/01/2021

https://semver.org/lang/pt-BR/, acessado 28/01/2021

https://docs.unity3d.com/Manual/class-InputManager.html, acessado 04/02/2021

https://docs.unity3d.com/ScriptReference/Object.FindObjectOfType.html, acessado 09/02/2021

https://docs.unity3d.com/ScriptReference/MonoBehaviour.OnCollisionEnter2D.html, acessado 11/02/2021

https://docs.unity3d.com/ScriptReference/GameObject.CompareTag.html, acessado 11/02/2021

https://docs.unity3d.com/ScriptReference/Physics.html, acessado 14/02/2021

https://docs.unity3d.com/ScriptReference/Physics.BoxCast.html, acessado 15/02/2021

https://docs.unity3d.com/ScriptReference/Physics.CapsuleCast.html, acessado 15/02/2021

https://docs.unity3d.com/ScriptReference/Physics.Raycast.html, acessado 17/02/2021 https://docs.unity3d.com/ScriptReference/Physics.SphereCast.html, acessado 21/02/2021

https://docs.unity3d.com/ScriptReference/RaycastHit.html, acessado 03/03/2021

https://docs.unity3d.com/ScriptReference/Transform.LookAt.html, acessado 05/03/2021

https://docs.unity3d.com/ScriptReference/Collision-gameObject.html, acessado 08/03/2021

https://docs.unity3d.com/ScriptReference/Material-mainTextureOffset.html, acessado 11/03/2021

https://docs.unity3d.com/ScriptReference/Object.Instantiate.html, acessado 11/03/2021

https://docs.unity3d.com/ScriptReference/Quaternion-identity.html, acessado 16/03/2021

https://docs.unity3d.com/ScriptReference/Mathf.Atan2.html, acessado 16/03/2021

https://docs.unity3d.com/ScriptReference/Mathf.Rad2Deg.html, acessado 16/03/2021

https://docs.unity3d.com/ScriptReference/Quaternion.Euler.html, acessado 19/03/2021

https://docs.unity3d.com/ScriptReference/SceneManagement.SceneManager.LoadScene.html, acessado 01/04/2021

https://docs.unity3d.com/ScriptReference/Color.html, acessado 09/04/2021

https://docs.unity3d.com/ScriptReference/Renderer-sortingOrder.html, acessado 13/04/2021

https://docs.unity3d.com/ScriptReference/GameObject.CreatePrimitive.html, acessado 22/04/2021

https://docs.unity3d.com/Manual/InverseKinematics.html, acessado 26/01/2021

https://docs.unity3d.com/Packages/com.unity.2d.animation@4.1/manual/SkinEdToolsShortcuts.html, acessado 05/05/2021

https://learn.unity.com/tutorial/rigging-a-sprite-with-the-2d-animation-package#5ddbb7c6edbc2a0020e752de, acessado 05/05/2021

https://docs.unity3d.com/Packages/com.unity.2d.ik@1.1/manual/index.html, acessado 08/05/2021

https://blogs.unity3d.com/pt/2018/12/04/getting-started-with-2d-inverse-kinematics/, acessado 15/05/2021

https://docs.unity3d.com/Manual/BlendTree-2DBlending.html, acessado 16/05/2021

https://docs.unity3d.com/2018.3/Documentation/ScriptReference/EventSystems.EventTrigger.html, acessado 17/05/2021

https://docs.unity3d.com/ScriptReference/WaitForSeconds.html, acessado 21/05/2021

https://docs.unity3d.com/ScriptReference/MonoBehaviour.StartCoroutine.html, acessado 21/05/2021

https://docs.unity3d.com/ScriptReference/AsyncOperation.html, acessado 23/05/2021

https://docs.unity3d.com/ScriptReference/AsyncOperation-progress.html, acessado 27/05/2021

https://docs.unity3d.com/ScriptReference/PlayerPrefs.html, acessado 30/05/2021

https://docs.unity3d.com/2018.3/Documentation/ScriptReference/UI.Button.html, acessado 04/06/2021

https://docs.unity3d.com/2018.3/Documentation/ScriptReference/UI.Toggle.html, acessado 06/06/2021

https://docs.unity3d.com/2018.3/Documentation/ScriptReference/UI.Slider.html, acessado 09/06/2021

https://docs.unity3d.com/2018.3/Documentation/ScriptReference/UI.Dropdown.html, acessado 13/06/2021

https://docs.unity3d.com/2018.3/Documentation/ScriptReference/UI.Dropdown.AddOptions.html, acessado 17/06/2021

https://docs.unity3d.com/ScriptReference/Screen-resolutions.html?_ga=2.23223546.1955991949.1617846610-418538588.1610902937, acessado 23/06/2021

https://docs.unity3d.com/ScriptReference/Screen.SetResolution.html, acessado 23/06/2021

https://docs.unity3d.com/ScriptReference/QualitySettings.html, acessado 25/06/2021

https://docs.microsoft.com/en-us/dotnet/api/system.io.directory.getdirectories?view=net-5.0, acessado 25/06/2021

https://docs.microsoft.com/en-us/dotnet/api/system.io.directory.getcurrentdirectory?view=net--5.0#System_IO_Directory_GetCurrentDirectory, acessado 26/06/2021

https://docs.microsoft.com/pt-br/dotnet/api/system.string.split?view=net-5.0, acessado 28/06/2021

https://docs.unity3d.com/ScriptReference/ScreenOrientation.html, acessado 29/06/2021

https://docs.unity3d.com/Manual/StreamingAssets.html, acessado 03/07/2021 https://docs.unity3d.com/ScriptReference/SystemInfo-operatingSystem.html, acessado 04/07/2021

https://docs.unity3d.com/Manual/class-DistanceJoint2D.html, acessado 06/07/2021

https://www.youtube.com/watch?v=wpd2W3bIwx4, acessado 08/07/2021

https://docs.unity3d.com/Manual/class-FixedJoint2D.html, acessado 08/07/2021

https://docs.unity3d.com/Manual/class-HingeJoint2D.html, acessado 10/07/2021

https://www.youtube.com/watch?v=l6awvCT29yU, acessado 13/07/2021

https://docs.unity3d.com/2021.2/Documentation/Manual/class-RelativeJoint2D.html, acessado 15/07/2021

https://docs.unity3d.com/2021.2/Documentation/Manual/class-SliderJoint2D.html, acessado 15/07/2021

https://docs.unity3d.com/2021.2/Documentation/Manual/class-SpringJoint2D.html, acessado 19/07/2021

https://docs.unity3d.com/2021.2/Documentation/Manual/class-TargetJoint2D.html, acessado 19/07/2021

https://docs.unity3d.com/2021.2/Documentation/Manual/class-WheelJoint2D.html, acessado 20/07/2021

https://docs.unity3d.com/2021.2/Documentation/Manual/class-AreaEffector2D.html, acessado 22/07/2021

https://docs.unity3d.com/2021.2/Documentation/Manual/class-BuoyancyEffector2D.html, acessado 24/07/2021

https://docs.unity3d.com/2021.2/Documentation/Manual/class-PointEffector2D.html, acessado 25/07/2021

https://docs.unity3d.com/2021.2/Documentation/Manual/class-PlatformEffector2D.html, acessado 27/07/2021

https://docs.unity3d.com/2021.2/Documentation/Manual/class-SurfaceEffector2D.html, acessado 28/07/2021

https://docs.unity3d.com/2021.2/Documentation/Manual/class-ConstantForce2D.html, acessado 31/07/2021

https://docs.unity3d.com/ScriptReference/JointMotor2D.html, acessado 02/08/2021 https://docs.unity3d.com/ScriptReference/JointLimitState2D.html, acessado 02/08/2021

https://docs.unity3d.com/ScriptReference/StateMachineBehaviour.html, acessado 05/08/2021

https://docs.unity3d.com/Manual/class-AudioSource.html, acessado 05/08/2021

https://docs.unity3d.com/ScriptReference/Camera-orthographicSize.html, acessado 09/08/2021

https://docs.unity3d.com/ScriptReference/Camera-aspect.html, acessado 09/08/2021

https://docs.unity3d.com/ScriptReference/GameObject.AddComponent.html, acessado 10/08/2021

https://docs.unity3d.com/ScriptReference/AudioSource-clip.html, acessado 11/08/2021

https://docs.unity3d.com/Manual/PartSysMainModule.html, acessado 12/08/2021

https://docs.unity3d.com/2021.2/Documentation/Manual/PartSysEmissionModule.html, acessado 14/08/2021

https://docs.unity3d.com/2021.2/Documentation/Manual/PartSysShapeModule.html, acessado 15/08/2021

https://docs.unity3d.com/2021.2/Documentation/Manual/PartSysVelOverLifeModule.html, acessado 15/08/2021

https://docs.unity3d.com/2021.2/Documentation/Manual/PartSysNoiseModule.html, acessado 16/08/2021

https://docs.unity3d.com/2021.2/Documentation/Manual/PartSysLimitVelOverLifeModule.html, acessado 20/08/2021

https://docs.unity3d.com/2021.2/Documentation/Manual/PartSysInheritVelocity.html, acessado 21/08/2021

https://docs.unity3d.com/2021.2/Documentation/Manual/PartSysLifetimeByEmitterSpeedModule.html, acessado 21/08/2021

https://docs.unity3d.com/2021.2/Documentation/Manual/PartSysForceOverLifeModule.html, acessado 25/08/2021

https://docs.unity3d.com/2021.2/Documentation/Manual/PartSysColorOverLifeModule.html, acessado 01/09/2021

https://docs.unity3d.com/2021.2/Documentation/Manual/PartSysColorBySpeedModule.html, acessado 04/09/2021 https://docs.unity3d.com/2021.2/Documentation/Manual/PartSysSizeOverLifeModule.html, acessado 04/09/2021

https://docs.unity3d.com/2021.2/Documentation/Manual/PartSysSizeBySpeedModule.html, acessado 07/09/2021

https://docs.unity3d.com/2021.2/Documentation/Manual/PartSysRotOverLifeModule.html, acessado 09/09/2021

https://docs.unity3d.com/2021.2/Documentation/Manual/PartSysRotBySpeedModule.html, acessado 14/09/2021

https://docs.unity3d.com/2021.2/Documentation/Manual/PartSysExtForceModule.html, acessado 17/09/2021

https://docs.unity3d.com/2021.2/Documentation/Manual/PartSysCollisionModule.html, acessado 22/09/2021

https://docs.unity3d.com/2021.2/Documentation/Manual/PartSysTriggersModule.html, acessado 22/09/2021

https://docs.unity3d.com/2021.2/Documentation/Manual/PartSysSubEmitModule.html, acessado 27/09/2021

https://docs.unity3d.com/2021.2/Documentation/Manual/PartSysTexSheetAnimModule.html, acessa-do 02/10/2021

https://docs.unity3d.com/2021.2/Documentation/Manual/PartSysLightsModule.html, acessado 03/10/2021

https://docs.unity3d.com/2021.2/Documentation/Manual/PartSysTrailsModule.html, acessado 03/10/2021

https://docs.unity3d.com/2021.2/Documentation/Manual/PartSysCustomDataModule.html, acessado 06/10/2021

https://docs.unity3d.com/2021.2/Documentation/Manual/PartSysRendererModule.html, acessado 06/10/2021

https://docs.unity3d.com/ScriptReference/ParticleSystem.html, acessado 13/10/2021

https://docs.microsoft.com/pt-br/dotnet/csharp/programming-guide/concepts/collections, acessado 14/10/2021

https://docs.unity3d.com/ScriptReference/Physics2D.html, acessado 16/10/2021 https://docs.unity3d.com/ScriptReference/Physics2D.BoxCast.html, acessado 16/10/2021

https://docs.unity3d.com/ScriptReference/Physics2D.BoxCastAll.html, acessado 21/10/2021

https://docs.unity3d.com/ScriptReference/Physics2D.CapsuleCast.html, acessado 23/10/2021

https://docs.unity3d.com/ScriptReference/Physics2D.CapsuleCastAll.html, acessado 23/10/2021

https://docs.unity3d.com/ScriptReference/Physics2D.CircleCast.html, acessado 25/10/2021

https://docs.unity3d.com/ScriptReference/Physics2D.CircleCastAll.html, acessado 02/11/2021

https://docs.unity3d.com/ScriptReference/AnimatorStateInfo.html, acessado 07/11/2021

https://doc.photonengine.com/zh-cn/pun/v2/demos-and-tutorials/pun-basics-tutorial/intro, acessado 09/11/2021

https://doc-api.photonengine.com/en/pun/v1/general.html, acessado 11/11/2021

https://docs.unity3d.com/ScriptReference/Bounds-center.html, acessado 12/11/2021

https://docs.unity3d.com/ScriptReference/LayerMask.html, acessado 12/11/2021

https://docs.unity3d.com/Manual/class-HingeJoint.html, acessado 16/11/2021

https://docs.unity3d.com/Manual/class-FixedJoint.html, acessado 23/11/2021

https://docs.unity3d.com/Manual/class-SpringJoint.html, acessado 05/12/2021

https://docs.unity3d.com/ScriptReference/Serializable.html, acessado 08/12/2021

Impressão e acabamento
Gráfica da Editora Ciência Moderna Ltda.
Tel: (21) 2201-6662